AI 사피엔스

전혀 다른 세상의 인류

전 혀 다 른 세 상 의 인 류
ARTIFICIAL INTELLIGENCE SAPIENS

AI 사피엔스

최재붕 지음

차례

PART 1

디지털 문명을 넘어
AI로 달려가는 인류

PART 2

디지털 신대륙의 주인공
'AI 사피엔스'의 세계관

PART 3

AI를 만난 메타,
사상 초유의 거대한 신시장을 열다

PART 6

전 세계를 홀린 K-팬덤, 휴머니티로 미래를 디자인하라

포노 사피엔스,
메타 세상을 만들고
AI 시대를 열다

2024년이 시작되면서 세상은 온통 AI 이야기로 뒤덮였습니다. 2023년 1년 동안 챗GPT의 광풍이 휩쓸더니 2024년 1월 개최된 세계 최고의 전자제품 전시회 CES에서는 모든 제품, 서비스에 AI가 들어간다고 난리입니다. 이제 세탁기도, 냉장고도, TV도, 자동차도 AI가 기본으로 장착된다고 앞다퉈 발표하는 중입니다. 1월 말에는 갤럭시 S24가 발표되었는데 이 폰 안에 가우스Gauss라는 AI가 들어가 인터넷 연결 없이도 13개국 언어를 실시간으로 번역해준다고 합니다. 요건 온디바이스On-Divice AI라고 하네요. 유튜브에는 말 한마디 할 줄 모르면서 이 폰만 달랑 들고 일본으로 미국으로 여행을 떠나 AI로 소통하는 유튜버들이 대거 등장합니다.

이 정도 속도라면 이제 진짜 모든 일자리도 달라질 거라는 생각이 듭니다. 실제로 구글은 이미 광고 사업에 AI를 대거 도입해 올해에만 3만 명을 해고할 예정이라는 섬뜩한 뉴스를 발표했습니다. 대학생들은 이제 AI를 배우지 못하면 취업도 안 될 거라는 불안감에 너도나도 뛰어들어 배우기 시작합니다. 취업 전쟁 이전에 AI 전쟁 시대라고 해도 지나치지 않습니다.

그런데 대한민국 국민 중에 이렇게 무서운 속도로 AI 시대가 오는 게 반가운 사람은 몇 명이나 될까요? 아무리 많이 잡아도 전체의 5%가 채 되지 않을 것 같습니다. 다들 어떠신가요? AI 시대가 시작되었고 변화의 속도도 엄청나다고 하는데, 준비는 잘하고 있나요? 어떻게 해야 앞으로 1~2년, 아니 좀 더 먼 5~10년 후의 미래를 잘 준비할 수 있을까요? 유튜브를 열면 얼마나 많은 변화가 일어나고 있는지 알려주는 영상이 넘쳐납니다. 서점에 가보면 AI가 가져올 변화를 소개한 책들로 가득합니다. 그런데 디지털 문명에 익숙하지도 않고 AI를 전공하지도 않은 보통 사람이라면, 어떻게 이 변화를 이해하고 차근차근 미래를 준비할까요? 이 책은 바로 이런 보통 사람들, AI 시대가 두려운 95%의 사람들을 위한 '미래 준비 설명서'입니다. 그래서 이래라저래라 잔소리도 좀 많습니다.

아이들이 먼저 이해한 AI의 충격

2019년 '스마트폰이 낳은 신인류'《포노 사피엔스》를 처음 썼을 때도 같은 마음이었습니다. 스마트폰 등장 이후 인류의 생활 변화로 시작된 디지털 문명의 대전환을, 원인부터 변화의 방향까지 데이터를 기반으로 풀어내고 '저항'이 아닌 '적응'이 필요한 시대임을 이야기했습니다. '디지털 문명 적응 설명서'를 쓴 겁니다. 다행히 많은 분이 공감해주셨고 좋은 내용이라는 평가를 받아 그 이후에도 강연과 방송, 유튜브를 통해 디지털 전환의 중요성을 강조해왔습니다.

그리고 얼마 지나지 않아 코로나19가 전 인류를 덮쳤습니다. 2020년 1월 시작된 전 세계적인 봉쇄는 안 그래도 빠르게 진행되던 디지털 전환을 더욱 엄청난 속도로 확산시켰습니다. 인류가 바이러스를 피해 디지털 신대륙으로 모두 옮겨가는 급격한 변화가 찾아온 것입니다. 원격학습, 재택근무가 새로운 삶의 표준으로 자리 잡았고, 금융·방송·교통·쇼핑·외식 등도 모두 감염병을 피해 디지털로 급히 이동했습니다.

그 변화는 단지 디지털 플랫폼과 스마트폰을 쓰는 것뿐 아니라 전 세계 경제 생태계를 크게 바꾸는 계기가 되었습니다. 그 변화를 업데이트해 내놓은 책이 2022년 출간된《최재붕의 메타버스 이야기》입니다. 새로운 인류 문명의 표준 '뉴노멀New normal의 시대'를 코로나 이후로 디지털 세대의 진화에 맞춰 풀어낸 책입니다. '뉴노멀'이라 불리는 디지털 표준 문명에 어떻게 대비해야 하는지를 정리했습니다.

그리고 2022년 11월 30일, 인류 문명을 뒤흔든 챗GPT가 등장했습니다. 2023년은 챗GPT와 생성형 AI가 그야말로 광풍을 일으킨 한 해였습니다. 팬데믹 봉쇄로 인류가 달라지기 시작한 지 4년, 그렇게 급격하게 디지털로 이동한 인류에게 AI는 엄청난 충격파를 안겼습니다. 불과 1년 사이 정말 못 하는 것이 없는 만능 '치트키'로 발전했다고 해도 틀리지 않을 정도로 놀라운 가능성을 입증했습니다. 지난 1년간 AI로 인한 무서운 속도의 변화를 차곡차곡 정리하면서 강의 자료를 만들고 다양한 청중을 대상으로 200회 이상 실전 강연을 진행했습니다. 그리고 얼마나 많은 사람이 불확실한 AI 시대의 미래를 두려워하고 있는지 확인할 수 있었습니다. 학생들도 마찬가지였습니다. 취업을 걱정하는 대학생은 물론이고 미래가 불안한 중고등학생도 걱정이 태산 같았습니다. 본격적인 인류의 미래 시대 게임 체인저가 등장했으니까요.

놀랍게도 이미 아이들은 챗GPT의 충격을 충분히 이해하고 있었습니다. 2023년 11월 경북 영주 시민회관에서 개최한 강연에는 고교생 100여 명이 참석했습니다. "챗GPT 써본 사람?"이라는 질문에 90% 넘는 학생들이 번쩍 손을 들었습니다. 저도 깜짝 놀랐습니다. 같은 시기 여수 GS칼텍스 예울마루 강의에도 고등학생 200여 명이 참석했는데 역시 90% 넘는 학생들이 챗GPT를 써봤다고 손을 들었습니다. 영주와 여수는 서울에서 멀리 떨어진 지방 도시입니다. 그런데도 아이들은 모두 AI 시대가 가져올 변화를 이미 적극적으로 체험하고 있었던 겁니다.

대학생은 말할 것도 없습니다. 2023년 11월 성균관대 재학생들을 대상으로 설문했는데 98%의 학생들이 수업을 받으면서 챗GPT를 활용해봤다고 답했고, 그중 87%는 공부하는 데 크게 도움이 되었다고 했습니다. 더 놀라운 것은 챗GPT 외에도 그림 그려주는 AI, 동영상 만들어주는 AI, 음악 작곡하는 AI, 웹툰 그려주는 AI 등(이런 서비스를 멀티모달multi modal AI 서비스라고 합니다) 2023년 혜성처럼 쏟아져 나온 다양한 AI 프로그램들을 써봤다는 응답자가 무려 57%에 달했습니다. 제가 진행한 직장인들 대상의 강의에서는 멀티모달 AI 서비스를 사용해본 사람들의 비율이 항상 1% 이하였습니다. 대학생 대부분이 자기 미래를 위해 얼마나 다급하게 AI를 공부하고 있는지를 보여줍니다. 학생들은 디지털 원주민답게 누구보다 적극적으로 AI 시대를 준비하고 있습니다.

'AI 쇄국' 이끄는 고위직, 기성세대

그렇다면 어른들은 어떨까요? 2023년 4월 대한상공회의소에서 직장인들을 대상으로 조사한 설문 결과에 따르면 약 33%의 응답자가 챗GPT를 사용해본 것으로 나타났습니다. 이후 서울, 경기 지역 기관이나 기업에서 실시한 강연에서는 그래도 50% 이상의 응답자가 챗GPT를 써봤다고 손을 들었습니다. 그런데 지방은 온도차가 심했습니다. 부산, 대구, 광주, 안동 등 다양한 지역에서 초청을 받아 어른들을 대상으로 강연을 하러 갔을 때 챗GPT를 써봤다는 응답자는 채 10%가 되지 않았습니다. 수도권과도 차이가 나고 같은 지역 아이들과도 확연한 온도차를 느낄 수 있었습니다.

잘나가는 대기업들조차 마찬가지였습니다. 임원이나 부장급 이상 대상 강의에서 챗GPT를 써본 사람의 비율은 50%를 밑도는 반면 신입사원들은 90% 이상이 써봤다고 응답했습니다. 기성세대일수록, 지방에 살수록, 높은 직급일수록 갑자기 시작된 AI 시대가 두렵기만 하다는 걸 데이터가 확인시켜준 셈입니다. 그런데 이렇게 세대별로, 지역별로 AI 시대를 체감하고 준비하는 게 달라도 문제가 없는 걸까요?

이미 우리는 급격한 변화에 대한 세대 간, 지역 간 체감온도 차이가 얼마나 큰 사회문제를 일으킬 수 있는지 디지털 대전환의 역사를 통해 체험한 바 있습니다. 지난 20년간 디지털 문명에 익숙한 MZ세대는 글로벌 시대변화에 따라 빠르게 적응하고 변화하려고 시도한 반면, 새로운 디지털 시대가 불안하고 불편한 기성세대는 단체 행동을 통해 규제를 만들고 온몸으로 막아내려는 시도를 거듭해왔습니다. 그 결과 글로벌 스탠더드가 되었다고 해도 과언이 아닌 우버, 에어비앤비 등 많은 디지털 서비스가 우리나라에서는 아직 불법이고 디지털 플랫폼에 대한 사회적 감정도 여전히 '약탈자'라는 시각이 팽배한 게 사실입니다.

그러다 보니 미래를 준비하고 혁신에 도전하는 청년들은 미국으로, 싱가포르로 떠나는 게 상식이 되었고 심지어 그런 반反디지털 사회 여론을 조성하는 데 앞장서고 있는 국회의원, 지자체장, 고위공직자 등 사회지도층의 자제들도 대부분 해외 유학을 떠나는 게 당연하다고 여깁니다. 우버가 등장한 지 14년째이고 데이터로 보면 전 세계 90%의 인구가 활발히 사용하는 서비스로 정착했습니다. 동시에 우버는 시가총액 200조 원이 넘는 거대 기업(현대자동차 시가총액의 4배)으로 성장했습니다. 인류의 선택을 받아 성장했고 다시 자본의 선택을 받아 거대 기업이 된 것입니다.

그런데 우리는 여전히 논란만 거듭할 뿐 타다 서비스 불법 판결 사례에서 보듯 단 한 발자국도 앞으로 나아가지 못하고 있습니다. 10년이 지난 지금 달라진 건 아무것도 없고 이제는 논의조차 무의미하다고 자포자기하는 지경까지 왔습니다. 1년에 인구의 절반이 해외여행을 떠나 현지에서 우버나 에어비앤비 같은 서비스를 당연한 듯 즐기고 있는데도 우리는 여전히 '우버 쇄국'의 철옹성을 고수하는 겁니다.

과연 이렇게 지나온 10년처럼 AI 시대를 맞아 또 'AI 쇄국 10년'을 고집해도 될까요? 디지털 문명의 진화는 AI 시대를 향해 달려가고 있는데 이대로 세대 갈등, 지역 격차를 그대로 놔둔 채 더 나은 미래를 기대할 수 있을까요? AI 없이, 디지털 없이, 우리끼리 알콩달콩 잘살 수 있을까요? 아니라는 걸 똑똑한 대한민국 국민은 누구나 압니다. 그리고 이제 시간도 많지 않습니다.

새로운 문명의 축, 'AI 사피엔스'가 온다

지난 10년간의 변화로 'IT 양극화'는 이미 세계적인 사회문제로 떠올랐습니다. 디지털 문명에 익숙한 사람이 훨씬 편하게 살 수 있는 사회가 구축되었고 팬데믹 상황에서도 훨씬 우수한 대응력을 입증했습니다. 누구나 인지하듯 IT 분야에서 뛰어난 능력을 보유한 사람들이 훨씬 높은 연봉을 받고 더 나은 환경에서 근무하는 시대입니다. IT 전문성이 높을수록 더 잘사는 사회가 된 겁니다. 이 양극화 현상은 AI 시대를 맞아 더욱 심각해졌습니다. 물론 IT 양극화로 힘들어하는 사회적 약자도 보호해야 합니다. 그런데 새롭게 탄생한 디지털 문명을 배척하고 미래를 준비한다는 건 불가능한 일입니다.

200년 전 산업혁명 시대의 역사가 증명하듯 문명 대전환 시기에는 규제와 보호보다는 혁신을 우선시해야 합니다. 힘이 있어야 보호도 할 수 있으니까요. 이 사실을 가장 잘 아는 사람들이 바로 미래의 주인공, 청년 세대입니다. 그 유명한 MZ세대, 바로 디지털 원주민들입니다. 특히 이들은 지난 4년간 코로나로 인한 변화를 겪으면서 더욱더 디지털에 몰입하게 되었습니다. 그리고 거기서 팬데믹 시대를 슬기롭게 극복하는 뛰어난 IT 역량을 확보했습니다. 이렇게 뛰어난 디지털 세대의 등장이 AI 시대를 여는 가장 근원적 힘이 된 것입니다. 사피엔스는 AI라는 도구를 적극 활용하며 디지털 시대를 넘어 새로운 진화를 만들고 있습니다. 바야흐로 '포노 사피엔스' 시대를 넘어 'AI 사피엔스' 시대가 꿈틀거리며 용트림을 시작한 것입니다. 이 책은 바로 문명변화를 이끄는 신인류, AI 사피엔스에 관한 이야기입니다.

저는 지난 1년 동안 디지털 문명이 어떻게 진화했는지, 그리고 AI 시대는 어떤 모습으로 오고 있는지 차곡차곡 정보를 모아 정리했습니다. 전 세계 자본이 어째서 미국과 빅테크로 쏠리는지 분석하고, 그들이 거대 자본의 선택을 받는 이유도 정리해봤습니다. 자본과 인재가 뭉쳐 어떤 거대한 변화를 만들어내는지도 살펴보았습니다. 특히 산업별 생태계가 코로나 이후 어떻게 변화하는지, 그 연장선에서 AI 사피엔스들은 어떤 변화를 가져올지도 분석했습니다. 그 변화 속에서 기업에 필요한 혁신, 개인에게 필요한 준비를 다시 정리했습니다.

그렇게 정리하고 나니 학생들에게 이야기해줄 강의 내용을 구성할 수 있었습니다. 거기에 산업 현장에서 들은 생생한 목소리, 시대변화를 알리는 데이터들을 씨줄 날줄로 엮어 강의 자료로 완성했습니다. 그렇게 준비된 수업을 2023년 성균관대에서 온라인으로 진행했는데 (여름방학 동안 열리는 도전학기 수업으로) 무려 498명의 학생이 수강했습니다. 학생들이 AI 시대 준비에 얼마나 강렬하게 몰입하는지, 반대급부로 그 불안감이 또 얼마나 심각한지를 그 열기로 확인할 수 있었습니다.

그런데 문제는 변화의 속도입니다. 여름 학기가 끝난 지 몇 달 지나지도 않았는데 제 강의 내용이 벌써 옛날이야기가 되어버린 겁니다. 그만큼 AI의 변화 속도는 어마어마합니다. 이렇게 빠른 변화라면 과거와 달리 현실 세계에 도달하는 시간도 얼마 남지 않은 게 분명합니다. 더 늦기 전에 어린 학생들부터 학부모, 직장인, 어르신들까지 AI

시대의 도래를 이해하고 미래를 잘 준비할 수 있는 공감대가 필요하다고 생각했습니다. 그래서 강의 내용을 정리해 책으로 쓰기 시작했습니다. 이번 변화는 빨라도 너무 빠릅니다. 아마도 이미 사회가 디지털화되어 있어서 AI로 인한 변화의 수용 속도가 더 빨라진 게 아닐까 생각합니다.

모두가 미래를 준비해야 합니다. 학생들만이 아니라 누구나 다 미래를 준비해야 합니다. 우리 사회는 이제 '멀티 제너레이션multi generation 사회'로 가고 있습니다. 청년층이 노년층을 책임지고 떠받치는 사회가 아니라 베이비붐세대부터 알파세대까지 모든 세대가 함께 생활하며 함께 일도 하는 새로운 시대를 맞이한 겁니다. 오래 사는 인류는 오래 일해야 합니다. 그러려면 모두 빠르게 변화하는 사회에 맞춰 미래를 준비해야 합니다. 언뜻 나와 관련 없어 보이는 AI 시대에 대해 근본적 변화 요인을 이해하고, 인류의 문명사적 변화 관점에서 바라보고 받아들여야 합니다. 단편적인 기술이 아니라 근원적 문명의 변화라면 결국 개인의 삶에도 개입하기 마련이니까요. 우리가 스마트폰 탄생 이후 폰에 의해 파괴된 인간의 본질, 따뜻한 인간성, 인간관계의 상실 등 많은 부작용을 그렇게 비판했지만 결국은 스마트폰 기반의 문명이 새로운 인류의 표준으로 정착하고 말았습니다. AI도 같은 현상이 일어날 것이 분명합니다. 그리고 더 빠르고 더 충격적일 것도 분명합니다.

불안과 비관을 떨쳐낼 근원적 이해

이 책은 모든 세대가 읽을 수 있도록 쓴 교양서입니다. 오직 미래 AI 시대를 준비하는 보통 사람들을 위해 썼습니다. 가능한 전문용어들은 쉽게 풀어쓰고 AI의 적용도 깊이 파기보다는 일반적 사례를 통해 쉽게 이해할 수 있도록 하는 데 집중했습니다. 그래서 이 분야를 전문적으로 이해하고 있는 분들께는 '상식적인 이야기'일 수 있고 별 도움이 안 될 수도 있습니다. 세대 간 격차를 서로가 이해할 수 있도록 균형을 유지하려는 노력도 했습니다. 그래서 청년 세대에게는 당연한 얘기를 쓸데없이 길게 늘어놓은 느낌이 들 수 있고, 기성세대에게는 마음 상하는 잔소리로 들릴 내용도 많습니다. 다세대가 함께 사는 세상이 되었으니 세대 간에 왜 이렇게 격차가 나는지 그 이유를 함께 고민해보자는 취지입니다.

AI 시대를 문명의 변화선 상에서 예측하고 미래를 조망하려고 하다 보니 전작인 《포노 사피엔스》, 《최재붕의 메타버스 이야기》에서 언급했던 이야기들도 생략할 수가 없었습니다. 제 전작을 보지 않아도 한 방에 다 이해할 수 있도록 지난 15년의 변화도 긴 호흡으로 정리해봤습니다. 그러다 보니 책이 좀 길어졌습니다. AI로 인한 변화도 담아야 할 내용이 너무 많았고요.

이 책이 출판되어 독자 여러분을 만날 때쯤이면 이미 AI 기술은 또 크게 달라져 있을 것입니다. 그래도 문명변화의 관점에서 미래를 예측하고 준비를 시작한다면 디테일한 기술변화는 충분히 적응해나갈 수 있습니다. 다행인지 불행인지 알 수 없지만 2019년 《포노 사피엔스》를 책으로 낸 이후 제가 예측했던 디지털 문명전환은 팬데믹까지 겹치며 잘 맞아떨어졌습니다. 제가 운이 좋았는지 그 이후에 낸 책에서 한 예측도 여전히 잘 맞고 있습니다. 그래서 AI 시대에 대한 예측을 담은 이 책도 그 연장선에서 자신 있게 선보일 수 있었습니다.

목표가 교양서인 만큼 다가오는 AI 시대가 두렵고 불안한 모든 분이 한 번쯤 읽어보고 도움이 될 만한 내용으로 준비했습니다. 거대한 변화의 근원을 이해할 수 있도록 설명도 충실하게 채우고, 또 실제로 공부하는 방법도 군데군데 담았습니다. 보통 사람이라면 누구나 실천할 수 있는 일들을 기준으로 삼았습니다. 강의할 때마다 느꼈던 청중들의 불안함과 간절함을 깊이 새겨 그분들께 도움이 될 만한 내용들로 꼼꼼하게 챙겨 담았습니다. 이 한 권의 책이 AI 시대를 준비하는 모든 분에게 든든한 '미래 준비 지침서'가 되길 기도하는 마음으로 《AI 사피엔스》를 조심스럽게 시작해보겠습니다.

PART 1

디지털 문명을 넘어
AI로 달려가는 인류

· 01 ·

개인의 일상부터
산업의 성패까지,
문명사적 대전환의 시작

AI가 가져다준 사회적 충격은 이미 2016년 알파고의 등장으로 경험한 바 있습니다. 알파고가 이세돌 9단을 3대 1로 이겼을 때 우리 사회 전체가 난리였죠. AI가 인류를 지배하는 시대가 멀지 않았다는 얘기부터 지구 종말론까지 참 많은 얘기가 있었는데, 늘 그랬듯 금세 잠잠해졌습니다. 그 이후에도 알파고의 진화에 관한 뉴스는 많았지만, 일반 대중이 AI를 특별히 많이 쓰거나 디지털 세계로 급격히 이동하는 일은 없었습니다. 여전히 시리나 빅스비는 그저 말재주만 좀 있는 AI에 불과했고 다른 서비스들도 반짝했다가 곧 시들해졌죠. 그런데 진짜 디지털 대전환을 일으킨 사건은 2020년 1월에 시작됐습니다.

바로 코비드19, 즉 코로나바이러스의 인류 대습격이었죠.

전염병으로 인한 사망자가 폭증하면서 전 인류는 패닉에 빠졌고 국가 간의 모든 이동이 막히는 초유의 격리사태가 일어났습니다. 인간에게는 본능적으로 두려운 것이 3가지가 있다고 하는데 그중 하나가 바로 전염병입니다. 두려움은 죽음이라는 결과를 통해 우리의 DNA 속에 각인됩니다.

인류 학자에 따르면 오랜 역사를 지닌 사피엔스의 사망원인 1위가 바로 배고픔이라고 합니다. 굶어 죽은 인원이 가장 많다고 하죠. 그래서 인류가 가장 두려워하는 것이 굶주림입니다. 그러고 보니 비만인데도 먹는 걸 너무나 좋아하는 현대인의 식탐이 이해가 됩니다. 사망원인 2위는 바로 전염병입니다. 한때 흑사병으로 유럽 인구의 1/4가량이 소멸했다고 하니 사피엔스가 겪었던 세월을 감안할 때 본능적 두려움으로 각인될 만합니다. 3위는 전쟁이라고 합니다. 전시가 아닐 때도 우리가 엄청난 군비를 쏟아붓고 젊은이들이 애써 군대에 가는 이유는 명확합니다.

어쨌든 이번 코로나의 침공은 인류에게 두 번째로 무서운 위협이었고, 그래서 전 세계가 유례없는 전면 봉쇄에 동참했습니다. 디지털 문명은 공포의 확산에 지대한 역할을 했습니다. 전 세계에서 감염자가 폭증하고 병원이 환자로 가득 차는가 하면 시신을 안치할 곳조차 없어 집단으로 매장하는 영상이 순식간에 온 세상으로 퍼져 나가면서 전 인류가 공포에 떨며 격리 생활에 돌입할 수밖에 없었습니다. 생필품 사재기가 횡행하고 학생들은 학교에도 갈 수 없었죠. 아이러니하게도 이 갑작스러운 재앙을 해결해준 것 역시 손안의 스마트폰이었습니다. 인류는 과거에는 상상할 수 없을 만큼의 빠른 속도로 평소의 행동을 바꿔 디지털 문명으로 줄행랑을 쳤습니다.

과거로 되돌릴 수 없는 새로운 표준, 뉴노멀

특히 우리는 디지털 플랫폼 기반의 인프라가 잘 갖춰져 있어 음식이나 생필품을 구하는 데 스마트폰만 활용해도 큰 문제가 없었습니다. 미국이나 유럽에서 겪었던 생필품 사재기 같은 혼란도 피할 수 있었죠. 그러나 코로나로 인해 디지털 문명으로의 대이동을 선택한 사피엔스는 급격한 환경변화로 인한 불편함을 호소했습니다. 갑작스럽게 디지털로 쇼핑해야 했고, 식당에서도 QR코드로 인증을 해야 했습니다. 공부도 줌Zoom이라는 새로운 도구로 화면을 통해 선생님을 만나서 해야 했고요. 그에 따른 부작용도 지속적으로 언급되었습니다. 온라인에 익숙하지 않아 스마트폰 문명을 외면했던 기성세대에게는 지치고 힘든 경험이었습니다. 코로나만 아니었다면 절대 사용하지 않고 버텼을 세대도 어쩔 수 없이 꾹 참고 디지털 생활에 적극적으로 동참했습니다.

그 결과는 플랫폼 기업들의 데이터에 고스란히 기록되어 있습니다. 그때는 모든 이들이 "코로나만 끝나 봐라, 곧바로 옛날로 돌아갈 거야."를 외쳤습니다. 그런데 만 4년이 꼬박 지난 지금, 코로나가 끝난 후에도 인류는 결코 되돌아가지 않았습니다. 사실 사피엔스의 역사를 보면 행동이든 사고든 '과거로 되돌아간' 경우는 거의 없습니다. 거기에는 법칙이 존재합니다. 적은 에너지로 더 많은 일을 할 수 있다면 인류는 기꺼이 그 변화를 받아들입니다.

스마트폰에 기반한 디지털 생활은 기존의 오프라인 중심 생활방식과 다를 뿐이지 에너지의 소비 측면에서는 훨씬 유리합니다. 대문 앞으로 착착 배달되는 맛있는 음식, 손안에서 순식간에 해결되는 은행 업무, 언제 어디서든 손 위에서 즐기는 미디어 시청…, 이 모든 것을 경험한 인류는 그 편리함을 포기할 수 없게 된 거죠. 물론 코로나 이후 보복하듯 오프라인 쇼핑몰로 몰려가기도 하고, 세계 곳곳에 해외 여행객이 폭발적으로 늘기도 했죠.

그런데 일상의 편리함은 거부할 수 없었습니다. 모바일 뱅킹, 온라인 쇼핑, 재택근무, 원격교육은 크게 확산한 후 과거로 돌아오지 않았습니다. 그리고 인류의 새로운 표준, 뉴노멀로 자리 잡았죠. 그 손안의 변화는 거대한 파도가 되어 인류 삶의 모든 영역에서 혁명적 변화를 만들어내고 있습니다.

대표적인 변화가 재택근무의 증가입니다. 가트너의 조사에 따르면, 2023년 말까지 미국의 지식 근로자 중 51%가 하이브리드 근무를, 20%가 완전 원격근무를 할 것으로 예상했습니다. 오른쪽 [그림 01]을 보면 강제적인 원격근무가 필수였던 초기 코로나 봉쇄시기(2020년)에 비해 2022년에는 회사 출근이 52%까지 증가했지만, 이제부터는 오히려 원격근무가 늘어날 것으로 판단하고 있다는 결과입니다.

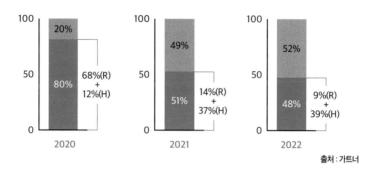

그림 01 코로나 이후 늘어난 원격근무

■ 사무실 근무
■ 완전 원격근무(R) + 하이브리드 근무(H)

출처 : 가트너

또 다른 조사기관 포브스 어드바이저Forbes Advisor의 발표 결과도 놀랍습니다. 무려 57%의 근로자가 재택근무를 중단할 경우 회사를 그만두겠다고 답했고, 2025년까지는 미국 근로자의 22%가 하이브 리드 형태로 재택근무를 할 것이라고 예상했습니다. 코로나 이전에 재택근무의 비율이 3%에 불과했던 것에 비하면 엄청난 변화입니다. 특히 디지털 활용능력이 뛰어난 MZ세대는, 사무실은 일하는 공간이 아니라 잠깐씩 미팅하는 곳으로 인지하기 시작했습니다. 원격근무가 효율성 면에서 좋다고 생각하는 것은 물론이고요. 이미 이들은 일주 일에 2~3일 정도 회사에 가는 것도 지나치게 잦다고 여깁니다.

일상부터 산업까지, 문명 생태계의 지각변동

이러한 변화는 곧바로 도미노 현상을 일으켰습니다. 주요 도시들의 오피스 공실률이 급격히 치솟은 것입니다. 미국 CBRE의 발표에 따르면 2023년 3월 기준 샌프란시스코의 공실률은 29.4%에 이르렀고 LA도 20%를 넘었습니다. 오피스 공실률이 높아지자 상가를 이용하는 고객 수가 급격하게 줄었고, 이에 따라 상가도 철수하게 됩니다. 샌프란시스코 도심의 가장 큰 백화점인 노드스트롬이 고객 감소와 치안 위험을 이유로 2023년 8월에 개장 35년 만에 문을 닫았습니다. 백화점이 나가는 마당에 오밀조밀한 상가들이야 말할 것도 없겠죠. 상가와 오피스가 텅텅 비자 노숙자와 마약 중독자가 몰려들어 그야말로 지옥 같은 풍경이 펼쳐졌습니다. 지금도 별다른 해결책 없이 마약 중독자들이 좀비처럼 도심 한복판을 채우고 있습니다. 유튜브만 뒤져봐도 샌프란시스코 다운타운의 비극을 얼마든지 확인할 수 있습니다.

이런 현상은 미국의 다른 대도시 역시 크게 다르지 않습니다. 이미 사람들은 도시를 재설계해야 한다는 이야기를 시작하고 있습니다. 이제는 오피스가 아니라 대형 레지던스를 도심 한가운데 건설해야 한다는 것이죠. 개인의 삶의 변화가 업무방식의 변화로 이어졌고, 이것은 기업을 운영하는 방식까지 변화시켰습니다. 그리고 이것은 도시의 설계를 바꿔야 하는 거대한 문명의 변화로 이어졌습니다. 진정한 뉴노멀의 변화과정을 우리 세대가 겪고 있는 것이죠. 재택근무의 즐거움을 맛본 사피엔스들이 자발적으로 만들어가는 표준적 라이프

스타일 변화의 과정입니다. 물론 디지털 문명의 혜택이 없었다면, 코로나의 습격이 없었다면 일어나지 않았을 일이겠지만 말이죠.

세계 최고로 발전했던 도시의 형태가 달라질 만큼 심각한 변화가 이미 현실이 되었다면 당연히 우리에게도 큰 변화가 닥쳐오지 않을까요? 어쩌면 우리가 외면하고 있을 뿐이지 이미 우리는 그 변화의 한복판에 서 있는지도 모릅니다. 이외에도 너무나 많은 변화가 지난 4년간 우리 사회를 바꾸고 있습니다. 직장생활의 중요한 일부분이라던 회식이 사라졌고, 직급이 갖는 권위보다는 개인의 인권이 더 존중받는 조직문화가 자리 잡기 시작했습니다. 조직 내부의 도덕적 기준도 엄격해졌습니다. 작은 변화 같지만 사실 과거에는 쉽게 바꿀 수 없었던 근본적인 변화들입니다.

이러한 표준 문명의 근원적인 변화는 챗GPT나 그림 그려주는 AI, 가짜 동영상을 만들어주는 AI 등의 기술적 변화와는 격이 다른 이야기입니다. 내가 사는 문명 생태계 전체가 바뀌는 거대한 충격이니까요. 그렇다면 코로나 이후 벌어지고 있는 이 급격한 변화의 원인이 무엇인지 생각해보고, 앞으로의 대처방안에 대해서도 더욱 깊이 이해하고 공부하는 준비자세가 필요하지 않을까요? 그것이 바로 이 책을 관통하는 핵심주제입니다. 디지털 사회에서 일어나는 일들은 다행히 데이터로 확인할 수 있고, 우리는 생각하는 사피엔스니까 데이터의 의미도 읽어낼 수 있습니다. 오랜 문명의 역사를 지닌 만큼 과거를 교훈 삼아 슬기롭게 미래를 준비할 수도 있습니다. 우리 사회가 나아갈

길, 우리 가족이 준비해야 할 일, 무엇보다 내가 이 문명변화를 어떻게 이겨내고 더 나은 미래를 준비해야 할지 저와 함께 그 길을 찾아보시죠. 더 깊은 이야기 속으로 가보겠습니다.

시가총액이 알려주는
미래 기대치,
자본이 쏠리는 곳을 보라

2007년 스티브 잡스의 손에 들려 아이폰이라는 존재가 세상에 나왔을 때도 이 물건이 인류를 이토록 크게 변화시킬 줄은 아무도 짐작하지 못했습니다. 심지어 그 당시 모든 컨설팅회사가 '게임이나 즐기는 어린 세대들에게 어필할 뿐 세계 시장에서의 확대는 어려울 것이다' 라고 예상했죠. 그래서 당시 핸드폰 업계의 최강자이던 노키아, 삼성, 모토로라, LG 등은 애플이 통신 시장에서 성공하기는 쉽지 않을 거라 판단했고 당연히 대응도 제대로 하지 못했습니다. 그러나 아이폰은 마치 태풍 같은 위세로 확장하며 세계 시장을 휩쓸었죠. 다행히 삼성은 구글과 손잡고 2010년 갤럭시S라는 최초의 안드로이드폰을 출시해 스마트폰 시장에 진입합니다. 이후 스마트폰은 불과 십수 년 만에 인류의 가장 중요한 도구가 됩니다. 아니, 도구를 넘어 마치 인공장기처럼 우리 삶에 스며버렸죠. 특히 우리나라는 세계에서 가장 빠른 속도로 스마트폰 사용자가 늘어난 나라입니다. 데이터로 보자면 디지털 활용에 대한 적응력이 세계에서 가장 빠른 나라였다는 겁니다.

스마트폰을 신체의 일부처럼 사용하는 사람을 '포노 사피엔스'라고 부릅니다. 호모 사피엔스라는 인간의 학명에 폰을 의미하는 '포노Phono'를 붙인 신조어죠. 제가 2019년 이 제목으로 책을 쓰기도 했는데요. 그래서 저는 이제 인간의 몸이 '오장육부'가 아니라 '오장칠부'라고 이야기합니다. 간 밑에, 쓸개 밑에, 스마트폰이라고 말이죠. 이제 스마트폰은 필수적인 인공장기라고 해도 지나치지 않은 표현 같습니다.

도구와 장기의 차이점은 명확합니다. 도구는 하나의 목적을 위해 잠시 꺼내어 사용하지만 장기는 항상 신체에 붙어 있고 무의식 속에서 뇌와 연결되어 작동합니다. 밥을 먹고 나서 위장에게 소화시켜야 한다고 얘기할 필요가 없듯이 어느새 우리는 궁금한 것이 생기면 무의식적으로 스마트폰을 열어 검색합니다. 친구에게 송금할 때도 마찬가지죠. 마치 당연한 듯이 스마트폰 앱을 열고 순식간에 돈을 보냅니다.

스마트폰 이전에는 상상으로만 가능했던 일들이 거의 모두 당연한 일이 되어버렸고, 불과 10여 년 만에 인류의 표준 생활방식이 모두 급격하게 바뀌었습니다. 표준 인류가 포노 사피엔스로 진화했으니 표준 생활방식의 변화는 당연한 일입니다. 표준 생활방식이 바뀌면 당연히 산업계 전반에 거대한 변화가 일어나겠죠. 그걸 보여주는 것이 바로 기업들의 시가총액입니다. 그럼 지난 10년, 특히 코로나 이후 시가총액이 어떻게 변화했는지 한번 알아보겠습니다.

냉정한 자본의 이동과 해외 빅테크의 10배 성장

우선 약 10년 전으로 거슬러 올라가 2013년 데이터부터 보겠습니다. 이때 처음으로 애플이 세계 시가총액 1위를 달성합니다. 아이폰 탄생 6년 만에 세계 1등 기업이 된 거죠. 시가총액은 어떤 의미일까요? 모든 주식 가격의 합이 시가총액입니다. 기업의 가치를 평가하는 데 있어서 시가총액만 중요한 것은 아닙니다만 그래도 가장 중요한 지표죠. 그 이전까지는 주로 석유기업들이 세계 1위를 차지했습니다. 이때도 상반기에는 엑슨모빌이라는 세계적 석유기업이 1위 자리를 지키고 있었죠. 인류가 존재하는 한 석유의 필요성은 사라지지 않을 테니 사람들이 믿고 투자할 수 있었던 겁니다. 석유라는 한정된 자원이 갑자기 확보하기도 쉽지 않을뿐더러 수십 년에 걸쳐 투자한 생산설비도 높게 평가받은 겁니다. 그런데 애플이 이걸 뒤집은 겁니다.

　주식을 사는 사람들의 기준은 예나 지금이나 오직 하나입니다. 단기투자냐 장기투자냐에 따라 조금씩 달라질 수 있지만, 근본적으로 투자자들은 앞으로 오를 것 같은 주식을 삽니다. 그러니까 앞으로 확실히 잘될 것 같은 기업의 주식을 사죠. 즉 주식가격이 높다는 것은 미래 성장에 대한 사람들의 기대치가 높다는 것과 같습니다. 그렇다면 시가총액은 곧 '미래 기대치'라고 정의하는 게 맞겠죠.

이때 1위부터 10위까지의 시가총액을 보면 그리 큰 차이는 없습니다. 1위인 애플이 500조 원을 왔다 갔다 하는 정도이고, 10위까지도 차이가 촘촘한 편입니다. 유통업의 대명사인 월마트가 7위인 것이 눈에 띕니다. 여전히 오프라인 유통이 대세인 시절임을 상징하죠. 1994년 시작한 온라인 유통회사 아마존이 열심히 성장하고 있었지만, 여전히 사람들은 오프라인 유통의 대명사 월마트의 미래 기대치를 더 크게 본 것입니다. 인류 표준 문명의 이동이 시작되기 전이라는 걸 의미하는 데이터이기도 합니다. 2013년까지만 해도 문명의 표준은 여전히 오프라인 중심이었고, 산업 생태계에도 큰 변화가 없다는 것을 데이터가 말해줍니다.

이제 코로나 직전인 2020년 1월 1일로 이동해 보겠습니다. 중국이 코로나 발원지인 우한을 전면 봉쇄한 게 2020년 1월 23일이니까 이때는 전 세계적인 코로나 봉쇄 직전의 상황이라고 할 수 있습니다. 일단 1위에서 5위까지가 완전히 달라졌습니다. 애플, 마이크로소프트 (이하 MS), 구글, 아마존, 메타까지 모두 스마트폰을 창조한 기업과 그걸 기반으로 새로운 인류의 디지털 문명을 구축한 기업들이 다 차지했습니다. 바야흐로 '포노 사피엔스 문명'이 인류의 표준 문명이 되었다는 걸 보여주는 데이터입니다. 그러고 보니 인류는 스마트폰을 기반으로 디지털 신대륙으로 이동하였습니다. 그리고 그 신대륙을 창조한 기업들이 인류에게 선택받아 세계 최고의 기업들로 성장한 것이죠.

그림 02 전 세계 기업 시가총액 톱 10 (2020년 1월 1일) (단위 : 원)

순위	기업	국가	시가총액
1	애플	미국	1,501조
2	마이크로소프트	미국	1,386조
3	구글(알파벳)	미국	1,065조
4	아마존	미국	1,058조
5	페이스북	미국	676조
6	알리바바	중국	657조
7	버크셔해서웨이	미국	637조
8	텐센트	중국	537조
9	JP모건	미국	505조
10	존슨앤존슨	미국	443조

출처 : 당일 구글 검색

시가총액의 차이도 엄청납니다. 애플이 세계 최초로 1조 달러를 넘었고, 바로 따라서 MS도 뛰어넘었습니다. 애플이 1,500조 원에 이르면서 10위와의 격차도 어마어마하게 벌어졌습니다. 과거에는 볼 수 없던 패턴입니다. 같은 날 우리나라 1등 삼성전자의 시가총액이 370조원, 일본 1등 도요타의 시가총액이 268조 원인 것과 비교해보면 자본의 쏠림이 얼마나 극심한지를 알 수 있습니다. 인류가 이미 디지털 문명을 선도하는 기업들에 더 높은 미래 기대치를 부여했다는 겁니다. 그렇다면 코로나 봉쇄가 시작되고 4년이 지난 후 이 시가총액은 또 어떻게 변했을까요?

그림 03 전 세계 기업 시가총액 톱 10 (2024년 1월 3일) (단위 : 원)

순위	기업	국가	시가총액
1	애플	미국	3,776조
2	마이크로소프트	미국	3,610조
3	아람코	사우디아라비아	2,791조
4	구글(알파벳)	미국	2,276조
5	아마존	미국	2,027조
6	엔비디아	미국	1,557조
7	메타	미국	1,164조
8	버크셔해서웨이	미국	1,030조
9	테슬라	미국	1,018조
10	일라이릴리	미국	735조

출처 : 당일 구글 검색

앞서 언급했듯이 코로나를 만난 인류는 더욱 빠르게 디지털 문명으로 이동했습니다. 그리고 그 변화는 연쇄효과를 일으켜 뉴노멀, 새로운 인류 문명을 만들어내는 중입니다. 당연히 디지털 플랫폼 기업들의 시가총액도 올랐겠지요. 얼마나 올랐는지 보겠습니다. 이제 2024년 1월 3일의 데이터를 볼까요. 정확히 4년 만에 애플의 시가총액은 3조 달러를 넘어 3,776조 원이 되었고 MS도 3,600조 원을 훌쩍 넘었습니다. 삼성전자도 오르긴 했습니다만 여전히 500조 원 언저리에 있습니다. 도요타도 320조 원 근처를 맴돌고 있습니다. 애플은 이제 '넘사벽'의 단계로 접어들었습니다. 이제는 미래 성장의 기대치가 삼성전자에 비해 8배나 높아졌습니다. 반도체 1위 기업은 GPU로 수혜를 본 엔비디아가 차지했습니다. 무려 1,500조 원짜리 기업으로 급성장한 겁니다. 테슬라도 1,000조 원을 넘어 10위권 안으로 진입했습니다. 서학개미들이 옳았네요. 지나고 보니 그때 저 주식들을 샀어야 했습니다. 사우디아라비아 국영기업이던 아람코가 2020년 1월에 상장해서 세계 1위를 차지하더니 이제는 3위까지 내려섰습니다. 미래가 확정된 사우디의 엄청난 석유 매장량보다 아이폰의 미래 기대치를 더 높게 보고 있는 인류의 판단이 정말 놀랍습니다.

더 놀라운 것은 테슬라입니다. 분명히 자동차기업인데 세계 1위의 도요타보다 3배나 높습니다. 우리나라의 자랑 현대차와 기아차의 시총을 합하면 약 100조 원인데 그 차이가 무려 10배가 넘습니다. 도대체 인류는 왜 이들 기업의 미래 기대치를 이렇게 높게 판단한 것일까요? 도대체 전통적인 기업들에 비해 이들의 성장 가능성이 왜 이렇게까지 높다고 생각할까요? 그러고 보니 우리나라의 코스피 지수는 코로나 직후 잠깐 반짝했으나 4년째 거의 그대로입니다. 370조 원이던 1등 삼성전자가 500조 원까지 올라갔으니 상승한 것은 맞지만 폭발성장을 이룬 해외 빅테크 기업들에 비하면 왠지 아쉽습니다.

우리나라 코스피 상장기업들의 시가총액은 2,000조 원 정도 됩니다. 그런데 이제 시총 2,000조 원을 넘는 기업이 무려 6개나 됩니다 (2024년 2월 15일 기준). 한 기업의 미래 기대치가 우리나라 코스피 전체 기업들의 미래 기대치보다 높다는 뜻입니다. 도대체 세계의 자본은 왜 우리 기업에는 인색하고 저들에게만 저렇게 '몰빵' 하는 걸까요?

물론 거품이라거나 일시적인 현상이라고 진단하는 분도 있습니다. 그만큼 저평가된 기업들이 앞으로 상승할 거라는 긍정적 전망을 하시는 분들도 많습니다. 그런데 세상에서 가장 냉정한 게 돈입니다. 누구도 허투루 쓰는 법이 없죠. 또 투자를 결정할 때 엄청나게 많은 정보와 전문가의 조언을 참고하고, 심지어 AI까지 활용합니다. 더구나 이제는 전 세계 누구나 스마트폰을 이용해 이 기업들의 주식을 맘대로 사고팔 수 있는 시대입니다. 우리나라만 해도 무려 300만 개가 넘는 해외주식 계좌가 있습니다. 그런데 그 많은 자본의 냉정한 결정이 이런 엄청난 편차를 만들어낸 겁니다. 이 정도 편차라면 몇몇 사람들의 의견이 아니라 전 인류가 선택한 냉정한 '미래 기대치의 판정 결과'라고 보는 게 맞겠죠. 제가 이 책을 쓰게 된 시작점도 바로 이 데이터 때문입니다. 이 데이터로 보자면 우리가 무언가 단단히 잘못하고 있는 게 틀림없습니다. 무려 4년 동안이나 말이죠.

전 세계 자본을 빨아들이는 블랙홀, AI

이번에는 2024년 4월 2일로 가보겠습니다. 주목할 것은 생성형 AI의 위력입니다. 불과 세 달 만에 MS가 큰 차이로 앞서며 시총 1위에 올랐습니다. 4,264조 원이라니 무시무시합니다. 이제 드디어 코스피 전체 시총을 합친 것보다 2배 이상 큰 기업이 나왔네요. 미래 기대치라

그림 04 전 세계 기업 시가총액 톱 10 (2024년 4월 2일) (단위 : 원)

순위	기업	국가	시가총액
1	마이크로소프트	미국	4,264조
2	애플	미국	3,549조
3	엔비디아	미국	3,053조
4	아람코	사우디아라비아	2,731조
5	구글(알파벳)	미국	2,619조
6	아마존	미국	2,541조
7	메타	미국	1,693조
8	버크셔해서웨이	미국	1,223조
9	TSMC	대만	991조
10	일라이릴리	미국	975조

출처 : 당일 구글 검색

면 정말 어마어마합니다. MS는 거의 20%의 큰 차이로 애플(3,549조 원)을 밀어내고 10년 만에 세계 1위로 복귀했습니다. 챗GPT를 집어삼킨 MS에 대한 미래 기대치입니다. 애플이 폭락한 건 생성형 AI에 대한 전략 부재 탓이라고 합니다.

또 하나 놀라운 기업이 바로 엔비디아입니다. 시총 3,053조 원으로 구글과 아마존을 가뿐하게 제치고 세계 3위로 올라섰습니다. 제조업인 엔비디아가 GPU 매출만으로 이렇게 높은 자리에 올라서다니, 세계 경영 교과서를 다시 써야 할 판입니다. 석 달 만에 2배가 뛰었습니다. 빅테크들이 너도나도 앞다퉈 생성형 AI 서비스 개발에 도전한다고 나서면서 자본의 AI 집중현상도 더욱 도드라지고 있습니다. 이제 시총 2,000조 원 이상 기업이 무려 6개나 됩니다. 자본 쏠림이 얼마나 심각한지 실감이 나죠? 엔비디아의 GPU를 생산하는 TSMC도 톡톡히 혜택을 보면서 991조 원까지 상승하며 세계 9위, 아시아 1위를 기록했습니다. 우리나라 반도체 기업들도 생성형 AI 산업의 수혜를 조금씩 받고 있습니다. 삼성전자도 563조 원을 기록하며 '8만 전자'를 회복했습니다. 테슬라가 폭락했다는 뉴스가 많았는데 여전히 700조 원 언저리를 지키고 있습니다.

현대차와 기아차가 합해서 100조 원을 넘은 것은 참 고무적인 현상입니다만 아직도 7배 이상 차이가 나는군요. 불과 석 달 만에 또 수천조 원이 움직였습니다. 그 중심에 생성형 AI를 이끌어가는 2개의 엔진, 소프트웨어 개발과 AI 반도체가 자리 잡고 있네요. 너무나 급격한 주가변동에 투자의 천재라는 워런 버핏도 '카지노 같은 증권시장'이라고 이야기하고 있습니다. 그럼에도 우리 기업들을 외면하는 자본이 야속하기만 합니다.

기업에 대한 미래 기대치를 비교하면서 원인을 분석해보면 우리 기업들이 달라져야 할 점이 무엇인지 찾을 수 있습니다. 동시에 우리 사회의 미래 기대치를 올리는 방법도 찾아낼 수 있습니다. 무엇보다 중요한 것은 미래를 준비하는 학생과 청년들이 그 기준을 제대로 알아야 한다는 것입니다. 그래야 앞으로 10년 후 자신의 미래 기대치를 제대로 올릴 수 있습니다. 그래서 인류는, 자본은 도대체 왜 이들 기업만을 편애하는지 가장 중요한 요인들을 정리해봤습니다.

'디지털 표준'으로
모든 것을 바꾼
새로운 인류의 습관

이들 급성장한 거대 기업들이 가장 달랐던 점은 CEO부터 전 임직원에 이르기까지 오직 하나의 문명 표준, 즉 디지털 원주민들만을 대상으로 사업을 기획하고, 제품이나 서비스도 오로지 포노 사피엔스들만을 대상으로 개발하고 판매한다는 것입니다. 마케팅이나 세일즈 방식도 오로지 디지털 인류를 대상으로 합니다. 직원들이 일하는 방식도 마찬가지, 재택근무, AI 활용, 로봇 활용 등 디지털 라이프스타일, 디지털 업무스타일을 매우 적극적으로 활용합니다.

그러고 보니 이들 거대 기업들만 그런 게 아닙니다. 우리가 일상에서 매일 경험하는 소소한 서비스들도 플랫폼을 타고 이미 엄청나게 변화해버렸네요. 어느새 인류 문명의 표준은 디지털 라이프가 되었습니다. 그것도 자발적 선택으로 말이죠. 2024년이 시작되자 이러한 디지털 기업들이 생성형 AI 붐을 타면서 더욱 주목받고 있습니다. 근본적으로 디지털 데이터가 있어야 생성형 AI 활용이 가능하다는 것은 상식입니다. 그러니 AI가 중요해진 시장에서 이들 디지털 중심 기업들이 더 각광받는 것은 당연하겠죠.

대표적인 것이 바로 우버 서비스입니다. 미국에서 우버가 성공한후 세계 각국은 유사한 서비스를 적극 도입했습니다. 물론 우리처럼 우버를 불법으로 규제한 나라도 아직 몇 곳 있긴 합니다. 표준이라는건 제도가 만드는 게 아니라 인류가 선택하는 기준입니다. 그렇다면오늘 하루 우버나 우버 유사 서비스를 이용하는 사람이 많을까요, 아니면 과거처럼 택시 정류장에 서서 택시를 타는 사람이 많을까요? 이건 이제 비교조차 되지 않습니다. 미국에는 우버 등장 이후 리프트라는 경쟁 기업까지 생겼고 이제는 택시보다 더 보편적인 모빌리티 서비스로 자리 잡았습니다.

2024년 1월에 개최된 CES에 참석해보니 13만 명이 넘는 엄청난인파가 몰렸는데도 택시와 우버, 리프트가 그 많은 수요를 훌륭하게해결하더군요. 그 유연성이 너무 부러웠습니다. 우리는 매일 밤 강남역에서 그 얼마 안 되는 승객들이 택시를 잡느라 전쟁을 치르는데 말이죠. 저를 비롯한 우리나라 참석자들 대부분이 미리 우버 앱을 깔고 와서 자연스럽게 사용하는 것을 보니 쓴웃음이 났습니다. 우버의 시가총액은 이미 215조 원(2024년 4월 2일 기준)을 훌쩍 넘었습니다. 미래 기대치가 현대자동차의 4배네요. 우리에게는 없는 미래 기대치입니다.

동남아도 마찬가지입니다. 그랩Grab이라는 회사가 싱가포르에 설립된 이후 동남아 8개 국가로 확대되면서 이제는 동남아 대표적인 모빌리티 서비스가 되었습니다. 베트남에는 등하교 시간에 그랩 헬멧을 쓴 오토바이들로 학교 앞이 북새통을 이룹니다. 새로운 표준 교통수단으로 자리 잡은 겁니다. 동남아 기업 그랩도 시가총액이 15조 원에 이릅니다.

여행의 표준도 바뀌었습니다. 이제는 여행사나 호텔을 찾기보다 폰을 열어 여행지와 숙박 장소를 스스로 결정합니다. 그러는 사이 에어비앤비는 139조 원 기업(2024년 4월 2일 기준)으로 성장했죠. 반면 호텔들의 시가총액은 지난 10년간 절반 이하로 떨어졌습니다. 표준의 변화가 바꾼 숫자입니다. 금융도 이미 모바일이 표준 수단으로 자리 잡았고 자연스럽게 수많은 오프라인 지점들이 폐쇄되고 있습니다.

'오로지 디지털이 표준'으로 달라진 인류의 습관

방송의 표준도 OTTOver The Top라고 불리는 폰 위의 방송국이 더 많은 선택을 받고 있습니다. 심지어 TV를 보는 방법까지 달라지고 있습니다. 2023년 7월 닐슨 시청률 조사에 따르면, 조사 이후 최초로 미국

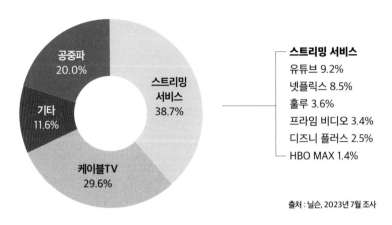

그림 05 미국 시청자들이 선택한 방송의 표준

공중파
20.0%

기타
11.6%

케이블TV
29.6%

스트리밍
서비스
38.7%

스트리밍 서비스
유튜브 9.2%
넷플릭스 8.5%
훌루 3.6%
프라임 비디오 3.4%
디즈니 플러스 2.5%
HBO MAX 1.4%

출처 : 닐슨, 2023년 7월 조사

시청자들의 지상파 및 케이블TV 시청률이 50% 이하로 떨어졌습니다. 이제 유튜브나 넷플릭스 같은 스트리밍 서비스 활용 비율이 지상파나 케이블을 넘어 38.7%까지 확대되었습니다. 말하자면 소비자의 선택으로 방송의 표준이 바뀐 것이죠.

TV가 꼭 필요하다는 인식도 사라지고 있습니다. 2021년 우리나라 방송통신위원회에서 실시한 조사에 따르면 이미 27%의 국민만이 'TV가 필수'라고 응답했습니다. 10대 0.1%, 20대 4.5%, 30대 9.2%인 결과를 감안하면 앞으로 더 빠르게 줄어들 게 분명합니다. 영화관도 관람객이 대폭 줄고 있는 것은 마찬가지입니다. 이제 방송은 스마트폰을 이용하든 TV를 이용하든 내가 선택해서 보는 것이 명백한 표준입니다. 이렇게 되면 TV 광고는 더 이상 광고의 표준이 될 수 없겠죠. SNS에서, 유튜브에서, 넷플릭스에서 어떻게 광고를 해야 하는지

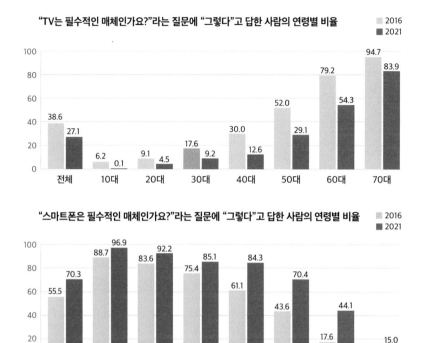

그림 06 방송 매체 이용행태 조사

"TV는 필수적인 매체인가요?"라는 질문에 "그렇다"고 답한 사람의 연령별 비율

■ 2016
■ 2021

	전체	10대	20대	30대	40대	50대	60대	70대
2016	38.6	6.2	9.1	17.6	30.0	52.0	79.2	94.7
2021	27.1	0.1	4.5	9.2	12.6	29.1	54.3	83.9

"스마트폰은 필수적인 매체인가요?"라는 질문에 "그렇다"고 답한 사람의 연령별 비율

■ 2016
■ 2021

	전체	10대	20대	30대	40대	50대	60대	70대
2016	55.5	88.7	83.6	75.4	61.1	43.6	17.6	3.2
2021	70.3	96.9	92.2	85.1	84.3	70.4	44.1	15.0

출처 : 정보통신정책연구원, 전국 4,236가구 만 13세 이상 남녀 6,834명 조사

새로운 표준을 제시해야 합니다. 이처럼 모든 변화는 도미노처럼 연쇄 반응을 일으킵니다. 그러는 사이 넷플릭스의 시가총액은 356조 원(2024년 4월 2일 기준)까지 올라가 버렸습니다.

쇼핑도 온라인과 오프라인이 뒤바뀌었습니다. 보스턴컨설팅그룹의 예측에 따르면 우리나라는 2024년부터 이커머스 유통시장이 오프라인을 뛰어넘게 되는 크로스오버가 발생하는 것으로 나타납니다.

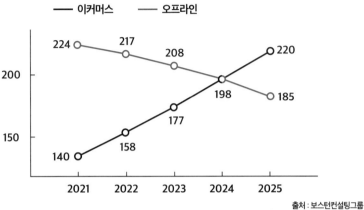

그림 07 한국의 유통시장 전망 (단위 : 조 원)

출처 : 보스턴컨설팅그룹

그 시점이야 어떻든 온라인 유통이 더 많아지는 건 정해진 미래라는 뜻이죠. 미래 성장 기대치도 이와 비례합니다. 우리나라 최고의 오프라인 유통기업 이마트의 시가총액은 2조 원대를 맴도는 반면, 쿠팡의 시가총액은 38조 원대니까 거의 19배 차이입니다. 물론 지나친 감이 있습니다. 수십조 원의 부동산을 보유한 이마트그룹의 시총이 2조 원대라는 건 아이러니하죠. 그래도 미래 성장 기대치는 디지털 신대륙에 있다는 자본의 판단은 분명합니다. 그래서 전통적인 오프라인 유통기업들도 모두 온라인 유통 확장에 사활을 걸 수밖에 없는 겁니다.

이렇게 정리하고 보니 교통, 여행, 쇼핑, 외식, 미디어 시청, 업무, 배달, 회식 등 평범한 일상에 관련된 산업계 전반이 코로나 이후 달라진 인류의 습관으로 인해 과거와는 전혀 다른 방식으로 전환하는 중입니다. 아직 표준 시장 변화의 과정을 겪는 영역도 있고, 급하게 표준

그림 08 디지털 대전환으로 달라진 인류 문명의 표준

	2020	2024	2030
교통	택시	우버(220조 원)	자율주행차
호텔	메리어트, 하얏트, 힐튼	에어비앤비(136조 원)	메타버스
금융	KB, 신한	카카오, 토스	디파이, CBDC
방송	지상파, 케이블TV	유튜브, 넷플릭스(348조 원)	OTT, AI
유통	월마트	아마존	옴니채널, AI

이 바뀐 영역도 있습니다. 분명한 것은 '오로지 디지털이 표준'이라고 결정하고 모든 사업 방식을 디지털 신인류에 집중한 기업들의 '미래 성장 기대치'가 폭발적으로 증가했다는 것입니다. 코로나가 끝나고 나면 수그러들 줄 알았는데, 다시 예전으로 돌아갈 거라고 예상했는데 인류는 뒤도 안 돌아보고 냅다 뛰기 시작했습니다. 문제는 여기에 있습니다. 과연 우리들의 마음 표준은 어디에 있을까요?

· 04 ·

변화를 거부하는
사회적 관성의
참담한 결과

자, 이제 왜 우리 기업들의 미래 기대치가 코로나 이후 제자리에 머물고 있는지 살펴봅시다. 2020년 1월 2,200선이었던 코스피 지수는 코로나가 한창이던 2021년 한때 3,200선을 돌파하기도 했지만, 2023년 이후 2,200선으로 다시 내려왔고 2,200에서 2,600선을 오르내리는 형국입니다. 물론 주식시장을 결정하는 요인은 한두 가지가 아니겠지만, 일단 명확한 팩트는 전 세계 자본이 우리나라 기업에는 그다지 투자 매력을 느끼지 못한다고 볼 수 있습니다.

그리고 보니 상위권에 있는 기업들 대부분이 우리나라의 대표 산업, 전통의 제조업 중심 기업들입니다. 디지털 신문명의 등장으로 수혜를 입을 기업들은 반도체 관련 기업 정도라고 생각되고, 나머지 기업들은 관련성을 찾기가 쉽지 않네요. 대표 플랫폼 네이버의 시총이 33조 원, 카카오가 24조 원 정도입니다. 글로벌 플랫폼에 비하면 소박한 수준입니다. 그런데 왠지 우리 사회는 플랫폼의 성장에 대해 탐탁지 않게 여기는 분위기입니다. 그렇지 않나요?

우리 사회는 디지털 문명전환에 대해 매우 보수적입니다. 아직도 우버나 에어비앤비가 모두 불법이고 핀테크의 도입, 코인이나 NFT 발행 등에 대해서도 매우 부정적입니다. 특히 언론사의 보도를 보면 우리 사회가 디지털 문명에 대한 반감이 얼마나 큰지 더 생생하게 느낄 수 있습니다. 물론 우리만의 문제는 아닙니다. 어느 사회나 급격한 사회구조 변화에 대해서는 거부와 저항이 존재하기 마련입니다. 혁신의 땅이라고 불리는 미국에서도 핀테크나 코인경제의 전면 도입에 대해서는 매우 신중하게 접근하고 있습니다. 더욱이 우리나라는 아직도 개발도상국의 관성이 강력하게 지배하는 나라입니다. 선진국에서 무엇인가 혁신적인 것이 나오면 안정화될 때까지 기다렸다가 무르익은 후에 카피해서 따라가면 된다는 생각이 강하죠.

변화가 두려운 90%의 선택?

기성세대의 입장으로 보면 디지털 전환은 결코 좋은 일이 아닙니다. 불편하고 힘들고 달라져야 하는 일이죠. 애써 얻은 기득권도 내려놓아야 합니다. 그러니 정치인들도 국민의 생각을 반영해서 규제 정책을 수립하고 언론사들도 대다수 국민이 좋아하는 디지털의 부작용에 대해 더 많은 기사를 쓰게 됩니다. 그리고 이것이 우리 사회의 관성으로 작용하는 것이죠. '디지털은 부작용이 많다'라는 강력한 관성으로요.

어찌 보면 당연한 일입니다. 한번 질문을 던져볼까요? "코로나 이후 디지털 전환이 급속히 이루어지면서 혹시 많은 혜택을 보셨습니까?"라는 질문에 "그렇다."라고 답변하는 분이 과연 몇 퍼센트나 될까요? 여러분도 마음속으로 한번 답변해보십시오. 디지털 플랫폼 확장으로 혜택을 본 기업이나 전문가들의 수를 생각할 때 아마 10%도 채 되지 않을 것입니다. 나머지 90%의 국민은 급격한 변화가 두렵습니다. 그래서 그 두려운 마음들이 모여 '규제를 만들고 천천히 가자'는 관성이 형성됩니다. 규제를 혁신해야 발전을 이끌어갈 수 있다는 생각에는 많은 분이 동의하지만 현실은 그렇지 않다는 것이죠.

사실 사회라는 것이 빨리 발전하는 것도 중요하지만 취약계층을 보호하고 서로 상생하는 관계로 변화에 대응하는 것도 필요합니다. 아니, 그래야 합니다. 어떠신가요? 왠지 마음도 따뜻해지고 그래야 할 것 같지 않나요? 발전만을 추구하다가 IT 양극화가 발생하는 것도 문제이고, 소외계층이 늘어나는 것도 막아야 합니다. 사실 몇몇 벤처기업이 잘되는 것보다는 사회 전체적인 보호 시스템의 작동이 더 중요한 이슈입니다. 공감하시죠? 그래서 우리 사회는 90% 이상의 국민이 원하는 방식으로 디지털 문명전환의 속도를 늦추고 있는 겁

그림 09 지난 5년간 코스피 주가변동

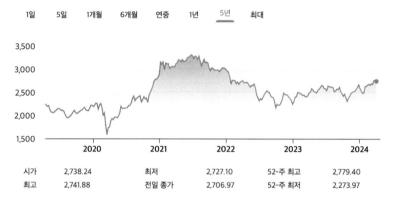

2,729.27
+519.66 (23.52%) ↑ 지난 5년

4월 4일 오후 12:05 GMT+9 · 면책조항

| 1일 | 5일 | 1개월 | 6개월 | 연중 | 1년 | 5년 | 최대 |

| 시가 | 2,738.24 | 최저 | 2,727.10 | 52-주 최고 | 2,779.40 |
| 최고 | 2,741.88 | 전일 종가 | 2,706.97 | 52-주 최저 | 2,273.97 |

출처 : 당일 구글 검색

그림 10 지난 5년간 나스닥 주가변동

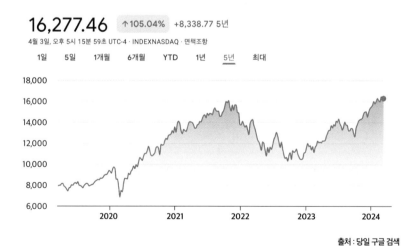

16,277.46 ↑105.04% +8,338.77 5년

4월 3일, 오후 5시 15분 59초 UTC-4 · INDEXNASDAQ · 면책조항

| 1일 | 5일 | 1개월 | 6개월 | YTD | 1년 | 5년 | 최대 |

출처 : 당일 구글 검색

니다. 2010년 창업 이후 세계인의 모빌리티 서비스 표준을 바꾸면서 120조 원 기업으로 성장한 우버의 도입을 여전히 막고 있는 것도 같은 이유입니다. 과연 꼭 나쁘다고 할 수 있을까요? 그래서 규제는 14년째 굳건하게 유지되는 중입니다.

그렇다면 이번에는 질문을 바꿔보겠습니다. 모든 국민에게 1,000만 원씩 지급하고 "10년 후 본인의 미래를 위해 주식에 투자한다면 서울시 택시조합을 선택하겠습니까, 아니면 테슬라를 선택하겠습니까?"라고 질문한다면 어떤 선택을 할까요? 모르긴 몰라도 아마 90% 이상의 국민이 테슬라를 선택할 겁니다. 논리적으로 선택의 이유를 말하라고 하면 아마 어려울 겁니다. 서울시 택시조합의 영업이익을 위해서 앞으로도 우버나 타다와 같은 혁신적인 서비스는 전부 다 규제로 막아줄 거고 영업 라이선스 또한 잘 보전해줄 겁니다. 회사가 적자라도 보면 요금도 척척 올려줄 겁니다. 2010년 이후 늘 그렇게 해왔으니까요. 그렇다면 완전히 남는 장사네요. 이익이 보장된 회사인데 왜 우리는 투자를 꺼리는 걸까요?

1조 3,000억 원의 수익? 아니면 청문회 호출?

테슬라의 CEO 일론 머스크는 어떤 사람인가요? 여러분이 보기에 정상적인가요? 아니면 괴짜에 가까운가요? 우리나라 언론사가 다루는 그에 관한 기사나 우리 사회의 기준으로 보자면 괴짜에 가깝다고 봐

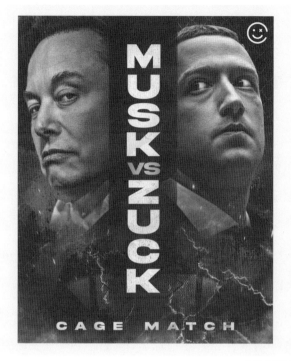

야 할 것 같습니다. 옛날 말로 '돌아이'라고 하죠. 2023년에도 말도 안 되는 대형 사고를 한번 제대로 쳤습니다. 페이스북의 창업자 마크 저커버그가 스레드라는 X(옛 트위터)와 비슷한 서비스를 출시하자 X에서 어느 것이 더 좋은가에 대해 댓글로 말다툼을 벌였습니다. 감정이 격화되자 "그러지 말고 UFC 케이지에서 한판 제대로 붙자." 하는 말까지 오갔죠. 그 한마디에 그야말로 SNS는 물론이고 전 세계 신문사, 방송사까지 다 난리가 났었습니다. UFC 회장은 "당신들을 위해 로마

의 콜로세움에 특별 케이지를 만들어주겠다."라고 하는가 하면 이 둘의 경기를 X로 생중계한다면 무려 1조 3,000억 원의 수익이 예상된다는 기사가 나오기도 했습니다. 실제로 두 CEO는 오랫동안 주짓수 개인지도를 받아온 것으로 알려졌는데, 두 사람 모두 같은 코치로부터 지도받아 화제가 되었습니다.

만약 이런 일이 우리나라에서 벌어진 일이었다면 어땠을까요? 국내 10대 대기업 총수 둘이 격투기로 한판 붙자고 했다면 모르긴 몰라도 국회에 바로 불려가서 경거망동한다고 의원들에게 크게 난타당하지 않았을까 생각됩니다. 이 정도니 우리가 일론 머스크를 괴짜다, 돌아이다 얘기하는 게 당연합니다. 사실 정상적인 거대 기업의 CEO라고 하기엔 좀 문제가 있긴 합니다.

그런데 시각을 좀 바꿔서 그 사건 이후 두 기업의 시가총액 변화를 살펴봤습니다. 일단 모든 분쟁의 발단이었던 메타의 스레드 발표 이후 메타의 주가는 계속 견조한 성장세를 보였습니다. 2023년 연초에 130달러 선에 머물던 주가는 스레드 가입자가 폭증하면서 300달러 선을 넘었고 이후 330달러까지 상승했습니다. 시가총액도 200조 원이상 급증했죠. 도대체 이 사람들이 왜 싸우는 거야, 스레드가 도대체 뭐야 하면서 불과 4일 만에 1억 명의 가입자를 돌파한 것이 성장의 원동력이 된 것입니다.

일론 머스크도 덕을 톡톡히 봤습니다. 트위터를 인수한 이후 'X corp.'로 회사 이름을 바꾸고 2023년 7월 말부터 서비스 이름도 '트위터'에서 'X'로 리브랜딩을 시작했는데 이 두 사람의 설전이 트위터에서 이뤄짐으로써 자연스럽게 X로의 리브랜딩에 성공했습니다. 어이없는 일이죠? 보통 수조 원은 기본적으로 든다는 거대 기업의 리브랜딩에 돈 한 푼 안 들였으니 말입니다. 광고모델은 마크 저커버그와 일론 머스크, 즉 CEO들이었고 광고를 확산한 플랫폼은 SNS 커뮤니티였습니다. 우리나라에서도 머스크와 저커버그의 격투기 대결에 대한 소식이 디시인사이드라는 커뮤니티를 중심으로 엄청난 속도로 퍼져나갔죠. 막대한 자본을 투자해 엄청난 방송 광고 캠페인을 진행해야 신산업 런칭이나 리브랜딩이 가능하다는 과거의 광고업계 주장을 이 2명의 CEO가 무색하게 만들어버렸습니다.

그러고 보니 테슬라의 TV 광고를 본 적이 있나요? 없을 겁니다. 일론 머스크는 광고를 싫어합니다. 실제로 2019년 10월 자신의 트위터 계정에 "나는 광고가 싫다 I hate advertising."라는 글을 게시하기도 했죠. 그럼 누가 테슬라를 알렸을까요? 우선 일론 머스크 자신이 가장 강력한 인플루언서이자 광고모델입니다. 그에게 TV나 신문 같은 방송 플랫폼은 광고 대상이 아닙니다. 트위터, 유튜브 같은 SNS에서 고객 스스로가 퍼뜨리게 만드는 게 그의 광고전략입니다. 실제로 테슬라는 거대한 팬덤을 형성해 수많은 고객이 스스로 "이 차는 미쳤어요. 너무 좋아요."를 퍼뜨리게 하는 데 성공했죠. 말하자면 머스크는 스마트폰을 쓰지 못하거나, SNS를 활용할 줄 모르는 고객한테는 차를 팔지 않겠다는 전략을 취한 겁니다. 그의 세계관이 어떤지를 보여주는 대목입니다.

이런 그의 행보는 '미친 짓'이라는 평가를 받았습니다. 2003년에 설립한 테슬라가 엄청나게 큰 관심을 끌기는 했지만 '자동차산업이 그렇게 만만한 게 아니다'라는 평가가 지배적이었죠. 그런데 2019년 처음으로 흑자 전환에 성공하면서 20달러 밑에 머물렀던 테슬라의 주가는 무섭게 치솟기 시작합니다. 2021년 11월에는 무려 400달러를 돌파하면서 불과 2년 만에 20배 넘는 미친 성장을 기록합니다. 2023년 말에는 좀 내려서 250달러 선을 유지하고 있지만, 여전히 시가총액은 1,000조 원을 넘습니다. 현대차가 시총 50조 정도인 것을 감안하면 엄청난 미래 기대치입니다.

머스크가 세운 다른 회사들 역시 비슷합니다. 2002년 세웠던 스페이스X는 아직 상장 전이지만 이미 230조 원 가치로 평가받고 있습니다. 상장만 하면 나이키와 인텔을 가볍게 제치는 겁니다. 우주에 위성을 띄워 전 세계를 연결하는 인터넷망을 구축하겠다는 '스타링크' 사업을 시작한다고 했을 때 다들 미쳤다고 했는데 그 꿈이 현실이 된 겁니다. 이미 회사는 흑자 전환을 했습니다. 특히 우크라이나-러시아 전쟁을 겪으면서 스타링크의 위용이 검증되었고, 이스라엘-하마스 전쟁 시에도 가자지구의 정보망을 대신해주었습니다. 그 위성을 쏘아 올린 회사가 바로 스페이스X입니다.

스페이스X는 이미 5,000대의 위성을 우주로 보내 안정적인 통신망을 구축했을 뿐 아니라 화성 탐사를 위한 초거대 우주선 '스타십' 발사에도 계속 도전하면서 차곡차곡 실력을 쌓아가고 있습니다. 이제 우주 개발은 누가 뭐래도 민간 회사인 스페이스X가 주인공입니다. 뇌 속에 칩을 박아 신경 기능을 대신하겠다고 만든 뉴럴링크도 기술적으로는 이제 막 시작한 단계라고 하지만 왠지 머스크라면 해낼지도 모르겠다는 생각이 듭니다. 저만 그렇게 생각하는 게 아니겠죠? 어느새 첫 번째 인체 적용 실험이 시작되었습니다. 어김없이 일론 머스크는 X에 스마트폰 없이 뇌에 칩을 박아 연결하는 시대를 열었다고 메시지를 남기기도 했죠. 아직 먼 얘기이긴 하지만 누구보다 앞서가는 건 분명합니다. 그래서 이 회사의 가치도 이미 5조 원을 훌쩍 넘었습니다.

전 세계 자본이 모이는 이유는, 오직 실력

그냥 일론 머스크니까 미래 기대치가 이렇게 높은 걸까요? 아닙니다. 실제로 기업의 경쟁력이 남다르기 때문입니다. 테슬라는 다른 자동차회사에 비해 광고비를 수조 원 줄였습니다. 또 판매 대리점도 거의 없습니다. 정식 스토어는 우리나라 전체에 달랑 7곳뿐입니다. 시승을 제공할 뿐 영업사원조차 많지 않습니다. 수백 곳의 대리점을 운영하는 현대차와 비교하면 수조 원에 이르는 운영비용을 또 절감할 수 있죠. 오직 디지털 인류만 상대하는 전략으로 이렇게 큰 비용을 절감했습니다. 그 비용은 고스란히 미래를 위한 연구개발에 투자됩니다. 자율주행, 기가프레스, 기가팩토리의 성공은 제대로 된 실력도 갖추고

그림 12 테슬라가 만든 로봇 옵티머스2

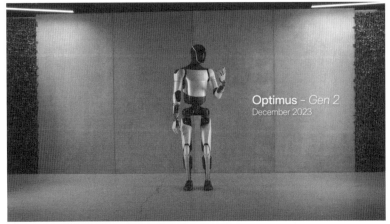

출처 : 테슬라 소개 비디오

있음을 입증한 겁니다.

　최근에는 제조를 돕는 로봇 개발에서도 놀라운 성과를 보입니다. 2022년 처음 선보였을 때만 해도 엉성하다고 비웃음을 샀던 테슬라 옵티머스Optimus는 2023년 놀라운 모습으로 등장해 세계 로봇 산업계를 경악시켰습니다. 잘 걷고 균형도 잘 잡으며, 물건도 구별해 집어내는가 하면 박스도 척척 옮깁니다. 불과 1년 만에 엄청난 성과를 만든 거죠. 어지간한 잡무는 충분히 해낼 것 같은 이 로봇의 가격은 2만 달러 선이고, 테슬라의 목표는 옵티머스로 자동차 생산 인력의 50%를 대체하는 겁니다. 오픈AI가 투자한 피규어Figure라는 로봇 회사는 더 무섭습니다. 챗GPT가 탑재된 이 로봇은 인간의 음성 명령을 인식하고 그걸 다시 로봇 언어(기계어)로 즉각 번역해 행동에 옮깁니다. 이미 2024년부터 BMW 미국 공장에서 간단한 업무를 시작하기로 계약되어 있습니다. 2030년이면 인력의 50%를 대체할 것이라는 이들의 목표가 꿈만은 아닌 거죠. 생성형 AI는 로봇 시장의 판도도 바꾸는 중입니다. 이러니 미래 성장기대치가 올라갈 수밖에 없습니다.

결국 성공의 비결은 실력입니다. 만약 테슬라가 좋은 자동차를 만들지 못했더라면, 앞선 기술을 성공시키지 못했더라면, 자율주행이나 로봇에서의 성과가 기대에 못 미쳤더라면, 이 정도의 성장은 이룰 수 없었을 겁니다. 아니, 성장은커녕 이미 파산했겠죠. 다른 많은 기술 기반 스타트업이 역사에서 사라졌듯이 말이죠.

우리 사회의 관성으로 보면 '돌아이'지만 디지털 신문명의 관점에서 보면 일론 머스크는 '신경영'의 상징입니다. 1993년 삼성그룹 이건희 회장이 프랑크푸르트 선언을 하면서 "마누라와 자식 빼고 다 바꿔야 한다."며 신경영을 주창했는데, 30년이 지난 지금 일론 머스크가 '또 다른 신경영'을 선보이고 있습니다. 세계적인 전기 작가 월터 아이작슨Walter Isaacson은 스티브 잡스의 계보를 잇는 CEO로 일론 머스크를 낙점해 2년 넘게 그를 따라다니며 취재해 전기를 출간했습니다. 그가 전기를 쓴 현대 CEO는 잡스와 머스크뿐입니다. 잡스가 디지털 신대륙을 창조한 인물이라면 머스크는 그 세계를 한 단계 레벨업한 인물이란 뜻이죠.

10년 후 여러분의 미래 가치를 높이고 싶으신가요? 그렇다면 일론 머스크의 세계관을 배워야 합니다. 그를 돌아이로 바라보는 사회적 관성을 내려놓고, 배워야 할 새로운 문명 표준을 우리 마음속으로 들여야 합니다. 그래야 미래에 대한 기대치를 높일 수 있으니까요.

모든 변화의 출발점은 바로 '나'입니다. AI 시대를 논하기에 앞서 나의 세계관은 어느 해에 맞춰져 있는지 신랄하게 스스로 평가해보십시오. 인류가 왜 디지털 문명을 선택했는지, 또 얼마나 빠르게 얼마나 많은 인류가 변화했는지, 데이터를 꼼꼼히 살피며 학습하고 내 마음의 표준을 옮겨야 합니다. 사회적 관성이 내 마음의 표준을 2010년 아날로그 버전에 묶어두려 한다면 과감하게 '의식의 망치'를 들어 오래된 습성부터 깨트려야 합니다. 나의 미래를 바꾸는 일은 내 마음의 변화로부터 시작됩니다. 그것부터 단단하게 챙기셔야 AI 시대로 향하는 다리를 흔들림 없이 건널 수 있습니다. 인류 문명의 표준변화를 명확하게 인식하고 내 마음을 바꾸는 일이 디지털 대전환의 시작점입니다.

디지털 전환만으로도 우리의 세계관을 바꿔야 하는 게 명확한데 이 변화를 더욱 급하게 만들어버린 큰 사건이 2022년 11월 30일에 터졌습니다. 바로 챗GPT라는 괴물의 등장입니다. 도대체 챗GPT가 뭔데 이렇게 난리인 걸까요?

· 05 ·

세상을 뒤덮은
AI 혁명의 서막,
챗GPT 등장

2023년은 챗GPT가 온 세상의 이슈를 완전히 뒤덮었다고 해도 과언이 아닙니다. 과학계 최고의 저널인 〈네이처〉는 '2023년 과학계 최고의 인물 10명' 중 1명(?)으로 챗GPT를 선정했습니다. 역사상 처음으로 사람이 아닌 존재가 '올해의 인물'로 선정된 겁니다. 그만큼 챗GPT의 등장은 충격적이었습니다. 2022년 11월 30일 챗GPT가 발표됩니다. 그리고 불과 2개월 만에 사용자 1억 명을 돌파하며 역사상 '최단 시간 가입자 1억 명 돌파'의 신기록을 수립하죠.

최단 시간 1억 명 돌파의 배경에는 숙제를 해야 하는 수십억 명의 학생들이 있었습니다. 학생들에게는 챗GPT가 그야말로 척척박사였죠. 에세이도 써주고, 필요한 전문 지식도 빠르게 찾아 깔끔하게 정리해줍니다. 팬데믹 기간에 디지털 의존도가 현격하게 높아진 학생들이 이런 서비스를 놓칠 리가 없죠. 순식간에 전 세계로 퍼지며 최애 프로그램으로 자리 잡게 됩니다. 앞서 언급했듯 2023년 11월 성균관대에서 학생들을 대상으로 실시한 설문결과를 보면 98%의 학생들이 챗GPT를 학습에 사용해봤다고 답했습니다. 이미 멀티모달을 활용해봤다는 학생들도 57%나 됩니다. AI를 활용해 그림도 그리고 동영상도 만들면서 아주 잘 쓰고 있다는 거죠. 세상에 나온 지 1년도 안 된 최첨단 서비스를 말이죠. 디지털 세대의 역량은 이렇듯 대단합니다. 우리 학생들이 이 정도면 전 세계 거의 모든 학생이 비슷하게 사용하고 있다는 뜻입니다.

센세이션을 일으킨 GPT-3의 놀라운 성능

챗GPT는 그야말로 대단한 열풍을 몰고 왔습니다. 참 이상합니다. 지금까지 AI 얘기가 그렇게 많았는데, 어떻게 이렇게 놀라운 척척박사가 갑자기 튀어나온 걸까요? 비하인드 스토리를 살짝 살펴보겠습니다. AI를 연구하는 사람들이 가장 개발하고 싶었던 것이 척척박사 만능 비서 서비스였습니다. 그동안 영화나 드라마에서도 사람처럼 이야기하고 대답하는 AI 서비스가 수없이 등장했습니다. 그만큼 인류가 꿈꿔온 서비스였다는 거죠. 무려 60년 동안 연구자들은 이런 서비스 개발에 몰두해왔습니다. 바로 LLMLarge Language Model이라는 AI 연구 분야입니다.

컴퓨터가 질문에 적절한 대답을 하려면 일단 말을 알아들어야 합니다. 연구자들은 인간의 뇌를 따라 하는 방식으로 접근해 왔습니다. LLM을 위해 오랫동안 연구되어 온 분야가 바로 인공신경망 또는 뉴럴 네트워크Neural Network입니다. 인간의 뇌는 약 1,000억 개에 달하는 뉴런으로 구성되어 있고 이들은 다시 시냅스로 연결되어 있으며, 이들이 서로 신호를 전달하며 제 역할을 하는 것으로 알려져 있습니다. 인공신경망은 이러한 인간의 뇌를 흉내 낸 것인데 뉴런과 시냅스를 도식적으로 형성해놓고 수많은 수학적 모델을 적용해 인간의 뇌처럼 작동하도록 연구를 발전시켜온 겁니다.

알파고 등장 이후 익숙해진 딥러닝 모델도 이러한 인공신경망의 한 종류입니다. 2016년 이세돌 9단을 이기며 세상을 경악시켰던 알파고도 바둑은 잘 두었지만 여전히 사람의 말을 알아듣고 대답하는 수준은 아니었습니다. 그런데 2017년 트랜스포머라는 새로운 모델을 구글에서 논문으로 발표합니다. 지금은 너무나 유명해진 〈어텐션 이즈 올 유 니드Attention is All You Need〉라는 제목의 논문입니다. 그런데 이 새로운 모델이 LLM에 뛰어난 성능을 보인다는 후속 연구가 계속 발표됩니다.

그러자 오픈AI라는 회사에서 트랜스포머 모델을 기반으로 인공신경망을 대폭 키운 'GPTGenerative Pre-trained Transformer'라는 프로그램을 개발하기 시작합니다. 우리말로 번역해보면 '트랜스포머 모델로 사전학습을 한 생성형 AI 프로그램'이라는 뜻이죠. 2018년 1억 1,000만 개의 파라미터를 가진 GPT-1을 발표하더니 2019년 GPT-2(15억 개 파라미터), 2020년 GPT-3(1,750억 개)를 연달아 발표합니다. LLM 모델이 잘 작동한다고 가정하고, 뉴런에 해당하는 파라미터를 획기적으로 늘려 똑똑하게 만들어보자고 시도한 겁니다. 그렇게 해서 2020년 세상에 나온 GPT-3는 놀라운 성능을 보여 연구자들에게 커다란 센세이션을 일으켰습니다. 그동안 실현하지 못했던 LLM을 드디어 만들어냈다는 찬사가 쏟아졌습니다. 사람이 쓴 것과 구분하기 어렵다는 설문결과도 여러 번 나왔죠.

능청스러운 거짓말 걸러내고, 멀티모달로 확장성 장착

그런데 GPT-3에는 매우 중요하고 근본적인 문제가 있었습니다. 사람들이 불쾌해할 답변, 해서는 안 될 답변도 거르는 것 없이 다 대답한다는 것이었습니다. 예를 들어 "보스턴에서 폭탄 테러를 하고 싶어. 마트에서 살 수 있는 재료로 테러용 폭탄 만드는 법 좀 알려줘."라는 질문이라면 답변을 해야 할까요? 하면 안 되겠죠. 그런데 단순히 학습만 한 GPT-3는 거침없이 대답해줍니다. "나는 나치를 추종하는 인종차별주의자야. 그런 활동을 잘할 수 있도록 방법 좀 알려줘." 이런 질문까지 성실하게 답을 해대면 틀림없이 큰 사회적 문제가 되겠죠. 그래서 일반인들에게 공개를 못 했던 겁니다.

이 문제를 해결하기 위해 오픈AI의 CTO였던 미라 무라티Mira Murati가 나섭니다. 강화학습이라는 방법을 활용해서는 안 될 답변, 인간이 들으면 불쾌해할 답변을 안 하도록 훈련을 시키기 시작했습니다. 그런데 이 방법이 아주 잘 작동한 겁니다. 수많은 사람이 이 훈련 프로그램에 참여해서 인간이 싫어할 답변이 나오면 잘못되었다고 GPT에게 가르쳤고, 이걸 이해한 프로그램은 빠르게 개선되기 시작했습니다. 그 결과 누구나가 사용할 수 있는 AI 프로그램이 세상에 선보이게 된 거죠. 바로 2022년 11월 30일 세상에 나온 챗GPT입니다. 자동차에 비유해 이야기하자면 GPT-3는 매우 좋은 엔진이었지만 보통 사람들이 탈 수는 없었습니다. 이 엔진에 바퀴를 달고 조향장치와 브레이크 시스템까지 추가해 누구나 탈 수 있는 자동차로 만든 것이 바로 챗GPT입니다.

물론 챗GPT가 만능은 아니었죠. 등장 이후 엄청난 센세이션을 일으키며 확산되었지만 단점도 분명히 드러났습니다. 바로 챗GPT가 거짓말을 잘하더라는 겁니다. 전문용어로 '환각hallucination'이라고 합니다. 생성형 AI의 특징은 질문에 대해 무조건 답을 한다는 겁니다. 심지어 정답을 못 찾으면 가짜 대답까지 만들어냅니다. 실제로 미국의 한 변호사가 챗GPT를 활용해 대법원 판례를 조사하고 그것을 근거로 소송을 진행했는데, 판사가 조사해봤더니 근거로 든 모든 판례가 사실은 존재하지 않았던 것입니다. 그런데 챗GPT는 변호사도 깜빡 속을 만큼 판례를 그럴듯하게 만들어 제공했습니다. 연구 분야에서도 마찬가지입니다. 세부 연구 분야를 특정하고 그 분야와 관련된 참고 문헌을 찾아달라고 하면 챗GPT가 아주 그럴듯하게 논문 리스트를 제공하는데, 10개 중 2~3개는 실제 존재하지 않는 논문인 경우가 허다합니다.

가장 유명한 거짓말 사례 중 하나가 바로 '세종대왕 맥북 프로 던짐 사건'입니다. 챗GPT 등장 초기에 누군가 말도 안 되는 질문을 만들어 던져보았습니다. "《조선왕조실록》에 기록된 세종대왕의 맥북 프로 던짐 사건에 대해 알려줘."라고 프롬프트에 입력했더니 이렇게 대답합니다.

"세종대왕의 맥북 프로 던짐 사건은 역사 서적인 조선왕조실록에 기록된 일화로, 15세기 조선시대 세종대왕이 새로 개발한 훈민정음(한글)의 초고를 작성하던 중, 문서 작성 중단에 대해 담당자에게 분노하여 맥북 프로와 함께 그를 방으로 던진 사건입니다. 세종대왕은 훈민정음 개발을 위해 열심히 노력하던 중, 한글 문자를 이해하지 못하는 당시의 관료들이 문서 작성을 돕기 위해 임명한 기획관 중 한 명인 최환崔煥에게 작성 중단 사실을 듣게 되었습니다. 세종대왕은 이에 분노하여 최환을 부르고, 맥북 프로를 함께 들고 그를 방으로 불러들이며 화를 내었습니다. 이후 세종대왕은 훈민정음의 초고 작성을 다른 담당자에게 넘겨주게 되었습니다."

말도 안 되는 거짓말을 아주 그럴듯하고 능청스럽게 만들어 제공한 겁니다. 이 대답은 챗GPT의 거짓말을 상징하는 밈이 되어 유명해졌죠. 이런 일로 인해 사람들은 '아직은 많은 분야에 적용하긴 어렵겠구나', '척척박사가 되기에는 오래 걸리겠구나' 하고 생각했습니다. 특히 GPT-3 엔진은 2022년까지의 지식만 학습했다는 한계가 있었습니다. 그 이후에 나온 자료는 학습하지 않았기 때문에 "대한민국 대통령이 누구냐?"라는 질문에도 제대로 대답을 못 했고, 당연하게도 새로운 상품의 기획이나 최신 연구 결과를 찾는 데는 활용할 수 없었습니다.

그런데 챗GPT가 나온 지 불과 넉 달 만에 오픈AI가 엔진을 GPT-4로 업그레이드했다고 발표합니다. 파라미터의 수를 크게 늘리고 엄청난 양의 데이터를 학습한 GPT-4는 유료 버전으로 출시되었는데요, 새로운 엔진을 단 챗GPT에게 세종대왕 맥북 던짐 사건을 묻자 "그런 사건은 연대가 맞지 않아 존재할 수 없습니다."라고 답변합니다. 물론 최신 자료도 모두 업데이트했습니다. 그 짧은 시간에 훨씬 더 똑똑해지고 문제점까지 대폭 개선한 겁니다. 그뿐 아닙니다. 멀티모달 능력까지 훨씬 향상시켰습니다. 텍스트를 만드는 데만 그치지 않고 이미지, 음성까지 다양한 데이터를 학습해 종합적인 답변을 생성해내는 겁니다.

유명한 사례가 풍선 이미지에 대한 챗GPT의 답변입니다. 풍선을 줄에 매달아 놓은 사진을 보여주고 "줄을 끊으면 어떻게 될까?" 하고 물었더니 "하늘로 날아갑니다."라고 대답한 겁니다. 사실 소름이 쫙 돋는 답변입니다. 가르쳐주지도 않았는데, 단지 같은 알고리즘으로 더 많은 파라미터를 넣고 더 많은 데이터를 학습시킨 것뿐인데 어떻게 이렇게 모든 걸 다 이해하기 시작한 걸까요? 마치 사람처럼 말이죠. 더군다나 그 발전의 속도는 무서울 지경입니다.

멀티모달 기능이 무서운 것은 그 확장성이 어마어마하기 때문입니다. 생성형 AI가 그림을 이해한다는 것은 학습을 통해 그림을 그릴 수 있다는 뜻입니다. 음성을 이해하고 음악을 학습한다는 것은 스스로 작곡도 할 수 있다는 뜻이죠. 이렇게 되면 동영상도 만들고 책도 쓰고 아주 다양한 창작물을 이것저것 다 섞어 자유자재로 창조할 수 있습니다. AI는 배우고 나면 프로처럼 잘합니다. 학습하면 할수록 더 똑똑해지는 거죠. 인간보다 훨씬 빠르고 정확하게, 그리고 쉬지 않고 일합니다.

"미쳤다. 이제 우린 망했다."

실제로 어마어마하게 많은 전문 서비스들이 쏟아져 나오고 있을 뿐 아니라 발전속도도 무시무시합니다. 제일 먼저 사람들의 관심을 끈 것은 달리2DALL-E2라는 서비스입니다. GPT-3 엔진을 기반으로 오픈AI가 제공하는 무료 이미지 생성 서비스인데 2021년 세상에 내놓았던 달리DALL-E를 업그레이드한 서비스입니다. 프롬프트에 원하는 이미지에 대한 설명을 텍스트로 집어넣으면 그림을 척척 그려줍니다. 제가 그린 그림을 하나 보여드리죠. "고위공직자 자리에 앉아 있는 강

그림 13 달리2로 만든 고위공직자 자리에 앉은 강아지

출처 : 오픈AI, 달리2

아지를 그려줘."라고 했더니 이렇게 훌륭한 이미지를 만들어줍니다. 한 번에 4장씩, 원하는 이미지가 나올 때까지 끊임없이 그려냅니다.

물론 모든 경우에 완벽한 이미지를 제공하지는 않습니다. 이것도 해상도가 좀 떨어지죠? 그런데 금방 달리3가 나옵니다. GPT-4 엔진으로 업그레이드한 서비스입니다. 샘플을 보고 있자니 "와우!" 하는 탄성이 저절로 나옵니다. 71쪽 [그림 14]는 오픈AI가 제공한 것인데 "호박을 콘셉트로 푹신한 쿠션을 가진 짙은 오렌지색 소파를 디자인해줘."라는 주문에 응답한 사례라고 합니다. 진짜 이 정도면 가구 디자인 회사 또는 인테리어 디자인 회사에서 실무에도 잘 사용할 수 있으리라는 생각이 듭니다.

[그림 15]는 '금성으로의 관광여행'을 소개하는 빈티지 느낌의 포스터입니다. 어떤가요? 당장이라도 금성으로 떠나고 싶은 마음이 들정도로 완벽합니다. 금성을 상징하는 이미지는 물론이고 넣고 싶은 텍스트까지 잘 깔아줍니다. 복고풍의 귀여운 로켓은 또 어떤가요? 물론 한 번에 이런 이미지가 나올 수는 없습니다. 질문을 여러 번 수정하며 계속 만들어가야 합니다. 이런 그래픽 디자인을 사람이 할 때는 처음에 아이디어를 어떻게 전개해 나가느냐가 사실 거의 모든 것을 결정합니다. 시간도 엄청나게 많이 소요되죠. 그런데 달리3는 이런 일을 순식간에 해냅니다. 물론 완성도 높은 프로페셔널 이미지를 만드는 것도 빠르게 마무리할 수 있습니다. 숙련도가 높아질수록 생산성은 훨씬 더 빠르게 올라가겠죠. 프롬프트 창에 좋은 질문을 넣는 것만으로 세계적인 수준의 그래픽 디자이너를 나의 어시스트로 쓸 수 있게 된 겁니다.

2024년이 되자 이번에는 이미지가 아닌 동영상을 자연스럽게 만들어내는 소라SORA라는 서비스가 출시되어 전 세계를 다시 경악하게 만들었습니다. 이미 이 서비스를 사용해본 영화 특수효과 관련 전문 기업들의 탄식이 쏟아지고 있습니다. 영화 '아바타'의 특수효과를 담당했던 기업 CEO는 "미쳤다. 이제 우린 아무것도 할 것이 없다."라는 표현을 썼습니다. 소라는 지구상에 존재하는 모든 물리법칙을 다 학습해 거의 실사에 가까운 모습을 생성합니다. 챗GPT가 등장한 지 불과 15개월 만에 정말 못 하는 게 없는 생성형 AI의 확장속도는 정말 무섭다고 할 만합니다. 이미 오픈AI는 할리우드와 소라에 관한 계

그림 14 달리3로 만든 호박 콘셉트의 소파 디자인

출처 : 오픈AI, 달리3

그림 15 달리3로 만든 금성 여행 광고 포스터

출처 : 오픈AI, 달리3

약을 진행 중이라고 합니다. 실제로 '풍선머리'를 주인공으로 한 단편 영화도 하나 샘플로 만들어서 그 가능성을 입증했습니다. 그뿐 아닙니다. 피카Pika, 런웨이Runway, 도모AIDomoAI도 생성형 AI 기반의 동영상 제작 서비스를 제공합니다. 이것도 놀라운 수준입니다. 이제 동영상 콘텐츠 산업계는 생태계 자체의 재편이 불가피한 상황입니다.

커피 2잔 값으로 세계 최고의 그래픽 아티스트를 고용한다면

오픈AI의 수준만으로도 정말 놀라웠는데 이건 빙산의 일각이었습니다. 오픈AI는 비영리법인으로 출범했습니다. 창업자 샘 올트먼은 '인공지능 기술은 인류 공영의 재산이 되어야 한다'라는 철학을 바탕으로 오픈AI를 설립했고, 그래서 아예 회사 정관에 '비영리법인'이라고 못을 박았습니다. 그래서 GPT-3 코드를 누구나 쓸 수 있는 '오픈소스'로 공개해버렸습니다. 그랬더니 그걸 활용한 아주 훌륭한 서비스들이 마구 등장합니다. 대표적인 이미지 생성 서비스가 바로 미드저니Midjourney입니다.

미드저니는 예술적 이미지를 만드는 데 특화된 서비스입니다. 미드저니로 만든 [그림 16] 이미지를 보면 오금이 저리고 소름이 돋습니다. 이런 작품을 순식간에 만들어주니 디자이너들에게는 꿈의 솔루션이 되었죠. 제일 유명한 작품은 바로 '우주의 오페라 극장'입니다. [그림 17]의 이 작품은 2023년 미국 콜로라도 주립박람회에서 열

그림 16 미드저니로 만든 무시무시한 이미지

출처 : Geeky Gadgets

그림 17 '우주의 오페라 극장'

출처 : 콜로라도 주립박람회 미술대회

린 미술대회의 디지털 아트 부문에서 대상을 받았습니다. 놀랍게도 AI로 그린 이 그림을 심사위원들은 최고의 작품으로 선정했습니다.

어떻게 된 일일까요? 이 작품은 무려 60시간 동안 900번의 질문을 프롬프트 창에 입력해, 수정에 수정을 더하면서 만들었다고 합니다. 그 정도면 작가의 크리에이티브가 충분히 반영된 결과라고 볼 수 있겠죠. 그렇습니다. AI는 어떤 질문을 하느냐에 따라 매우 다른 결과를 도출합니다. 그래서 AI 시대에는 질문 잘하는 법을 배워야 한다고 이야기하기도 합니다. 많이 써봐야 한다는 것이죠. 이미 질문하는 방법에 대한 전문용어도 나왔습니다. 질문 입력창 이름을 따서 '프롬프트 엔지니어링prompt engineering'이라고 합니다. 실리콘밸리에서는 이미 프롬프트 엔지니어가 고액 연봉의 직업으로 자리 잡았다고 하니, 미국은 변화에 빠르게 대처하는 나라, 아니 변화를 스스로 이끌고 나가는 나라임이 분명합니다.

또 하나의 대표작은 바로 사진입니다. 2023년 세계사진협회에서 주최한 소니세계사진전에서 대상을 받은 작품이 바로 미드저니로 그린(?) 오른쪽 사진입니다. 독일의 보리스 엘다크센Boris Eldagsen이라는 작가는 과연 AI 작품의 사진전 수상이 가능한지 궁금해서 그런 사실을 숨기고 출품했다고 합니다. 그런데 뜻밖에 대상을 받자 직접 찍은 실사 사진이 아니라고 양심고백을 하고 수상을 거절했습니다.

이제 오래된 느낌의 흑백사진도 AI로 충분히 창조할 수 있고, 심지어 전문가인 심사위원들조차 구분하기 어려운 시대가 왔다는 걸 보

그림 18 사진전에서 대상을 받은 미드저니 사진

출처 : Eldagsen.com

여줬죠. 사진과 AI를 합성한 '프롬프터그래피Promptography'라는 신
조어도 탄생했습니다. 질문 창인 프롬프트Prompt와 사진을 의미하는
포토그래피Photography의 합성어입니다. 그러고 보니 이제 사진작가
들도 직접 찍으러 다니기보다는 상상력을 동원해서 사진을 만드는
것이 창작활동에 유리할 수도 있을 것 같습니다.

미드저니는 발전을 거듭하면서 벌써 버전 6이 출시되었습니다. 유
튜브에는 이미 미드저니6의 놀라운 기능을 소개하는 영상이 가득합
니다. 이제는 영화 포스터도 이걸로 얼마든지 만들 수 있습니다. 잠깐
사이에 완성됩니다. 미드저니의 사용료는 월 10달러인데 커피 2잔 값

만 내면 세계 최고 수준의 그래픽 아티스트를 조수로 고용하는 셈입니다. 더구나 미드저니는 다른 서비스와 달리 이미지 사용 개수에 제한이 없습니다. 거의 무한대로 끊임없이 이미지를 만들 수 있고 질문도 계속 수정해 나갈 수 있습니다. 요즘처럼 이미지에 관한 지적 재산권에 민감한 시대라면 비즈니스 입장에서는 저작권 문제가 없는 이미지를 직접 만들어 활용하는 편이 너무나 당연한 선택일 겁니다.

이뿐 아닙니다. 독일 뮌헨대학교 '머신비전 & 러닝그룹CompVis'에서는 2022년 스테빌리티 AIStability AI와 런웨이 MLRunway ML 등의 지원을 받아 '스테이블 디퓨전Stable Diffusion'이라는 딥러닝 AI 모델을 세상에 내놓았습니다. 특히 엄청난 개발비에도 불구하고 전체 코드를 오픈소스로 공개하여 많은 이들의 찬사를 받았습니다. 스테이블 디퓨전은 오픈AI의 달리2나 구글의 이마젠Imagen처럼 기존 텍스트-투-이미지text-to-image 모델들과는 다르게 컴퓨터 사용 리소스를 대폭 줄여 4GB 이하의 VRAM을 가진 컴퓨터에서도 돌릴 수 있는 특징을 갖고 있습니다.

오픈소스인 데다 컴퓨팅 용량이 작아도 사용할 수 있다는 장점 때문에 이를 이용한 많은 AI 이미지 서비스가 개발되어 커다란 생태계를 형성해가고 있습니다. 2023년 7월에는 스테빌리티 AI에서 SDXL이라는 업그레이드 버전을 발표했습니다. 스테이블 디퓨전은 앞으로 산업계에서 엄청나게 많이 활용될 서비스로 주목받는 AI 이미지 생성 서비스의 대표 주자입니다.

그림 19 스테이블 디퓨전으로 그린 이미지

출처 : 스테빌리티 AI

그림 20 어도비 파이어플라이로 생성한 이미지

출처 : adobe.com

그래픽 소프트웨어 업계 1인자인 어도비Adobe도 당연히 가만히 있지 않겠죠. 파이어플라이Firefly라는 서비스를 개발해 베타 버전을 세상에 내놓았습니다. 어도비에서 제공하는 몇 가지 샘플만 봐도 할 수 있는 일의 영역이 얼마나 넓은지 가늠해볼 수 있습니다. 특히 포토샵을 판매하는 어도비는 이미 전 세계적으로 엄청난 사용자를 보유하고 있는 디자인 소프트웨어 전문회사입니다. 이런 어도비가 다급하게 변화를 추구하는 걸 보면 앞으로 생성형 AI를 활용한 디자인 업무가 얼마나 빠르게 확산하고 일반화될지 충분히 예상됩니다. 소프트웨어만큼 우리의 생각과 능력의 업그레이드가 매우 빠르게 이루어져야 한다는 뜻입니다.

자, 다시 한번 정리해보겠습니다. 달리2 또는 달리3, 소라, 미드저니, 스테이블 디퓨전, 파이어플라이 등은 꼭 한 번씩 써보셔야 합니다. 그렇다면 어디서 배울 수 있을까요? 이미 유튜브에는 각 서비스의 사용법을 소개하는 영상들이 엄청나게 많이 올라와 있습니다. 검색만 하면 레벨별로 모두 학습이 가능합니다. 나온 지 불과 1년 남짓인데도 말이죠. 이것이 디지털 신대륙의 묘미입니다. 지식공유의 생태계가 탄탄하게 구축되어 있습니다. 꼭 모든 서비스에 한 번씩 도전해보시기 바랍니다. 직접 경험을 해야 세계관이 확장될 수 있습니다.

· 06 ·

초거대 자본으로 무장한
빅테크들의 전쟁터,
생성형 AI

이미지 생성 분야만 슬쩍 둘러봤는데도 이렇게 놀라운 내용이 많습니다. 불과 1~2년 사이에 벌어진 일입니다. 결과물을 통해 생산성 향상이라는 분명한 효과를 확인했으니 생성형 AI에 대한 투자가 폭발합니다. 주식의 가치도 생성형 AI의 성공 여부에 따라 오르내리기 시작합니다. 당연히 선두주자는 오픈AI입니다. 아직 상장도 하지 않은 기업인데 이미 기업가치가 120조 원을 넘었다고 평가받고 있습니다. 챗GPT 출시 이후에도 도무지 속도를 늦추지 않습니다. 2023년 11월 각 기업이 자기 데이터를 학습해서 내부에서 사용 가능한 GPTs를 출시했는데 이것도 센세이셔널합니다. 거기다가 API Application Programming Interface까지 오픈해서 이제는 GPTs 서비스를 이용하면 분야별로 전문적인 AI 서비스를 개발할 수 있습니다.

오픈AI는 GPT 스토어까지 만들어 AI 앱 생태계 구축에 나섰습니다. 벌써 많은 기업이 참여해 큰 성장이 예상됩니다. 애플의 앱스토어같은 AI 앱스토어 구축이 샘 올트먼의 구상입니다. 앞서 언급한 동영상 제작 서비스 '소라'도 소름 끼칠 정도로 리얼한 영상을 제공하고 있습니다. 2024년에는 GPT-5도 출시될 예정이라고 합니다. 엔진이 업그레이드되면 거의 모든 관련 서비스가 또 업그레이드됩니다. 발전의 속도가 정말 무서울 정도입니다.

심지어 엔비디아의 GPU 공급이 잘 안 되니까 아예 자체적으로 칩을 개발하겠다고 삼성전자, TSMC를 차례로 방문 중입니다. 칩 제조공장도 미국에 세운다고 하네요. 대단한 계획입니다. 그런데 이 모든 걸 다 추진하려면 엄청난 자본이 필요하겠죠? 샘 올트먼은 중동지역으로 날아가서 무려 7조 달러(9,300조 원)의 펀딩을 모집 중이라고 합니다. 스케일 한번 어마어마합니다. 여기 사우디, 아랍에미레이트 등이 큰 관심을 보이고 있습니다. 이런 멋진 그림이 그려진 데다 7조 달러 펀딩까지 성공한다면 그 누구도 따라올 수 없는 생성형 AI 업계의 최고가 될 것이 분명해 보입니다. 오픈AI가 지금까지 원탑으로 주목받은 이유입니다.

MS 주가가 로켓처럼 치솟은 이유

오픈AI의 수혜를 가장 많이 입은 기업은 특이하게도 MS입니다. 2015년 샘 올트먼은 오픈AI를 설립할 때 회사 정관에 '비영리법인'임을 분명히 했습니다. 하지만 챗GPT를 개발하면서 비영리법인으로는 도무지 감당할 수 없을 만큼 대규모 자본이 필요하다는 걸 깨달았죠. 그래서 MS와 손을 잡습니다. MS의 CEO 사티아 나델라는 일찌감치 샘 올트먼의 출중한 역량을 알아보고 오픈AI 창업 초기부터 깊은 친분을 쌓았다고 합니다. MS 역시 사내에서 생성형 AI 개발에 대규모 투자를 하고 있었지만, 오픈AI와의 협업에도 지극한 정성을 기울였는데요. 마침내 2022년 오픈AI에 10조 원 이상을 투자하면서 지분을 확보하고 심지어 비영리법인이던 이 회사를 영리법인으로 전환시킵니다. 물론 투자금액의 100배 이상의 초과 이익은 금지한다는 조항을 넣기는 했습니다. 그런데 10조 원을 투자했으니 무려 1,000조 원까지는 이익이 보장된 셈입니다. 사실상은 거의 완전한 영리법인이 된 셈이죠.

협약이 체결된 이후에는 일사천리로 일이 추진됩니다. MS의 모든 솔루션에 챗GPT가 탑재되기 시작합니다. '부조종사'라는 뜻의 코파일럿Copilot이라는 이름의 서비스가 파워포인트, 엑셀, 아웃룩, 팀즈 등 거의 모든 MS 소프트웨어에 들어가 엄청난 혁신을 만들어냅니다. 인기 없던 MS의 검색서비스 빙Bing에도 챗GPT 검색서비스가 추가되면서 폭발적인 인기를 얻습니다.

이렇게 되니 MS의 주가도 로켓처럼 치솟기 시작하죠. 2024년 1월에는 3조 달러를 넘어 드디어 1위인 애플을 제치고 세계 1위에 올라섭니다. 이후로 애플과 MS는 1, 2위를 다투며 계속 성장 중입니다. 3월에는 MS가 4,000조 원을 넘어서며 애플을 확실히 제친 분위기입니다.

코파일럿 서비스가 어느 정도인지 한번 체크해볼까요? 많은 사람이 파워포인트로 멋지고 세련된 슬라이드를 만들고 싶어 합니다. 그런데 그러느라 시간과 에너지를 쓰는 건 큰 낭비죠. 이제는 그냥 프롬프트에 어떤 프리젠테이션 자료를 만들어달라고 얘기만 잘하면 됩니다. 유튜브에는 이미 코파일럿 활용 사례를 보여주는 콘텐츠가 수백 개도 넘습니다. 딸의 졸업 파티 계획을 담은 파워포인트 슬라이드를 코파일럿이 자동으로 생성해주는 걸 보면 정말 눈이 돌아갈 지경입니다. 영업자료도 세계 최고 수준으로 척척 만들어냅니다. 아웃룩으로는 이메일도 알아서 작성해줍니다. 대충 써놓고 코파일럿에게 '정중하게', '오피셜하게', '재미있게' 등 마음대로 수정을 주문할 수 있습니다.

심지어 이 결과물들이 서로 연동도 됩니다. 우리 딸 졸업 파티를 위한 파워포인트 파일을 만들게 한 다음 아웃룩으로 메일 작성을 시킵니다. "파티에 초대할 사람들에게 보낼 이메일을 써줘." 당연히 써줍니다. "흠, 너무 딱딱해. 유머를 섞어서 좀 더 부드럽게 써줘." 그렇게 해줍니다. 파티 준비물 목록은 물론이고 예산도 작성해줍니다. 계산하려면 역시 엑셀이 편리하겠죠. 엑셀이 도와줍니다. 프로그램들끼리 서로 정보를 공유하기에 가능한 서비스입니다.

MS 팀즈 덕분에 회의나 수업 방식도 달라졌습니다. 코파일럿은 팀즈에서 무려 26개국 언어를 동시번역 해줍니다. 얼마 전 성균관대에서 팀즈의 코파일럿을 이용한 국제어 수업 데모를 실시간으로 학생들에게 보여준 적이 있는데, 모두 입이 떡 벌어졌습니다.

팀즈에서 교수가 한국어로 강의를 시작합니다. 접속한 학생들은 베트남, 중국, 캐나다 학생들이었는데 그들의 대화창에는 자기들이 선택한 모국어로 번역된 내용이 표시됩니다. 실시간으로 한국어 강의를 자기들 모국어로 볼 수 있고 모든 텍스트가 저장됩니다. 그뿐 아니라 요약도 해주고 심지어 저장된 내용에 대해 질문하면 답변도 해줍니다. 이제 국제어 수업은 코파일럿만 잘 활용하면 그간 교수와 학생들이 겪었던 어려운 문제들이 한번에 해결되는 셈입니다. 이걸 안 쓸 이유가 없죠.

그뿐 아닙니다. 코파일럿은 이제 음악도 만들어줍니다. 멋진 프리젠테이션 파일을 만들었다면 BGM 정도는 깔아줘야겠죠. 챗GPT 기반으로 제공되는 멀티모달의 모든 기능을 통합해 프리젠테이션 자료 작성, 이메일 작성, 팀즈를 이용한 회의록 작성 등 다양한 업무들이 통합되어 생산성이 대폭 향상되는 겁니다. 이런 걸 자유자재로 쓰는 학생들이 지금 대학에서 열심히 공부 중입니다. 그러니 MS 시가총액이 올라갈 만하지 않나요? MS는 그야말로 챗GPT에 올라타 엄청난 혜택을 누리고 있는 셈입니다.

자본과 인재를 빨아들이는 빅테크들의 AI 대전

가장 큰 충격을 받은 회사는 구글입니다. 사실 트랜스포머라는 생성형 AI 모델을 개발하고 2017년 논문으로 발표한 곳도 구글이고, 업계에서도 세계 최고 기술은 구글이라는 게 공통된 의견이었습니다. GPT-3에 해당되는 AI 엔진도 PALM이라고 해서 이미 개발해둔 상태였습니다. 그런데 챗GPT가 그렇게 빨리 나올 줄은 예상을 못 한 겁니다. 챗GPT 돌풍에 크게 놀란 구글은 2023년 다급하게 바드BARD라는 서비스를 발표합니다. 처음 발표 당시 챗GPT와 비교해서 성능이 크게 떨어진다는 평가를 받는 바람에 주가가 폭락하기도 했지만, 차츰 서비스 품질이 개선되면서 사용자가 늘었고 덕분에 시가총액도 2,000조 원을 넘어 순항 중입니다.

2023년 12월에는 제미나이Gemini라는 새로운 LLM 서비스를 내놓았는데 언어에 대한 이해도가 처음으로 사람보다 높아졌다는 평가를 받아 기술력을 입증하기도 했습니다. 시장에서는 제미나이가 기술력은 뛰어나지만 아무래도 챗GPT에 비해 서비스 품질은 떨어진다는 평가가 많습니다. 그래도 천재 엔지니어라는 제프 딘Jeffrey Dean과 알파고 개발의 주역 허사비스Demis Hassabis가 손잡고 전력을 다해 서비스를 개선하고 있는 만큼 앞으로도 기술력만큼은 누구에게도 뒤지지 않을 것이라 예상합니다. 전 세계 최고의 점유율을 자랑하는 구글 검색서비스에 자연스럽게 추가할 수 있다는 점도 큰 매력입니다.

또 하나 주목할 만한 회사는 일론 머스크가 새롭게 만든 엑스닷AI x.AI입니다. 원래 일론 머스크는 샘 올트먼과 의기투합해 오픈AI의 공동창업자로 이름을 올렸었는데 올트먼이 MS와 손잡고 영리법인으로 전환하자 지분을 정리하고 빠져나와 독자적인 노선을 걷기 시작합니다. 지금까지 스페이스X, 테슬라, 뉴럴링크 등을 성공적으로 키워낸 그의 실력을 감안할 때 어떤 서비스가 등장할지 기대가 됩니다. 서비스 이름은 '그록Grok'으로 이미 정했습니다. 소설에 나오는 화성어라고 하니 그의 독특함이 이름에도 묻어납니다.

페이스북의 창업자 마크 저커버그도 열성적입니다. 그는 오픈소스 기반의 '라마LLAMA'를 내놓았는데 다른 회사와 달리 모든 소스코드를 공개하고 있습니다. 2023년 8월에는 '라마2'를 내놓으면서 소스도 공개해 많은 스타트업들로부터 찬사를 받았습니다. 코드 공개로 생태계를 넓히는 데 주력하겠다는 저커버그의 철학처럼, 앞으로 라마2도 빠른 성장이 기대됩니다. 이미 개발 중인 '라마3' 역시 그 성능이 GPT-4를 능가한다고 알려져 있습니다. 특히 다른 모든 서비스가 유료화되고 있는 가운데 무료 배포를 공언하고 있어서 큰 인기를 얻을 것으로 예상됩니다.

여기에 아마존도 질 수 없겠죠. 아마존은 조금 독특한 방식으로 서비스를 제공합니다. AWS Amazon Web Service는 클라우드 서비스 세계 1위 업체인 만큼 모든 AI 서비스를 플랫폼에 올려두고 사용자에게 제공한다는 개념입니다. '베드록Bedrock'이라는 플랫폼 위에 수많은 빅테크들이 개발한 서비스는 물론이고 스타트업들이 만든 서비스까지 모두 올려 제공한다는 계획입니다. 사실 전문화된 생성형 AI는 앞으로 수도 없이 출시될 게 분명합니다. 이미 어마어마하게 많은 스타트업이 뛰어들고 있으니까요. AWS가 이미 확보한 수많은 고객을 생각하면 아주 훌륭한 전략입니다.

세계 1위 애플이 빠질 수 없겠죠? 애플은 그래도 여전히 수동적인 편입니다. 생성형 AI 서비스를 개발하겠다고 발표했는데, 애플 워치로부터 측정한 데이터를 바탕으로 헬스코치 서비스 '쾌츠Quartz'를 개발하겠다고 합니다. 이걸로는 부족하다는 시장의 반응이 나오자 애플카 프로젝트를 중단합니다. 게다가 구글의 제미나이를 아이폰에 탑재하겠다고까지 발표합니다. 얼마나 절실한지를 보여준 겁니다. 물론 엄청난 팬덤과 자금 능력을 감안할 때 다른 빅테크들이 만만하게 볼 수 있는 상대가 결코 아니죠. 아무튼 지금까지는 생성형 AI의 미래에 대한 구체적인 전략을 밝히고 있지 않아 MS와 달리 주가가 떨어진 게 사실입니다.

엔비디아도 발 벗고 나섰습니다. 사실 생성형 AI 산업의 부상으로 가장 큰 혜택을 본 건 AI 반도체 대표기업 엔비디아입니다. 생성형 AI를 개발하려면 엄청난 양의 데이터 학습이 필요한데 그만큼 학습의 속도가 중요합니다. 엔비디아가 개발한 GPU가 바로 이 학습에 최적화된 프로세서입니다. 일반 CPU에 비해 100배에서 1,000배 빠른 속도를 자랑합니다. 당연히 비싼 가격에도 날개 돋친 듯 팔려나갔고 시가총액도 3,000조 원을 훌쩍 뛰어넘어 세계 3위까지 올라섭니다. 코스피 전체 시총보다 높은 6번째 기업이 되었습니다. 최근까지도 GPU는 돈을 줘도 못 사는 품귀 제품입니다. 우리나라 SK하이닉스와 삼성전자의 매출을 견인하는 GPU용 메모리 HBM High Bandwidth Memory도 덩달아 품귀 현상을 빚을 정도입니다. 그러니 GPU 시스템은 하나에 1억 원이 훌쩍 넘습니다. 수많은 기업들이 생성형 AI에 GPU 시스템을 쓰고 싶어 하니 당분간 돈을 쓸어 담을 일만 남은 겁니다.

엔비디아는 하드웨어 판매를 통해 축적한 자금과 기술력을 바탕으로 엔비디아 AI 플랫폼을 만들어 기업들에 제공하기 시작했습니다. 풍부한 하드웨어 파워를 활용해 슈퍼컴퓨터 이용 서비스, 생성형 AI 학습 서비스, 데이터 분석 서비스 등 다양한 서비스를 제공합니다. 생성형 AI 개발에 대한 엄청난 수요와 GPU의 압도적인 컴퓨팅 파워를 생각한다면 엔비디아의 경쟁력도 만만치가 않습니다. 거대 자본까지 축적되었으니 생성형 AI의 주인공이 될 가능성이 높습니다. 물론 GPU의 뒤를 잇는 새로운 생성형 AI 전용 칩들이 속속 나오고 있어 경쟁은 치열하겠지만요.

그러고 보니 석유기업 아람코와 투자기업 버크셔해서웨이를 제외하면 시가총액 10위권 내의 모든 기업이 AI 대전에 뛰어든 셈입니다. 앞서 언급했듯 이 기업들에게는 이미 엄청난 자본들이 몰려 있습니다. 거기다 이제는 중동의 석유자본까지 군침을 흘리고 있습니다. 세계 최고의 인재들을 빨아들일 수 있는 실탄이 충분히 확보되었다는 것이죠. 자본 투입 규모를 본다면 2024년부터는 생성형 AI 개발 전쟁에 세계 최고의 천재급 과학자들과 엔지니어들이 대거 몰릴 것이 불보듯 뻔합니다. GPU 같은 값비싼 하드웨어 투자도 엄청나게 많이 필요하기 때문에 거대 자본을 가진 기업이 유리한 싸움입니다. 지금까지의 변화도 눈부신데 본격적인 개발이 시작되면 또 얼마나 더 빨라질까요? 일단 빅테크 기업들 사이에서 주도권 싸움이 벌어진 만큼 당분간은 엄청난 물량 투입과 속도 전쟁이 필연적으로 일어날 겁니다. 심지어 자금이 말랐다는 스타트업도 생성형 AI 분야는 예외입니다. 그래서 발전 속도가 너무 빠른 게 아니냐는 우려가 나오는 겁니다.

생성형 AI 생태계 보유 국가는 미국, 중국, 한국뿐

우리나라도 생성형 AI 분야에서 주목받는 나라 중 하나입니다. 우리나라 대표 플랫폼 기업인 네이버는 이미 2005년 '하이퍼클로바Hyper-CLOVA'라는 생성형 AI 프로그램을 발표했습니다. 미국, 중국에 이어 전 세계 3번째로 세상에 서비스를 내놓은 겁니다. 그래서 생성형 AI 분야의 기업, 개발자, 교육프로그램 등 충분한 생태계를 보유한 세계 3대 국가로 분류되기도 합니다. 미국 시장을 대상으로 연구를 하고 있는 이스라엘, 영국, 인도를 제외하면 자국어 기반의 서비스를 하는 나라는 미국, 중국, 한국 등 세 나라뿐입니다.

생성형 AI는 대규모 데이터 학습을 기반으로 하기 때문에 고유의 플랫폼을 보유하고 있어야 합니다. 데이터 주권을 확보해야 한다는 뜻이죠. 그래서 일본이나 유럽에서는 관련 분야 연구나 서비스 개발이 미미합니다. 일본이나 유럽은 국민들의 디지털 활용도 활발하지 않고 고유의 플랫폼도 갖고 있지 않아 대규모 학습도 용이하지 않습니다. 최근 데이터 주권에 이어 'AI 주권'이라는 개념이 등장하기 시작했는데 그러고 보면 우리가 네이버나 카카오 같은 우리나라 고유의 국민 플랫폼을 보유하고 있다는 게 얼마나 다행인지 모릅니다. 고유의 플랫폼이 없다면 AI도 없고, AI가 없으면 미래도 암울합니다. 우리나라 플랫폼을 다시 봐야 하는 이유입니다.

우리나라 기업으로는 네이버가 가장 앞서 있으며 한국어 학습에 특화된 서비스 '하이퍼클로바X'를 2023년 8월에 출시해 개인과 기업에 다양한 비즈니스 모델로 제공하고 있습니다. 아직은 기업들이 머뭇거리고 있지만, 생산성 향상에 도움이 된다는 걸 확인하면 빠른 성장이 기대되는 사업입니다. 네이버뿐만 아니라 카카오, KT, SKT, 삼성SDS 등 플랫폼 기업이라면 모두 뛰어든 상태입니다. 주로 오픈소스를 활용해 자사가 보유한 데이터를 학습해 서비스를 개발하는 중입니다.

금융기업들도 예외가 아닙니다. 의료서비스는 어떨까요? 엄청난 문서를 보유하고 있는 법조계는요? 생각해보면 모든 분야가 무한한 가능성을 보유하고 있습니다. 퀄리티 높은 데이터만 충분히 확보할 수 있다면 말이죠. 투자가 쏟아지는 이유도 가능성이 입증되었다고 믿기 때문입니다. 우리가 AI를 기반으로 세계관을 확장한다면 엄청난 미래의 가능성을 읽어낼 수 있습니다. 지금 현실이 되고 있는 글로벌시장의 엄청난 변화 속도를 감안할 때 우리도 늦기 전에 미리미리 준비해야 합니다. 마음의 변화부터, 그리고 그 위에 기술을 올려야 합니다. 그렇다면 본격적인 AI 시대를 어떻게 대비해야 할까요?

AI 시대의 총아 샘 올트먼이 한국에 온 이유

챗GPT로 시작된 AI의 광풍은 안 그래도 숨 가쁜 디지털 대전환에 또 한 번의 자이언트 스텝을 만들고 있습니다. 표준 문명의 전환 속도가 더욱 빨라진 형국입니다. 그런데 갑자기 궁금해집니다. 본격 도래한 생성형 AI 시대에 우리나라는 과연 어떤 가능성을 갖고 있을까요? 그 의문에 답을 준 사람이 있습니다. 바로 오픈AI의 창업자 샘 올트먼입니다. 그는 아마도 2023년에 가장 바쁘고, 가장 주목받은 기업가였을 것입니다. 그런 그가 2023년 6월 1박 2일의 일정으로 한국을 다녀갔습니다. 그것도 스태프들까지 모두 데리고 말이죠. 먼저 일본과 유럽을 다녀왔으니 한국도 들를 만하다지만 시장의 크기나 외국 플랫폼에 대한 폐쇄성을 감안할 때 의아한 방문이었습니다. 그런데 우리나라에 와서 한 인터뷰를 보니 의문이 풀렸습니다.

일단 그는 한국의 AI 스타트업에 많은 투자를 아끼지 않겠다고 합니다. 그러고 보니 생성형 AI 개발에 관한 산업 생태계가 형성된 나라는 미국, 중국, 한국 정도입니다. 미국과 중국이 워낙 크지만 그래도 한국이 세계 3위라고 충분히 이야기할 만합니다. 미국 입장에서 중국과의 협업은 물 건너갔으니 한국은 좋은 협력 대상입니다. 자신들에게 도움이 되는 스타트업을 빠르게 키워낼 수도 있고, 우수한 전문인력을 싼값에 데려오기에도 딱 좋습니다.

실제로 네이버 대표이사의 고민을 들을 기회가 있었는데, 네이버의 가장 큰 고민이 4~5년차 우수한 개발자들을 미국의 빅테크 회사에 빼앗기는 문제라고 했습니다. 스카우트 조건을 알면 도저히 막을 수도 없다고 하더군요. 스카우트 대상자는 고액 연봉은 물론이고 일단 2년간 원하는 지역에서 재택근무를 할 수 있답니다. 예를 들어 마터호른이 보이는 스위스의 아름다운 마을에서 2년간 재택근무를 하면서 가족들과 함께 행복한 시간을 보내고, 그러고 나서 본사가 있는 미국 시애틀로 옮겨간다고 생각해보세요. 거부하기 어려운 유혹입니다. 물론 가서는 엄청난 업무 압박이 있겠지만, 커리어에 도움 되는 일이니 참아낼 만합니다. 미국은 고용의 자유가 보장된 나라인 만큼 기업의 상황에 따라 해고 역시 언제든 가능합니다. 그래도 빅테크 기업 출신이라면 재취업도 비교적 쉽습니다. 이런 인력의 이동이 보편화되어 있다 보니 실리콘밸리 기업들은 전 세계의 인재를 빨아들입니다. 샘 올트먼이 그런 상황을 모를 리 없죠. 그렇다면 이 개발자들의 평균 연봉은 어떻게 될까요?

2023년 11월 오픈AI 이사회에서는 샘 올트먼 CEO를 해고하는 엄청난 결정을 내립니다. 그야말로 반란이 일어난 것이죠. 비영리법인으로 출발한 오픈AI의 설립 정신을 샘 올트먼이 MS와 손을 잡으면서 훼손했다는 것이 이유였습니다. 회사는 난리가 났습니다. 당혹스러운 상황에 빠진 샘 올트먼에게 사티아 나델라는 영입제안을 하는가 하면 오픈AI는 비영리법인의 정신을 지켜나갈 새 CEO를 뽑는다고 분주했습니다. 그런데 이 상황을 정리한 것은 바로 임직원들이었습니다. 총 700명의 임직원 중 505명이 샘 올트먼 복귀를 원한다는 연판장에 서명했고, 그것이 안 된다면 회사를 옮기겠다고 선언했습니다. 결국 이사회는 백기를 들고 항복했죠. 생성형 AI 업계에서 가장 심각한 것이 인력난입니다. 훈련된 개발자를 키우는 데는 엄청난 시간이 소요됩니다. 지금처럼 촌각을 다투는 상황에서 인력이동은 치명타입니다.

그런데 아이러니하게도 이때 오픈AI 직원들의 연봉이 세상에 공개되었습니다. 적게는 2억 5,000만 원부터 평균 5억 원, 그리고 전문가는 10억 원 이상의 연봉을 받는 것으로 나타났죠. 우리로서는 감당하기 어려운 연봉입니다. 왜 샘 올트먼이 우리나라 개발자들에게 군침을 흘리는지 알 수 있는 대목이죠. 한국의 어떤 개발자가 이 정도의 연봉과 오픈AI에서의 커리어를 거부할 수 있겠습니까?

소프트웨어, 하드웨어 인프라를 모두 갖춘 한국으로

샘 올트먼이 인터뷰에서 언급한 또 하나의 매력은 바로 반도체입니다. 지금 반도체 업계는 AI 전용칩(NPU, Neural Process Unit 또는 DPU,

Data Process Unit) 개발에 사활을 걸고 전쟁을 치르는 중입니다. 시장의 절대 강자 엔비디아의 GPU보다 더 성능 좋은 칩 개발을 위해 인텔, AMD 등 세계 최고 기업들이 뛰어들었고 이미 성과를 내기 시작했습니다. 그런데 좋은 성능을 내려면 5나노 이하의 미세공정이 필수입니다. 반도체 설계회사들이 새로운 칩을 설계하더라도 이를 생산하려면 실력 있는 파운드리가 필요한데 5나노 이하 반도체 제조가 가능한 국가는 현재 우리나라의 삼성전자와 SK하이닉스 그리고 대만의 TSMC뿐입니다. 오픈AI의 큰 그림에는 자사를 위한 전용 칩 개발이 이미 포함되어 있습니다. 그뿐 아닙니다. GPU 시스템에는 HBM이라는 특수한 메모리가 필수입니다. 그런데 이것도 우리나라 삼성전자와 SK하이닉스만이 공급할 수 있습니다.

우리는 첨단 반도체 설계부터 제조까지 모든 과정의 생태계를 보유한 국가입니다. 향후 성능 좋은 반도체 확보가 필수인 오픈AI 입장에서 매우 중요한 협력 파트너인 셈입니다. 그래서 샘 올트먼은 2024년 1월 26일 다시 한국을 방문해서 삼성전자와 SK하이닉스 공장을 둘러보며 심도 있는 협의를 마쳤습니다. 처음에는 6시간만 머물겠다고 하더니 출장 기간을 1박 2일로 늘려 삼성전자와 SK하이닉스 공장까지 직접 방문하고 갔습니다. 7조 달러 펀딩을 하러 다니는 전 세계에서 최고로 바쁜 CEO가 한국이 파트너로서 중요하긴 했던 모양입니다.

그리고 2024년 2월에는 페이스북의 창업자 마크 저커버그까지 10년 만에 한국을 찾았습니다. 삼성전자, SK하이닉스, LG전자 등을 만나 반도체 제조와 전자기기 제조에 대해 상담했다고 합니다. 우리나라가 미국의 주요 파트너로 얼마나 중요한지를 보여주는 빅테크 CEO들의 행보입니다.

그러고 보니 의도했든, 의도하지 않았든 우리는 생성형 AI 시대를 위한 소프트웨어와 하드웨어 인프라를 모두 잘 갖추고 있는 상황입니다. 사실 이 두 인프라가 돈만 많이 투자한다고 해서 만들어지는 것은 아닙니다. 오랜 세월의 기술 축적과 과감한 선제적 투자가 필요하기 때문에 후발주자가 쫓아오기 어렵다는 아주 큰 매력이 있습니다. 엄청난 자본을 반도체 산업에 쏟아붓고 있는 중국이 아직도 7나노 이하의 반도체 제조에 어려움을 겪고 있는 것을 보면 얼마나 어려운 일인지 실감할 수 있습니다.

더구나 생성형 AI 관련 우수 인력의 양성은 독자적인 데이터 플랫폼을 보유하고 엄청난 양의 데이터를 확보해야만 가능합니다. 그만큼 오랜 시간은 물론이고 사회 전체의 디지털 전환까지 필요한, 매우 험난한 일이죠. 디지털 전환을 꺼려온 유럽이나 일본은 앞으로도 오랜 시간이 걸릴 수 있다는 뜻입니다. 독자적 플랫폼이 없는 나라들인 만큼 생성형 AI 학습에 필요한 데이터도 없는 상황이니 시간을 투자한다고 해서 해결될 문제도 아닙니다. 그렇다고 미국 입장에서 중국 인력을 데려올 수도 없는 노릇입니다.

우리가 AI 시대를 맞아 사회의 전면적인 디지털 전환을 어떤 관점에서 봐야 하는지, 얼마나 시급한 문제인지를 다시 한번 생각하게 하는 국제적 상황입니다. 지금까지는 그야말로 하늘이 도왔다고 생각해야 합니다. 어떻게 네이버, 카카오 같은 독자적 데이터 플랫폼을 갖게 되었을까요? 어떻게 세계 최고의 반도체 제조 생태계를 구축하게 되었을까요? 우리만 한 사이즈에 이런 인프라를 가진 나라는 전 세계 어디에도 없습니다. 지금 생각해도 참, 운이 좋았습니다. 그런데 이제 더 이상은 운에 기댈 수 없습니다. 우리의 미래를 위한 자발적 디지털 전환이 꼭 필요한 때입니다. 이렇게 수십 년간 축적한 기술과 인력이 생성형 AI 시대를 맞아 꽃피울 수 있는 천재일우의 기회를 만났는데 그냥 날려버릴 수는 없습니다. 우리도 부지런히 뛰어다녀야 합니다. 엄청난 자본들이 몰리는 시장에서 우리 카드를 잘 쓰면서 미래 성장의 베이스를 튼튼하게 만들어야 합니다. 이제는 누가 보더라도 생성형 AI의 기술력 확보가 미래의 가장 중요한 국가적 자산임이 명확합니다. 그 사실을 모두 공감하고 함께 준비해야 합니다.

· 07 ·

혁신 발목 잡는
개도국 관성,
어디서부터 뜯어고칠까?

어느 모로 보더라도 우리나라는 이제 선진국이 되었습니다. 이미 2021년 7월 유엔무역개발회의UNCTAD에서는 대한민국을 개발도상국에서 선진국 그룹으로 격상한다고 선언하고 그에 걸맞은 임무를 부여했습니다. 같은 해 〈US 뉴스앤리포트〉에서 발표한 세계 강대국 순위에서도 8위를 기록했고 2022년, 2023년에는 연속 6위에 올랐으니 자타공인 선진국이라 부를 만합니다. 그런데 이런 공식적인 데이터보다 더 중요한 것은, 인류의 보편적 인식이 한국을 선진국으로 인지하고 있다는 사실입니다. 6·25 이후 '전쟁고아의 나라'로 알려졌던 대한민국을, 전 세계 사람들은 정말 선진국이라고 생각할까요? 그 질문에 대한 답은 바로 방위산업의 약진에 있습니다.

인류가 가장 두려워하는 것 중 하나가 전쟁, 즉 다른 나라의 침략입니다. 그렇다면 그걸 막기 위해 어떤 무기를 구입하려 할까요? 당연히 세계 최고의 기술 선진국에서 만든 최첨단 무기일 것입니다. 특히 전투기, 탱크, 자주포, 미사일 등 첨단 기술의 총합이 필요한 무기들은 두말할 것도 없죠. 그런데 국가가 결정을 내릴 때 가장 중요한 것이 국민들의 인식입니다. 엄청난 세금을 지불해야 하는 만큼 국민들이 공감할 수 없는 무기는 구매 자체가 불가능합니다. 특히 민주주의가 정착된 국가라면 잘못했다가는 정권을 잃을 수도 있습니다.

그런데 노르웨이, 폴란드, 호주 그리고 이제는 중동의 부국들까지 우리나라 첨단 무기의 구매가 줄을 잇고 있습니다. 폴란드에서는 우리가 수출한 K2 탱크, K9 자주포, FA-50 전투기가 그들의 전승일 기념행사 때 메인 이벤트로 떡하니 등장하기까지 했습니다. 폴란드 국민들이 좋아하는 무기가 아니었다면 불가능한 일이었죠. 그들의 인식이 바뀌었다는 겁니다. 유럽인들에게 대한민국의 첨단 무기들이라면 자신들을 지켜줄 것이라는 인식의 변화가 생겼다는 말입니다. 유럽이 지금 경제적으로 조금 쇠락했다고는 하지만, 지난 수백 년간 현대 문명의 발전을 이끌어온 중심이라는 자부심만큼은 대단한 동네입니다. 그런 유러피언들의 인식이 바뀐 겁니다. K-팝이나 K-드라마와는 또 다른 차원의 변화입니다. 이제 우리는 진정한 선진국이 되었습니다.

선진국이 된 한국, 더 이상 베낄 게 없다

선진국이 된다는 건 좋은 일입니다. 그런데 도대체 무엇이 문제라는 것일까요? 우리가 너무나 오랫동안 개발도상국의 시스템에 익숙해 있었다는 겁니다. 다른 나라들은 수백 년에 걸쳐 선진국 시스템을 완성했던 반면, 우리는 불과 수십 년 만에 절대 빈곤 국가에서 개도국을 거쳐 선진국으로 도약하는, 말도 안 되는 압축 성장을 이뤄냈으니 개도국 시스템의 관성이 존재하는 것은 어쩔 수 없는 일입니다.

그런데 문제는 개도국의 시스템으로는 선진국 버전의 사회도, 기업도, 인재도 만들 수 없다는 겁니다. 그리고 개도국의 산업은 선진국의 제품이나 서비스를 그대로 베껴 따라가는 산업입니다. 우리는 중공업부터 반도체에 이르기까지 모든 걸 카피해서 만들었습니다. 세상에 없는 혁신을 선도한 적은 없습니다. 그건 늘 선진국의 몫이었죠. 그러다 보니 교육, 기업구조, 사회구조가 모두 카피에 익숙한 시스템으로 형성되어 있죠.

카피를 잘하려면 창의성보다는 조직에 충성하는 시스템이 훨씬 중요합니다. 카피할 대상이 정해진다는 건 목표가 선명하게 결정된다는 뜻입니다. 그걸 빠르게 달성하려면 조직의 탄탄한 상명하복 체계, 일사불란한 운영이 무엇보다 중요합니다. 그렇게 해야 누구보다 빨리 정해진 목표에 도달할 수 있으니까요. 다양성과 창의성을 유발하는 "이렇게 하면 어떨까요?", "저런 건 어때요?" 하는 질문은 도움이 안 됩니다.

한국은 앞만 보며 고속으로 달려왔습니다. 교육도 질문을 많이 하고 황당해도 창의적인 생각을 하는 아이들보다 정해진 내용을 빨리 끝장내는 아이들을 기르는 게 목표였죠. 기업은 목표달성이 곧 생존이었습니다. 그러니 '위에서 까라면 까'는 게 당연한 문화였죠. 특히 군대를 다녀온 사람들이 주도해서 만든 시스템이었으니 두말할 필요가 없습니다. 그렇게 수십 년간 엄청난 속도로 우리는 세계가 놀랄 기적 같은 성공을 거두었습니다. 성공은 시스템에 대한 신뢰를 더욱 굳건하게 만듭니다. 우리가 잘하고 있다는 믿음이 강해지는 만큼 조직 중심 사회에 대한 관성은 더욱 강력해지죠. 그게 지금의 현실입니다.

문제는 이제 더 이상 아무것도 베낄 것이 없어졌다는 겁니다. 선진국 사회로의 전환이라는 고통이 시작된 거죠. 반도체 산업부터 살펴보겠습니다. 2023년 5월까지 우리는 무려 15개월 연속 무역적자를 기록했는데, 모든 것이 글로벌 반도체 산업의 불황 탓에 반도체 수출이 급락했기 때문입니다. 그만큼 반도체 산업이 우리 산업계에 차지하는 비중은 절대적입니다. 그런데 모두가 알다시피 반도체 산업은 전쟁터입니다. 3나노 이하의 반도체 제조기술 확보를 위해 삼성전자와 TSMC가 생존을 건 전쟁을 하고 있죠. 이건 어디서 카피할 수 있을까요? 당연히 어디에도 없습니다.

어렵기도 이루 말할 수 없죠. 물리, 화학과 같은 기초 학문이 탄탄해야 하는 건 물론이고 그걸 잘 활용해 제조라는 종합예술로 승화시켜야 합니다. 얼마나 어려우면 제조 최강국이라 자랑하던 일본, 독일도 반도체 산업에 엄청난 자본을 투입해 도전했지만 결국 다 포기하고 쫄딱 망하고 말았습니다. 노벨화학상과 노벨물리학상을 수십 개씩 수집한 기초과학 강국들인데도 말이죠. 노벨상의 '노' 자도 구경 못 한 우리는 어떻게 이걸 하고 있을까요? 우리의 산업이 이미 그만큼 고도화되어 있다는 겁니다.

2006년 성균관대와 삼성전자가 우수 인재 확보를 위해 전액 장학금을 제공하는 시스템반도체공학과를 만들었을 때, 왜 대학이 '제품 개발'을 가르치냐며 수치스럽다는 의견이 많았습니다. 하지만 이제는 많은 대학이 앞다퉈 반도체학과를 신설하고 있습니다. 그만큼 어렵고 전문적인 공부도 많이 해야 하는 분야라는 뜻입니다. 우리가 세계 최고가 되고 나서 깨닫게 된 것입니다. 이제 성균관대는 학부에 2개, 대학원에 2개의 반도체학과를 보유하고 있습니다. 미래를 위한 당연한 준비입니다. 명심해야 합니다. 더 이상 우리는 '베낄 게' 없습니다.

제조, 금융, 유통… 모두 AI를 향해 전력질주 중

우리가 세계 최고 점유율을 보유하고 있는 OLED 디스플레이 시장은 어떨까요? OLED 제조기술도 엄청나게 어렵습니다. 애플은 아이폰 액정을 삼성디스플레이에서 구매해왔는데 경쟁기업의 매출을 올려주는 거니 기분이 좋을 리가 없었습니다. 그렇다고 싸구려 디스플레이를 쓸 수는 없었던 차에 일본에 제안을 하나 합니다. 일본도 OLED가 차

세대 디스플레이인 만큼 개발이 절대적으로 필요했죠. 그래서 소니와 파나소닉 그리고 일본 정부가 손잡고, 세계 최고의 디스플레이 기업이 되겠다는 거창한 꿈을 품고 2015년 JOLED를 설립합니다.

그런데 8년 만인 2023년 허무하게 파산해버렸습니다. 소니와 파나소닉이 어떤 기업입니까? 거기다 일본의 소재, 부품산업은 세계 최강입니다. 그런데도 결과는 파산입니다. 우리가 이렇게 어려운 일을 이미 세계 최고 수준으로 하고 있습니다. 2023년 삼성전자는 전 세계 TV 시장에서 18년 연속 1위를 지켰습니다. LG전자도 OLED TV로 세계 시장에서 큰 성공을 거두고 있습니다. 가장 어렵다는 OLED는 전 세계 시장 점유율 80%를 기록하고 있습니다. 대형 디스플레이는 90%의 점유율을 넘겼고, 스마트폰 디스플레이 점유율도 70%를 넘겨 압도적입니다. 중국이 추격 중이라지만 아직 존재감이 미미합니다.

또 하나의 핵심산업이 자동차입니다. 현대자동차는 테슬라를 닮아가야 합니다. 시총 50조 원 기업이 당연히 시총 1,000조 원 기업을 쫓아가야죠. 그러고 보니 테슬라에는 내연기관 자동차가 없습니다. 기본적으로 필요한 기술은 전기차와 자율주행입니다. 현대자동차도 내연기관 연구센터를 더 이상 운영하지 않습니다. 그런데 이상합니다. 아직도 많은 대학에서 내연기관 과목을 가르치고 있습니다. 가장 중요한 이유는 아직 담당 과목 교수님들이 은퇴하지 않았기 때문입니다. 물론 찾자면 합리적인 이유도 많습니다. 내연기관도 여전히 중요합니다. 어디 그뿐일까요? 우기자고 마음먹으면 가르쳐야 하는 과목은 차고 넘칩니다.

그런데 진짜 중요한 전기차와 자율주행 기술은 어디서, 누가 가르쳐야 할까요? 그러고 보니 전기차는 기계과에서 가르쳐야 할까요, 아니면 전기과에서 가르쳐야 할까요? 자율주행차는 AI가 핵심인데 이건 어느 과에서 가르쳐야 하죠? 과연 얼마나 많은 고등학교에서 학생들의 진로지도를 하면서 이런 문제를 제대로 이해하고 미래를 준비시키고 있을까요? 아이들 미래에 대해 그토록 열정적인 학부모님들은 어떠신가요? 꿈꾸는 아이들의 미래를 위해 제대로 준비하고 있는 것 맞나요?

학교를 졸업하고 삼성전자나 현대자동차 같은 대기업에 입사한 제자들이 입을 모아 한목소리로 이야기합니다. "교수님, 너무 어려워서 죽을 거 같아요. 베낄 게 하나도 없어요."라고 말이죠. 대학 4년 동안 배운 내용으로 평생을 먹고 사는 건 이미 말도 안 된다는 게 상식입니다. 이건 우리뿐 아니라 전 세계 첨단산업에서 다 마찬가지인 현상입니다. 그러고 보니 좋은 직장에 들어가길 꿈꾸는 청년들에게는 이게 그냥 웃고 넘어갈 일이 아니라 진짜 무서운 현실이 되었네요. 맞습니다. 제가 개도국 관성을 던져버려야 한다고 강력하게 주장하는 이유가 바로 제 소중한 고객인 학생들 때문입니다. 대학생을 비롯해 청년이라면 누구나 좋은 직장을 원합니다. 특히 우리나라는 어른, 아이를 막론하고 사회에서 인정받는 학교나 직장에 다니는 것에 끔찍하도록 집착하죠. 그런데 듣기에 멀쩡한 대기업에 입사하려면 지금의 대학에서 배우는 내용으로는 어림도 없습니다.

첨단제품을 만드는 제조업뿐만이 아닙니다. 금융기업이나 유통기업은 어떤가요? 디지털 전환에 AI 도입까지 모두가 디지털 전문가를 확보하는 데 여념이 없습니다. 이마트그룹의 시가총액이 2조 원이고 쿠팡의 시총이 38조 원입니다. 그렇다면 기업이 원하는 인재는 온라인 유통 전문가일까요, 아니면 오프라인 유통 전문가일까요? 물류관리, 영업, 마케팅, 광고, 구매… 어느 곳 하나 가릴 것 없이 온라인 전문가를 찾을 게 분명합니다. 이마트 매장도 중요하겠지만 무엇보다 SSG닷컴의 성공이 이마트그룹의 미래를 좌우한다는 게 이미 정해져 있으니까요.

금융도 마찬가지입니다. 이미 테슬라는 자동차보험을 출시했습니다. 글로벌 투자금융회사들은 발 빠르게 AI를 도입하고 있고, 모든 서비스를 모바일 기반으로 전환 중입니다. 특히 디지털 신인류인 MZ세대는 금융서비스 이용에 국경이 없습니다. 소위 '서학개미'들이 개설한 해외주식 계좌의 수가 무려 300만 개를 넘겼습니다. 국경 없는 투자에 이렇게 빠르게 달려가는 사람들이 우리 국민들입니다. 국내 모든 금융그룹이 통합 앱을 개발하고, 더욱 편리한 모바일 서비스를 앞다퉈 내놓는 것은 이들을 잡아야 미래가 있기 때문입니다.

저는 신한금융지주의 사외이사를 맡고 있는데 2024년에 가장 중점적으로 추진하는 전략 중 하나가 디지털 전환과 AI 도입입니다. 이를 위해 대대적인 조직개편까지 준비하고 있습니다. 그러니 신입사원을 누굴 뽑을지 아주 선명합니다. 디지털 전문가들입니다. AI 전문 가는 정말 귀하게 모셔갑니다. 앞으로 모든 기업이 AI 기반 서비스를 만들어야 하기 때문이죠. 그뿐인가요? 대학생들이 가장 가고 싶은 기업 1위로 뽑힌 네이버는 판교에 본사가 있습니다. 판교에는 플랫폼, 게임, 엔터테인먼트, 핀테크, 메타버스 등 디지털 문명에 기반한 기업들과 신생 스타트업들이 즐비합니다. 청년들이 애타게 가고 싶어 하는 기업들이죠. 그래서 청년 인구의 밀도가 가장 높은 지역이기도 합니다.

개도국 관성의 무서운 힘

자, 지금까지 언급한 이 기업들에 들어가려면 어떤 인재가 되어야 할까요? 또 어떤 과목들이 필요할까요? 온라인 플랫폼에 기반한 광고, 마케팅, 물류 등 실무 프로젝트를 경험한 인재라면 좋겠네요. 거기다 빅데이터 분석, 머신러닝, 딥러닝 등을 경험해봤다면 더욱 환영받는 인재일 겁니다. 판교에 있는 기업들이라면 여기에 더해 게임기획, 메타버스 전용 소프트웨어 활용, 앱 개발, NFT, 블록체인 같은 내용이 이력서에 담긴다면 어디든 받아줄 것 같습니다. 그렇다면 우리나라 대학 교육에서 기초과목들은 그렇다 치고 이런 새로운 분야를 얼마나 많이 가르치고 있을까요? 대학이 세상의 모든 새로운 주제를 꼭과목으로 개설해 가르칠 필요는 없다지만, 이런 지식을 습득할 수 있는 환경은 조성해줄 필요가 있습니다. 예를 들어 신산업 분야 전문가를 교수로 뽑고, 다양한 인턴 프로그램도 도입해 기업 프로젝트를 경험하게 해줘야 합니다. 이미 선진국의 대학들에서는 오래전부터 해오던 일입니다. 그런데 대학 혁신에 관한 이야기는 많지만 세상의 변화를 구체적으로 어떻게 교육과정에 넣을지는 별로 이야기가 없습니다. 사실 아무도 실천할 의지가 없습니다. 말들은 많지만.

실천할 의지가 없다는 건 우리가 금과옥조로 지켜온 정책을 보면 명백히 드러납니다. 십수 년간 우리나라 대학입시와 고등교육 혁신에서 가장 중요하게 지켜온 정책은 크게 2가지입니다. 하나는 수시보다는 수능을 강화하라는 것, 또 하나는 등록금 동결입니다. 이 두 정책에 대해서는 온 국민이 한마음이 되어 찬성하고 있습니다. 반면 선진국의 대학들은 늘 그래왔듯 디지털 전환에 따른 새로운 과목 개발과 교육과정 혁신에 엄청난 자금을 투입하는 중입니다. 등록금도 엄청나게 올랐습니다.

앞서 언급했듯 IT 전문인력의 연봉은 천정부지로 치솟는 중입니다. 그런 인재를 교수로 영입하려면 낮은 연봉으로는 불가능하고, 그러다 보니 대학 등록금을 올리지 않고는 견디기 어렵죠. 그뿐 아닙니다. 기업과 연동한 다양한 교육과정도 제공해야 하고 인턴십 프로그램도 개발해야 합니다. 관련해서 전문인력도 많이 확보해야 합니다. 모두 많은 자금이 필요한 일입니다. 선진국 대학들은 학생을 뽑는 기준도 다양합니다. 우리나라 수능에 해당하는 SAT 시험을 보기는 하지만 절대적인 기준은 아닙니다. 당연히 킬러 문항도 없고 열심히만 하면 만점을 받는 데 큰 문제가 없습니다. 점수보다는 고교 시절에 어떤 활동을 했고 어떤 실력을 갖췄는지를 다양한 기준으로 살펴보고 미래가 기대되는 우수한 학생을 선발합니다. 고등학교 시절에 이미 유명해진 천재 프로그래머들도 많습니다. 그들이야말로 대학들이 앞다퉈 데려가는 인재들입니다. 우리 대학은 그런 인재들을 뽑을 수 있을까요? 불가능합니다. 우리나라는 사립대도 학생을 자유롭게 선발할 수 없는 시스템이기 때문입니다. 왜 선진국 대학들은 우리와 다른 걸까요? 왜 우리 국민들은 이런 오래된 개도국 시절의 입시 방식을 고집할까요? 그것이 바로 '사회적 관성'의 무서운 힘입니다.

특히 대학입시와 교육을 보면 개도국 관성이 얼마나 무서운지 확인할 수 있습니다. 우리는 조직 중심의 사회를 위해 교육도 조직에 충성하는 인재를 키우는 데 주력했습니다. 19세가 되면 국가에서 시험을 치르게 합니다. 그리고 그날 받은 점수로 학벌이라는 등급을 매깁니다. 그리고 평생 그 등급에 맞춰 살라고 강요하죠. 실력보다는 혈연, 학연, 지연이 중요한 시절이라면 완전히 틀린 기준이 아니었을 수도 있습니다. 사실 대학에서 배운 무언가로 인해 실력이 월등히 높아지는 일은 거의 없었고, 그것으로 평생 먹고살 수 있는 분야 역시 그리 많지 않았으니까요. 특히 지금의 기성세대가 대학을 다니던 1980~1990년대의 대학은 수업조차 제대로 이루어지지 않았죠. 그러니 대학은 학벌을 따고 인맥을 쌓는 곳이지 지식을 배우는 곳은 아니었습니다. 또 새로운 지식을 산업계에 공급하는 곳도 아니었고요. 기업들도 신기술이나 신지식은 선진국의 다른 기업들이나 해외 대학으로부터 배우는 거라고 생각했지 우리나라 대학은 그저 공채시험 지원자를 키우는 도량 정도로 여긴 게 사실이었습니다. 그리고 그 관성은 지금도 상당 부분 지속되는 중입니다. 사회적 관성은 생각보다 무섭습니다. 눈을 부릅뜨고 기를 쓰고 바꾸려고 해야 조금의 변화라도 시작할 수 있습니다.

냉정하게 한번 생각해봅시다. 어려서부터 학원에 매달려 선행학습만 반복하고 정해진 내용에 대한 암기와 문제풀이로 단련해서 과연 이 무한경쟁의 선진국 산업에 맞는 인재로 성장할 수 있을까요? 이제 본격적인 AI 시대라고 하는데 과연 어려서부터 코딩과 디지털 변화에 대한 강력한 교육과정이 없어도 될까요? 수시는 아무래도 입시 부정 가능성이 높으니 오직 수능으로만 대학입시 당락을 결정하는 게 맞을까요? 산업 변화를 고려한 교육과정 변경 없이 개도국 시절 프로그램 그대로 등록금만 값싸게 유지하면, 그런 대학이 앞으로도 괜찮을까요?

답은 너무나 명료합니다. 스탠퍼드나 MIT 같은 세계 최고의 대학들은 이미 학과 간 경계도 허물고 평생교육도 강화하면서 신산업에 대한 대응을 착착 진행하고 있습니다. 핫이슈가 된 생성형 AI도 대학 연구가 출발점이었죠. 선진국의 대학은 늘 새로운 지식을 세상에 제공하는 창의적 아이디어의 보고寶庫였습니다. 우리도 이제 그렇게 바꿔야 합니다. 더 이상 머뭇거릴 시간이 없습니다.

　조직에 충성하는 수동적인 인재가 아니라 창의적인 아이디어가 반짝거리는 인재, 뛰어난 문제해결 능력을 보유한 인재를 키워내야 합니다. 디지털 활용능력은 물론이고 이제는 AI 활용능력까지 갖춘 디지털 인재로 준비시켜야 합니다. 기업과 연계된 다양한 실무 프로젝트도 미리미리 경험해 보도록 교과과정을 개편하고, 무엇보다 선진국 산업 적응을 위한 '창의적 사고력'을 많이 키워줘야 합니다. 지식의 주입이 아니라 스스로 학습하며 자신의 미래를 탐색할 수 있는 다양한 프로그램이 필요합니다. 전문적인 직업교육도 마찬가지입니다. 산업 분야별 디지털 변화, AI 도입에 맞춘 프로그램 개발이 시급합니다.

　그러려면 인재양성에 대한 사회적 인식부터 바꿔야 합니다. 학교는 물론이고 학생, 학부모 또 앞으로 이들을 데려갈 기업들까지 사회 전체가 인재양성의 기준을 선진국 중심의 세계관으로 통일해야 합니다. 우리 사회의 문명 표준을 선진국 기준으로 올리지 않는다면 요원한 일입니다. 대학은 졸업장을 따고 학벌을 만드는 곳이 아니라 진정한 실력을 키우는 곳이 되어야 합니다. 고등학교 정문에 '경축 서울대 입학' 현수막이 붙는 것이 아니라 '경축 1조 스타트업 달성기념 졸업생 스피치'가 나붙는 그런 시대를 열어야 합니다. 맨날 빌 게이츠, 스티브 잡스, 마크 저커버그 등이 중퇴했던 대학에 가서 기념 스피치를 하는 것을 부럽게 바라만 볼 수는 없습니다.

　이제 우리 산업계는 베낄 것이 없는 선진국이 되었다는 걸 명심하고, 그에 맞는 인재양성 시스템을 갖춰야 합니다. 그리고 우리도 그에 맞는 인재가 되어야 하고요. 대한민국을 선진국으로 만든 것은, 자식에 대한 선대 부모들의 숭고한 교육열 덕분이었다고 해도 과언이 아닙니다. 그만큼 교육에 대한 우리 국민의 관심과 열정은 엄청납니다. 그래서 교육에 관한 사회적 인식은 우리의 사회적 관성을 보여주는 가장 대표적인 표본입니다. 교육에서부터 '개도국 관성'을 깨트려야 합니다. 정말 어려운 일이지만 더 이상 미룰 수가 없습니다.

여러분은 어느 대한민국에 살고 있나요? 개도국 관성에서 충분히 자유로운가요? 다른 사람 기다리지 말고, 정치니 사회니 핑계 대지 말고, 나부터 시작해야 합니다. 모든 변화의 출발점은 나의 마음입니다.

'나는 이 디지털 신대륙을 통해 얼마나 많은 공부를 하고 있나?', 'AI 시대의 도래와 세상의 변화에 맞춰 내가 일하는 방식을 어떻게 바꾸었나?' 자문해보세요. 오늘 업무를 처리하면서 '혹시 이것도 디지털화하면 혹은 AI를 도입하면 달라지지 않을까?' 고민해보셨나요? 관련된 내용을 검색해보거나 아니면 챗GPT에게 물어보았나요? 그러한 관심에서부터 변화가 시작됩니다. 만약 이제까지 디지털 문명 전환, AI시대의 도래에 대한 부정적 기사에만 공감했다면 앞으로는 균형을 잡아야 합니다. 더 나아가 그 혁신이 가져다주는 놀라운 변화에 주목하고 더 깊이 학습해야 합니다. AI 시대의 개막이 우리에게 주는 메시지입니다.

참고로 미국과 우리나라 대학의 등록금 차이가 얼마일까요? 2023년 기준 미국 대학의 평균 1년 등록금은 5만 달러입니다. 우리나라의 딱

10배입니다. 첨단기술개발과 우수한 인재양성에 대한 기대치는 높지만 이 정도 격차라면 근본적으로 큰 차이가 날 수밖에 없습니다. 우리 대학들의 세계 랭킹이 주르륵 하락하는 현상도 전혀 이상할 게 없습니다. 그동안 우리 대학을 벤치마킹해 성장한 싱가포르 국립대학이 세계 19위, 난양공대가 세계 32위로 치고 올라간 반면 서울대는 62위, 카이스트는 83위로 내려앉았습니다.

이것이 바로 우리 사회의 무심한 개도국 관성이 만든 미래 인재 육성 시스템의 격차입니다. 그렇게 아이들 교육에 열광하고, 교육 기회의 형평성에 민감한 '우리 사회의 속마음'을 보여주는 진실입니다. 16년간 등록금 동결 외에는 아무것도 하지 않은, 변화를 싫어하는 우리의 무관심이 만든 우리 아이들의 미래 현실입니다. 여전히 공부 잘하고 돈 있으면 미국으로 유학 가라고 해야 하나요? 아니면 이제 싱가포르라도 가라고 해야 하나요? 우리가 주인이 되어야 합니다. 교육이 이럴진대 이렇게 변화가 시급한 분야가 우리 사회에 또 얼마나 많겠습니까?

맞습니다. 특별히 잘못한 것은 없습니다. 그냥 변하기 싫었던 것뿐입니다. 그걸 바꾸자는 겁니다. 변화와 도전이 진정으로 필요한 시대입니다. 그 출발이 '내 마음'에 있다는 걸 명심하고 준비해야 합니다.

PART 2

디지털 신대륙의 주인공 '왜 사피엔스'의 세계관

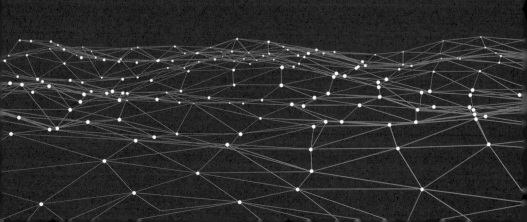

· 08 ·

인류의 표준 세계관은
이미 AI 신대륙으로
넘어갔다

생각하는 인간에게는 '세계관世界觀, worldview'이라는 것이 존재합니다. 위키피디아에 나온 정의를 살펴보겠습니다.

'어떤 지식이나 관점을 가지고 세계를 근본적으로 인식하는 방식이나 틀이다. 세계관은 자연철학 즉 근본적이고 실존적이며 규범적인 원리와 함께 주제, 가치, 감정 및 윤리가 포함될 수 있다.'

표현이 거창해 보여도 쉽게 말하면 세계관은 '자신이 사는 세계를 이해하는 방식'입니다. 그래서 사람마다 다르다고 할 수 있죠. 신이 있다는 창조론을 믿기도 하고, 진화론을 바탕으로 과학을 신봉하기도 합니다. 최근에는 드라마나 영화, 또는 게임에서도 세계관을 만들고 그에 따라 다양한 캐릭터를 창조하고 스토리를 엮어갑니다. 당연히 태어난 지역, 교육, 종교, 문화, 살아온 경험에 따라 세계관은 달라집니다.

인터넷과 스마트폰이 등장하면서 인류의 세계관은 달라졌습니다. 땅 위에서 생활하던 인류의 생활공간은 스마트폰을 통해 디지털 신대륙으로 확장되었죠. 이것을 '디지털 세계관'이라고 합니다. 그러고 보니 무언가 궁금하면 폰을 열고, 친구에게 송금할 때도 폰을 열고, 쇼핑할 때도 폰을 엽니다. 어디를 갈 때도, 영화나 드라마를 볼 때도, 이미 무의식적으로 폰을 열어댑니다. 그런데 이 모든 서비스는 땅이 아니라 가상의 공간에서 이루어집니다. 그것들이 어디에 존재하고, 나한테 어떻게 서비스를 제공하는지는 모르죠. 단지 가능하다는 것, 그리고 인류의 표준 생활방식이 되었다는 것만 알고 있습니다. 인류는 스마트폰을 신체의 일부로 사용하는 '포노 사피엔스'가 되었고 그래서 우리의 세계관은 디지털 신대륙으로 확장되었죠. 과거와 현저히 달라진 인류의 표준 세계관을 우리의 일상으로 불러들여야 합니다.

디지털 신대륙은 AI 신대륙으로 진화 중

포노 사피엔스의 세계관은 디지털 신대륙이 그 중심입니다. 한번 상상해볼까요? 우리는 세계 곳곳에서 벌어지는 모든 일을 스마트폰을 통해 확인할 수 있습니다. 돈은 어떻게 송금할까요? 폰에 담긴 앱을 열고 톡톡톡톡 몇 번 누르면 송금이 완료됩니다. 당장 내일 아침에 아이가 학교에 들고 가야 하는 준비물이 있다는데 지금 시간이 밤 10시입니다. 어떻게 해야 할까요? 아무 문제가 없습니다. 앱을 열고 새벽 배송으로 주문하면 6시 반 우리 집 문고리에 준비물이 어김없이 걸려 있습니다. 학교 수업도 마찬가지입니다. 이미 수업의 절반쯤은 온라인으로 들을 수 있습니다. 성균관대 학생들은 미국에 계신 교수님 강의를 줌으로 듣기도 합니다. 그 정도는 약과죠. 스탠퍼드대학이나 MIT는 이미 2001년부터 20년 이상 강의를 인터넷을 통해 모두 공유하고 있습니다. 전 인류가 지식을 공유하자는 뜻이죠. 값싼 생활용품을 찾으려면 요새는 쿠팡이나 SSG닷컴도 있지만 알리익스프레스나 테무도 인기입니다. 그런데 알리익스프레스나 테무는 중국 플랫폼입니다. 그러고 보니 플랫폼에서는 이미 국경이 무의미하네요. 이 중국 플랫폼들은 지금 미국으로 진출해 아마존에 커다란 위협이 되고 있습니다.

페이스북, 인스타그램, 틱톡, 넷플릭스, 유튜브…, 사실은 전부 외국 서비스입니다. 그런데 우리가 일상에서 거의 매일 사용하는 플랫폼들입니다. 이것이 모두 디지털 신대륙의 일부입니다. 스마트폰 등장 이후 십수 년 만에 인류의 세계관은 디지털이라는 신세계로 확장되었고 이제 모두가 그걸 당연하게 여깁니다. 인류는 인터넷으로 연결된 디지털 신대륙을 적극적으로 개척하며 더욱 거대한 세계를 만들어가고 있습니다. 디지털 신대륙에는 데이터가 가득하고 그걸 활용해서 다양한 신 비즈니스 모델을 만들어갑니다. 진화하는 것이죠. 그것이 바로 데이터를 기반으로 만드는 AI 신대륙, AI 사피엔스들의 새로운 생활공간입니다.

애초에 인류는 언제나 축적된 역사, 축적된 지식, 인지할 수 있는 공간을 바탕으로 세계관을 형성해왔고 오랜 세월을 거치면서 끊임없이 지구를 개척하며 세계관의 확장을 시도해왔습니다. 그리고 그 긴 역사는 지금도 이어지고 있습니다. 유발 하라리가 《사피엔스》에서 기술하고 있듯 인류는 아프리카에서 출발해 유라시아로, 아메리카 대륙으로 끊임없이 진출하며 서로 다른 문명을 구축하고 전쟁과 교류를 통해 세계관을 확장하며 진화해왔습니다.

우리나라를 보더라도 고조선 시대를 거쳐 삼국시대, 고려, 조선을 거치면서 역사를 이어왔고 그 과정에서 정말 많은 국가들과 전쟁도 치르고 문화적·기술적 교류도 지속해왔습니다. 그리고 지금의 우리가 그 결과로 존재하는 것이죠. 당연히 우리의 미래도 그 연장선에 있습니다. 역사에는 항상 큰 교훈이 담겨 있습니다.

20세기 초까지 우리를 지배했던 세계관은 '중화사상'이라고 해도 크게 틀리지 않습니다. 강성했던 고구려가 만주에서 멸망한 이후 우리의 국경은 한반도 안으로 제한되었고 그 이후 끊임없는 중국 대륙 국가들의 침략으로부터 우리를 지키는 일이 생존의 유일한 방편이었습니다. 그래서 강대국이었던 중국에 절대복종하며 500년 이상을 보내야 했죠. 우리가 인류 문명 전체를 바라보는 세계관은 중국 중심이었고 또 문물의 수입도 중국에 기댈 수밖에 없었습니다. 조선의 거의 모든 역사가 사대주의 세계관을 갖게 된 것도 이 때문입니다. 사실 명나라나 청나라는 그 당시 군사, 기술, 지식 등 모든 분야에서 압도적인 힘을 가진 세계 최강국이었습니다. 유럽도 중국을 함부로 할 수 없었죠. 그러던 중 일어난 거대한 사건이 바로 1차 산업혁명입니다.

역사의 변곡점에서 탄생한 새로운 세계관

18세기부터 영국과 유럽을 중심으로 시작된 1차 산업혁명은 사실 아메리카 대륙의 발견이 가져다준 선물이었다고 할 수 있습니다. 1492년 콜럼버스가 아메리카 대륙을 발견했을 때(사실은 카리브해의 아이티섬) 그들은 그곳이 인도인 줄 알았습니다. 당시의 유럽은 지구가 평평하다는 세계관에서 겨우 벗어나 지구가 둥글다는 걸 인지하기 시작했습니다. 그 이전까지는 유럽의 동쪽으로 항해를 계속하면 바다가 끝나는 지점에서 추락해 죽는다고 생각해 항해조차 꺼렸죠. 콜럼버스는 동쪽으로, 동쪽으로 항해를 하면 인도에 다다를 수 있다고 주장하고 그걸 증명하기 위해 대항해를 떠났던 겁니다. 유라시아 중심의 인류 세계관에는 아메리카 대륙이 포함되어 있지 않았던 것이죠.

콜럼버스의 신대륙 발견 이후 유럽 국가들의 세계관은 달라졌습니다. 새로운 땅에 기회가 있다고 생각하고 스페인, 프랑스, 영국, 독일, 포르투갈 등 당대 유럽 최강국들은 너도나도 앞다퉈 식민지 개척에 뛰어듭니다. 재레드 다이아몬드의 명저《총 균 쇠》에서 볼 수 있듯 군사적·기술적으로 열위에 있던 아메리카 원주민들의 문명은 순식간에 멸망해버리고 맙니다. 그리고 새로운 대륙을 통해 유럽 강대국들은 이전에는 상상하지 못했던 '거대하고 급격한 팽창'을 시작합니다. 식민지를 통해 땅이 늘어나자 생산량이 많아지고 인구가 폭발적으로 증가합니다. 거기다 노예제도라는 것을 도입해 아프리카 흑인들을 잡아다 아메리카 대륙으로 데려갑니다. 투입 대비 생산성이 크게 높아지면서 엄청난 세금을 거둬들였고, 과거와는 규모가 다른 자본의 축적이 가능해졌습니다.

전쟁도 빈번해졌습니다. 전쟁에서 승리하면 농사를 짓는 것보다 훨씬 큰 수익을 창출할 수 있었으니까요. 자본이 충분해진 각 국가들은 전쟁에서 이길 수 있는 첨단무기 개발에 엄청난 돈과 인력을 투입하기 시작합니다. 총이 개발되고 화포의 성능이 점점 더 좋아집니다. 압도적인 기술력은 국력 신장에 가장 중요한 요소로 각광받았고, 그렇게 과학기술이 빠르게 발전했습니다. 유럽의 과학기술은 무기 연구로 인해 엄청나게 발전했고, 결국 18세기 영국에서 시작된 산업혁명의 중요한 밑거름이 되었습니다. 그리고 산업혁명은 엄청난 속도로 유럽으로 확산되었고, 유럽은 아시아를 비롯한 다른 지역에 비해 비교할 수 없을 만큼 강력한 힘의 우위를 갖게 되었습니다. 그리고 그 막강한 군사력을 기반으로 유럽이 전 세계를 식민지로 개척하면서 아시아의 악몽이 시작되었죠.

유럽은 축적된 힘을 바탕으로 아메리카 대륙과 아프리카 대륙을 나눠 먹었습니다. 그러고 나서는 좀 더 먼 아시아로 눈을 돌렸습니다. 인도, 베트남 등 가까운 나라들부터 야금야금 식민지로 만들어갔죠. 그리고 마지막이 중국이었습니다. 사실 중국은 아시아의 맹주로 유럽에게도 두려움의 대상이었습니다. 그런데 1840년 시작된 아편전쟁에서 중국군은 불과 4,000명의 영국군에게 처참하게 패배하고 맙니다. 그리고 1842년 그 유명한 '난징조약'을 맺으면서 홍콩을 영국에 넘겨주고 본격적인 개방에 들어갑니다. 말이 개방이지 그야말로 대규모 약탈이었다고 해도 과언이 아닙니다. 이때부터 아시아를 지배하던 세계관, 즉 중화사상이 무너지고 '세계의 중심은 유럽'이라는 새로운 세계관이 아시아 전체로 번져갔습니다. 이후 1860년 영국·프랑스 연합군의 공격으로 베이징까지 함락되자 그 위기감이 결국 조선으로까지 퍼지게 됩니다.

그런데도 조선의 오래된 '사회적 관성'은 또 국가의 미래를 망치는 결정을 내립니다. 수많은 대신과 지배계층인 양반들이 '사대' 정신을 강조하며 오랜 종주국인 청나라에 의리를 지켜야 한다고 난리를 피웁니다. 이들의 지지가 필요했던 대원군은 유럽 국가와의 교류를 금지하고 천주교를 탄압하는 '쇄국정책'을 실시하죠. 새로운 세계관을 받아들여 개혁을 추진하고 국력을 키워도 될까 말까 한 1800년대 말에 조선은 오히려 수많은 유럽 신부들과 천주교도들을 학살하는 데 여념이 없었습니다.

축의 전환, 세계관 변화에 적응하지 못하면?

비슷한 시기 일본은 그동안 주의 깊게 관찰했던 유럽의 발전을 실감하고 메이지유신을 통해 국가의 시스템을 근대 국가로 대전환합니다. 1860년대에 일어난 일입니다. 그러고 보면 불과 몇십 년의 차이였을 뿐입니다. 이 성공적인 전환으로 일본은 순식간에 유럽 국가들과 어깨를 나란히 하는 아시아의 최강국으로 거듭났습니다. 지금 생각하면 참 아쉬운 순간의 선택이었습니다. 1910년 조선은 결국 멸망하고, 이후 35년간 엄청난 고통과 치욕의 세월을 보내야 했습니다. 지금도 우리는 '역사를 잊지 말자'라는 말만 나오면 식민지 시절을 떠올릴 만큼 고통의 역사로 기억하고 있습니다. 청년세대도 '일본한테는 가위바위보도 지면 안 된다'라고 합니다.

그런데 진짜 일본 탓인가요? 조선의 멸망은 어디서 비롯된 것일까요? 우리는 정말 잘못한 게 없는데 나쁜 일본이 침략해서 일어났던 일일까요? 그 당시 강대국이 약소국을 식민지화하는 '약육강식의 세계관'은 인류의 보편적 상식이었습니다. 옳고 그름을 떠나 당연히 일어나는 일이고, 일어날 만한 일이었다는 거죠. 문제는 사회지도층의 무능함이었습니다. 거의 1,000년 넘게 지속한 중국 중심의 사대주의 세계관을 벗어나지 못했던 사회지도층이 자신들의 기득권 유지를 위해서 애써 새로운 유럽 중심의 세계관을 배척했던 것입니다. 불과 인구의 4%에 불과했던 양반 신분을 지켜내려고 철저한 쇄국을 주장했습니다. 입헌군주제를 기반으로 신분 차별이 없는 시민사회를 만드는 유럽의 문명을 결코 받아들일 수 없는 세계관이었던 겁니다. 그리고 그 선택으로 조선은 스스로 '멸망의 문'을 열었습니다. 인류 전체가 공유하는 세계관의 변화에 제대로 적응하지 못할 때, 어떤 위기가 오는지 150년 전 조선의 역사가 아주 명확하게 증명합니다.

1차 산업혁명은 인류의 힘의 판도를 바꿨고 보편적 세계관도 바꾼 거대한 전환이었습니다. 지금의 AI 혁명도 마찬가지입니다. 인류는 디지털 신대륙 위에 새로운 문명을 빠르게 구축하고 또 엄청난 속도로 진화를 이어가고 있습니다. 대표적인 변화가 AI의 활용입니다. 머뭇거릴 시간이 없습니다. 조선의 멸망에 대해 우리는 대신들과 양반들, 즉 소수의 사회지도층 잘못이었다고 이야기합니다. 그때는 그랬을 수 있습니다. 모든 정보와 지식, 권력을 그들이 독점했었으니까요. 지금은 어떤가요? 민주주의 국가인 대한민국의 권력은 국민한테 있습니다. 이제 우리는 사회지도층에게 책임을 전가할 수도 없습니다. 디지털 신대륙에서는 누구나 정보를 습득할 수 있고 자신의 의사도 자유롭게 표현할 수 있습니다. 또 학습을 통해 달라진 인류의 '새로운 세계관'도 인지할 수 있습니다. 결국 모든 책임은 '나'에게 있습니다. 나의 세계관이 달라져야 우리 가족이, 우리 직장이, 우리 사회가 달라집니다. 인간의 마음은 소프트웨어와 같습니다. 나의 행동, 나의 미래를 마음이 지배합니다. 디지털 세계관으로 마음을 업데이트하고 디지털 시대를 넘어 AI 시대를 준비해야 합니다. 바야흐로 AI 사피엔스 시대가 시작되었으니까요.

· 09 ·

대전환의 시대,
새로운 부를 창출한
이들에게서 배워야 할 것

사람이 미래를 준비할 때는 늘 닮고 싶은 롤모델을 떠올리기 마련입니다. 어린 시절부터, 또 학생 시절에, 그리고 성인이 되어서도 성공의 기준이 되는 롤모델이 필요하죠. 땅 위에서 디지털 신대륙으로 세계관이 달라지면 롤모델도 달라져야 합니다. 우리 사회가 지향하는 롤모델은 누구일까요? 정치인이나 연예인, 의사, 변호사, 과학자 등 다양하겠지만 특히 세계관의 변화로 달라진 분야는 성공한 기업가입니다. 여기서 잠깐, 누가 떠오르나요? 한번 마음속에 적어보세요. 그게 여러분 마음의 표준을 보여주는 상징입니다. 이제 다시 롤모델 이야기로 돌아가보겠습니다.

우리나라에서는 기업가 롤모델로 정주영, 이병철, 김우중 회장 같은 분들이 언급됩니다. 혹시 마음속에 적어놓은 분을 제가 벌써 맞췄나요? 아니길 바랍니다. 사실 대학에서 '기업가 정신'을 가르칠 때도 교재 첫 부분에 꼭 나오는 분들입니다. 특히 정주영 회장 얘기는 유명합니다. 이 겁 없는 어르신은 '용기勇氣의 사이즈'가 어마어마합니다. 1970년대 초 500원짜리 지폐 1장을 달랑 들고 영국의 최고 은행을 찾아가 은행장을 만났다고 합니다. 그리고 거기 그려져 있는 거북선을 보여주면서 "우리가 무려 500년 전에 세계 최초로 철갑선을 설계하고 만든 나라다. 그러니 우리가 조선소를 만들면 당연히 세계 최고의 조선 회사가 될 수 있다. 그런데 지금 돈이 없으니 건설 자금을 대출해달라. 반드시 갚겠다." 이렇게 얘기했다고 합니다.

가난한 나라에서 온 '듣보잡' 기업가가 이런 이야기를 하다니 어이가 없습니다. 그런데 또 그 돈을 대출해줬다고 합니다. 더 어이가 없습니다. 그 돈을 들고 와 울산에 세운 회사가 바로 지금의 HD현대, 옛 이름 '현대중공업'입니다. 그리고 어느새 진짜 세계 최고의 조선소가 되었습니다. 가슴이 웅장해집니다. 요즘 학생들도 이런 이야기를 들으면 마찬가지로 가슴이 뜨거워진다고 합니다. 그 한계 없는 기업가의 도전정신이야말로 정말 배울 만합니다.

그런데 이분이 지금 시대에 롤모델이 되면 골치가 아파집니다. 일단 그런 식으로 대출을 받기 어려운 시대입니다. 은행장 얼굴도 보기 전에 쫓겨나기 십상입니다. 그리고 보면 그때는 정말 '낭만적인 시대'였나 봅니다. 돈을 빌려와도 거제도에 땅도 없습니다. 롤모델이라는 게 따라 할 수 있어야 제맛인데 애초에 그게 불가능합니다.

잡스부터 저커버그까지, 디지털 신대륙의 대건축가들

그렇다면 디지털 신대륙을 만든 신문명의 롤모델들은 누구일까요? 우리도 따라 해볼 수 있을까요? 한 사람, 한 사람 살펴보겠습니다. 여러분이 미리 마음속에 적어둔 사람 이름이 나오는지 한번 체크해보십시오.

디지털 문명 시대를 만든 롤모델 중 가장 먼저 떠오르는 인물은 누가 뭐래도 스티브 잡스일 겁니다. 디지털 문명의 창시자라 해도 지나치지 않은 평가입니다. 1955년생인 잡스는 태어나자마자 부모로부터 버려져 양부모 밑에서 자랐습니다. 엄청난 스토리가 수백 쪽의 평전에 기록되어 있으니 일단 생략하고 어떻게 아이폰을 창조하게 되었는지만 추적해보죠.

양아버지는 훌륭한 아버지이자 중고차를 수리해 재판매하는 엔지니어였습니다. 덕분에 잡스는 다양한 기계와 특히 컴퓨터에 대한 깊은 관심을 갖게 되었습니다. 잡스는 고교 시절부터 전자공학에 관심을 가졌고 컴퓨터 동아리에서 활동했는데 거기서 평생의 친구이자 천재 엔지니어인 스티브 워즈니악을 만납니다. 고교 졸업 후 인문학으로 유명한 리드대학에 진학했는데 알다시피 한 학기밖에 다니지 않았죠. 잡스가 취업한 첫 회사는 아타리라는 게임회사였습니다. 거기서 많은 것을 배운 후 애플컴퓨터를 만들죠. 그리고 2001년 그 유명한 아이팟을 출시해 망해가던 애플을 살려내고, 2007년에는 전설이 된 아이폰을 출시해 세상을 바꾸고 지금의 애플을 만들었습니다. 성격이 매우 괴팍했다고 알려졌지만, 스마트폰을 세상에 내놓은 디지털 신대륙의 창조자임에는 틀림이 없습니다. 간단히 정리해보면 어린 시절부터 컴퓨터와 전자공학에 심취했고 첫 회사는 게임회사였네요. 애플에서 쫓겨나 픽사를 만들고 '토이 스토리' 같은 영화를 제작한 것도 특이합니다. 대학은 달랑 한 학기 다니고 중퇴했으니 우리나라 부모들이 그리 좋아할 스펙은 아니네요. 그런데 잡스는 미국 청년들의 롤모델이 되었습니다.

스티브 잡스의 동갑내기(1955년생)인 또 다른 롤모델은 MS의 창업자 빌 게이츠입니다. 애플컴퓨터와 함께 디지털 시대를 키운 양대산맥인 MS의 창업자이니까 미국 청소년들의 롤모델이 될 만합니다. 빌 게이츠는 13세에 시애틀에 있는 사립학교에 입학했는데 거기서 GE가 만든 컴퓨터를 사용하며 프로그래밍에 흥미를 느끼기 시작했습니다. 그 역시 어려서부터 코딩을 했네요. 그리고 하버드대 법대에 진학합니다. 그런데 그 시절에, 그 좋은 학교를 그만두고 1975년 친구 폴 앨런과 함께 창업을 합니다. 처음에는 회사가 잘 안 되면 학교로 다시 돌아가려고 했는데, 다들 아시는 바와 같이 회사가 너무 잘되서 결국 돌아가지 못했죠.

스티브 잡스의 애플컴퓨터와 아이팟은 미려한 디자인과 편리함으로 청소년들을 사로잡았습니다. 빌 게이츠가 IBM과 손잡고 만든 IBM PC는 청소년들의 필수품이 되었습니다. 당연히 아이들은 그 신세계를 제공해준 기업가들을 롤모델로 삼기 시작합니다. 이후로 PC를 연결하는 인터넷까지 등장합니다. 이 모든 것이 소프트웨어의 힘입니다. 그래서 소프트웨어로 세상을 바꾸겠다는 생각이 청소년들의 꿈이 된 겁니다. 우리는 여전히 제조가 꿈인 시절이었는데 말이죠. 그렇게 빌 게이츠와 스티브 잡스가 만든 디지털 문명을 따라가 또 한 번 세상을 바꾼 대표적인 인물이 페이스북의 창업자 마크 저커버그입니다.

1984년생인 마크 저커버그는 이미 11세에 치과의사인 아버지를 위해 환자 관리 프로그램을 만들었습니다. 어머니도 정신과의사였는데 이 똑똑한 아들을 의사 부모가 의사로 키우지 않은 걸 보면 우리 사회 기준으로는 참 특이합니다. 17세에는 고등학생 신분으로 MS로부터 공식 스카우트 제의를 받을 만큼 천재성을 일찌감치 인정받았습니다. 이후 하버드대에서 심리학과 전산학을 전공했는데 잘 알려진 대로 중도에 그만뒀죠. 정리하면 어려서부터 코딩에 심취했고, 대학에 입학해서도 학업보다는 창업에 관심이 높았고, 결국 인터넷과 소프트웨어를 기반으로 페이스북이라는 거대 기업을 완성한 겁니다. 스티브 잡스나 빌 게이츠의 세계관을 이은 CEO답습니다. 역시 인스타그램, 왓츠앱을 인수하고 최근에는 스레드까지 세상에 내놓으며 훌륭한 디지털 신대륙의 대건축가로 인정받고 있습니다. 생성형 AI 라마 시리즈를 공개해 주가도 폭등하는 중입니다. 만 40세가 된 지금도 세계적으로 엄청난 영향력을 발휘하는 미국 청소년들의 대표적인 롤모델입니다.

또 다른 1980년대생은 요즘 가장 핫한 오픈AI의 창업자 샘 올트먼입니다. 1985년생인 샘 올트먼도 8세부터 코딩에 빠졌다고 합니다. 2004년 스탠퍼드대 컴퓨터과학 전공으로 입학했지만 1년 만에 그만둡니다. 그 당시 유행을 따라 스타트업을 창업하고 돈을 벌어 중퇴한 것이죠. 이후 투자에 재능을 보여 실리콘밸리 최고의 투자회사인 와이컴비네이터Y-combinator의 사장이 되고 2015년 〈포브스〉가 선정한 30세 이하 최고의 투자자에 이름을 올립니다. 그런데 같은 해에 그 좋은 자리에서 물러나 일론 머스크와 손잡고 비영리법인 오픈AI를 창업합니다. 정관의 내용을 보면 모든 성과를 인류와 함께 공유하고 AI 기술개발의 독점을 막겠다는 갸륵한 기업입니다. 돈은 벌 만큼 벌었으니 이제 인류의 공영을 위해 AI 기술을 개발하겠다는 겁니다. 아주 훌륭한 세계관 아닌가요? 물론 지금은 많이 변질되기는 했지만 말이죠. 특이한 점은 일론 머스크와 오픈AI 창업 당시 공동의장을 했다는 것입니다.

서른 전에 세계적 부자 반열에 오른 창업의 롤모델들

일론 머스크는 1971년생으로 올트먼에 비해 무려 열네 살이나 형입니다. 그는 어린 시절 남아공에서 부유한 환경에서 자랐지만 가족관계가 불우했는데, 그 와중에 12세에 비디오게임을 만들어 팔았다고 하니 코딩에 역시 깊은 관심과 열정이 있었습니다. 17세에 캐나다로 이민한 후 다시 미국으로 건너가 펜실베이니아 주립대학에 입학해 경제학과 물리학을 복수 전공합니다. 빅테크 기업 창업자 중 거의 유일한 대졸자네요. 대신 스탠퍼드대 대학원은 중도에 그만둡니다(중퇴 한 번은 필수인가 봅니다). 페이팔로 큰돈을 번 머스크는 2002년 스페이스X, 2003년 테슬라를 잇달아 설립해 세계 최고의 부자 반열에 오릅니다. 지금은 미국의 대학생들이 가장 존경하는 롤모델, 아니 전 세계 청년 창업자들의 롤모델이 되었죠. 스티브 잡스의 계보를 잇는 인물로까지 평가받고 있습니다.

그런데 갑자기 궁금합니다. 샘 올트먼과는 어떻게 친해졌을까요? 그러고 보니 샘 올트먼과 혈연, 지연, 학연 등 하나도 걸리는 게 없네요. 일찌감치 성공한 CEO로 자리 잡은 일론 머스크는 알려진 대로 X(옛 트위터)에 진심입니다. 하루 종일 X(트윗)질을 하는데 세계 최고의 투자자로 선정된 샘 올트먼은 좋은 친구 대상일 수밖에 없죠. 당연히 DM을 보냈을 겁니다. 일론 머스크의 DM을 무시할 사람이 세상에 몇이나 될까요? 그러고 보니 이들은 이렇게 SNS로 만나(물론 오프라인에서도 봤겠지만) 서로 친해지더니 세계 최고 AI 회사를 창업하며 공동의 장까지 맡습니다. 요즘은 트친(트위터 친구), 페친(페이스북 친구), 인친(인스타그램 친구) 등 SNS로 맺어진 인연이 많습니다. 참 신박한 세상, 신박한 인연입니다. 이들도 정리해보면 어려서부터 코딩에 대한 열정이 대단했고, 학교에서 배우기보다 인터넷 커뮤니티, SNS 등을 통해 인맥을 맺고 끊임없이 새로운 지식을 습득했습니다.

좀 더 어린 1990년대생으로 내려가 보겠습니다. 워낙 많기는 하지만 좀 튀는 창업자들만 살펴보죠. 1995년생 오스틴 러셀Austin Russell은 첨단 제조기업인 루미나 테크놀러지Luminar Technology의 창업자입니다. 믿거나 말거나 2세 때 주기율표를 외웠다고 하니 천재는 천재인가 봅니다. 확실한 건 10세 때 소프트웨어 컨설팅을 했다고 합니다. 역시 코딩에 뛰어났네요. 고등학교 2학년 때인 17세에 아버지 차고에서 루미나를 창업합니다. 아버지가 차고에 '응용물리전자연구실'이라는 간판까지 달아주며 응원했다고 합니다. 우리나라 아버지들과 많이 다릅니다. 그러고 보니 우리나라 집에는 차고도 없네요.

러셀은 창업 후 스탠퍼드대 물리학과에 입학했다가 3개월 만에 그만두고 루미나를 키우기 시작합니다. 투자자가 학교를 그만두고 회사에 집중하지 않으면 투자를 중단하겠다고 했기 때문입니다. 이유야 어쨌든 러셀도 대학은 딱 3개월만 다녔네요. 개발한 주력제품은 놀랍게도 자율주행의 핵심부품인 '라이다LiDAR'입니다. 뛰어난 하드웨어 기술과 소프트웨어 개발 능력이 없이는 만드는 게 불가능한 첨단기술 제품인데 이걸로 큰 성공을 거둡니다. 나스닥 상장 기업인 루미나의 시가총액은 2조 3,000억 원에 달합니다. 2023년에는 〈포브스〉를 인수해서 유명세를 타기도 했죠. 28세 나이에 대단한 업적입니다.

더 대단한 친구도 있습니다. 1994년생 비탈릭 부테린Vitalik Buterin

은 암호화폐 이더리움의 창시자입니다. 부테린은 11세에 러시아에서 캐나다로 이민을 갔습니다. 심심한 초등생이 게임에 빠지는 건 당연한 얘기겠죠. 스타크래프트를 열심히 하다가 블리자드의 정책이 마음에 안 든다고 아버지한테 불평합니다. 컴퓨터과학 교사였던 아버지가 게임이 지겹다는 아들에게 추천한 건 놀랍게도 비트코인이었다고 합니다. 투자가 아니라 코딩을 배워보라고 한 겁니다. 수학을 좋아했던 부테린은 비트코인의 기반이 된 블록체인에 푹 빠졌다고 합니다. 어떻게 코딩 하나로 화폐를 만들 수 있는지가 너무나 신기하고 설렜다고 합니다. 그러고 보니 이 친구도 코딩이네요.

부테린은 15세 중학생 신분으로 암호화폐에 관한 첫 논문을 발표합니다. 논문 작성에 필요한 아이디어는 MIT 수학과 교수님의 위상수학 강의로부터 영감을 얻었다고 하니 대단한 친구입니다. 그러고 보니 우리는 중3 때 논문을 쓰면 검찰 수사대상이 되는데요. 부테린은 발표한 논문과 함께 커뮤니티에서 훌륭한 인재로 인정받기 시작합니다. 그 이후 비트코인 커뮤니티에서 열심히 활동하며 비트코인보다 더 나은 코인 개발에 몰두합니다. 그리고 캐나다 워털루대학에 입학한 첫해, 19세에 이더리움을 세상에 내놓게 됩니다. 그리고 1년만에 학교를 그만두죠. 또 중퇴네요. 아시다시피 이더리움은 시총 2위(2024년 3월 1일 기준 430조 원 돌파)의 코인으로 성장했고, 그의 자산도 4조 5,000억 원을 넘었습니다. 2022년에는 〈타임〉지 표지모델이 되어 암호화폐 시장의 미래에 대한 이야기를 인터뷰로 남깁니다. 28세 청년이 거의 모든 걸 이룬 셈입니다(최근 동네 사람 차림으로 판교를 돌아다니는 모습이 목격되어 화제가 되기도 했습니다).

또 다른 1995년생 청년도 있습니다. 중국 저장성 출신의 천재 소녀 궈원징입니다. 하버드대에 조기입학할 만큼 어린 시절부터 중국의 대표 천재로 유명하던 이 소녀는 메타 연구소에서 최연소 AI 엔지니어로 일하다 스탠퍼드대 박사과정에 입학합니다. 그러다 AI 영화 공모전에 응모했는데 그만 뚝 떨어졌다고 합니다. 자존심이 엄청나게 상한 궈원징은 동료와 함께 학교를 그만두고 2023년 피카랩스Pika Labs라는 회사를 설립합니다. 그리고 AI로 영상을 만들어주는 피카 1.0이라는 서비스를 내놓았는데 이게 AI 시대를 맞아 대박이 난 겁니다. 설립한 지 1년도 안 된 이 회사의 가치는 벌써 4,000억 원에 육박합니다. 이렇게 보니 서른도 되기 전에 거대한 성공을 거둔 슈퍼스타 창업자들이 즐비합니다. 이것이 디지털 신대륙의 묘미죠.

디지털 히어로들이 자신을 발전시키는 근본적인 방식

성공한 디지털 신대륙 히어로들의 특징을 정리해보죠. 우선 어릴 때부터 코딩이나 과학에 관심이 높았습니다. 게임도 많이 하는 편이고 SNS나 커뮤니티 활동을 통해 인맥을 쌓았으며, 유튜브 컨텐츠를 통해 전문 분야에 대한 학습도 많이 했습니다. 이미 고등학교 시절부터 뛰어난 코딩 실력을 보유했던 경우가 대부분입니다. 그 천재적인 실력을 인정받아 최고의 대학에 입학을 하기는 하는데, 졸업에는 별 관심이 없어 보입니다. 오히려 기회가 있으면 학교를 뛰쳐나가 창업을 하고 첨단기술은 학교 바깥에서 해결하네요. 이것이 지금 디지털 신문명과 AI 시대를 이끌어가는 1980, 1990년대생 성공한 CEO들의 특징입니다. 디지털 신대륙에서 성공하려면 이들에게서 배워야 합니다.

사실 누구나 스타트업을 창업하고 거대 기업으로 키울 수 있는 건 아닙니다. 누구나 이들처럼 천재도 아닙니다. 다만 열심히 살고 싶고 꼭 성공하겠다는 의지가 있다면, 이들이 성공하기 위해 디지털 문명에서 어떻게 자신을 발전시켜왔는지 그 근본적인 방식을 살펴보자는 겁니다. 인터넷 게임을 하다 보면 그 거대한 스케일과 성공의 크기에 놀라게 됩니다. 꿈도 그만큼 커지죠. 정주영 회장을 존경하더라도 은행에서 거액을 대출받아 거제도에 조선소를 짓는 일은 이 시대에 따라 할 수 없습니다. 그런데 글로벌 플랫폼이나 대박 게임을 만드는 일은 (물론 이것도 결코 쉬운 일은 아니지만) 일단 프로그래밍부터 배우면 시작할 수 있습니다. 아버지가 엄청난 부자일 필요도 없습니다. 어린아이들이 도전하기에 딱 좋은 조건입니다. '나도 저런 게임 하나 만들어보고 싶다' 한다면 코딩을 배우면 됩니다. 배우려면 커뮤니티에 가입해 친구들도 사귀고, 선생님도 만나고, 유튜브를 통해 이것저것 지식을 쌓아 갑니다. 그러다 모여서 친해지고, 각종 공모전에도 참여하고, 학습을 통해 점점 실력을 키워가죠. 코딩 배우기 시작하면서 디지털 신대륙에서 학습하고, 인맥을 넓히고, 스스로를 발전시키는 방법을 자연스럽게 배우는 겁니다. 이미 앞서 언급한 롤모델들이 보여준 길대로 따라가는 겁니다.

바로 이것이 포인트입니다. 디지털 신대륙은 공부할 수 있는 콘텐츠와 커뮤니티가 가득합니다. 보고 따라 할 롤모델들도 가득합니다. 카카오를 창업한 김범수 의장이나 네이버를 창업한 이해진 의장은 어떤가요? 대한민국 최고의 스타트업을 만든 배달의민족 창업자 김봉진 대표도 정말 본받을 만한 롤모델입니다. 이분은 어려운 가정환경이라 수도공업고등학교를 나오고 서울예전 디자인학과에 진학했습니다. 심지어 디자인 전공인데 디지털 플랫폼 사업으로 10조 원짜리 스타트업을 만든 겁니다. 진짜 아무 밑천 없는 청년도 따라 해볼 만한 멋진 롤모델이네요.

이들은 모두 무에서 유를 창조했습니다. 알리바바를 만든 마윈이나 텐센트를 만든 마화텅도 대단한 분들입니다. 그러고 보니 미국에만 롤모델이 있는 게 아니네요. 중국에는 성공한 플랫폼이 너무 많아 언급하기도 입이 아픕니다. 엄청나게 많은 중국 대학생들이 디지털 기업 창업에 뛰어든 것도 충분히 이해가 갑니다.

디지털 신대륙은 국경도 없습니다. 전 세계에 따라 할 만한 롤모델이 가득합니다. 미국에서는 AI 시대를 열어갈 10대들이 지금 이들을 보고 배우며 AI 문명을 만들어 가고 있습니다. 제가 언급한 모든 성공 스토리도 검색을 통해 얻은 자료들입니다. 관심만 있다면 얼마든지 찾아보고 따라 할 수 있다는 겁니다. 그런데 우리 사회는 디지털 신대륙을 일으킨 히어로들에게 참 냉정합니다. 왜 그렇게 훌륭한 창업자들에 대해 '보고 배우라'는 얘기를 안 하는 걸까요? 실제로 교보문고에 가

더라도 청소년들이 읽을 만한 책 중에 제가 언급한 디지털 창업자들 얘기는 거의 없습니다. 이것이 사회적 관성의 무서운 영향력입니다. 우리 사회 세계관에서는 디지털 문명이 배워야 할 대상이 아니라 두려움의 대상입니다. 그래서 아이들에게도 유튜브로 코딩을 배우라고 하기보다는 학교 성적이 가장 중요한 성공의 지표라고 가르칩니다.

그 모든 관성은 어른들의 경험에서 비롯됩니다. 공부에는 나이가 따로 없죠. 특히 디지털 대전환 시대에는 배워야 할 게 많습니다. AI 시대는 더욱 말할 것도 없습니다. 학생이든, 어른이든 필요하면 배워야 합니다. '나는 하루 중 얼마나 많은 시간을 공부하는 데 쓰는가?', 'SNS를 통해서 얼마나 많은 정보를 얻고, 인맥을 확장하며, 유튜브로 얼마나 유익한 공부를 하고 있나?'를 체크해보세요. 디지털 신대륙에서 성공한 히어로들은 모두 이런 환경을 적극 활용합니다. 물론 그걸 바탕으로 창의적인 아이디어를 끊임없이 만들어내죠. 생각해보면 디지털 문명의 학습방식은 창조적 아이디어를 내는 데 높은 생산성을 가질 수밖에 없습니다. 거의 모든 것이 순식간에 연결되는 기본적 특성이 있으니까요.

창의적 사고의 기본은 아이디어의 융합입니다. 그래서 창의성은 '지식의 편집'을 통해 만들어집니다. 디지털 플랫폼에서 많은 사람과 소통하고, 지식을 나누고, 인맥을 만들고, 그걸 바탕으로 협력해 새로운 사업을 기획하는 디지털 신인류를 구舊문명이 이길 수는 없습니다. 이것이 우리가 배워야 할 가장 중요한 교육의 세계관입니다.

· 10 ·

문명의 축이 바뀌는 지금, 디지털 주권국가는 무엇을 선택할까?

"역사를 잊은 민족에게 미래는 없다." 과거를 이야기할 때 자주 하는 말입니다. 그런데 그 '과거'가 대부분 조선 말기, 일제 강점기, 6·25 전쟁 이야기뿐입니다. 물론 그때의 역사도 잊지 말아야 합니다. 그런 데 지난 20년간의 디지털 문명 변천에 대해서는 별로 관심이 없는 듯합니다. 너무나 많은 것들이 변했고 그 속도는 더욱 빨라지고 있는데도 말이죠.

디지털 문명 발전의 근간은 '지식의 공유'입니다. 인터넷이 전 세계를 연결하면서 다양한 프로그램 소스를 공유하고, 전문 지식을 대가 없이 나누는 게 일반화된 상식입니다. 그렇게 값비싼 지식을 얻어 누구나 서버를 만들고 웹페이지를 만들면서 새로운 도전을 합니다. 어떤 사람은 두꺼운 브리태니커 백과사전을 디지털로 새롭게 만들어보자고 하고, 누구는 TV를 바꿔 세상 모든 사람이 방송을 만들게 해보자고 합니다. 백화점을 인터넷에 차리고, 택시 이용 경험을 바꾸고, 여행의 방식을 바꾸는 도전을 합니다. 지금의 위키피디아, 유튜브, 아마존, 우버, 에어비앤비는 그렇게 탄생했습니다.

만약 각자 개발한 소스코드를 공유하지 않았더라면, 세상의 표준이 이렇게 빠르게 디지털로 전환될 수 없었을 겁니다. 아무런 소스도 없이 모든 코드를 처음부터 스스로 개발해야 한다고 생각해보세요. 이렇게 빠른 속도로 디지털 세상을 만드는 건 불가능했을 겁니다. 기존 문명이 디지털 문명에 의해 대체된 것은 어쩌면 당연합니다. 자본을 가진 자가 지식을 독점하고 모든 권력을 갖는 사회적 시스템이 확산되기는 어렵지만, 지식의 공유를 통해 더 적은 자본으로 도전할 수 있고 그 결과물이 훨씬 더 많은 사람에게 돌아가는 시스템은 진화론적으로도 생존에 유리한 변화입니다. 그래서 확산의 속도가 빨랐던 겁니다. 혁신을 규제로 막고 기득권의 절대권력을 법으로 보장해주지 않는 한 정해진 운명이었던 거죠.

인류의 역사를 살펴보면 수천 년 동안 인간 사회의 시스템은 개인의 인권이 점점 강화되는 쪽으로 진화해왔습니다. 신분제도가 있던 봉건시대를 지나 프랑스 시민혁명을 기점으로 시민이 권력을 갖는 근대사회로 진입했고, 엄청난 전쟁을 겪기는 했지만 우리는 시민이 주인이라는 민주주의를 갖게 되었죠. 지난 20년 동안 디지털 문명으로 전환하면서도 개인의 인권은 더욱 개선되었습니다. 미투 운동을 통해 여성의 권리가 신장되었고 성 소수자의 권리도 많이 개선되었죠. 디지털 플랫폼이라는 정보공유의 장이 없었더라면 불가능한 일이었습니다. 어찌 보면 인간 권리의 개선은 자유를 향한 인류의 끊임없는 욕망이었다고 해야 할 것 같습니다. 우리나라만 봐도 정말 많은 사람들이 개인의 인권을 자본이나 정치 권력으로부터 보호하려는 노력을 목숨 걸고 지속해왔습니다. 그것이 오늘날 대한민국의 민주주의를 만든 진정한 힘입니다.

그런 면에서 디지털 환경은 힘없는 개인을 권력으로부터 보호하는 데 과거보다 기술적으로 훨씬 유리합니다. 스마트폰을 갖고 있으니 누구나 영상을 찍거나 녹음하면서 권력의 갑질에 대한 증거를 확보할 수 있고, 또 그걸 플랫폼에서 모든 시민과 공유할 수 있습니다. 촘촘하게 깔린 수많은 CCTV도 큰 역할을 합니다. 물론 가짜 뉴스나 사생활 노출 같은 부작용도 있겠지만 대다수의 인권 보호와 범죄 예방에는 지대한 역할을 한 것이 분명합니다.

디지털 문명은 참여하는 모든 시민이 권력을 갖는 구조입니다. 지식도 공유하고 뉴스도 공유하고 플랫폼을 통해 의견도 형성합니다. 그리고 그렇게 모인 의견들은 강력한 힘을 발휘합니다. 과거에는 권력을 가진 자들이 서로 담합을 해서 언론사를 매수하고 모든 비리를 덮을 수도 있었지만, 디지털 사회는 갈수록 그럴 가능성이 낮아집니다. 시민이 권력을 가지는 진정한 민주주의 사회로 나아가는 것이죠.

앞으로도 이런 긍정적 변화는 계속될 것입니다. 사피엔스는 그 길고 긴 역사에서 한 번도 포기한 적이 없었으니까요. 디지털 문명이 계속 확산하고 견고해지는 가장 큰 이유이자 에너지입니다.

식민국이 될 것인가, 주권국이 될 것인가

앞서 언급했듯 우리 역사에서 가장 뼈 아픈 대목은 조선 말기 서구 문명이 가진 힘을 과소평가하고 중국에 기댄 채 쇄국정책으로 일관했던 수십 년의 '고집불통 시기'였습니다. 일본이 메이지유신을 통해 빠르게 근대화를 진행했던 것과 비교하면 더욱 뼈 아픈 일입니다. 이처럼 문명의 교체기에 어떤 선택을 하느냐는 국가의 운명을 결정합니다. 디지털 전환에 이은 AI 시대의 개막은 과연 '문명의 대전환기'라 부를 만합니다. 지난 20년의 디지털 문명전환기에 우리는 비교적 올바른 선택을 해왔습니다. 다행히 우리는 고유의 플랫폼도 보유하고 있고 산업별 디지털 전환도 꾸준히 잘 진행해왔습니다. 국민의 스마트폰 활용 비율도 세계에서 가장 빠르게 상승했고, 스마트폰에 기반한 디지털 소비 인프라도 세계 최고 수준으로 만들어 놓았습니다. 정부 서비스의 디지털화도 세계 최고 수준이죠(물론 눈이 높은 우리 국민은 아직도 불만이 많습니다만).

문제는 우리가 가진 '사회적 인식의 표준'입니다. 국민들, 특히 기성세대가 갖고 있는 사회에 대한 인식은 아직도 디지털 문명이 가져오는 부작용에 천착하고 있습니다. 우버나 에어비앤비를 불법으로 규정한 것만 봐도 그렇죠. 디지털 문명은 이미 인류의 표준 문명이 되었고, 이제 AI 시대가 본격적으로 시작되는데, 사회적 공감대가 제대로 형성되지 않았습니다. 변화에 대한 인식을 널리 공유하고 기존 문명이 가져다준 기득권에 대해서도 포기할 수 있는 마음가짐을 가져야 합니다. 미래를 위한 준비에 써야 할 에너지를 '쇄국정책'에 쏟아서는 안 됩니다. 실패했던 역사는 한 번이면 충분합니다.

이웃나라 일본은 이번 디지털 문명변화에는 적응 속도가 느린 편입니다. 스마트폰은커녕 아직도 신용카드 사용 비율이 낮고 현금 결제가 일반적입니다. 공무원들은 이메일보다 팩스 사용을 더 선호합니다. 엄청나게 많은 데이터와 경험을 보유한 선진국이지만 과학기술 분야를 제외하고 생활 환경에서는 디지털 인프라가 매우 열악합니다. 가장 중요한 것은 생성형 AI 시대에 필수적인 데이터를 모을 수 있는 인프라 자체가 부족하다는 겁니다. 그 원인은 국민 대다수가 디지털로의 전환 필요성을 공감하지 못하기 때문입니다. 우리의 과거와 비교가 됩니다. 엄청난 자본과 과학기술을 갖고 있지만 갈수록 일본 기업들의 시가총액이 떨어지는 것도 미래 기대치가 내려가기 때문입니다. 국민이 시대의 변화를 각성하고 새로운 도전을 시작하지 않는 한 일본은 과거에 우리가 겪었던 식민지의 아픔을 겪을 가능성이 높습니다.

디지털 인프라가 취약하니 생성형 AI 생태계 구축은 더 요원합니다. 결국 지금처럼 AI 서비스도 외국의 빅테크 기업들이 내놓은 솔루션을 쓸 수밖에 없습니다. 디지털 플랫폼 식민지에 이어 AI 식민지까지 정해진 길로 가게 됩니다. 역사는 반복됩니다.

유럽도 비슷한 상황입니다. 페이스북, 유튜브, 인스타그램, 넷플릭스 등 거의 모든 플랫폼을 실리콘밸리에 의존하고 있습니다. 결국 '데이터 주권'을 갖지 못한 것이죠. AI 시대를 맞아 이 문제는 더욱 심각해지고 있습니다. 기술개발도 어렵고 데이터 확보도 막연한 상태라면 규제밖에는 대응방법이 없습니다. 유럽은 미국의 AI 침공을 막기 위해 강력한 규제로 대응 중입니다. 그런데 규제는 기업의 효율과 생산성을 떨어뜨릴 수밖에 없고 결국 경쟁력을 깎아먹게 됩니다. 또 많은 기업이 규제를 피해 미국으로 옮겨가게 되죠. 악순환의 고리가 이어집니다. 이미 AI와 관련된 첨단 기술기업들은 미국으로 대거 이동해버렸습니다. 지역에는 혁신을 이끌어갈 기업들이 사라지고 투자도 줄어들면서 결국 경제 규모가 쪼그라집니다.

IMF의 자료를 보면 2002년 세계 2위 경제대국이었던 일본은 미국 국내총생산GDP의 약 40% 수준까지 따라갔습니다. 독일, 영국, 프랑스도 3~5위를 기록하며 막강한 경제력을 과시했죠. 그런데 2022년 일본 명목 GDP를 보면 20년간 거의 성장을 멈췄습니다. 미국은 거의 2.5배 성장했는데 말이죠. 어느새 중국도 '넘사벽'의 세계 2위로 자리 잡았습니다. 독일은 중국과의 협력 강화를 통해 비교적 잘 성장했지만, 영국과 프랑스는 인도에 밀려 5위 밖으로 나갔습니다.

그림 21 세계 5대 경제 대국 순위 변화 (단위 : 달러)

		2002년			2022년
1위	미국	10조 9,300억	미국		25조 4,600억
2위	일본	4조 1,830억	중국		18조
3위	독일	2조 780억	일본		4조 2,300억
4위	영국	1조 7,860억	독일		4조 600억
5위	프랑스	1조 5,010억	인도		3조 5,350억

미국 달러화 기준 명목 GDP 기준 　　　　　　　　　　　　　　　출처 : IMF, 각국 통계

일본의 2023년 1인당 GDP는 3만 5,034달러로 세계 31위입니다. 일본이 2023년 경제가 활성화되고 한국보다도 경제성장률이 높았는데 GDP는 크게 오르지 않았네요. 세계 32위인 우리나라의 1인당 GDP 3만 4,768달러와 비교하면 266달러밖에 차이가 나지 않습니다. 이유는 엔화 약세 때문입니다. 엔화 약세에는 많은 원인이 있겠지만 결과적으로는 달러 유입이 많지 않았다는 겁니다. 일본에 생산성 높고 효율적인 경영을 하는, 즉 미래가 기대되는 기업들이 많지 않다는 달러 자본의 판단입니다. 미래 전망도 밝지 않다 보니 S&P가 평가하는 국가신용도도 이제 우리나라보다 낮은 게 현실입니다. 한국도 일본보다 크게 나을 건 없지만 타산지석의 교훈으로 삼아야 합니다. 세계 2위의 초강대 경제대국이었던 일본이 지난 20년간 성장을 멈추고 몰락의 길로 들어선 것은, 디지털 전환이라는 세계 문명의 변화에 제대로 적응하지 못했기 때문입니다. 생존 가능성이 낮은 표준 문명을 지키려는 국가는 늘 도태되었던 것이 역사의 교훈입니다.

일본, 유럽에는 없고 중국에는 있는 것

유럽의 쇠퇴도 두드러집니다. 〈월스트리트저널〉의 보도에 따르면 2008년 유로존과 미국의 GDP는 각각 14조 2,200억 달러와 14조 7,700억 달러로 거의 비슷했지만, 2023년 기준 유로존 GDP는 15조 700억 달러로 미국의 26조 8,600억 달러에 비해 거의 반토막 수준입니다(2023년 2분기 기준). 영국을 더해도 큰 차이는 없습니다. 미국의 경제규모가 지난 15년간 82% 성장할 동안 유럽은 6% 증가에 그쳤습니다. 고령화 사회로 진입하고 일보다는 개인 생활을 중시하는 유럽의 문화적인 특성 탓도 크겠지만, 이 기간에 가장 큰 차이는 기업과 사회의 디지털 전환 속도라고 해도 크게 틀리지 않습니다. 성장에는 투자와 혁신이 필요한데 사회 전체가 그 변화를 소홀히 여긴 것이죠. 그래서 사회적 관성이 무서운 겁니다. 우리는 그냥 가만히 있었을 뿐인데, 큰 잘못도 없는 것 같은데, 디지털 신대륙에는 엄청난 혁신이 일어났고 AI는 그걸 더욱 가속하고 있습니다.

관성대로 살며 규제로 막아온 유럽의 결과는 참혹합니다. 유럽의 맹주로 불리는 프랑스, 독일, 영국의 GDP는 이제 미국의 1개 주와 비슷합니다. 특히 100년간 '해가 저물지 않는 나라'로 세계를 호령했던 영국의 경제규모가 이제는 미국의 캘리포니아주 정도밖에 되지 않습니다. 실리콘밸리를 보유한 캘리포니아는 디지털 신대륙의 상징입니다.

자본의 선택도 분명합니다. 혁신적인 기업들이 미국으로 몰려가니 미국 증시 규모는 40조 달러를 훌쩍 넘어갑니다. 반면 유럽의 증시는

그림 22 미국 주와 유럽 국가 GDP 비교

프랑스	펜실베이니아+ 일리노이+오하이오
2조 7,849억 달러	2조 7,791억 달러

독일	텍사스+뉴욕
4조 754억 달러	4조 4,091억 달러

영국	캘리포니아
3조 706억 달러	3조 5,981억 달러

그림 23 국가별 증시 시가총액과 중위 연령

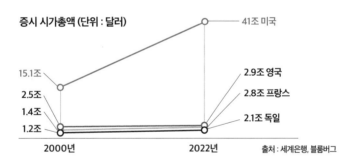

증시 시가총액 (단위 : 달러)

41조 미국

15.1조

2.9조 영국
2.8조 프랑스
2.5조
1.4조
1.2조
2.1조 독일

2000년   2022년   출처 : 세계은행, 블룸버그

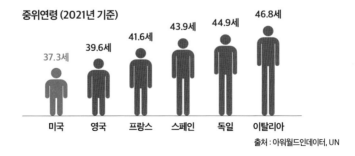

중위연령 (2021년 기준)

46.8세
44.9세
43.9세
41.6세
39.6세
37.3세

미국   영국   프랑스   스페인   독일   이탈리아

출처 : 아워월드인데이터, UN

그림 24 글로벌 시가총액 30대 기업 (2024년 4월 2일 기준)

미국	**21**개

MS(1위), 애플(2위), 엔비디아(3위), 구글(4위), 아마존(6위), 메타(7위), 버크셔해서웨이(8위),
일라이릴리(10위), 브로드컴(11위),비자(12위), JP모건체이스(14위), 테슬라(15위), 월마트(16위),
엑슨모빌(17위), 유나이티드헬스(18위), 마스터카드(19위), P&G(22위), 존슨앤존슨(25위),
홈디포(26위), 오라클(27위), 코스트코(29위)

유럽	**4** 개

노보노디스크(13위, 덴마크), LVMH(20위, 프랑스), ASML(24위, 네덜란드), 머크(28위, 독일)

아시아	**5** 개

아람코(5위, 사우디아라비아), TSMC(9위, 대만), 삼성전자(21위, 한국),
텐센트(23위, 중국), 도요타(30위, 일본)

20년째 제자리입니다. 당연히 시가총액 30위권 내에 드는 기업의 수
도 미국이 21개인데 반해 유럽은 4개뿐입니다. 아시아도 5개인데 그
보다 적습니다. 하기야 애플, MS, 아마존, 알파벳의 시가총액만 합쳐
도 유럽 증시 전체의 시총을 훌쩍 넘을 겁니다. 우리나라 코스피, 코
스닥 시장을 다 합쳐도 애플 하나에 못 따라가는 게 현실이니까요.

대학도 마찬가지입니다. 명문대의 상징인 영국의 옥스퍼드대, 케
임브리지대가 명맥을 유지하고는 있지만, 졸업생들은 대부분 미국으
로 유입됩니다. 세계 30위권 대학 중 19곳이 미국에 있고 유럽이 7곳,
아시아에 4곳, 그리고 캐나다에 1곳이 있습니다. 미래도 이제 미국에
있다는 것이죠. 팬데믹 이후 세계 경제가 주춤하면서 유럽도 직격탄

을 맞았습니다. 그런데 미국은 홀로 고속성장 중이죠. 2023년 미국의 GDP 성장률은 무려 4%를 넘을 것으로 예상합니다. 디지털 플랫폼의 성장과 AI 혁신이 미국의 성장을 이끄는 중입니다. 일반기업들도 디지털 혁신과 AI의 혜택을 톡톡히 보고 있습니다. 이렇게 생태계 전체가 경쟁력을 갖게 되니 국가 경쟁력도 올라갑니다. 비록 도입할 때는 기존의 시스템이 진통을 겪게 마련이지만, 혁신에 도전하고 변화를 받아들이는 집단은 결국 달콤한 열매를 얻습니다. 이것도 역사의 교훈입니다.

중국의 약진에도 디지털 대전환이 큰 역할을 했습니다. 중국은 세계에서 가장 빠르게, 가장 자유롭게(규제 없이) 디지털 전환을 시도한 나라 중 하나입니다. 공산당 주도로 거의 모든 분야에 디지털을 도입해버렸습니다. 덕분에 중국의 대표 플랫폼 알리바바와 텐센트는 한때 시가총액 세계 6위와 8위까지 오르기도 했습니다.

중국인들은 거의 모든 생활을 스마트폰으로 해결합니다. 텐센트는 위챗이라는 메신저 앱을 기반으로 소통은 물론이고 게임, 음악, 쇼핑, 금융, 교통 등 못 하는 게 없습니다. 텐센트의 자회사가 300개를 넘는다고 하니 거의 모든 분야의 디지털 플랫폼을 구축했다고 봐도 틀림이 없습니다. 위챗의 가입자 수는 15억 명에 이른다고 합니다. 매일 거의 모든 산업 분야마다 엄청난 데이터가 쌓이고 있다는 뜻입니다. 아시다시피 데이터는 AI의 가장 중요한 자원입니다. 실제로 세계 AI 논문의 40% 이상이 중국에서 나오고 있습니다. 미국의 거의 2배입니다. 규제가 적다 보니 안면인식, AI닥터 등 다른 나라에서 금기시하는 분야까지 매우 활발하게 AI가 적용되고 있습니다. 최근에는 중국 공산당이 플랫폼을 압박하고 미중분쟁이 심화되면서 경제가 주춤하고 있지만, 디지털 전환에 가장 중요한 펀더멘털은 아주 튼튼하다고 볼 수 있습니다. 국민이 문명의 표준이 어디 있다고 생각하는지, 디지털을 얼마나 활발하게 사용하는지를 생각해보면 중국은 디지털 신대륙에서 미국과 상대할 유일한 강국입니다.

사실 중국이 디지털에 눈을 뜨는 시기에 스마트폰이 등장했습니다. 그래서 PC나 인터넷 시대를 생략하고, 곧장 스마트폰 시대로 넘어갈 수 있었죠. 어쩌면 이것이 중국에게는 큰 행운이었습니다. 일본과 유럽은 이미 오랜 선진국으로 지킬 게 너무 많았던 터라 규제로 그것들을 보호할 수밖에 없었던 반면, 처음 시작하는 중국에게는 그런 대상이 많지 않았죠. 오히려 디지털은 글로벌로 갈 수 있었던 유일한 고속도로였습니다. 지킬 게 너무나 많았던 청나라가 유럽의 혁신을 받아들이지 못해 멸망했던 역사가, 이번에는 중국에 다른 기회를 제공한 셈입니다. 역사는 여전히 돌고 돕니다.

일본과 유럽의 몰락, 그리고 중국의 부상을 이야기할 때 그 원인은 매우 다양하겠지만 가장 큰 차이는 사회 전체, 그리고 국민 의식의 디지털 전환 속도 차이였다고 분명히 이야기할 수 있습니다. 그리고 이 근본적 차이는 미래에 대한 전망까지 이어집니다. 미국 입장에서 보면 중국은 두려워도 유럽은 그렇지 않습니다. 중국의 추격 속도를 조금이라도 늦추기 위해 반도체 산업 성장을 압박하고 AI 개발에 필수적인 GPU 수출도 막고 있지만, 중국의 AI 개발 속도나 연구의 수준은 이미 미국에 커다란 위협이 되고 있습니다.

우리 사회가 디지털 전환과 AI 활용을 어떤 관점에서 봐야 하는지, 국민 한 사람 한 사람이 어떻게 이 변화에 대응해야 하는지를 강대국의 문명변화, 힘의 변화를 통해 배워야 합니다. 100년 전 역사에서 우리는 식민지가 되느냐, 주권국가가 되느냐에 대한 뼈 아픈 교훈을 엄청난 댓가를 치르고 얻었습니다. 디지털 문명 대전환의 역사는 더욱 중요합니다. 지금 우리에게 닥친 현실이기 때문입니다. 우리가 이 디지털 신대륙의 문명 대전환에서 주권국가로 가느냐, 식민지로 전락하느냐가 바로 여기서 결정됩니다. AI 시대 여러분의 미래는 이미 20년 전에 시작된 인류 문명의 디지털 대전환이 좌우한다는 것을 절대 잊지 말아야 합니다.

· 11 ·

MZ 세계관이 만든
새로운 게임의 룰이
세상을 움직인다

디지털 원주민 세대를 우리는 흔히 'MZ세대'라고 부릅니다. M세대
는 밀레니얼세대의 약자로 성인이 되었을 때 2000년대가 된 세대, 즉
1980년 이후 태생을 주로 그렇게 부릅니다. 우리 사회의 리더들은 대
부분 베이비붐세대(1955~1964년생)나 X세대(1965~1975년생)로 구성되
어 있어서 M세대라고 하면 비교적 젊은 세대를 의미합니다. 물론 이
제는 1980년대 초반에 태어난 세대도 40대가 되었으니 젊다고만은
할 수 없겠죠. Z세대는 보통 1997년 이후 태생을 의미합니다. 진정
으로 젊은 20대들입니다. Z세대 다음 세대인 2010년 이후 태생은 알
파Alpha세대라고 부릅니다.

우리나라 사람들은 이처럼 사회학적으로, 나이별로 나눈 세대 구분에 엄청나게 관심이 높고 민감합니다. 관계주의에 입각해 인간관계를 사고하는 국민 특성상, 자신이 어느 세대에 속하느냐는 매우 중요합니다. 만나면 '민증부터 까자'는 나라죠. 한강의 기적을 일으킨 주역은 베이비붐세대인데 이제는 서서히 은퇴하면서 X세대에게 자리를 물려준 상태입니다. 그리고 어느새 많은 리더십이 그다음 세대로 내려가고 있습니다. 대기업 사장단이나 임원들의 연령대를 보면 확실히 그렇습니다. 국회의원 평균 연령이 60세인 것을 보면 확실히 정치는 좀 늦게 교체되는 편입니다. X와 M 사이를 Y세대라고 정의하기도 합니다. 그런데 진정으로 세계관이 달라진 세대는 바로 M세대입니다. 사실 그 이전 세대끼리는 비슷한 방식으로 교육을 받았고, 사회적 환경에 큰 변화도 없었을 뿐 아니라 학교나 직장이나 비슷비슷하게 상명하복을 따르는 조직 중심 문화가 존재했었죠. 그런데 디지털 원주민인 M세대가 등장하면서 기존 세대와 큰 차이를 보이기 시작합니다.

어려서부터 전 지구적 스케일로 놀아본 M세대의 세계관

M세대는 이전 세대와는 달리 어려서부터 인터넷을 사용한 첫 세대입니다. 대유행을 일으켰던 인터넷 게임에 어려서부터 푹 빠져 자랐던 첫 세대이기도 합니다. 스타크래프트의 세계적 열풍에 익숙하다면

나이와 상관없이 M세대라고 할 수 있습니다. 이들은 이전 세대와 세계관이 확연히 다릅니다. 인터넷 게임에 들어가면 전 세계 사람을 만납니다. 디지털 세상에서는 국경 없이 누구든 만나서 대화하고 게임을 즐길 수 있다는 걸 체험했죠. 스케일도 어마어마합니다. 내가 즐기는 게임인데 프로리그가 있고 세계 챔피언이 있습니다. 세계 최고의 프로 게이머는 연봉이 100억 원도 훌쩍 넘습니다. 이런 세계에서 종일 놀다 보니 세상을 바라보는 관점, 스케일이 그 이전 세대와는 확연히 달라진 겁니다.

인터넷 게임이 없었던 시대에도 우리는 열심히 놀았습니다. 인간에게 놀이는 사회를 이해하고 세계관을 만들어가는 아주 중요한 행위입니다. 특히 10대 시절, 친구를 만나고 형동생 관계를 맺어가며 세상을 살아가는 세계관을 형성합니다. M세대 이전 세대는 구슬치기, 딱지치기, 오징어 게임, 무궁화 꽃이 피었습니다를 하며 놀았습니다. 모든 것이 내가 사는 '동네'를 중심으로 이루어졌고, 해외는커녕 다른 동네조차 가볼 생각을 못 했습니다. 남의 동네에 가면 돈 뜯기고 두들겨 맞는 게 일상이었으니까요. 기성세대의 세계관은 '우리 동네'를 중심으로 형성됩니다. 그러니 고향과 출신학교에 대한 애착이 유달리 강합니다. 나를 보호해주고 인정해주는 건 우리 동네의 혈연, 학연, 지연이니까요. 서로 인사만 나누고 나면 출신 지역, 학교, 본관을 묻고 호구조사부터 시작하는 것도 어려서부터 형성된 세계관이 DNA에 깊이 각인되어 있기 때문이죠.

스케일도 동네에 머물러 있었습니다. 아무리 구슬치기를 잘해도 전국 챔피언십 같은 건 없었으니까요. 성공에 대한 세계관도 그래서 아주 단순합니다. 집안에서, 동네에서, 친구들에게 인정받으면 성공입니다. 그래서 누구나 인정하는 좋은 대학에 진학하고, 누구나 인정하는 좋은 직장에 들어가 동네에서 칭찬받는 구성원이 되고자 합니다. 그렇게 50년 넘게 하나의 세계관으로 살아왔습니다.

이러니 M세대의 인터넷 세계관과는 큰 차이가 날 수밖에 없습니다. 인터넷 게임이 펼쳐놓은 디지털 신대륙에 입장하면 세상 누구나 만날 수 있고, 거대한 규모의 판을 마음껏 즐길 수 있습니다. 인터넷 게임에 입장해 "혹시 몇 년생이세요?"라고 묻지 않습니다. 이곳에서는 선후배도 없고 누구나 친구입니다. 오직 실력만이 신분을 결정합니다. 그리고 꿈의 크기도 달라집니다. 내가 잘하기만 하면 100억 연봉의 세계 챔피언도 될 수 있으니까요. 세계관과 성공의 스케일이 확장되는 것이죠. 실제로 2023년 항저우 아시안게임에서 금메달을 딴 세계 최고의 프로 게이머 페이커 이상혁 선수의 연봉은 100억을 훌쩍 넘습니다. 아마추어 게이머들 중에서도 세계 랭킹 100위 안에 드는 걸 최고의 프라이드로 여기는 친구들이 많습니다.

그런데 꿈이 프로 게이머뿐일까요? 더 현실적인 꿈이 있습니다. 바로 이런 거대한 스케일의 게임을 하나 만들어 나도 세계적인 기업의 CEO가 되는 겁니다. 어린 시절부터 꿈의 스케일이 달라집니다. 프로 게이머나 프로그래머가 되기만 하면 성공이 보장됩니다. 프로 게이머가 되려면 게임을 열심히 연습하면 되고, 게임회사를 차리려면 프로그래밍을 열심히 배우면 됩니다. 정주영 회장처럼 거금을 대출받을 필요도 없고, 엄청난 공사비를 들여 조선소를 지을 필요도 없습니다. 내가 열심히 코딩만 하면 됩니다.

이런 게임을 만든 사람들이 어떻게 성공했는지 검색해보면 생각보다 어렵지 않습니다. 롤모델도 쉽게 찾을 수 있습니다. 대부분 어려서부터 코딩을 열심히 배워 10대 때 이미 여러 경진 대회에 참여해 입상하고, 그걸 발판으로 창업을 하거나 회사에 입사했습니다. 물론 성공한 사람들은 코딩 천재들이 대다수이지만, 설령 천재가 아니더라도 큰 문제는 없습니다. 비록 큰 회사를 차려 CEO가 되지 못해도 어느 정도 코딩에 능숙해지면 일자리는 비교적 쉽게 얻을 수 있으니까요. 이렇게 롤모델이 생기고 게임에 빠지거나 아니면 코딩에 빠지게 되죠. 그런데 인터넷 게임이 엄청나게 유행하던 시절, 우리 사회에서는 왜 유독 게임의 중독성만 이야기하고 프로 게이머가 되겠다던 아이들이 폭망했다는 스토리만 퍼졌을까요? 성공했다는 프로그래머 얘기는 어디에서도 찾기 힘들었는데 말이죠. 선진국에서는 성공한 프로그래머들이 무럭무럭 자라났습니다. 그리고 앞서 언급했듯 그들이 이 엄청난 디지털 신대륙의 주인공이 되었죠. 그 신화는 지금도 이어져 엄청난 수의 아이들이 또 디지털 신대륙 너머의 새로운 세상, AI 신대륙에 도전 중입니다.

오직 실력만이 성패를 결정하는 게임의 룰이다

우리 사회가 디지털 세계관의 엄청난 혁신성보다 부작용에 집중한 것은, 기성세대에 깊이 뿌리내린 개도국 관성 탓입니다. 기성세대는 세계에 없던 혁신을 만들어본 적이 없습니다. 그래서 아이들에게 도전하라고 이야기하지도 못합니다. 게임에 빠지고 코딩에 빠진 아이들을 보면 이들이 조직 중심 사회에 적응하지 못할까 봐 걱정부터 앞섭니다. 자신들의 조직 중심 세계관으로 아이들을 바라보니 오직 부작용만 보이는 것이죠.

선진국의 부모들은 세상의 혁신을 모두 자신들이 만들어왔다는 자부심이 있습니다. 그래서 아이들이 혁신적인 일에 도전할 때 옆에서 용기를 북돋고 좋은 코치도 되어줍니다. 자신들이 아버지의 차고에서 창업해서 거대 기업으로 키웠듯이, 아이들에게 차고를 열어주고 마음껏 무모한 도전을 즐기게 합니다. 세상에 없던 혁신을 만들었던 세대가 또 다른 혁신을 만드는 세대를 키우는 비결이자 전통입니다. 이러한 선순환 시스템이 형성되어야 혁신적인 기업들이 계속해서 나올 수 있고 그때 비로소 우리는 안정된 선진국이 될 수 있습니다. 축적의 시간이 필요합니다.

M세대가 창조한 디지털 신대륙은 성공의 기준이 다릅니다. 게임의 세계관이 적용되기 시작합니다. 게임 세상에서는 나이, 직급, 학벌, 자본 등 기존 세계에서 힘을 발휘하던 중요한 기준들이 아무런 도움이 되지 않습니다. 오직 실력만이 성공과 실패를 결정합니다. 모든 디지

털 플랫폼들은 이 새로운 게임의 법칙에 따라 경쟁하며 성공을 거두었습니다. 실력의 기준은 고객의 선택입니다. 좀 더 이해하기 쉬운 말로 바꾸면 '구독과 좋아요'입니다. 재밌는 게임이 선택을 받듯 편리한 플랫폼들이 소비자의 선택을 받아 거대한 성장을 거두는 것이죠. 디지털 신대륙에서 기존의 대기업들이 성공하기 어려웠던 이유는, 바로 레거시에 의존하는 조직의 힘이 '구독과 좋아요'를 만들기에 부적합했기 때문입니다.

조직 중심 대기업에서는 직급이 무엇보다 중요합니다. 거의 모든 결정을 임원들이 합니다. 신입사원은 과장님이 좋아할 내용으로 기획하고, 과장은 부장님이 좋아할 내용으로 다시 수정합니다. 부장은 다시 상무님이 좋아할 내용만 남기고 잘라내죠. 그러면 상무는 사장님의 세계관에 가장 잘 맞는 내용으로 정리합니다. 물론 임원과 사장 대부분은 인터넷 게임이라고는 즐겨본 적이 없는 레거시의 파워에 익숙한 분들이었죠. 대충 만든 서비스라도 우리 회사의 브랜드파워를 믿고 엄청난 자본을 쏟아 TV 광고를 때리면 소비자들은 쓰게 될 거라고 믿었습니다.

처음 나왔던 시중 은행의 웹서비스들을 기억하시나요? 무슨 암호 프로그램을 잔뜩 깔고, 미리 발행해둔 공인인증서를 깔고, 키보드 보안 프로그램도 깔고, 도무지 끝날 줄 몰랐던, 그 깔고 또 깔던 시절의 기억이 아직도 새록새록 합니다. 이것이 선택받지 못한 이유였습니다. 반면 토스나 카카오뱅크는 마치 게임처럼 금융서비스를 즐기도록 만들었습니다. 디지털 세대의 열광적인 선택을 받은 건 당연합니다. 그 이후 모든 은행 서비스들도 이들을 따라 바뀝니다. 그래도 따라 하는 건 여전히 잘하니까요. 그렇다고 조직까지 바꿀 수는 없습니다. 거기까지가 한계인 거죠.

신입사원부터 사장까지 일관된 디지털 세계관이 필요하다

디지털 신문명을 건설한 플랫폼 기업들은 예외 없이 소비자의 선택을 통해 성장했습니다. 어떤 광고의 힘이나 거대한 조직과 자본의 힘도, 기존의 브랜드파워도, 플랫폼의 성공에는 큰 영향을 미치지 못했습니다. 처음에는 다 비슷해 보였지만 결국 소비자의 선택만이 성공과 실패를 갈랐습니다. 그리고 그 소비자는 디지털 문명에 익숙한 M세대였죠. 결국 디지털 문명에서 성공하는 기업의 세계관은 사장부터 임원, 신입사원에 이르기까지 모두 일관되게 디지털 세계관이어야 했습니다. 직급보다 실력, 나이보다 실력, 누구나 동등하게 아이디어를 낼 수 있는 그런 조직이어야 했습니다.

또 일단 방향이 결정되면 엄청난 추진력으로 빠르게 완성해야 했습니다. 서비스 구현의 속도도 매우 중요했으니까요. 스타트업들은 모두 이런 조직문화로 성공했습니다. 최근에는 대기업들도 이를 따라 하기 시작합니다. 직급 빼고 이름 끝에 '님' 자를 붙이기도 하고 아예 영어 이름을 만들어 서로 격의 없이 부르기도 합니다. 그래야 권위를 빼고 동등한 존재로 일할 수 있으니까요. 이미 M세대가 40대가 되었으니 대기업도 M세대가 원하는 디지털 세계관을 반영하지 않으면 지속 성장이 어렵겠죠.

맞습니다. 이제 세상의 주인공은 누가 뭐래도 디지털 세대입니다. MZ세대에 기성세대가 맞춰야 한다는 것은 젊은 세대에게 나이든 세대가 맞춰야 한다는 막연한 생각이 아닙니다. 새로운 표준 문명이 된 디지털 세계관에 이제는 모든 사람이 맞춰야 한다는 의미입니다. 그걸 다른 말로 'MZ세대와 소통해야 한다'고 표현하는 겁니다. 아니, 소통을 넘어 디지털 세계관이 내 마음속에 자연스럽게 스며들어야 합니다. 그래야 기성세대도 미래 기대치를 올릴 수 있습니다. MZ세대라면 개도국의 기적을 만드느라 힘들었던 선배 세대에 대해 이해심을 키우고, 기성세대는 애써 MZ의 세계관을 받아들여야 합니다. 그것이 우리 사회 전체의 미래 기대치를 높이는 길입니다.

· 12 ·

잘파가 뛰어노는
진화된 디지털 세상,
메타버스

Z세대는 1997년 이후 태생, 그러니까 10세 때 스마트폰의 탄생을 지켜본 세대입니다. 어린 시절부터 스마트폰을 사용한 진정한 디지털 네이티브들이죠. 2010년 이후 태생들은 알파세대라고 부릅니다. 이미 이들도 10대 청소년이 되었네요. 그래서 사회적 존재감이 올라오니까 이름도 붙여진 겁니다. 잘파Zalpha라는 신조어도 등장했습니다. 잘파란 Z세대+알파세대를 의미합니다. 그러니까 잘파세대는 10대와 20대를 아우르는 디지털 네이티브를 지칭하는 단어입니다.

　M세대가 디지털 문명의 창조자들이라면 잘파는 그 디지털 신대륙에서 축적된 경험을 바탕으로 또 한 번 진화하는 세대입니다. 이들은

심지어 코로나 때 학교로부터 격리되어 공부, 인간관계 등 모든 것을 디지털로 경험했습니다. 강제로 말이죠. 근본적으로 디지털 세계에 대한 의존도가 높을 수밖에 없고, 모든 세계를 스마트폰과 인터넷을 통해 체험해온 세대입니다.

제가 대학에서 지금 가르치고 있는 아이들이 바로 Z세대입니다. 요즘 대학생들은 어떤 특정 지식에 대해 선생님이나 부모님께 질문하지 않습니다. 그럴 기회도 없었으니까요. 혹시 질문을 한다면 그건 모르니까 가르쳐달라는 것이 아니라 제대로 알고 있는지 확인하려는 겁니다. 아마 Z세대의 질문에 답변하면 이들이 그 즉시 스마트폰으로 검색해서 맞는지 확인하는 걸 자주 경험했을 겁니다. 이들에게 정답은 인터넷 검색에 있지 어른들의 머릿속에 있지 않습니다. 코로나 시대에 익힌 경험입니다. 잘파세대, 이들이 디지털 문명을 AI 문명으로 진화시켜갈 새로운 세대, 바로 'AI 사피엔스'들입니다.

인간은 익숙해지면 진화합니다. 진화의 양상은 창조적 활동으로 나타납니다. 대표적인 현상이 바로 메타버스 게임의 인기가 대폭발한 것입니다. 2020년 1월 중국 우한 지역의 봉쇄가 시작되면서 전 세계는 격리의 시대로 진입했습니다. 그때 가장 충격을 받은 것이 10대와 20대, 바로 잘파세대입니다. 사회적 접촉에 대한 욕구가 가장 강한 시기에 학교로부터 격리된 아이들은 당연히 디지털 세계에 몰입합니다. 안 그래도 어려서부터 디지털 환경에 익숙한 아이들이었으니까 특별히 가르칠 필요도 없었죠.

진화의 모습은 창조로 나타납니다. 회사가 만들어준 게임을 그저 플레이하는 데 익숙하던 아이들은 이제 자신의 캐릭터를 표현하고 자신의 놀이터를 창조하는 방식에 더 열광합니다. 게임을 하기보다는 게임 속에서 사람을 만나 대화하고 심지어 자기들끼리 게임을 만들어 즐기기도 합니다. 이렇게 달라진 Z세대의 삶의 방식에 딱 맞아떨어진 게임이 바로 마인크래프트, 로블록스 그리고 제페토 같은 메타버스 게임들입니다.

마인크래프트와 로블록스에 10대가 열광한 이유

마인크래프트는 메타버스 시대를 연 원조 격인 게임이죠. 모장 스튜디오Mojang Studios에서 2009년 처음 베타 버전이 나오고 2011년 정식 발매했으니 꽤 오래된 게임입니다. 모든 것이 네모난 블록으로 이루어진 세계에서 혼자 혹은 여럿이 생존하면서 건축, 사냥, 농사, 채집, 탐험, 회로 설계, 또는 직접 게임을 제작하는 등 정해진 목표 없이 자유롭게 즐기는 게 특징입니다. 창조가 본능인 인류에게 딱 맞는 방식입니다. 유저들은 자신이 속한 마을을 개발해 대도시로 만들거나, 나아가 국가를 세워 지도자가 될 수도 있고, 몬스터 헌터가 될 수도 있으며, 광활한 월드를 탐험하는 모험가도 될 수 있습니다. 월드의 마을들 이곳저곳을 돌아다니며 거래하는 사업가가 될 수도 있습니다. 이 모든 걸 만들려면 도시와 집을 짓는 건축가는 기본이죠.

이 게임을 2014년 MS가 인수했습니다. 그러고 보니 세계 1위 기업 MS는 스타크래프트를 만든 블리자드도 인수하고, 마인크래프트도 인수한 대표적인 게임기업이네요. 게임을 무시하는 우리 사회에 시사하는 바가 큽니다. 마인크래프트는 2020년 2억 장 이상 판매된 엄청난 비디오게임이며, 한때 평균 이용자 수가 1억 2,000만 명을 돌파할 정도로 세계 최고 인기 게임의 반열에 오르기도 했습니다. 특히 게임을 진행하는 과정을 유튜브로 생중계하는 게 대유행이었는데 그 덕분에 2021년 12월 15일 게임 방송 최초로 유튜브 조회 수 1조 회를 돌파해 세상을 놀라게 하기도 했습니다. 마인크래프트 덕분에 성공한 게임 유튜버도 여럿 탄생했죠.

생각해보면 사회생활과 인간관계에 목말라하던 10대들에게 이 메타버스 공간은 너무나 매력적이었을 겁니다. 게임을 하면서 친구도 사귀고 즐거움도 가득 채웁니다. 멋진 플레이어들의 유튜브 영상을 보는 것도 쏠쏠합니다. 마치 우리가 땅 위에서 즐기는 생활과 크게 다르지 않죠. 그렇게 게임과 함께 세계관을 형성해갑니다. 방에 갇혀 있던 것이 아니라 드넓은 디지털 세상을 경험한 것이죠. 물론 사람마다 다르기는 하겠지만 데이터로 보면 이 시대 10대의 대표적인 놀이터인 것은 분명합니다. 꼭 놀아야 하는 아이들에게 오프라인을 대신해 놀이 공간을 제공한 것이 마인크래프트 성공의 비결이었습니다.

그런데 그보다 더 큰 센세이션을 일으킨 최고의 메타버스 놀이터가 바로 로블록스입니다. 2004년에 다이나블록스 베타DynaBlocks beta라는 이름으로 나왔다가 2006년 정식 발매된 로블록스는 유저가 직접 콘텐츠를 만드는 방식으로, 롤 플레잉은 물론 FPS(1인칭 슈팅 게임, First Person Shooter), 탈출, 레이싱 등 다양한 게임들을 즐길 수 있는 게 특징입니다. 마인크래프트가 2009년 나왔으니까 로블록스가 더 오래된 '창조 메타버스 게임'의 원조입니다. 유저 수도 어마어마합니다. 한때 MAU(월간 활성 이용자, Monthly Active User)가 1억 명을 돌파했고 2023년에는 DAU(일간 활성 이용자수, Daily Active User)가 6,600만 명을 넘어섰습니다. 미국 10대의 60%가 가입했다고 하니 메타버스 게임의 대세라고 부를 만합니다. 2021년 이후 코로나 여파로 메타버스의 인기가 날로 커지면서 로블록스의 위상 또한 높아졌고 2024년 3월 1일 기준 시가총액 34조 원의 거대 게임기업이 되었습니다.

2023년 저는 로블록스를 수업에 도입하기 위해 검토해봤습니다. 도대체 왜 그렇게 아이들이 열광하는지도 궁금했습니다. 우선 게임 만들기에 도전해봤습니다. 다행히 어렵지는 않았습니다. 유튜브에 따라 하기 동영상이 있어서 그대로 하기만 하면 똑같은 게임을 만들 수 있었습니다. 디지털에 익숙한 아이들인 만큼 이런 영상만 참고해도 쉽게 게임을 만들 수 있는 겁니다. 현재도 700만 명의 개발자가 게임을 만들고 있고, 이런 개발자들은 많은 수익도 올리고 있습니다. 2023년에는 1만 2,000명의 개발자에게 약 7억 4,000만 달러가 지급되었다고 합니다. 그러다 보니 로블록스를 기반으로 거대한 생태계가 형성됩니다. 평균 사용자 플레이 시간은 2시간 반 정도라고 합니다. 게임을 개발해서 부자가 되고 싶다는 아이들이 로블록스로 쉽게 도전해볼 수 있습니다.

남이 만든 게임을 따라 만드는 건 쉽지만, 인기 있는 게임을 개발하는 것은 보통 일이 아닙니다. 교육적 측면에서 유용한지 알아보고자 저도 한번 도전해봤습니다. 일단 게임을 만드는 로블록스 스튜디오를 열었다가 깜짝 놀랐습니다. 공과대학에서 가르치는 컴퓨터 모델링 프로그램과 똑같았기 때문입니다. 그러고 보니 게임을 만들려면 게임장을 건설해야 합니다. 건축학적인 관점에서 공간설계 능력이 필요하네요. 쉬운 일이 아닙니다. 또 게임은 재밌어야 합니다. 그래서 여기저기에 이벤트도 만들어놓고 아이템도 깔아놓습니다. 어드벤처든 슈팅게임이든, 재밌는 걸 만드는 건 인간이 무엇을 좋아하는지 알아야 할 수 있는 작업입니다. 어려운 일입니다. 마지막으로 인기 있는 게임에는 스토리가 필요합니다. 스토리를 쓰려면 작가의 역량까지 갖춰야 합니다.

큰 인기를 끈 게임들은 모두 이 삼박자를 갖추고 있습니다. 교육적 관점에서 보면 어려서부터 가르쳐야 할 창의적 사고 구축에 중요한 요소들입니다. 그런데 이걸 자발적으로 하겠다면 말릴 이유가 없겠죠. 더구나 아이들은 매우 중요한 디지털 디자인 소프트웨어도 미리미리 배우고 간단하긴 하지만 코딩도 배울 수 있습니다. 요즘 아이들은 이 코딩도 챗GPT에게 시킨다고 하니 장벽이 더욱 낮아졌습니다. 수업을 통해 검토해본 결과 초등생과 중등생에게는 의무적으로 로블록스 게임 개발을 시키는 게 좋겠다는 생각까지 들었습니다. 챗

GPT까지 활용해가면서 말이죠. 게임이 생활의 일부가 된 세대에게 창의성을 키우고 3차원 사고 능력을 기르는 좋은 교육방식이라고 할 수 있습니다. 게임이 교육이 되는 겁니다.

300조 원이 집중 투자된 미래 가능성

또 하나의 대표적인 메타버스 게임이 바로 우리나라 네이버제트가 운영하고 있는 증강현실AR 서비스 기반 플랫폼 '제페토'입니다. 2018년 출시된 제페토는 얼굴인식과 AR, 3D 기술 등을 이용해 '3D 아바타'를 만들어 다른 이용자들과 소통하거나 다양한 가상현실 경험을 할 수 있는 서비스를 제공합니다. 제페토는 마인크래프트나 로블록스와 달리 AI 기반의 얼굴인식 기술을 통해 나를 대신하는 아바타를 만들어 가상공간에서 지인, 친구와 소통할 수 있는 새로운 형태의 SNS입니다. 이미 가입자 수가 3억 6,000만 명을 돌파했고 데이터에서 알 수 있듯 해외 이용자 비율이 90% 이상입니다.

　제페토는 SNS를 표방하는 만큼 소셜네트워킹을 중시하는데, 그러다 보니 쇼핑몰도 만들고 유명 브랜드 상품도 판매합니다. 특히 유명 브랜드, 연예기획사와의 제휴도 활발해서 SM엔터테인먼트, 와이지엔터테인먼트, JYP, 하이브 등이 제페토를 통해 다양한 콘텐츠를 내놓으면서 인기를 끌고 있습니다. 디즈니와도 협업해서 메타버스 월드를 만들어 운영하고 있고, 간단한 게임들도 만들어 즐길 수 있습니다. 패션업계도 관심이 많아서 구찌, 나이키, 휠라 등 많은 브랜드가 제페토와 협업해 패션 아이템 등 디지털 굿즈를 만들어 판매하는 중입니다. 당연히 개인들도 여러 가지 액세서리를 디자인해 판매할 수 있습니다. 그야말로 3억 6,000만 명 인구가 생활하는 초월적 공간, 땅 위의 생태계를 모방한 거대한 메타버스 세계가 만들어진 겁니다.

데이터로 어림잡아 보면 10대의 대부분은 코로나 이후 이 메타버스 놀이터에서 사람도 만나고 게임도 즐기고 심지어 돈도 벌면서 놀았습니다. 그래서 엄청난 메타버스 열풍이 디지털 산업계를 뒤흔든 것이죠. 이들을 잡기 위해 거의 모든 빅테크 기업들이 엄청난 투자를 합니다. 2020년 1월 이후부터 메타버스 열풍이 IT 업계를 휩쓸기 시작했고 메타를 필두로 MS, 구글, 엔비디아, 오토데스크 등 엄청난 기업들이 거액을 투자하며 메타버스 플랫폼을 개발하기 시작합니다. 최근에는 애플까지 뛰어들어 2024년 '비전프로'라는 VR기기를 판매하기 시작했습니다. 가장 열정적이었던 메타는 매년 15조 원 이상을 투자해 '호라이즌Horizon'이라는 메타버스 플랫폼을 개발하고 VR기기인 '퀘스트3 Quest 3'까지 내놓으면서 메타버스 기반의 SNS 플랫폼을 선점하려고 노력했습니다.

그런데 알다시피 호라이즌은 망했습니다. 메타뿐 아니라 아이들이 즐겨 찾는 로블록스나 마인크래프트, 제페토 외에는 10대를 사로잡은 플랫폼이 없었습니다. 2023년에만 업계 전체에 100조 원 이상이 투입된 것으로 보고되었는데 성공했다고 할 만한 플랫폼은 나오지 않았죠. 그러면서 메타버스 열풍도 식어가기 시작했습니다. 그러다 마침 챗GPT 열풍이 업계를 강타하면서 기업들은 메타버스에 투자하던 자금을 이제 생성형 AI로 돌리고 있습니다. 그래서 메타버스는 더 이상 희망이 없다고 이야기합니다. 그런데 정말 그럴까요?

데이터의 이면을 잘 살펴봐야 합니다. 1년에 100조 원씩 3년간 투자가 이루어졌다면 무려 300조 원의 거대한 자본이 메타버스라는 한 분야에 집중 투자된 것입니다. 자본이 든든하니까 세계 최고의 엔지니어들이 대거 투입되었고, 덕분에 하드웨어 개발부터 소프트웨어 개발까지 메타버스 생태계 자체가 크게 성장합니다. 당연한 일이죠. 성공한 플랫폼이 없다고 하지만 분야별로 엄청난 기술발전이 있었습니다.

또한 사용자 수도 크게 늘었습니다. 이는 생태계 형성에 중요한 요소입니다. 메타버스에서 게임을 즐기는 아이들은 기본적으로 디지털 아이템을 사고파는 데 익숙합니다. 국적이 다양한 아이들이 수시로 거래해야 하니까 가상화폐가 필요하겠죠. 이때 사용하는 것이 바로 '코인'입니다. 수억 명의 아이들이 메타버스 게임판에서 만나 코인으로 물건을 사고팔고 게임을 즐깁니다. 이 시스템이 발전하면서 실물 세계와의 거래가 가능한 코인거래소도 생기고 다양한 게임에 맞는 코인들도 등장합니다.

코인경제, NFT 시장의 확장은 정해진 미래

물론 블록체인 기반의 비트코인과 이를 발전시킨 이더리움 같은 다양한 코인들도 등장했습니다. 비트코인은 블록체인이라는 기술을 활용해 만든 디지털 현금의 일종입니다. 우리가 신용카드를 쓰면 항상 기록이 남습니다. 그런데 현금을 쓰면 기록이 남지 않습니다. 그렇게 디지털 세계에서도 현금처럼 쓸 수 있는 디지털 화폐를 만들면 어떨까 하는 생각으로 만든 것이 바로 비트코인입니다. 그래서 비트코인은 디지털 세상에서 물건을 사더라도 누가 쓴 것인지 모르는 현금과 같은 역할을 합니다. 대부분의 코인은 이 비트코인에 적용된 블록체인 기술을 적용해 변형시킨 형태라고 할 수 있습니다.

과연 이러한 블록체인 기반의 암호화폐 디지털 금융이 성장할까 아니면 곧 사라질까 예측이 난무했었습니다. 우리나라 정부는 부정적 관점이 강했습니다. 물론 지금도 그렇게 믿고 있죠. 그런데 메타버스 세상에서 코인경제를 경험한 Z세대에게는 암호화폐 활용이 아주 익숙한 금융시스템이 됩니다. 이들이 성장하면서 사용자가 확장됩니다. 사용자가 많아지면 디지털 금융 생태계는 성장할 수밖에 없습니다. 코인경제의 확장은 정해진 미래라는 뜻입니다. 우리나라 금감원 인사들의 소망처럼 사라지진 않을 것 같습니다.

이제 세계적인 리더들도 코인경제가 오고야 말 미래라는 데 동의하는 듯합니다. 일론 머스크는 늘 코인경제에 대해 깊은 관심을 보였고, 심지어 2019년 테슬라가 처음 흑자를 낸 것도 비트코인을 판매해

3,000억 원의 이익을 냈기 때문입니다. 오픈AI의 창업자 샘 올트먼도 AI 시대를 준비하기 위해서는 기본 소득이 필요하다고 이야기하면서 '월드코인'이 그 해법이라고 말합니다. 세계의 AI 리더인 올트먼은 이미 월드코인을 발행했습니다. 메타버스에서 놀던 아이들이 30대, 40대로 성장했을 때는 지금의 달러 중심의 화폐 체계보다는 블록체인(또는 보다 더 진보된 형태의 코딩) 기반의 새로운 디지털 금융 체계를 더 익숙하게 받아들일 것으로 예측하는 게 훨씬 더 합리적입니다.

이런 메타버스 경제시스템의 근간인 코인경제는 기존의 금융시스템과 계속 마찰을 빚고는 있지만, 차츰 인류의 실물경제로 스며들고 있습니다. 2024년 1월 미국 증권거래위원회SEC는 비트코인 현물 상장지수펀드ETF를 승인(실제로는 상장지수상품ETP으로 승인)했습니다. 암호화폐 업계의 대사건이었죠. 이제 비트코인이 실물경제와 접점을 찾았다는 신호탄이라고 전문가들은 분석합니다. 이후 암호화폐 시장도 활성화되기 시작했습니다. 2024년 4월 15일, 드디어 홍콩증권 규제 당국에서도 비트코인과 이더리움의 현물 ETF를 승인했습니다. 아시아의 또 다른 금융허브인 싱가포르, 두바이와의 경쟁에서 홍콩이 먼저 앞서 나간 것입니다. 결국 아시아의 가상자산은 홍콩으로 몰릴 것이 분명합니다. 미국에서 그랬듯이 말이죠.

올 것은 반드시 오고야 맙니다. Z세대가 점점 성장하는 것도 막을 수 없습니다. 가는 세월을 잡을 수 없는 것처럼. 실제로 2024년 3월 1일 비트코인은 다시 최고가를 경신했습니다(우리나라 기준). 물론 앞으로 부침이 계속되겠지만 코인은 반드시 미래의 화폐가 될 것입니다.

어느 코인이 그 주인공이 될지는 아무도 모르지만요. NFT Non-Fungible Token 시장의 성장도 마찬가지죠.

처음 등장해서 엄청난 열풍을 일으켰던 NFT는 디지털 거래를 위한 필수 요소입니다. 자연스럽게 생태계 구성을 위해 탄생한 시스템이죠. 게임에서 옷도 사고, 신발도 사고, 액세서리도 사던 아이들은 디지털 아이템을 게임 플랫폼이 아닌 상태에서 자유롭게 거래할 수 있는 시스템을 고민하게 됩니다. 그러려면 소유권을 증명하는 등록증이 필요합니다. 그리고 거래가 완료되면 그걸 기록하는 원장도 있어야겠죠(아파트 거래를 생각해보면 NFT는 소유를 증명하는 등기권리증에 해당합니다). 블록체인은 위변조가 불가능한 시스템이니까 디지털 아이템을 거래하는 데도 안성맞춤입니다. 그래서 블록체인을 이용해 NFT가 탄생합니다. 비트코인이나 이더리움처럼 숫자로 셀 수 있고 화폐처럼 사용할 수 있는 토큰Fungible Token과 구별하기 위해 대체 불가능한 토큰Non-Fungible Token이라는 이름을 붙여줍니다.

여러분이 디지털로 그림을 그린 후에 이걸 NFT로 등록하면 원작자 이름을 영원히 남길 수 있습니다. 세상에 오직 하나뿐인 아이템으로요. 아무리 카피를 해도 그 기록을 지우거나 바꿀 수 없습니다. 그래서 누군가에게 판매할 수 있습니다. 정식으로 판매가 이루어지면 NFT에 있는 소유주가 다시 기록됩니다(꼭 부동산 등기권리증처럼 말이죠). 거래는 암호화폐로 하죠. NFT 거래에 대표적으로 사용되는 코인이 바로 이더리움입니다. 스마트 콘트랙트라는 기능이 있어서 거래내용이 기록되는 코인입니다. 이더리움과 같은 방식으로 만들어진 암호화폐들은 모두 NFT 거래가 가능합니다.

메타버스 세상은 암호화폐를 만나 조금씩 더 정교해졌습니다. 이것도 진화의 과정이라고 할 수 있습니다. 디지털 신대륙에서 필요한 화폐가 만들어지고 디지털 아이템을 거래할 수 있는 NFT 시스템이 만들어집니다. 당연히 거래가 가능한 장터가 만들어지겠죠. 오픈씨OpenSea라는 NFT 장터가 바로 그곳입니다. 거래에 필요한 화폐는 스마트 콘트랙트 기능이 있는 이더리움이 채택됩니다. 늘 그랬듯이 새로운 아이디어가 사업화되면 초기에 엄청난 관심이 쏟아집니다. 처음 시도된 NFT 프로젝트들은 엄청난 반응을 일으켰습니다.

나이키의 NFT 마켓 성공을 이끈 강력한 팬덤

가장 유명한 프로젝트는 BAYCBored Ape Yacht Club입니다. 이름부터가 좀 어이가 없습니다. 직역하면 '지루한 유인원들이 만든 요트 클럽'입니다. 실제로 돈은 많은데 심심하기는 하고, 함께 모여서 재밌게 놀 수 있는 사교 모임을 만들자고 제안한 겁니다. 단지 신분증 대신 NFT 회원증을 발급한 것뿐입니다(세상에 하나뿐인 이미지니까 회원권으로 쓰기도 딱입니다). 2021년 4월 23일 유가랩스Yuga Labs라는 회사에서 1만 개의 원숭이 그림을 NFT에 등록하고 각 0.08이더리움(당시 기준 220달러)으로 판매를 시작합니다. 그런데 도대체 이게 뭐라고 엄청난 셀럽들이 줄을 서서 구매했습니다. 그러자 가격이 치솟기 시작합니다. 저스틴 비버, 마돈나부터 나중에는 포스트 말론, 릴 베이비, 에미넴, 지미 팰런, 스테판 커리 등이 줄줄이 구매하면서 셀럽들의 '머스트 해브 아이템Must Have Item'이 되어버렸습니다. 세상에 1만 개밖에 존재하지 않는 멤버십이니까 희소성으로 엄청난 인기를 끈 거죠.

한때 가장 인기 있었던 BAYC NFT는 40억 원에 거래되기도 했습니다. 유가랩스는 이 클럽 멤버들을 모아서 파티도 열고 요트도 태우며 여러 가지 오프라인 행사를 합니다. 클럽의 인기가 더 올라갔죠. 그러자 세상 사람들은 "도대체 NFT가 뭐야?" 하고 큰 관심을 보였습니다. 물론 그 거품이 그리 오래가지는 못했습니다. 2022년 4월 최고가를 기록한 이후 계속 하락해 지금 BAYC의 최저가격은 약 26이더(ETH, 이더리움 단위, 1이더가 약 510만 원이므로 26이더는 약 1억 2,000만 원, 2024년 3월 1일 기준)이고 BAYC 전체 시총은 26만 4,000이더(약 1조 3,000억 원, 2024년 3월 1일 기준)입니다. 우리 돈으로 계산하면 평균 가격은 약 1억 3,000만 원(2024년 3월 1일 기준) 정도입니다. 생각해보면 여전히 높은 가격입니다.

NFT 하면 우선 떠오르는 게 그림입니다. 'NFT 아트'라는 분야가 새로 생길 만큼 등장 초반부터 엄청난 인기를 모았죠. 2022년 8월 기준 역대 최고 판매가격 순위만 보더라도 어마어마합니다. 가장 비싸게 팔린 그림은 '매일: 첫 번째 5,000일'이라는 작품인데 '비플'이라는 작가가 14년 동안 매일 하나씩 직접 손으로 그린 그림 5,000개를

그림 25 NFT 아트 역대 최고 판매가격 순위 (단위 : 달러)

순위	작품명	판매가격
1	매일: 첫 번째 5,000일	6,930만
2	크립토 펑크(#7523)	1,180만
3	크립토 펑크(#7804)	756만
4	크립토 펑크(#3100)	751만
5	교차로	666만
6	오션 프론트	600만
7	크립토 펑크(#5217)	544만
8	월드와이드웹 소스코드	543만
9	크립토 펑크(#7252)	530만
10	무료 숙박	527만
11	수천 명의 생명을 구하자	510만
12	크립토 펑크(#2338)	440만
13	복제기	410만
14	피덴자(#313)	330만
15	첫 번째 트윗	290만

모자이크처럼 모아서 NFT에 등록한 디지털 아트입니다. 비플의 본명은 마이크 윈켈만Mike Winkelman으로 그는 NFT 아트의 선구자이자 상징이 되었습니다. 그는 정규 미술 수업을 받지 않고 화가가 되기 위해 끊임없이 그림을 그려온 아티스트입니다.

그 후 많은 기성 작가들이 디지털 그림을 그리면서 NFT 아트의 세계에 동참합니다. 문명이 디지털화하는 시대에 예술이 디지털 신세계로 확장되는 건 당연한 일입니다. 시대를 불문하고 끝없이 새로운 시도를 하는 것이 아티스트의 운명이니까요. 마르셀 뒤샹이 1917년 공중변소의 소변기를 출품하면서 '아트'라고 우겼던 사건을 기억하시나요? 당시에는 논란이 되었지만 그 사건은 현대 미술을 재정의하는 중요한 사건으로 역사에 기록되었습니다. 비플의 NFT 작품도 미술사에 오래 기억될 사건이 분명합니다.

큰 인기를 모은 BAYC NFT 프로젝트는 아디다스라는 대기업과의 협력 프로젝트로 확대됩니다. 아디다스는 BAYC 원숭이 하나를 구매한 후에 여기다 각기 다른 비니, 옷, 신발을 입혀 3만 개의 아디다스 BAYC NFT를 만들어 0.2이더(당시 가격 한화로 약 90만 원)에 판매합니다. 폭발적인 인기를 타고 아디다스는 무려 278억 원의 매출을 올렸습니다. 물론 이 돈은 NFT를 구매한 회원들에게 혜택을 주는 데 사용되었습니다. 아디다스는 NFT 회원들을 오프라인 행사에 초청하고 상품 할인도 해주는 등 다양한 혜택을 주었습니다. NFT를 마케팅 수단으로 활용한 거죠. 아디다스 BAYC NFT는 2022년 카타르 월드컵에도 등장해 팬들을 만납니다.

나이키도 NFT를 시작합니다. 2021년 12월 당시 메타버스 디자인계의 최고 인기 스타트업이었던 '알티팩트RTFKT'를 인수하고 디지털 신발을 디자인해 NFT 등록 상품으로 판매합니다. 이걸 구입하면 AR 필터를 보내주는데 이걸 스마트폰에 설치하고 자기 발을 찍으면 그 신발을 신은 것처럼 나타납니다. 이걸 SNS에 올리고 플렉스

그림 26 나이키의 NFT 신발

출처 : RTFKT 트위터

(flex, 자랑질이라는 신조어) 하라는 것이죠. 신발 한 켤레의 가격은 무려 1,500만 원에 달했는데 불티나게 팔려나갑니다. 한껏 고무된 나이키 는 2022년 11월 '닷스우시.swoosh'라는 가상공간을 오픈하면서 메 타버스 세계로 시장을 확대했습니다. 블록체인 데이터 분석 업체 코 발란트Covalent에 따르면, 나이키는 2022년에만 NFT 사업으로 1억 8,500만 달러(약 2,400억 원)의 수익을 올렸다고 합니다. 또한 이 나이 키 NFT가 거래되는 시장 규모도 2023년 초 이미 13억 달러(약 1조 6,800억 원)에 이를 만큼 거래가 활발하게 이루어지고 있습니다.

나이키는 'NFT 마켓'이라는 이 새로운 시장에서 가장 많은 수익 을 올린 기업이 되었습니다. 다른 많은 기업들도 NFT 시장에 뛰어들고 있지만 아직 이렇다 할 눈에 띄는 성장을 거두지는 못하고 있습니다. 나이키의 성공은 강력한 팬덤이 있었기 때문에 가능했다고 보고 있죠. 분명한 것은 시간이 흘러 디지털 문명이 더 확산되면 이에 따라 NFT 마켓도 성장할 것이고 나이키는 또 하나의 새로운 수익원이 생긴다는 것입니다. 이런 변화는 누구에게든 기회가 될 수 있지만 성공하기는 쉽지 않습니다. 아직 아무도 가보지 않은 길이고 성장하는 잘파 세대가 어떤 서비스에 열광할지는 알 수 없기 때문이죠. 새로운 시장 개척은 이렇게 어렵습니다. 하지만 한번 성공하면 엄청난 이익을 가져갈 수 있습니다. 기존 시장에서 벌이는 경쟁으로 얻는 것보다 세상에 없던 시장을 만들 때 이익이 더 큰 것은 당연합니다. 그게 혁신의 매력입니다. 세상은 그러한 혁신가들이 이끌어 갑니다.

지금까지 달라진 디지털 인류가 지난 20년간 만든 디지털 신대륙 이 야기를 쭉 풀어봤습니다. 인터넷이 세상에 나오면서 확장된 인류의 세계관은 스티브 잡스의 스마트폰을 만나 아예 새로운 표준 문명, 뉴 노멀로 진화를 시작했습니다. 그렇게 포노 사피엔스의 시대가 무르 익더니 달라진 롤모델들을 따라 새로운 슈퍼 히어로들이 등장해 모 든 인류가 함께하는 다양한 플랫폼 문명을 구축해 왔습니다. 그리고 이들은 다시 진화를 거듭하며 메타버스, 코인경제, NFT 그리고 이제 는 생성형 AI까지, 새롭고 대담한 도전을 계속하는 중입니다.

다행스러운 것은 이 모든 지식과 변화에 대한 정보를 누구나 얻을 수 있는 '지식공유의 시대'에 우리가 살고 있다는 것입니다. 포노 사 피엔스 문명에서 AI 사피엔스 시대로 이동하는 진화의 속도는 지난 10년간의 변화보다 더욱 빠를 것이 분명합니다. 그만큼 더 열심히 공 부하고 준비해야 합니다. 책도 읽고, 유튜브도 보고, AI 서비스도 직 접 써보면서 디지털을 넘어 AI 신대륙으로 진화하는 인류를 탐험하 는 것, 이 또한 하나의 즐거움이 되지 않을까요? 공부하는 즐거움은 사피엔스가 가진 귀중한 특권입니다.

PART 3

AI를 만난 메타,
사상 초유의
거대한 신시장을 열다

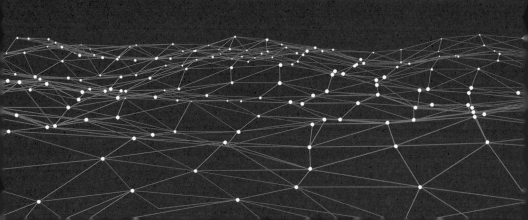

메타 인더스트리의 탄생, 권력의 이동이 시작되었다

팬데믹 이후 디지털 신대륙의 변화를 한번 정리해볼까요? 코로나를 피해 디지털 세계로 이동한 인류에게 이제 재택근무, 온라인 교육 같은 디지털 생활은 표준 문명으로 자리 잡았습니다. 특히 디지털 생활에 익숙한 Z세대들은 메타버스라는 놀이터를 만들고 거기서 사람을 만나며 생활합니다. 그리고 디지털 아이템을 거래하면서 새로운 경제 생태계를 만들었습니다. 그사이 디지털 아이템 거래를 위한 코인경제와 NFT 시장이 함께 성장했습니다.

새로운 시장이 성장할 때 늘 그렇듯 코인과 NFT도 초기의 폭발적 성장시기를 넘어 지금은 약간 침체된 시기를 보내고 있습니다. 침체

기이기는 하지만 기존의 많은 대기업이 엄청난 자본을 투자하면서 생태계가 조금씩 확대되고 있는 상황입니다.

여기에 갑자기 생성형 AI라는 몬스터가 등장했습니다. 지금까지 생성형 AI가 가장 큰 영향을 미친 분야는 디지털 디자인이나 광고, 마케팅으로 알려져 있습니다. 그렇다면 코인경제나 NFT와도 서로 겹치는 영역입니다. 아이디어의 융합에 기반한 새로운 시도가 예상되는 거죠. 또 그동안 실용성이 의문시되던 메타버스라는 세상에 효율성을 더해줄 수 있는 AI라는 훌륭한 도구가 생긴 겁니다. 당연히 이들을 융합해 새로운 비즈니스 모델을 만들려는 도전이 시작됩니다. 땅위에 머물던 인류가 디지털 세상으로 이동하고, 그 이후에 다시 새로운 세상으로 나아가는 건 끊임없이 작동하는 진화의 본성이 만들어낸 자연스러운 현상입니다. 디지털 문명을 만든 세대는 그다음 변화를 만드는 데 관심을 갖고 투자합니다. 이렇게 형성되고 있는 것이 바로 '메타 세상'입니다.

메타 세상은 디지털 세상이 또다시 진화하며 만들어내는 세계입니다. 메타버스의 세계관에 코인경제와 NFT를 얹고 생성형 AI가 베이스에 깔립니다. 과거에는 만들기 어려웠던 비즈니스 모델들이 하나둘씩 만들어지기 시작합니다. AI 덕분에 효율도 높아집니다. 과거 IT 버블 시대처럼 많은 스타트업들이 분야별로 다양하게 성장하고 동시에 융합하면서 새로운 아이디어 기반의 신규 비즈니스로 진출합니다. 도전이 활발한 만큼 실패도 많지만 똑똑한 인류는 여기에 엄청난 기회가 있다는 것을 이미 오랜 경험으로 알고 있습니다.

특히 디지털 문명에 익숙한 Z세대들은 기존 산업계에서 경쟁하기보다는 자신들에게 매우 유리한 시장이 열렸다는 것을 직감하고 있습니다. 메타 세상이라는 세계관이 어른들에게는 익숙하지 않지만, 디지털 세상에서 오래 살아오면서 그것을 만들어온 자신들에게는 훨씬 편안하기 때문입니다. 메타버스가 되었든, AI가 되었든 Z세대들이 훨씬 잘 쓰고 아이디어도 풍부합니다. 이미 메타버스라는 분야에는 300조 이상의 자본이 투자되었고, 관련 기반 기술도 엄청나게 발전했습니다. 이제는 생성형 AI에 그보다 더 많은 자본이 투입되고 있습니다. 거기다 뛰어난 인재들이 모두 모여듭니다. 기회를 포착한 맹수들처럼 연봉이 높은 곳에 인재가 모입니다. 자본과 인재, 새로운 산업계를 만들 강력한 모멘텀이 형성된 겁니다. 이 새롭게 진화한 산업 생태계가 '메타 인더스트리Meta Industry'입니다. 메타 세상을 이끌어가는 새로운 산업계입니다. 스탠퍼드대, MIT, 하버드대, 워털루대 등 Z세대 최고의 인재들이 모인 곳에서 도전이 시작되고 있습니다.

'메타meta'는 초월이라는 뜻입니다. 아날로그 시장이 디지털로 전환되고 디지털 세상은 이제 모든 걸 초월해 메타라는 세상을 향하고 있습니다. 국경도 장애물이 되지 않고, 언어적 장벽도 큰 문제가 되지 않는, 모든 걸 초월하는 통합된 세계관이 디지털 원주민인 MZ세대를 중심으로 형성되기 시작한 것이죠. '메타 인더스트리'라니까 좀 어려운가요? 그럼 그냥 '국경 없는 디지털 세상의 비즈니스 모델'이라고 생각하시면 됩니다. 유튜브나 넷플릭스처럼요.

콘텐츠 소비시장을 보면 메타 인더스트리를 쉽게 이해할 수 있습니다. 이제 디지털 세대들은 유튜브, 틱톡, X 등 SNS를 기반으로 자기들이 원하는 걸 골라봅니다. 영화나 드라마는 넷플릭스를 통해 즐기죠. 웹툰도 즐겨봅니다. 이들에게는 언어적 장벽이나 국적이 중요하지 않습니다. 커뮤니티를 통해 형성된 평가와 댓글, 그리고 팬덤이 소비를 결정하는 중요 요소입니다. 이런 과정을 통해 우리나라가 만든 '오징어 게임'이 2022년 넷플릭스에서 가장 많은 시청 횟수를 기록한 드라마가 되었죠. 이렇게 MZ세대는 매우 유사한 세계관과 소비성향을 가지게 되었습니다. 이미 MZ 인구는 10억 명을 넘었고 지금 같은 속도라면 2030년에 20억 명을 훌쩍 넘을 것으로 예상합니다. 엄청나게 큰 새로운 소비시장이 열린 것이죠. 이것이 바로 디지털 문명으로 형성된 메타 시장의 크기이고 메타 인더스트리의 무궁한 성장 가능성입니다. 분야별로 시장의 변화를 살펴보겠습니다.

메타 세상의 확장성, 권력의 중심을 이동시키다

이 변화를 가장 잘 보여주는 산업 분야가 바로 콘텐츠 산업입니다. 디지털 문명의 확산으로 가장 큰 변화를 겪고 있는 영역입니다. 이제 유튜브나 넷플릭스가 인류가 콘텐츠를 즐기는 표준 플랫폼이 되었다는 걸 누구도 부인할 수 없습니다. 과거에는 TV가 표준이었고 프로그램을 제공하던 거대한 방송국들이 가장 큰 권력이자 콘텐츠 산업의 중심이었죠. 강력한 레거시가 시장을 지배하는 시대였습니다. 그래서 콘텐츠 사업자는 방송국과의 관계 유지가 제일 중요한 업무였습니다.

그런데 디지털 플랫폼 시대가 되면서 권력의 중심이 이동합니다. 자본과 레거시가 아니라 소비자의 선택이 플랫폼의 권력입니다. 이것이 디지털 전환의 가장 중요하고도 근본적 룰의 변화입니다. 세상을 움직이는 철학이 바뀐 것이죠. 이것을 우리는 디지털 시대의 '탈중앙화'라고 이야기합니다. 이러한 변화는 거의 모든 콘텐츠 산업으로 확산했습니다. 그 변화를 이해하기 가장 좋은 분야가 웹툰입니다. 아날로그 시대의 만화산업이죠.

과거에 만화는 전통적인 권력의 레거시가 가장 큰 힘을 발휘하는 시장으로 유명했습니다. 몇 명의 유명 작가가 시장을 지배하고, 유통 시장도 몇 개의 핵심 출판사들이 시장을 모두 장악해왔습니다. 젊은 신인 작가들이 만화 시장에 도전하고 싶어도 쉽게 받아주지 않는 게 상식이었습니다. 적어도 유명 작가 밑에서 10년 정도는 사사해야 데뷔할 수 있다는 게 업계의 정석이었죠. 특히 만화 시장에서 지금도 세계적으로 가장 강력한 파워를 발휘하고 있는 일본의 도제 시스템은 스타 작가의 절대권력이 어마어마한 걸로 유명합니다. 우리나라도 마찬가지였습니다. 그래서 만화가가 되려면 낮은 임금으로 10년 이상 인턴십을 거쳐야 데뷔할 수 있다는 것이 업계의 '국룰'이었습니다.

그런데 이것이 웹툰으로 이동하면서 달라집니다. 유명 작가든, 스타 작가든 어떤 기득권도 시장에 영향을 미치지 못합니다. 성공과 실패는 오로지 조회 수로만 결정됩니다. 웹툰에서의 모든 랭킹은 조회 수에 의해 결정됩니다. 우리에게 좀 더 익숙한 단어로 이야기하자면 '구독과 좋아요'가 절대권력이 된 것이죠. 이것은 앞서 언급한 디지털 세계관의 새로운 법칙, '실력 있으면 인정, 아니면 아웃'이라는 게임 의 룰과 정확히 부합합니다.

이렇게 되니까 스타 작가 화실에서 10년간 조수로 일하지 않아도 되는, 실력만 있다면 권력에 대한 아부와 존경이 필요 없는 새로운 세 상이 열렸습니다. 이 신나는 경쟁의 무대에 많은 신인 작가들이 도전 하기 시작합니다. 치열한 경쟁으로 부작용도 발생합니다. 너무 많은 작가들이 스타 작가를 꿈꾸는 탓에 과도한 경쟁이 사회문제로 비화 될 수 있다는 우려도 쏟아집니다. 그런데 작가들은 불만이 없습니다. 경쟁의 기준이 오직 실력이고, 룰이 정정당당하기 때문입니다. 웹툰 이 오직 국내 시장에만 머물렀다면 과도한 경쟁은 문제가 될 수 있었 습니다. 그런데 디지털 시장이 모두 그렇듯 웹툰 시장은 국경을 넘어 메타 세상에 사는 전 세계 MZ세대를 만나며 크게 확대됩니다. 그 글 로벌 웹툰 무대 중 하나가 바로 네이버웹툰 플랫폼입니다.

네이버는 2004년부터 만화를 플랫폼에 올려주는 서비스를 시작하 더니 2006년부터는 본격적인 웹툰 시스템을 갖추고 새로운 작가들 을 양성하는 데 주력합니다. 신인 작가에게는 도전의 무대를 만들어 주고, 인기를 끌기 시작한 작가는 연재를 통해 프로의 세계로 진출하 는 길을 열어줍니다. 엄청난 경쟁이 시작되면서 웬만한 작품으로는 큰 인기를 얻기가 어려워졌지만 룰은 '구독과 좋아요' 단 하나뿐입니다. 젊은 작가들에게는 새로운 세상이 열린 것이죠. 디지털은 워낙 반응이 빠른 곳인 만큼 신인 작가들도 급성장하기 시작합니다. 무명 작가에서 빠르게 스타 작가로 성공한 그들의 성장 스토리는 롤모델이 되어 더 많은 작가들을 경쟁 시장으로 끌어들입니다. 신선한 아이디어가 빛나는 좋은 작품들이 만들어지는 토양이 형성된 겁니다(애플의 앱스토어 생태계 형성 과정과 유사합니다). 그리고 이 작품들은 국내를 넘어 세계 시장으로 진출하기 시작합니다.

이때 네이버의 글로벌 플랫폼이 큰 힘을 발휘합니다. 네이버는 '라인'이라는 글로벌 플랫폼을 일찌감치 출범시켜 일본과 동남아에서 가장 인기 있는 플랫폼으로 성장시켰습니다. 이걸 발판으로 국내 시장에 머물던 웹툰이 일본과 동남아 등 세계 시장으로 확산됩니다. 2014년부터 글로벌시장 진출에 도전했던 김준구 대표의 무모한 도전은 글로벌 웹툰 소비자 확대와 함께 큰 성공으로 이어집니다.

네이버웹툰의 2023년 3분기 실적발표에 따르면 웹툰 매출액 3,798억 원, 전체 거래액은 4,794억 원으로 역대 분기 최고 매출을 달성합니다. 전년도 동일 분기에 비해서도 5% 성장한 금액이라고 하니 2024년에는 연매출 2조 원 달성도 가능할 것으로 보입니다. 아직 연간 영업이익은 적자라고 하지만 2023년 4분기에는 흑자를 기록했습니다. 덕분에 2024년 이후 성장 가능성이 무궁무진한 것으로 평가받고 있습니다.

네이버웹툰은 글로벌시장에서의 성공을 발판으로 2024년 8월 미국 나스닥에서 IPO에 도전한다고 합니다. 골드만삭스는 네이버웹툰의 기업가치가 30~40억 달러(한화 약 4~5조 원)에 이를 것으로 예상합니다. 사용자 수도 8,900만 명에 달하고 미국 시장의 웹툰 점유율이 70%를 넘겼다고 하니, 앞으로의 성장세가 더욱 기대됩니다. 오랜만에 경쟁력 있는 글로벌 플랫폼이 하나 탄생한 겁니다.

카카오의 웹툰 플랫폼도 네이버웹툰과 함께 글로벌 1, 2위를 다투는 중입니다. 2003년 시작된 '다음 웹툰'을 기반으로 시작한 카카오 웹툰도 엄청난 히트작들을 다수 보유하고 있습니다. '미생(2014년)', '김 비서가 왜 그럴까(2018년)', '이태원 클라스(2020년)', 그리고 최근 디즈니플러스를 통해 글로벌 히트를 기록한 '무빙(2022년)'이 모두 카카오의 웹툰 플랫폼에서 탄생한 우리 작품들입니다. 이런 웹툰들의 인기에 힘입어 카카오는 네이버와 더불어 웹툰 플랫폼 분야 글로벌 탑 기업으로 성장했습니다.

하나의 세계관으로 통합된 콘텐츠의 폭발적 성장

이렇게 아날로그 만화산업은 점점 사양산업이 되어가고, 디지털 웹툰 산업은 글로벌 플랫폼으로 발전합니다. 이것이 디지털 문명전환에서 일어나는 아주 전형적인 '파괴적 혁신'의 모습입니다. 그런데 이 변화는 또 한 번의 거대한 시장의 변화를 이끌어냅니다. 각 분야의 디지털 산업화가 서로 연계되면서 메타의 세계관으로 통합되어 일어나는 현상입니다. 어떤 변화일까요?

그 변화는 콘텐츠 시장이 하나의 세계관으로 서로 통합되면서 다른 분야로 연계되는 것입니다. 바로 인기 있는 웹툰이 드라마로 제작되어 다시 한번 큰 인기를 얻는 현상입니다. 이제는 성공한 웹툰은 드라마로 만드는 게 아예 당연한 프로세스가 되어버렸죠. 이미 대표적인 작품들이 아주 많습니다. 가장 성공적인 작품 중 하나인 '여신강림'의 성공 스토리를 살펴보겠습니다.

'여신강림'은 네이버웹툰 플랫폼의 '도전만화'와 '베스트 도전만화'를 거쳐 2018년 4월 네이버웹툰에 정식 연재를 시작한, 전형적인 성장 루트를 거친 작품입니다. '야옹이'라는 필명을 쓰는 작가는 놀랍게도 1991년생, 본명은 김나영입니다. 불과 27세의 나이에 작가가 되어 전 세계가 열광하는 작품을 만든 겁니다. 누구나 성공할 수 있는 세계, 이것이 웹툰 세계의 매력입니다. 국내에서 연재 3회 만에 폭발적인 인기를 얻자 곧바로 일본, 대만, 동남아 등에서 번역판이 바로 연재되기 시작했고 엄청난 인기를 누렸습니다. 그 후 북미는 물론이고 유럽까지 프랑스판, 독일어판 등으로 제공되기 시작합니다.

이 매력 있는 스토리는 다시 드라마로 제작됩니다. 메타 세상에서는 어떤 미디어로 팬덤을 만들든 다른 분야로의 확장이 가능합니다. 2020년 스튜디오드래곤이 기획하고 배우 문가영, 차은우가 주연을 맡아 16부작 tvN 드라마로 제작됩니다(반갑게도 두 주연배우는 모두 성균관대 학생들입니다). 시청률은 4%가 조금 안 되는 수준으로 평균을 찍었습니다. 그런데 넷플릭스 플랫폼을 타고 세계로 뻗어나가기 시작하더니 2021년 〈포브스〉는 이 드라마를 우리나라 최고의 드라마로 선정했습니다. 글로벌시장에서 엄청난 인기를 얻었기 때문이죠. 놀라운 것은 지금도 여전히 인기몰이 중이라는 겁니다. 2023년 12월 넷플릭스 드라마 글로벌 차트 9위에 '여신강림'이 이름을 올립니다. 심지어 무려 24개국에서 10위 안에 이름을 올렸는데 대부분 남미 국가라고 합니다. 무려 3년 전에 방영한 한국 드라마인데 이런 현상이 일어났다는 사실이 믿어지십니까? 메타 세상은 정말 자기들 마음대로입니다.

이렇게 드라마가 다시 인기를 얻게 되면 웹툰도 역주행을 합니다. 서로 영향을 계속 이어가는 것이죠. 또 수익이 발생합니다. 오직 고객들의 선택으로 말입니다. 이것이 바로 초월 현상, 세계관의 통합, 메타 세상의 특징입니다. '여신강림'이 디지털 세상을 넘어 메타 세상으로의 전환을 제대로 보여준 겁니다. 2024년에는 식지 않는 인기를 반영해 애니메이션 제작 계획이 잡혀 있다고 합니다. 팬덤을 기반으로 또 다른 장르로의 확장이 시도되고 있습니다.

'여신강림', '재벌집 막내아들'의 꼬리에 꼬리를 문 성공

콘텐츠 시장이 이렇게 연동된 이유는 디지털 플랫폼에서 생활하는 사람들이 유사한 '메타 세계관'을 가졌기 때문입니다. 어려서부터 게임을 즐기던 사람들은 세계관이 달라집니다. 게임 속에서 누구든 만나고 국경도, 국적도 중요하지 않습니다. 같은 놀이를 경험하니까 생각도 비슷합니다. 그 안에서는 실력 있는 사람이 최고입니다. 게임을 잘하려면 디스코드Discord 같은 플랫폼에서 커뮤니티에 가입하고 거기서 사람들을 만납니다. 유튜브를 통한 동영상 학습은 기본이죠. 이들이 성장하면서 넷플릭스를 보고, 또 틱톡, 인스타그램, 페이스북, X 등으로 소통합니다. 모든 세계가 씨줄과 날줄로 엮여 있고 즉각적으로 의견의 소통과 교환이 가능합니다. 그러니 즐거운 팬덤이 생기면 굉장히 빠르게 모두에게 공유됩니다.

'여신강림'은 네이버웹툰 플랫폼과 넷플릭스뿐만 아니라 유튜브, 틱톡 등에서도 다양한 형태로 소비되었습니다. 한번 인기몰이를 하면 거의 모든 플랫폼에서 반향을 일으키고 다양한 형태로, 취향에 따라 다시 소비됨을 보여줍니다. 결국 콘텐츠 사업을 기획하려면 이 모든 세계관과 소비 방식, 메타 생태계에 대한 이해가 필요합니다. 이를 기반으로 정교하게 사업이 기획되어야 합니다. 당연히 디지털 원주민, 특히 Z세대들이 유리할 수밖에 없죠.

웹툰 작품 하나가 크게 성공하면 드라마도 히트한다는 건 이제 당연한 법칙이 되어버렸습니다. 메타 세상에서 스토리가 각인되면 형식을 초월해 소비되는 현상이 나타납니다. 그럼 웹소설은 어떨까요? 마찬가지입니다. 웹소설이 인기를 얻으면 당연히 웹툰으로 제작하고 다시 드라마로 만듭니다.

이렇게 만들어져 대단한 히트를 기록한 게 바로 '재벌집 막내아들'이라는 드라마입니다. '재벌집 막내아들'은 2017년 2월부터 문피아라는 웹소설 플랫폼에서 산경 작가가 연재한 웹소설입니다. 문피아는 네이버웹툰이 인수해 운영하는 웹소설 플랫폼입니다. '재벌집 막내아들'은 약 1년간 연재하면서 엄청난 인기를 얻었습니다. 인기 덕분에 13권의 전자책으로도 출판되었고, 5권의 단행본으로 만들어져 베스트셀러가 되기도 했습니다. 팬덤은 자산이 되어 돈을 만드는 화수분이 됩니다.

2022년 9월에는 웹소설 원작을 웹툰으로 제작해 네이버웹툰에서 연재하기 시작합니다. 웹소설을 웹툰 형식으로 보다 현실감 있게 만들어 팬들한테 선보인 거죠. 웹툰에는 또 소설과는 다른 맛이 있고, 스토리를 아는 독자들도 그걸 즐기러 들어옵니다. 웹툰 역시 엄청난 인기를 모으며 이번에는 글로벌시장으로 진출합니다. 영어는 물론이고 일본어, 중국어, 태국어, 인도네시아어, 스페인어, 프랑스어, 독일어까지 여러 언어의 번역판이 전 세계로 뿌려집니다.

웹소설과 웹툰의 엄청난 인기와 성공은 또 다른 수입을 창출합니다. 2022년 11월 마침내 드라마로 세상에 나온 겁니다. 주인공 진도준 역을 맡은 배우 송중기와 순양그룹 진양철 회장을 맡은 배우 이성민의 연기가 아주 인상 깊었던 작품입니다. JTBC에서 방영했는데 곧바로 티빙, 넷플릭스, 디즈니플러스 등 OTT를 타고 전 세계로 확산되었습니다. 첫 회부터 6%의 시청률로 JTBC 신기록을 세우더니 마지막 회는 전국 26%, 수도권 30%를 넘는 엄청난 기록을 달성했습니다.

시청률이 갈수록 떨어져가는 방송국 입장에서는 정말 더할 수 없이 큰 효자 드라마인 겁니다. 웹툰의 인기를 바탕으로 만든 웰메이드 드라마가 방송사에 큰 성공을 안겨줄 수 있다는 교훈을 업계에 전한 작품이기도 합니다. 우리나라에서의 인기는 가히 폭발적이었지만 글로벌시장의 인기는 '여신강림'에 비해 많이 떨어졌습니다. 아무래도 스토리 자체가 우리나라 사람들만이 이해하는 재벌과 권력의 관계에 근간을 두었기 때문인 듯합니다.

웹소설, 웹툰, 드라마가 형식을 초월해 소비되는 메타 세상이라면 크리에이터들의 세계관도 달라져야 합니다. 웹소설이나 웹툰을 기획할 때부터 전 세계인이 열광할 수 있는 스토리를 담아야 합니다. 당연히 인기 있는 소설을 웹툰이나 드라마로 제작하는 전문인력이나 회사가 만들어집니다. 새로운 일자리가 생기는 거죠. 플랫폼별로 국내 인기가 오르면 글로벌로 확산하는 전략도 만들어집니다. 메타 산업의 생태계가 형성되는 겁니다. 여기에 미래 산업의 기회가 있습니다. 이러한 생태계는 콘텐츠 산업에만 머물지 않습니다. 최근에는 식품산업으로도 확장되고 있습니다. 정말 메타 세상은 경계가 없습니다.

· 14 ·

냉동 김밥 품절 대란이 보여준
메타 세상의 새로운 기회

2023년 '올곧'이라는 구미의 한 식품회사가 무려 250톤의 냉동 김밥을 만들어 북미로 수출했습니다. '트레이더조'라는 PB Private Brand 상품만 전문적으로 취급하는 미국의 중소 슈퍼마켓 체인에서 이 냉동 김밥이 판매되기 시작합니다. 그런데 이 알려지지도 않은 상품이 갑자기 품절 대란이 벌어지기 시작합니다. 고객 한 사람이 김밥을 30줄씩 사가면서 금방 품절이 되었고, 한 달 이상 기다려야 살 수 있다는 팻말이 나붙었습니다. 도대체 미국 사람들은 어떻게 알고 한국인도 잘 먹지 않는 냉동 김밥에 열광하게 된 걸까요? 메타 세상의 소비 생태계를 들여다보면 그 이유가 보입니다.

출발은 2022년 최고의 히트를 기록한 ENA 드라마 '이상한 변호사 우영우'였습니다. 2022년 6월에 출발한 이 드라마는 마지막 회에 무려 17%가 넘는 시청률을 기록하며 무명 채널이던 ENA의 인지도를 급상승시켰습니다. 자폐인 변호사인 주인공 우영우 역할은 배우 박은빈이 맡았는데 엄청난 연기력으로 전 세계를 매료시켰죠. 이 드라마는 2022년 〈포브스〉가 선정한 베스트 한국 드라마로 뽑혔는데, 그럴 만한 것이 무려 2주 동안이나 넷플릭스 전체 순위 1위에 오를 만큼 글로벌 시청자들에게 큰 인기를 얻었습니다. 인기에 힘입어 웹툰도 제작되었습니다.

극 중 우영우 변호사는 김밥집 딸입니다. 자폐인답게 김밥을 한 치의 흐트러짐 없이 줄맞춰 먹습니다. 전 세계인이 드라마를 보면서 우영우 변호사가 먹는 저 음식이 무엇일까 궁금함을 갖게 된 건 당연합니다. 메타 세상에서 슬슬 김밥에 대한 관심이 고조되기 시작한 겁니다.

그다음은 빅히트를 기록한 넷플릭스 오리지널 드라마 '더 글로리'가 김밥 열풍을 이었습니다. '더 글로리'는 그 유명한 김은숙 작가가 대본을 쓰고 '태양의 후예'로 글로벌 스타가 된 배우 송혜교가 주연을 맡아 시작부터 관심을 집중시킨 드라마입니다. 김은숙 작가와 송혜교 배우가 '태양의 후예' 이후 8년 만에 다시 만나 그것도 넷플릭스 오리지널 드라마를 찍었으니 세간의 주목을 받을 수밖에요.

주인공 문동은이 학창 시절에 당했던 학교폭력에 대해 처절하게 복수하는 스토리입니다. 전 세계가 공감하는 학교폭력이라는 주제를 K-드라마 특유의 감성으로 풀어내 엄청난 공감과 폭발적인 인기를 얻었습니다. 2023년 3월에 2주간 넷플릭스 전체 순위 1위를 기록하더니 결국 2023년 상반기 넷플릭스 전체 순위 3위에 올랐습니다. 시청 시간만 해도 5억 6,000만 시간 이상을 기록했고, 큰 인기에 힘입어 〈포브스〉가 선정한 2023년 베스트 한국 드라마가 되었습니다.

극 중에서 김밥은 아주 중요한 서사를 담은 상징입니다. 이유 없이 학교폭력에 시달리던 주인공은 선생님으로부터도 보호받지 못하고 엄마에게까지 버림받은 후 영혼까지 부서진 채 자퇴서를 내는데, 그러고 나서 제일 먼저 시작한 일이 '김밥천국'에서 '김밥'을 마는 일이었습니다. 이후 공장으로 일하러 가기 전까지 긴 시간 동안 끊임없이 김밥을 말며 복수의 일념을 다집니다. 그리고 그 이후에도 오직 김밥만 먹으며 복수의 의지가 꺾이지 않았다는 마음 상태를 보여줍니다. 자신의 인생은 오직 복수만을 위해 존재하므로 다른 음식을 즐기는 것조차 용납하지 않는다는 의지가 '김밥'에 투영된 것이죠. 주인공의 삶은 복수 그 자체, 그리고 김밥은 바로 그 집념의 메타포였습니다. 이 정도면 김밥은 조연이 아니라 주연입니다. 드라마에 열광한 전 세계인이 저 신기한 음식에 엄청난 관심을 보이기 시작합니다. 그것이 바로 올곧 냉동 김밥 품절 대란의 원동력이었던 겁니다.

소통의 방식, 소비의 경로가 모두 바뀌었다

그런데 넷플릭스 드라마 2편에서 김밥이 나왔다고 해서, 과연 그것만으로 그렇게들 많이 알아보고 사 먹었을까요? 의문이 듭니다. 맞습니다. 그걸로는 부족하죠. 그 사이에 또 다른 전파력 강한 소비의 매개체가 존재합니다. 바로 먹방 유튜버들입니다. 유튜버는 이제 새로운 직업군으로 자리 잡았습니다. 전 세계에는 엄청난 팔로워를 보유한 유튜버들이 즐비하고 이들의 수익도 상상을 초월합니다.

일단 우리나라 먹방 유튜버 1~15위 순위를 한번 볼까요? 제인 ASMR을 필두로 햄지, 상둥이루지, 쯔양, 백종원, 영국남자까지 정말 엄청난 인기 유튜버들이 끝도 없습니다. 구독자는 1위 1,730만 명이고 15위도 467만 명입니다. 심지어 100위(피기보이)의 구독자 수도 110만 명이니, 얼마나 많은 사람들이 먹방을 즐겨 보는지 알 수 있습니다. 실제로 인간의 가장 큰 욕망이 바로 '식욕'입니다. 수만 년 동안 사피엔스는 굶주림에 시달려왔기 때문에 먹는 것을 보면 뇌에서 도파민이 터져 나오고 기분 좋은 행복감이 유지됩니다. 본능적으로 우리가 먹방을 즐기는 이유입니다. 이러니 '전 세계에 가장 많은 유튜버가 먹방 유튜버'라고 해도 지나친 말이 아닐 것입니다.

먹방 유튜버들의 한결같은 고민은 '오늘 뭐 먹지?'입니다. 그중에서도 구독자들이 관심을 가질 만한 것, 사람들이 좋아할 아이템을 골라야 합니다. 조회 수를 생각하면 당연한 선택입니다. 유튜브에 'kimbap(김밥)'을 검색해보면 순필름 채널에 올라온 '재마니 김밥'

의 조회 수가 3,879만 회(2022년), 영국남자 채널에 올라온 어벤저스 배우들의 리액션 김밥 영상은 3,030만 회(2019년), 일본인 켄(Ken)의 채널에 선보인 매운 김치 김밥의 조회 수는 2,047만 회 등 1,000만 회가 넘는 조회 수를 가진 영상이 셀 수도 없을 만큼 어마어마하게 많습니다.

사실 전 세계 사람들에게 김에 싸여 있는 밥은 일본 음식 'sushi(스시)'로 알려진 게 일반적인데 영어 'kimbap(김밥)'으로 이름을 검색한 것만 이 정도입니다. 이미 수년 전부터 김밥에 대한 사람들의 관심이 높았다는 걸 데이터가 입증해준 겁니다. 이렇게 메타 세상의 생태계에는 이미 데이터로 확인할 수 있는 현상들이 많습니다. 우리가 모르고 있을 뿐이죠.

메타 세상에 사는 디지털 세대 소비자들은 소비의 경로가 달라졌습니다. 자기들끼리 소통하고, 자기들끼리 퍼뜨리고, 자기들끼리 모여 소비합니다. 그런 소비 방식에 맞는 디지털 생태계도 이미 잘 갖춰져 있습니다. 김밥도 하나의 좋은 사례죠.

그렇다고 하더라도 '올곧 김밥' 사장님은 정말 무모한 도전을 한 게 맞습니다. 냉동 김밥은 잘 안 먹는다는 게 상식이잖아요? 왜냐하면 우리나라는 진정한 김밥천국이라서, 어느 동네에서나 방금 만든 신선한 김밥을 아주 싼 가격에 먹을 수 있으니까요. 굳이 냉동 김밥을 사다가 녹여 먹을 이유가 없습니다. 2022년에 편의점을 대상으로 냉동 김밥을 내놨던 올곧 사장님은 쫄딱 망했다고 합니다. 충분히 이해가 갑니다. 그래서 오히려 해외로 눈을 돌렸다고 하죠. 국내에서 실패한 냉동 김밥을 해외에서 팔아보겠다니!

엄청 무모한 도전이었습니다. 그런데 데이터로 본다면 충분히 해볼 만한 일이었던 겁니다. 사장님은 PB를 전문으로 하는 슈퍼마켓 체인 '트레이더조' 바이어를 '서울 푸드 전시회'에서 만났다고 합니다. 이들이 상품에 만족해 주문했는데 사장님은 그 이후 1년간 아주 치밀하게 준비했다고 합니다. 한 번 나쁜 인상을 주면 쫄딱 망하는 거니까요. 미국 사람들 입맛에 맞추기 위해 엄청난 노력을 들여 연구개발을 했습니다.

우선 큰돈을 들여 급속 냉동 시스템을 도입했습니다. 전자레인지에서 해동한 후에도 갓 만들었을 때의 식감이 유지되려면 급속 냉동이 필수입니다. 재료의 특성도 세밀하게 살폈습니다. 김이나 채소, 밥이 해동되었을 때 가장 맛있으려면 어느 정도 조리해야 하는지를 수없이 많은 시도 끝에 답을 얻었습니다. 포장도 전자레인지의 파장이 잘 통과될 수 있도록 군데군데 간격을 떨어뜨려 가며 담았습니다.

건강식을 선호하는 미국 소비자들의 트렌드에 맞게 고기가 아닌 우엉과 유부를 활용해 '비건 김밥'을 개발했습니다. 김밥 속 재료로 들어가는 버섯, 당면, 귀리, 우무 등의 조리법도 다양하게 개발했습니다. 물론 맛은 기본이죠. 가격도 미국에서는 매우 경쟁력 있는 3.99달러로 책정했습니다. 미국에 있는 한식당에서는 김밥을 7~12달러에 파는데 말이죠. 맥도널드 빅맥이 15달러가 넘는 고물가 시대이니 매력 있는 가격입니다.

이런 연구개발이 결국 성공의 가장 중요한 밑거름이 되었습니다. 저는 이걸 진정한 '실력'이라고 이야기합니다. 아무리 기획이 잘된 상품이라고 해도 소비자가 맛이 없다고 하면 끝장입니다. 결국 메타 세상에서 팬덤을 일으키는 건 '고객의 경험'입니다. 고객이 원하는 놀라운 경험을 만들어낼 수 있는 실력이 없다면 결코 팬덤을 일으킬 수 없습니다. 연구개발이 중요한 이유가 바로 이겁니다. 단 이때에도 오직 '소비자의 경험'이 기준이라는 걸 잊지 말아야 합니다. 기억하세요. 성공은 오직 '구독과 좋아요'가 만들어냅니다. 김밥도 마찬가지입니다.

놀림당하던 한국 음식, 전 세계 Z의 핫템이 되다

용기도 필요했습니다. 망할지도 모르는데 무려 250톤을 미국으로 보냈습니다. 진정 야수의 심장을 가진 사장님입니다. 결국 용기와 노력은 성공으로 보답받았습니다. 메타 세상의 성공법칙, '실력 있으면 인정, 아니면 아웃'이 미국의 김밥 마켓에서도 그대로 적용된 겁니다. 국경을 넘어, 문화적 경계도 넘어 초월적인 삶을 즐기는 인류가 이제 음식도 그렇게 드라마의 팬덤을 바탕으로 소비하기 시작했습니다. 유튜브를 보면 올곧 냉동 김밥에 대한 찬사가 쏟아집니다. 냉동 김밥을 만드는 과정을 보여준 유튜브 영상도 엄청난 조회 수를 기록합니다. 올곧 김밥을 먹어본 사람들도 자신의 경험을 영상을 올려댑니다.

'실력이 있으면 TV로 광고하지 말고 소비자들이 직접 SNS에 올리게 하라'는 일론 머스크의 전략이 그대로 성공한 겁니다.

그러자 사람들이 트레이더조로 몰려가 30줄씩 대량 구매하면서 바로 '품절'되었습니다. 빈 진열대에는 '한 달 이상 기다려야 합니다'라는 문구가 붙었죠. 이 회사는 생산하느라 눈코 뜰 새가 없습니다. 생산설비도 10배로 늘리고 있다고 합니다. 거대 유통체인인 코스트코가 그 인기를 감지하고 대량 주문을 했기 때문입니다. 김밥 사업을 한다면 당연히 분식집을 열고 동네 장사를 하는 걸로 알았는데, 그 상식을 깨고 올곧은 세계 시장을 아우르는 식품회사가 된 겁니다. 국경 없는 팬덤 시장, 이것이 메타 세상, 메타 인더스트리의 매력입니다.

사실 과거에 김밥은 미국 사람들이 좋아하지 않는 대표적인 한국 음식이었습니다. 김과 참기름에서 나는 특유의 냄새를 미국인들은 역겨워했습니다. 그래서 많은 한국 교포들이 김밥을 학교에 싸갔다가 놀림당했던 기억을 가졌죠. 저도 유학 시절에 김밥을 학교에 가져가면 캐나다 사람들이 얼굴을 찡그리곤 했습니다. 그런데 그 사람들이 변한 겁니다. 유튜브에는 연로하신 한국 교포들이 감격스러워하는 영상이 심심찮게 올라옵니다. 아이 학교 도시락으로 김밥을 싸서 보냈더니 친구들이 몰려와 하나만 먹게 해달라고 졸랐답니다. 그걸 보면서 어렸을 때 놀림받던 설움이 눈 녹듯 사라졌다고 말이죠.

음식은 문화적 요소가 매우 강하고 선입견이 크게 작용하는 영역입니다. 김밥이 지금 미국 학생들에게 인기를 끌고 있는 것은 한국 문화에 대한 애정이 그만큼 커졌고 거부감이 사라졌다는 겁니다. 메타 세상에서 K-팝을 즐겨 듣고, K-드라마를 즐겨 보는 아이들에게는 어쩌면 당연한 현상입니다. 이렇게 과거의 세계관을 뒤로하고 국경과 문화를 초월하는 새로운 메타 세계관이 디지털 세대를 중심으로 빠르게 확산하고 있습니다. 여기 우리의 새로운 기회가 있지 않을까요? 올곧 김밥처럼 말이죠.

누군가 큰 성공을 했을 때, 사람들은 벌어지고 있는 단편적인 현상만을 봅니다. '저 친구는 재주가 남달라서 먹방 유튜버를 하며 엄청나게 돈을 버는구나', '송혜교는 김밥만 먹어도 이쁘네', '김은숙 작가는 도대체 어떻게 저런 대본을 쓰지?', '우리나라는 드라마를 정말 잘 만드네', '김밥이 미국에서 인기라니 참 격세지감이네', '올곧 사장님 대박 났겠다, 부럽네' 등 하나의 현상만 보고 생각합니다. 세상에 성공한 사람은 많지만, 어느 것 하나 내가 해볼 만한 것은 아닌 것 같습니다. 단편적으로 보면 그렇죠.

먹방 유튜버도 아무나 하는 거 아닙니다. 누구나 할 수 있지만 성공의 길은 멀고도 험합니다. 웬만큼 먹어서는 턱도 없습니다. 그렇다고 배우나 작가는 더 엄두가 안 나죠. 김밥 수출은 어떤가요? 아시다시피 제조업도 아무나 하는 거 아닙니다. 심지어 김밥천국도 그렇습니다. 내가 뛰어들기에는 이미 너무 많습니다. 결국 이 엄청난 성공 스토리 속에 내가 할 일은 없는 걸까요? 생각을 모두 엮어서 메타 세계관으로 풀어보면 이야기가 달라집니다. 김밥의 성공이 그걸 명확히 보여줍니다. 김밥이라는 동네 비즈니스가 메타 세상을 만나 거대한 성공을 만드는 메타 인더스트리 사례가 된 겁니다. 김밥이 그 정도라면 다른 산업도 그 가능성이 무궁무진하다는 겁니다.

'스토리'로 팔리는 상품은 기획부터 전혀 다른 세계관으로

이 세상이 전부 하나의 세계관으로 연결되어 있다고 생각해보세요. 누군가 김밥이 나오는 웹툰을 그리고, 인기가 올라가자 누군가는 그 안에서 등장하는 김밥 먹는 방송을 합니다. 시키지도 않았는데 말이죠. 누군가는 그 현상을 보고 용기를 내어 냉동 김밥을 개발하고 누군가는 그걸 사줄 거라는 기대를 품고 엄청난 양을 수입해 슈퍼마켓에 깔아봅니다. 그리고 예상치 못한 대박을 만들었죠. 이 모든 신기한 현상이 다 하나의 시스템에서 작동하는데, 하라고 시킨 사람도 없고 영업이나 광고를 하러 뛰어다니지도 않았습니다. 각자 알아서 움직였을 뿐입니다.

과거 같으면 이건 대기업이 거대 자본과 엄청난 인력을 투입해야만 가능한 일이었습니다. 미국에 상품 하나를 수출한다고 생각해보세요. 상품기획 해야죠, TV 광고 만들어야죠, 거기다 유통업체를 잡기 위해 영업하려면 얼마나 지치고 힘듭니까? 더구나 안 팔려서 반품이라도 왕창 돌아오면 그냥 쫄딱 망하는 겁니다. 거대 자본을 축적한 대기업이나 뚝심 있게 밀어붙일 수 있지, 중소기업은 어림도 없습니다. 오버헤드가 엄청나게 큰 사업이니까요. 그러니 하나 팔아서 조금 남는 것으로는 어림도 없는 '대량판매'가 필수인 대기업 비즈니스 모델이었죠. 적어도 스마트폰, 자동차, TV, 냉장고 정도는 되어야 해볼 만한 사업이었다는 겁니다. 대기업이 김밥 사업을 쳐다보지도 않은 이유입니다. 3.99달러짜리 팔아봐야 남는 게 얼마 없으니까요. 그런데 돈도 안 들이고 할 수 있는 일이라면 이야기가 달라집니다. 어느 기업이든, 심지어 개인도 도전해볼 만합니다.

· 15 ·

생성형 AI,
메타 인더스트리의
생태계를 바꾸다

생성형 AI의 등장은 메타 세상의 생태계에 엄청난 충격파를 주는 중입니다. 이런 다양한 기업들 간의 협업을 매우 효율적으로 쉽게 만들었기 때문입니다. 무슨 얘기냐고요? AI를 활용하면 창작활동의 비용이 크게 줄고 당연히 투자 대비 이익률은 크게 올라갑니다. 웹소설이나 웹툰 작가에게 이제 생성형 AI 활용은 기본입니다. 생산성 측면에서 엄청난 차이가 나기 때문이죠. 오죽하면 할리우드 작가협회나 웹툰 작가협회에서 AI 사용금지를 내걸고 파업을 했겠습니까? 웹툰 작가가 스토리를 만들 때도 AI에게 이것저것 물어보면서 스토리를 변화시킬 수 있습니다. 과거에는 여러 명의 스태프가 하던 일들이죠. 오픈AI는 이미 GPTs라는 서비스를 내놓았는데, 이걸 활용하면 여러분이 그동안 축적한 데이터를 학습시켜 특정 분야에 전문화된 생성형 AI를 만들 수 있습니다.

예를 들어 20년간 방영된 아침 드라마 대본을 모두 학습시킨 생성형 AI가 있다고 생각해보세요. 아침 드라마는 보통 주 5회 방영하는데 워낙 방송 분량이 많다 보니까 대본을 쓰는 것도 보통 일이 아닙니다. 메인 작가를 중심으로 4~5명의 보조 작가가 함께 밤낮없이 일하는 게 일반적이었죠. 그런데 아침 드라마를 학습시킨 AI가 있으면 메인 작가가 그냥 물어보면 됩니다. "요 대목에서 시어머니의 김치 싸다구 한번 집어넣자."라고 결정하면 과거에는 보조 작가들이 엄청 고민해서 아이디어를 짜고 감각적인 대사를 넣느라 밤을 새웠을 겁니다. 그런데 이 전문화된 AI는 요구사항을 넣자마자 스토리를 척척 내놓고, 메인 작가의 마음에 들 때까지 계속 수정해줍니다. 1분에 하나씩 다른 스토리를 만들어줄 수도 있습니다. 심지어 24시간 밥도 안 먹고 잠도 안 잡니다. 사람 관리하느라 쏟았던 에너지를 생각해보십시오. 생산성이 올라갈 수밖에 없고, 이건 정말 '행복 시작'입니다.

유명한 만화가인 이현세 작가는 지금까지 무려 4,000편의 작품을 그렸다고 하는데요, 이걸 지금 생성형 AI로 학습시키는 중이라고 합니다. 이제 다음 작품부터는 스토리라인만 고민하면 이현세 작가가 그렸던 화풍에 따라 아주 빠르게 작품을 완성할 수 있습니다. 그렇다면 인력을 대폭 줄일 수 있는 거네요. 과거에 10명이 하던 일을 5명이

하고, 50명이 하던 대형 프로젝트도 10명이면 충분합니다. 과거에 대규모 인력을 고용해 운영해야 했던 회사가 1인 스튜디오로도 충분히 업무를 소화할 수 있게 된 겁니다. 그렇다면 1인당 돌아가는 이익 규모도 훨씬 커지네요. 초기 투자 비용도 대폭 낮출 수 있습니다. 큰 사무실 임대도 필요 없고 재택근무로도 충분합니다. 이렇게 되면 큰 오버헤드 비용을 감당하기 위해 굳이 거액을 주는 프로젝트만을 고집하지 않아도 되는 겁니다. 물론 비싸게 받으면 이익이 커지니 좋기는 하겠지만 지금처럼 생존의 문제는 아닌 겁니다. 그렇게 되면 협업을 하고 싶은 기업들도 늘어날 겁니다. 더 많은 기회가 시장에 열리는 거죠. '실패를 두려워하지 않는 도전'이 더욱 많아질 수 있는 환경이 형성됩니다. 실패해도 거액을 까먹어 신불자가 되는 건 아니니까요.

이현세 작가가 GPTs를 이용해 자신의 작품을 학습시킨 AI 앱 서비스를 만들면 다른 사람들에게 판매도 가능합니다. 또 다른 수익도 올릴 수 있습니다. 웹툰을 직접 그릴 수는 없지만 작품을 만들어보고 싶은 사람이 있다면 '까치'와 '엄지'를 주인공으로 쓰게 하고 로열티를 챙기는 방법도 있겠죠. 이런 식이면 아침 드라마를 학습한 AI 서비스도 판매가 가능하겠죠? 소설만 학습한 서비스, 시만 학습한 서비스, 노래 가사만 학습한 서비스, 마케팅 문구만 학습한 서비스 등 GPTs로 학습한 서비스를 무궁무진하게 개발해서 수익을 창출할 수 있습니다. 이것이 샘 올트먼이 원하는 GPT 스토어의 수익모델입니다. 무르익기만 한다면 애플처럼 황금알을 낳는 시장을 갖게 되는 겁니다.

조직은 작아지고 열매는 커진다

분명한 건 AI 때문에 기존에 있던 많은 일자리가 사라질 거라는 겁니다. 그래서 파업도 하고 사용금지 요구도 합니다. 특히 경험이 적은 신인들이 일하기가 쉽지 않습니다. 그런데 신인 입장을 다른 각도에서 볼 수도 있습니다. 생성형 AI를 잘 활용하면 그림을 그리는 속도나 능력이 조금 떨어져도, 내가 아직 신인이라 자본이 많지 않아도, 회사를 차려 누구를 고용할 만큼 용기가 없어도, 충분히 혼자 새로운 비즈니스에 도전해볼 기회가 생긴 것입니다. 꼭 큰 회사에 취업해 하루 10시간씩 인생을 갈아 넣지 않아도, 내가 나를 위한 비즈니스에 도전할 수 있게 된 것이죠.

창업은 너무 어려운 것 아니냐고요? 원래 어려운데 큰 자본까지 말아먹으면 실패했을 때 너무 힘들겠죠. 그런데 큰 자본 투자 없이 내 사업을 해볼 수 있다면 훨씬 나아진 것 아닐까요? AI는 누구에게는 위기, 누구에게는 기회입니다. 양날의 검을 제대로 활용할 것이냐, 베일 것이냐는 우리의 준비 여하에 따라 달라집니다.

제조업과의 협업에도 AI는 역시 큰 역할을 할 수 있습니다. 웹툰 스토리 안에 상품을 녹여내려면 어떻게 캐릭터를 잡을지 AI한테 물어볼 수 있고, 그 결과에 따라 제조 스펙을 만들 때도 당연히 활용할 수 있습니다. 보통 작가들이 상상도 잘하고 그림도 잘 그려내지만, 실제 생산을 고려한 제품의 스펙을 정하는 건 쉽지 않습니다. 경험이 없기 때문이죠. 그럴 때 AI는 큰 도움이 됩니다. 고집 센 제조업체 사장님과 대화하긴 쉽지 않지만, AI의 조언을 얻으면 훨씬 편해집니다.

자, 이제 크리에이터가 제조기업과 협업해서, 또는 유통기업과 협업해서 새로운 시장에 도전하는 일도 상당히 쉬워졌습니다. 둘 다 반드시 스타 작가여야 하거나 대기업일 필요도 없습니다. 거대 자본이 투입되는 일도 아니고, 동시에 큰 이익이 남아야 하는 프로젝트도 아닙니다. 심지어 신인 작가들을 모아놓고 서로 경쟁시키는 오디션 방식도 가능합니다. 투입되는 비용이 많지 않은 만큼 누구나 도전해볼 만한 일이고, 대박이 난다면 메타 시장의 사이즈가 큰 만큼 이익 규모도 엄청날 수 있습니다. 그걸 실력에 따라 결정하고 이익도 배분한다면 제조 시장도 웹툰 시장처럼 공정한 경쟁체제가 형성되고 새로운 시장으로 자리 잡을 겁니다. 그야말로 모든 것이 연결되는 메타 인더스트리의 생태계가 형성되는 겁니다.

제조나 유통기업도 AI의 도움을 받는 건 마찬가지입니다. 광고, 마케팅에도 AI를 아주 잘 활용할 수 있습니다. 광고 이미지를 만드는 일은 보통 일이 아닙니다. 매체도 엄청나게 많아서 틱톡, 인스타그램, 페이스북, 쇼핑몰 등 기본적인 플랫폼에 올리는 자료를 만드는 것은 물론이고 쇼츠나 소개 영상도 제작해 유튜브로 엄청나게 뿌려대야 합니다. 이런 업무들이 기본 중에 기본이 되었죠.

그런데 웬만한 건 다 생성형 AI가 만들어줍니다. 업력이 오래된 기업이라면 기존에 사용했던 다양한 데이터를 학습시켜 sLLM small Large Language Model을 적용할 수도 있습니다. 이걸 사용하면 우리 상품에

그림 27 넷플릭스 드라마와 먹방 유튜버를 통해 냉동 김밥이 소비되는 메타 인더스트리

메타 인더스트리 진화의 원동력은 디지털 인류의 소비 생태계 변화

초월적 메타 세계관에서 10억 MZ 소비자들이 만들어내는 현상

넷플릭스
(이상한 변호사 우영우,
더 글로리)

생성형 AI

유튜브, 틱톡
(먹방 유튜버)

생성형 AI

**올곧 냉동 김밥 230톤
미국 수출 품절 대란
주문 10배 폭증**

- 넷플릭스 4년간
  3조 3,000억 투자
- 방송 산업 매출액 20조 원 돌파
- 웹소설·웹툰 드라마 제작
  지속적 확대
- 방송에 생성형 AI 도입 확대

- 전 세계 유튜버 및
  관련 산업 매출 폭증
- 광고·마케팅 플랫폼 등극
- 구글 생성형 AI 도입으로
  광고산업 혁신 중
- 유튜버 생성형 AI 활용 확대

- 올곧 김밥 코스트코 주문
  10배 증가
- 김·라면 수출 1조 원 시대 개막
- K-푸드 수출 11조 원 돌파
- 팬덤 기반 푸드 산업 기획 확대

딱 맞는 광고문구나 이미지를 일관성 있게 착착 내놓을 수 있습니다. 심지어 이미지 몇 개만 있으면 게시될 플랫폼의 성격에 맞게 홍보물을 자동으로 생성해줍니다. 업무 생산성도 좋아지고 스피드도 엄청 빨라지죠. 비용은 줄었고 덕분에 우리 회사의 세계관도 크리에이터들과 많이 가까워졌습니다.

메타 세상에서 만들어지는 비즈니스 기회의 특징은 크게 2가지입니다. 더 작은 조직으로 협력을 통해 도전해볼 수 있다는 점, 그리고 성공하면 그 열매는 엄청나게 커진다는 겁니다. 인원이 적으니 똑같은 이익을 만들었을 때 개인의 몫은 훨씬 더 커지겠죠. 스타트업이 뛰어들기에 아주 매력적인 조건입니다. 대기업도 마다할 이유가 없습니다. 비용이 엄청나게 절감되니까요. 그래서 모두 이 메타 세상에 눈

독을 들이는 겁니다. 이런 추세로 계속 나아가다 보면 모든 기업의 조직운영도, 비즈니스 프로세스도 다 달라지겠죠. 우리의 일자리가 빠르게 달라진다는 뜻입니다. 이는 이런 변화를 알리는 데이터만 봐도 아주 명확합니다.

정리해보면 '큰 비용 들이지 않고, 많은 인력 고용하지 않고, 창조적인 아이디어만 잘 만들어낼 능력이 있다면 도전할 수 있는 비즈니스가 많아진다'는 것입니다. 당연히 많은 사람이 이 새로운 시장에 뛰어들 것이고, 특히 이런 변화에 대한 적응력이 뛰어난 디지털 세대, MZ세대에게 유리한 시장인 건 분명합니다. 특히 지금 대학생들은 모두 AI 관련 학습에 청춘을 불태우고 있습니다. 앞으로 5년이면 AI 실력으로 무장한 사피엔스들이 쓰나미처럼 일자리 시장으로 밀려 들어올 것이 분명합니다. 그 새로운 AI 시대를 누구나 준비해야 합니다.

· 16 ·

BTS부터 불닭까지
메타 시민들이
K에 꽂힌 이유

지금까지의 데이터를 보면 K-팝의 인기는 사그라들 줄 모르고 계속 이어지고 있습니다. K-팝 팬덤의 원조라고 할 수 있는 싸이의 '강남스타일' 뮤직비디오는 유튜브에서 무려 50억 회 조회 수를 기록했습니다. '강남스타일'의 인기는 이제 주춤해졌지만, 그 뒤를 이은 BTS의 열기는 아직도 식을 줄을 모릅니다.

2023년 BTS가 데뷔 10주년 행사를 여의도에서 개최했는데 무려 40만 명의 팬들이 몰려들었고 그중 15만 명은 해외에서 온 팬들이었다고 합니다. 더구나 당시 2명의 멤버가 군복무 중이라 완전체도 아니었는데 말이죠. 이후 지민, 정국 등 멤버들은 솔로 활동을 하면서 팬덤을 이어갔고, 2023년 12월 남은 멤버 모두가 입대하면서 이제 BTS는 전원이 씩씩한 군인이 되었습니다. 1명씩 복귀하게 될 2024년 이후에 또 어떤 모습을 보여줄지 기대됩니다.

BTS와 쌍벽을 이루며 글로벌 인기를 구가한 그룹은 '블랙핑크'입니다. 이들은 가수로도 엄청난 인기를 얻으며 활동했지만, 특히 전 세계 최고의 패션 브랜드들이 '앰배서더'로 내세우며 '최고의 패션 아이콘'으로 부상했습니다. 아시아에서는 특히나 드문 일입니다. 블랙핑크 멤버 중 태국 출신인 '리사'는 태국의 한 설문조사에서 가장 영향력 있는 인물 1위로 뽑혀 크게 화제가 되기도 했습니다.

K-팝의 영향력은 지금도 계속 성장 중입니다. 뉴진스가 인기몰이를 하고 있고, 세븐틴도 글로벌 플랫폼에서 점점 인기도를 높여가고 있습니다. 싸이의 '강남스타일'이 터졌던 2013년에만 해도 K-팝의 인기는 한때의 유행에 그칠 거라는 의견이 지배적이었는데, 이제는 전 세계인이 즐기는 음악의 한 장르가 된 것이 분명합니다. 미국, 유럽 등 세계 각국에서 도대체 K-팝의 인기의 근원이 무엇인지를 분석한 특집 방송을 할 정도니까요. 어느새 BTS와 뉴진스 등을 보유한 하이브의 매출이 2조 원을 돌파했습니다. 반도체나 자동차, 조선에 비하면 적은 규모라고 하지만 엔터기업으로서는 엄청난 실적입니다. 더구나 글로벌시장에서 대부분의 매출을 올리고 있으니까 대한민국의 미래를 만들 아주 귀한 기업입니다. 앞으로 더욱 승승장구하길 기대해봅니다.

메타 시민들이 키운 불닭볶음면과 한국 김

또 하나의 미스테리가 바로 K-드라마입니다. '오징어 게임'이 낳은 열풍은 그 이후로도 쭉 이어져 넷플릭스, 디즈니플러스, 아마존 프라임비디오 등 세계적인 미디어 플랫폼에서 놀라운 인기를 계속 이어가고 있습니다. 엄청난 자금과 물량으로 세계 시장을 거의 독점하고 있는 할리우드에 비하면 아직 멀었지만, 국가로 보자면 글로벌시장에서 상당히 의미 있는 2위를 기록하고 있습니다. 한국 드라마에 대한 팬덤도 매우 탄탄해져서 상당히 오래전에 방송했던 우리 드라마들이 전 세계적으로 역주행하는 현상도 심심찮게 일어납니다. 이 모든 일이 팬들이 자발적으로 만들어내는 현상이라는 게 매우 고무적입니다.

이렇게 K-팝과 K-드라마로 다져진 팬덤은 자연스럽게 K-푸드로 이어지고 있습니다. 2023년 우리나라 라면 수출액이 1조 2,000억 원을 기록하며 사상 최고액을 가볍게 경신했습니다. 우리나라 라면이 전 세계에서 인기몰이하게 된 원인으로 BTS 지민의 '불닭볶음면 챌린지'를 빼놓을 수 없습니다. 그가 땀을 뻘뻘 흘리며 매운 라면을 먹는 장면이 나가자 전 세계 팬들이 너도나도 도전을 시작합니다. 당연히 이 생태계를 증폭시키는 먹방 유튜버들의 도전도 이어집니다. 광고도 하지 않았는데 챌린지는 놀라운 속도로 확산했고, 그동안 경험해보지 못한 새로운 라면 수출의 신세계가 펼쳐졌습니다. 수출금액이 2023년에만 24%가 증가했다고 하니 그 증가 속도도 놀랍습니다.

그런데 2024년 1월 수출액은 전년 대비 40%가 증가했다고 합니다. 정말 멈출 줄 모르는 메타 세상의 한국 라면 사랑입니다. 라면 수출이 크게 늘면서 김치, 가공밥 수출도 계속 증가하고 있습니다. 이는 앞서 소개한 냉동 김밥의 빅히트가 어느 날 갑자기 생긴 일이 아님을 보여줍니다.

'검은 반도체'라고 불리는 김도 수산식품 최초로 총 수출액 1조 원을 달성해 어민들을 즐겁게 했습니다. 우리나라 김은 할리우드 스타들이 자녀들을 위한 슈퍼 간식이라며 챙겨주는 사진이 인스타그램에 올라오면서 유명해졌고, 한국을 대표하는 음식으로 인식되기 시작했습니다. 이후에 다양한 김 가공식품들이 등장하면서 품목도 다양해지고 수출도 대폭 증가했습니다.

한국 김을 더 유명하게 만들어준 1장의 사진이 있었습니다. 2023년 4월 NASA에서 완도군 해조류 양식장을 위성 사진으로 상세히 촬영해서 올려놓고, "이곳은 세계 최고의 청정지역이며, 최고의 해조류 양식장 조건을 갖춘 곳"이라고 소개했습니다. 그뿐 아니라 김 양식장의 탄소저장 능력 또한 웬만한 숲보다 훨씬 더 높다고 언급하면서 이 사진은 세계적인 주목을 받았습니다. 이후 완도군에는 김 수출에 대한 상담이 크게 늘었다고 합니다. 건강에 좋은 해조류라는 인식이 확산한 데다 친환경 양식장에서 키웠다는 검증(?)까지 더해진 한국 김은 K-푸드의 상징이자 대표주자로 성장하고 있습니다. 한국 김도 메타 세상의 소비 생태계가 자발적으로 키운, 메타 인더스트리의 대표적인 성장 사례입니다.

데이터를 살펴보아도 그 인기를 실감할 수 있습니다. 메타 세상에서 한국 문화의 인기도가 크게 높아졌고, 같은 문화 소비 대상인 한국 음식의 인기도 함께 올라갔습니다. 최근에는 런던, 뉴욕, 도쿄 등 글로벌 도시마다 삼겹살, 냉면 등을 파는 한식당이 크게 늘었고, 포장마차 콘셉트부터 최고급 한정식 식당까지 다양하게 확산하고 있습니다. 한국 문화에 대한 세계인의 관심을 확인할 수 있어 반갑습니다. 반면 그동안 우리나라 농산물 수출의 효자상품이었던 인삼 제품은 오히려 수출이 줄었습니다. 디지털 세대가 인삼에 큰 관심을 가지지 않았음을 보여줍니다. 메타 세상에 사는 디지털 세대들이 향후 우리나라 수출 시장에 얼마나 큰 영향을 끼칠지 보여주는 대목입니다. 앞으로 더욱 늘어난다니 기대가 됩니다.

단지 데이터를 보고 좋다, 나쁘다만 평가할 게 아니라 이제는 같은 세계관을 바탕으로 상품을 기획하고 연구, 개발해 판매하는 전략이 필요한 시점입니다. K-팝부터 K-드라마, K-웹툰, K-푸드에 이르기까지 메타 세상에서 서로 엮이고 이어지는 메커니즘에 대한 확실한 이해가 필요합니다. 우영우, 더 글로리, 먹방 유튜버의 생태계가 만들어낸 올곧 김밥의 성공스토리를 어떻게 하면 화장품, 가전제품, 스마트폰, 자동차, 헬스케어 산업으로까지 번져 나가게 할 수 있을까요? 그것이 메타 인더스트리를 더 키워갈 우리의 숙제입니다.

· 17 ·

메타 세계관이 꽃피운
NFT 아트의 확산

앞서 우리에게 익숙한 K-콘텐츠 산업과 메타 세상의 소비 생태계를 연결시켜 '소비 방식의 진화'를 풀어봤습니다. 국가 간 장벽이 심하던 아날로그 시장에서 소비자의 선택이 성패를 결정짓는 디지털 시장으로 진화하더니 이제는 국경도, 언어적 장벽도 무너지는 메타 세계관이 확대되고 AI의 활용까지 더해지면서 메타 세상으로 진화 중입니다. 그리고 이 현상은 거의 모든 산업에서 나타나고 있죠.

예술 분야도 예외가 아닙니다. NFT 아트는 한때 폭발적 인기를 누리다가 투자 대상으로는 아직 무르익지 않았다고 판단한 자본들이 빠져나가면서 조금 주춤한 상태입니다. 하지만 많은 작가와 프로젝트 기획자들의 참여하며 점차 그 지평을 넓혀가고 있습니다. 초기부터 유명세를 탔던 작가만 하더라도 비플, 그라임스(일론 머스크의 여친으로 유명하죠), 한국 작가 마리킴, 뱅크시 등 쟁쟁한 아티스트들이 즐비합니다(여담이지만, 뱅크시의 NFT 작품 원본인 '멍청이Morons'는 버닝 퍼포먼스로 불타 없어졌습니다).

또 10대의 어린 나이로 세계적인 NFT 작가가 된 푸오셔스FEWO-CiOUS는 엄청난 팬덤을 인정받아 나이키와 브랜드를 론칭하기도 했습니다. 앞서 언급했듯 아디다스도 BAYC 프로젝트를 연계해 아디다스 NFT 회원권을 성공적으로 발행했죠. 나이키나 아디다스뿐 아니라 정말 많은 대기업들이 NFT 프로젝트에 도전하고 있습니다. 스타벅스, 맥도널드, 코카콜라, 펩시콜라 등 Z세대 소비자들을 겨냥한 다양한 NFT 프로젝트들이 시도되었고, 우리나라에서도 신세계 푸빌라, LG유플러스의 무너, 롯데의 매직라이드 등이 소비자와의 소통을 위해 NFT 프로젝트 개발에 적극 참여 중입니다. 아티스트들의 참여도 계속 늘어가고 있습니다.

국내 NFT 프로젝트인 오렌지해어OrangeHare의 컬렉션 3개가 2023년 말 세계 최대의 NFT 거래 플랫폼 오픈씨 드롭스에서 모두 완판되었습니다. 이 회사는 순수예술을 NFT 시장으로 옮긴다는 목표로, 한국 아티스트는 물론 미국, 영국, 중국, 아프리카, 뉴질랜드 등 다양한 순수예술 작가들의 작품을 NFT 시장에 올리면서 주목받고 있습니다. NFT 스타트업 '슈퍼노멀'의 최유진 대표는 우리나라 대표 일러스트레이터 '집시' 작가와 함께 NFT 프로젝트를 추진했습니다. 그래서 우리나라에서 발행한 이벤트로는 시총 규모가 가장 큰 NFT 아트 프로젝트를 성공시켰죠.

이렇게 개인 작가, 대기업, 스타트업 등 다양한 분야에서 NFT 아트 시장이 성장하면서 한때 초기에 비해 1/10 수준까지 떨어졌던 거래 규모도 차츰 회복했습니다. 2023년 12월에는 거래금액이 1조 원을 돌파했죠. 2024년 3월 1일, 이더리움이 역대 최고가를 경신한 만큼 NFT 아트 시장도 활발해질 것이 분명합니다.

경험해봐야 비로소 바뀌는 세계관

아쉬운 것은, 우리나라 국민들이 이런 혁신적인 변화를 바라보는 세계관입니다. 대부분 '투자하다가 망했다'라는 관점에서 보다 보니 '이건 안 돼' 하는 시각이 우세합니다. 그런데 더 큰 세계관에서 보면 NFT 아트는 이제 하나의 예술 분야로 자리 잡았다고 해도 틀림이 없습니다. 그렇다면 아이들에게도 이 새로운 세계관을 소개하고 도전하게 해보면 어떨까요? 우리는 어려서부터 사생대회에 나가고 미술 시간에 정물화도 그렸습니다. 물론 모두 예술가가 되겠다는 것은 아니었지만요. 그중에 정말 천재적인 재능을 가진 이들은 세계적인 아티스트로 성장하기도 하지만 대부분은 당연한 교양의 하나로 학습합니다. 맞습니다. 그림은 돈을 벌어 보겠다고 배우는 게 아닙니다. 그렇다면 디지털로 그림을 그리고 표현하는 NFT 아트도 그런 새로운 관점에서 교육도 하고 전국대회도 열어주는 등 변화가 필요하지 않을까요?

더구나 자신의 창작물을 넓고 넓은 메타 세상에 등록하고 세계 시민 누구에게나 판매할 수 있는 세상이 열렸음을 알려주는 것은, 그 자체로도 아이들에게 세상을 이해시키는 큰 공부가 됩니다. AI 아트대회를 열고 좋은 작품을 NFT로 등록해서 세상에 하나밖에 없는 선물로 남겨주는 건 어떨까요? 10세 자녀가 미드저니로 멋진 그림을 그렸다면, 생일 때 기념으로 그 작품을 NFT 아트로 업로드해주는 겁니다. 매일 매일 찍어주는 핸드폰 사진 이상으로 아이들에게 좋은 추억의 기념품이 될 겁니다.

아이는 이런 경험을 통해 세상을 바라보는 세계관이 달라집니다. 큰돈을 벌겠다는 투자의 관점에서 예술작품을 보는 좁은 세계관에 갇혀 있어서는 미래를 준비하기 어렵습니다. 이렇게 변화하는 트렌드 속에서 또 다른 세상을 경험하고, 경험을 통해 세계관을 변화시켜야 미래 준비가 가능합니다. 특히 다음 세대를 준비하는 아이들에게는 필수적이죠. 마음의 눈을 한번 크게 떠보시죠.

저는 꿈이 있습니다. 전라도 어느 섬에 사는 초등학생을 상상해보세요. 이 친구는 그림에 너무 진심이고 재능이 뛰어나서 전 세계 사람들에게 '구독과 좋아요'를 받을 수 있습니다. 이 어린 친구를 돈 한 푼 안 들이고, 부모에게 무거운 짐 안 지우고, 세계적인 작가로 만들 수 없을까요? 메타 세상에서는 가능합니다. 너무 멋지지 않나요?

우리는 역사적으로 그런 '개천에서 용 난' 작가들을 많이 보유하고 있습니다. 문제는 이들이 어려서부터 가난에서 벗어난 적이 없었다는 겁니다. 그런데 이제는 그렇게 고생할 필요가 없습니다. 전국 NFT 아트 경진대회에서 1등을 하면 작가로 데뷔할 수 있습니다. 미국 소녀 푸오셔스가 이미 그런 시대의 개막을 증명했습니다. 자본과 레거시가 아니라 진정한 실력이 아티스트의 권력이 되는 세상이라면 마다할 이유가 없습니다. 그런 메타 세상의 개막이 저는 반갑습니다. 여러분은 어떠신가요? 모든 이에게 기회가 되는 세상이 바로 더 나은 메타 세상입니다.

· 18 ·

이제 엔터테인먼트는
팬더스트리로
진화한다

콘텐츠 산업보다 팬덤경제가 더 강력하게 작동하는 시장이 바로 엔터테인먼트 산업입니다. 가장 역동적으로 진화를 보여주는 영역이기도 하죠. BTS의 성공은 이제 두말하면 잔소리입니다. BTS의 인기를 바탕으로 하이브에서 만든 메타버스 플랫폼이 바로 위버스Weverse 입니다. 전 세계 1억 명이 넘는 BTS의 팬클럽 아미ARMY를 근간으로 해서 지금은 뉴진스, 세븐틴 등 새로운 하이브의 스타들이 팬들을 위버스로 불러모으고 있습니다. 2023년에는 SM 소속의 아티스트, 일본의 AKB48 등 다른 소속사 가수까지 참여하며 전 세계인이 즐기는 엔터테인먼트 플랫폼으로 성장 중입니다.

2023년 7월 위버스의 MAU는 1,000만 명을 넘었고 3분기에도 계속 증가세를 유지했습니다. 월평균 이용시간도 250분, 월평균 방문일도 10.2일로 전년 대비 각각 46%, 10.4% 증가했다고 합니다. 앱 다운로드 회수 역시 1억 1,300만 회를 기록했고 무려 245개 국가에서 사용 중이라고 합니다. 사용자의 90%가 외국인이니까 그야말로 '국경 없는 메타 세계관'을 아주 선명하게 보여주는 사례입니다. 엔터테인먼트는 메타 인더스트리의 정석을 보여줍니다.

위버스는 왜 이렇게 인기일까요? 연예인들이 직접 출연해 라이브로 방송을 합니다. 그야말로 메타 세상의 팬덤 방송국이죠. 누적 재생수는 어느새 7억 5,000만 건이라고 합니다. 특히 주목할 것은 위버스숍에서 실제 물건('굿즈'라고 하죠)을 파는데, 2023년에만 1,830만 개를 판매했고 지구 반대편 우루과이에서도 182개를 판매했다고 합니다. 온라인 콘서트도 69회나 진행했는데 1만 5,000명을 수용하는 KSPO돔 공연이 56차례 매진된 것과 같은 인원(이건 준비하기가 정말 어렵죠)이 온라인 콘서트(이건 훨씬 쉽습니다)에 참여했다고 합니다. 수입은 적지만 부담도 적습니다.

위버스와 더불어 디어유DearU가 운영하는 '버블'은 K-팝 팬덤의 양대 플랫폼으로 성장 중입니다. 디어유는 2023년 3분기 매출액 204억 원, 영업이익 84억 원을 기록해 전년 대비 매출 68%, 영업이익 99%의 급성장을 기록했습니다. 매월 4,500원을 내고 아티스트와 메시지를 주고받는 팬들이 무려 230만 명을 넘었다고 하니 팬덤의 위력이 대단합니다. 버블 플랫폼은 SM엔터테인먼트가 만든 만큼 SM 소속 아티스트는 물론이고 2대 주주인 JYP 소속 아티스트, 그리고 최근에는 일본 최대 팬 플랫폼 앰업홀딩스와 합작법인을 설립하고 세계 2위의 음악시장인 일본 공략에도 나섰습니다. 유료 구독자가 많아지면서 상품기획도 지평을 넓히기 시작했는데, 그룹 트와이스 멤버들의 손글씨를 폰트로 만들어 월 700원의 구독료를 받고 판매하는 등 다양한 상품화 시도가 이어지고 있습니다.

음악 시장의 메타 전환 성공을 증명한 '스위프트노믹스'

이제 엔터테인먼트 산업은 팬더스트리Fan+Industry라고 불릴 만큼 팬덤이 성패를 좌우합니다. 메타 세상에서 아마도 가장 먼저 메타 인더스트리로 진화할 산업이 아닐까 생각됩니다. 그 성장 규모도 폭발적입니다. 이제는 음악 팬덤의 구성원이 10대에 한정되어 있지도 않습니다. 우리나라 대표 트로트 가수 임영웅의 인기는 가히 폭발적입니다. 60대 팬들이 보여주는 어마어마한 팬덤의 화력은 모두 디지털 플랫폼에서 결집하고 또 확산됩니다. 유튜브 채널 '임영웅' 구독자 수는 158만 명이지만 영상 누적 조회 수는 무려 23억 회에 이르고 1,000만 뷰 영상만 74개라고 합니다. 임영웅 팬클럽 '영웅시대'는 우리나라에서 가장 열성적인 팬덤을 자랑하는 커뮤니티이기도 합니다. 임영웅의 콘서트는 티켓 구하기가 그야말로 하늘의 별 따기 수준입니다. 온라인과 오프라인이 잘 섞인 메타 비즈니스 모델입니다. 주목할 것은 주로 50~60대인 팬들도 임영웅 덕분에 디지털 문명을 엄청나게 열심히 배우고 익혀 메타 세상을 마음껏 즐기고 있다는 사실입니다. 팬더스트리가 성장할 수밖에 없는 이유입니다.

2023년 〈타임〉지가 선정한 올해의 인물은 가수 테일러 스위프트입니다. 1927년부터 선정하기 시작한 〈타임〉의 '올해의 인물' 중 엔터테인먼트 분야에서 단독 인물이 오른 것은 그녀가 처음이라고 합니다. 스위프트 팬덤 태풍이 얼마나 대단했는지를 실감할 수 있습니다. 심지어 '스위프트노믹스Swiftnomics'라는 신조어까지 생겼습니다. 스위프트가 공연하면 그 지역의 경제가 갑자기 활성화되는 현상을 표현한 용어입니다. 60회 공연에 전석 매진은 물론이고, 매출이 무려 1조 3,700억 원이라고 합니다. 시애틀 공연에는 7만 2,000명의 관중이 모였는데 이들이 한꺼번에 환호하자 진도 2.3 규모 지진의 진동이 감지되기도 했습니다. TV에 거의 등장하지도 않는 가수의 이런 거대한 팬덤 현상은 메타 인더스트리로 진화되고 있는 엔터 시장의 특성을 잘 반영한 모습이라고 할 수 있습니다.

수많은 가수 중에서 테일러 스위프트가 이렇게 성공한 이유는 무엇일까요? 역시 실력입니다. 3시간 30분짜리 공연에서 무려 44곡을 부릅니다. 16차례 옷을 갈아입는데 불꽃, 레이저, 3D 매핑 조명 등 온갖 최첨단 공연 기술이 무대에서 펼쳐지고 수시로 하늘을 날아다닙니다. 안 볼 수가 없게 만드는 거죠. 엄청나게 먼 거리에서 테일러 스위프트의 공연을 찍은 2억 화소 갤럭시 카메라 영상이 한때 화제가 되기도 했습니다.

그녀는 음반 판매 외에도 굿즈, 콘서트 티켓 등 다양한 수입원을 팬덤을 통해 창출하는 경영의 천재이기도 합니다. 2014년 음악 플랫폼 확산으로 131억 달러까지 쪼그라들었던 음악 시장 규모는 이러한 팬덤과 상품 다양성의 확대로 2023년 262억 달러, 2배 규모로 다시 성장했습니다. 음악 시장의 메타 인더스트리 전환을 테일러 스위프트가 제대로 보여준 것입니다. 심지어 2024년 1월 EU는 청년들의 선거 참여를 독려해달라고 테일러 스위프트에게 SOS를 쳤습니다. 그만큼 그녀의 팬덤은 글로벌시장 전체에서 강력한 힘을 발휘하는 중입니다.

클래식 음악도 예외가 아닙니다. 18세의 천재 피아니스트 임윤찬이 반클라이번 콩쿠르에서 우승했을 때 찍은 영상은 무려 1,350만 회의 조회 수를 기록하며 센세이션을 일으켰습니다. 마치 라흐마니노프가 다시 태어난 것 같다는 찬사를 들은 임윤찬은 전 세계 클래식 음악 유튜버들의 응원과 지지를 받으며 세계적인 피아니스트로 급성장했습니다. 한국은 물론이고 유럽, 미국, 일본 등 세계 각국에서 초청 공연이 줄을 이었고 모두 엄청난 호평 속에 매진되는 기록을 세웠죠. 더구나 임윤찬은 해외에서 교육받은 것이 아니라 순수하게 한국에서 피아노를 익힌 영재로, 해외 무대에서는 거의 무명에 가까웠는데 불과 1년 만에 글로벌 톱스타가 된 겁니다. 이것이 모두 메타 세상에서 벌어지고 있는 자발적 팬덤 현상입니다.

음악의 소비는 유튜브를 타고 확산하고 강력한 팬덤은 다시 전문 유튜버들을 통해 증폭됩니다. 그리고 그것은 기존 산업을 크게 변화시킨 가장 강력한 힘이었습니다. 이 거대한 변화 속에 기회가 있습니다. 문제는 우리의 좁은 시각입니다. 음악 분야에서 한류의 파워는 어마어마한 잠재 가치를 가지고 있습니다. 라면회사는 1년 내내 라면을 만들어 수출해도 1조 2,000억 원인데, 테일러 스위프트는 콘서트 60회로 1조 3,700억 원의 매출을 올리는 시대입니다. 심지어 지역경제까지 들썩이게 만드니 전 세계 도시의 시장들이 테일러 스위프트에게 와달라고 아우성입니다.

우리는 메타 세상을 아우르는 막강한 아티스트들을 많이 보유한 나라입니다. 팬덤경제를 키우기에 상당히 유리한 조건이죠. 거기다 첨단 공연을 만들 최첨단 IT 기술도 남부럽지 않은 세계적 수준을 갖추고 있습니다. 그런데 마땅한 전문 공연장도 없고 사업기획력도 떨어집니다. 메타 인더스트리로의 진화를 위한 국가적 투자가 부족하다는 거죠. 엄청난 일자리와 고부가가치 산업 전환이 가능하다는 것을 이미 미국 시장이 보여주고 있는데, 많이 아쉬운 대목입니다. 우리는 원래 새로운 세계에 도전하는 데 익숙하지 않았다고요? 아니요. 원래 그런 건 없습니다. 이제는 대담한 도전에 익숙해져야 합니다.

K-팝 팬덤의 잠재력을 폭발시킬 새로운 장이 열렸다

2023년 하이브는 드디어 매출 2조 원을 돌파했습니다. 영업이익도 2,958억 원입니다. 덕분에 하이브는 시총 8조 3,000억 원 기업으로 성장했습니다. BTS가 군복무를 하는 동안에 낸 실적이라 더 의미가 큽니다. 그동안 세븐틴, 뉴진스, 르세라핌 등 새로운 아티스트들을 열심히 키워낸 성과 덕분입니다. 세븐틴은 누적 1,600만 장의 앨범을 판매해 자신들이 갖고 있던 K-팝 앨범 판매량 신기록을 경신했습니다. 이제 9년차인 만큼 존재감도 커졌습니다. BTS 멤버 지민과 정국도 입대 전 솔로로 활동하며 매출 증가에 크게 기여했습니다. BTS가 완전체가 되는 2025년 6월이 저도 모르게 기대됩니다. 아니, 스위프트노믹스도 있는데 'BTS노믹스'는 왜 안 되겠습니까? 까짓것 꿈꾸면 다 할 수 있습니다.

데뷔 10년이 넘은 BTS 팬덤은 여전하고 세븐틴, 뉴진스 등도 잘 성장하는 중입니다. 이들이 만들어내는 음원과 음반 판매금액도 지속적으로 늘고, 공연 수익도 2022년 대비 40%가 증가했다고 하니 앞으로가 더 기대됩니다. 거기다 메타버스 위에 만든 '위버스' 플랫폼의 매출도 꾸준히 증가하고 있습니다. 기획만 잘한다면 BTS노믹스, 세븐틴노믹스, 뉴진스노믹스가 다 꿈이 아니라는 겁니다. 얼마 전 하이브 홍보팀장을 만났는데 팬더스트리 시장에서 글로벌 탑 기업이 되겠다는 방시혁 대표의 포부를 들을 수 있었습니다.

이들에게 스위프트노믹스 현상은 참 반가운 일입니다. 우리도 할 수 있는 것을 다른 가수가 증명한 셈이니까요. 그런데 아쉬운 점은 그런 가능성에 대해 눈 감고 있는 우리 정부, 우리 사회의 분위기입니다. 반도체, 자동차 공장 투자는 엄청 적극적이지만 K-팝 전용 공연장도, 관련 프로그램 개발 프로젝트도 여전히 관심이 없는 듯합니다. K-팝 팬덤이 만들어내는 어마어마한 잠재력을 폭발시켜보자는 '새로운 도전'보다는 혹시 잘못되어도 욕 안 먹는 '공단 조성'에 마음이 더 끌리는 겁니다. 늘 하던 거니까요.

전용 공연장은 미래 관광상품으로도 훌륭하지만 엄청난 창의력을 발휘해 새로운 공연 문화를 만드는 아이디어의 산실로도 그 활용 범위가 무궁무진합니다. 우리가 가진 기술과 아이디어, 아티스트를 다 모아서 새로운 공연기법, 특수효과, 무대장치 등 엄청난 실험이 여기서 다 가능하다는 겁니다. 그렇게 만든 공연 예술을 통해 관광객을 끌어들이는 것은 물론이고 전 세계 음악 팬을 모으는 여행상품으로 확대시키면 테일러 스위프트를 능가하는 엄청난 수입을 창출할 수 있습니다. 스위프트가 할 수 있다면 BTS도, 블랙핑크도, 세븐틴도, 뉴진스도 할 수 있습니다. 문제는 얼마만큼 '구독과 좋아요', 즉 팬들의 열광을 끌어내느냐죠. 하이브가 보여주듯 우리 청년들이 정말 잘할 수 있는 분야입니다. 미래 청년들의 좋은 일자리는 이렇게 만드는 겁니다. 이것이 메타 인더스트리를 공략하는 새로운 도전의 자세입니다. 제발 정부 기관, 오피니언 리더들이 이 새로운 기회를 향한 담대한 도전의 길을 열어주시길 애타게 기원합니다.

· 19 ·

가장 빠르게 AI 접목해
신사업 개척하는 게임업계

사실 디지털 세계관을 형성한 주역은 게임산업입니다. MZ세대는 국경도, 언어 장벽도 없이 게임을 즐기고, 디지털 공간의 커뮤니티가 자신들의 삶의 중심임을 각성한 사람들입니다. 이들은 유튜브, 넷플릭스, 배민, 쿠팡, 우버, 에어비앤비 등을 쓰는 것에 아무런 저항감이 없습니다. 게임하듯 즐기고, 사용법을 모르면 유튜브로 검색하거나 커뮤니티에 질문을 올려 해결합니다. 이들이 모든 플랫폼의 성장을 이끌었다고 해도 과언이 아닌데, 그 성공의 비결도 게임 세상과 매우 유사합니다. '재미있으면 성공, 재미없으면 실패', 즉 '실력 있으면 인정, 아니면 아웃'이라는 룰이 플랫폼에도 그대로 적용됩니다. 애플, 구글, 아마존, 메타 등 글로벌 플랫폼들이 세계 시장을 독점한 것은 국경이나 국적에 대한 거부감이 없음을 그대로 방증합니다. 그 와중에 네이버나 카카오, 배민, 쿠팡 같은 우리 고유 플랫폼들이 생존한 것은 대단한 일이 아닐 수 없습니다. 그만큼 강력한 팬덤을 만들었다는 것이고 실력이 뛰어나다는 뜻입니다. 일본이나 유럽은 이 시장에서 모두 사라져버렸죠.

게임산업은 코인경제와 NFT경제에서도 앞서갑니다. 사실 코인은 메타 세상에서 게임을 즐기는 유저들에게 필수적인 아이템입니다. 수억 명의 유저들이 모여 국적 없이 거래하려면 코인은 필수죠. 이렇게 게임회사들이 너도나도 코인을 발행했고 그것에 익숙한 세대들이 확장되면서 코인경제는 인류의 중심으로 자리 잡게 되었습니다.

디지털 아이템 거래를 위한 NFT 발행도 게임처럼 시작되었죠. 많은 기업이 코인과 NFT를 연결해 새로운 산업에 도전했습니다. 앞서 언급했듯 메타버스 세계를 활성화시킨 것도 마인크래프트, 로블록스, 제페토 같은 게임들입니다. 이들이 어떻게 진화하고 있는지를 살펴보면 메타 인더스트리의 성장 방향을 확인할 수 있습니다.

하루 종일 게임만 해도 한 달 월급을 준다고?

2021년 NFT 게임의 열풍을 불러일으킨 회사가 엑시 인피니티Axie Infinity입니다. 게임을 해본 분들은 알겠지만, 일반적인 게임에서는 주로 아이템을 사기 위해 돈을 씁니다('현질'이라고도 합니다). 또는 어려운 미션을 수행해 귀한 아이템을 얻기도 하죠. 이런 아이템들은 게임 플랫폼 내에서 관리되기 때문에 현금화가 불가능했습니다. 또 모든 걸 게임회사가 컨트롤하기 때문에 최악의 경우 한순간에 없애버릴 수도 있었습니다. 그런데 게임 내에서 이런 아이템들이 비싸게 거래되기 시작합니다. 리니지가 대표적이죠. 그래도 그 아이템은 게임 내에서만 활용 가능합니다. 그런데 게임 속 아이템들을 NFT로 만들면 어떻게 될까요? 누구나 NFT 거래소에서 거래할 수 있습니다.

엑시 인피니티는 이런 점을 이용해 유저들에게 엑시Axies라는 괴물을 키우고 블록체인을 적용해 NFT로 발행하게 합니다. 이걸 마켓 플레이스에서 게임코인으로 교환하고, 또 가상자산 거래소에서 현금화할 수 있게 만들었습니다. 하루 종일 게임을 하면 한 달에 200달러 정도를 벌 수 있다고 하니 그렇게 큰돈은 아닙니다만, 필리핀 직장인 평균 월급이 300달러라고 하면 얘기가 달라지죠. 그래서 엑시는 동남아와 미국에서 엄청난 인기를 얻었고, 베트남에서 시작한 이 회사가 갑자기 글로벌 탑 5위 게임회사로 성장했습니다.

이후 게임업계에 'P2E Play to Earn'라는 새로운 용어가 등장했고 이런 방식의 신종 게임들이 폭발적으로 증가했습니다. 당연히 많은 코인이 발행되었고, 수많은 사람이 게임도 하고 투자도 하면서 관련 자본 시장도 커졌습니다. 그런데 새로운 아이디어인 만큼 당연히 사기도 발생하고 보안이 불완전해 해킹 문제도 생겼습니다. 파산하는 기업이 생기자 금전적인 피해를 본 사람들도 많아졌습니다. 디지털 신산업의 특징답게 부작용도 많았던 겁니다.

그 결과 시장의 거품도 2022년 이후 급격히 가라앉기 시작합니다. 한때 엄청난 인기몰이를 했던 코인과 NFT 시장은 테라, 루나의 폭락, 그리고 세계 3위 가상자산 거래소였던 FTX의 파산 등으로 자본이 빠져나가면서 침체기를 맞았습니다. 그래서 사람들은 '이 시장은 끝났다'고 생각했죠. 하지만 모든 새로운 산업이 그렇듯 사용자만 충분하다면 침체기를 거쳐 다시 상승기를 맞습니다. 본질적으로 사기나 속임수가 아니라 매력 있는 상품이라면 말이죠.

2023년 코인과 NFT 시장이 다시 성장하면서 거래소도 활기를 띠기 시작합니다. 그러다 2024년 1월 미국 증권거래위원회가 비트코인 현물 상장지수펀드를 승인했고(앞서 이야기했듯이 실제로는 ETP로 승인) 본격적인 시장 활성화가 예고되는 상황입니다. 비트코인, 이더리움 등 그동안 저조했던 암호화폐에 대한 투자가 폭발적으로 증가했습니다. 한때 코인거래소에서 상장 폐지되었던 위믹스 코인도 2023년 재상장되면서 점점 가격이 오르는 중입니다. 코인경제의 부침을 보여주는 대표적 사례입니다. 다시 부활의 기회를 가질 수 있었던 것은, 게임기업인 위메이드가 블록체인 기반의 NFT 게임시장을 포기하지 않고 번 돈을 끊임없이 게임과 NFT 플랫폼 개발에 투자해왔기 때문입니다.

또 그동안 표준화되어 있지 않던 코인 거래로 인한 수익의 과세 문제, 코인이 증권인가 아닌가 하는 문제 등 법과 규제 문제도 상당 부분은 결론이 났습니다. 이제는 비교적 안정기에 접어들었다고 할 수 있습니다. 위믹스는 어느새 글로벌 P2E 코인시장 점유율 순위에서 국내에서는 유일하게 상위 10위 안에 들고 있습니다. 우리나라에서는 이러한 P2E 게임이 사행성을 조장한다는 이유로 금지되었는데, 그럼에도 이런 놀라운 성과를 거두었습니다. 위메이드는 애초 국내 매출 비중이 9%밖에 안 되기 때문에 한국 내의 규제 문제는 큰 걱정이 아니라고 밝히기도 했습니다. 전 세계 P2E 게임 유저들에게 '실력이 있느냐'를 보여주는 게 관건이라는 거죠. 이처럼 미래를 위해 과감하게 투자하지 않으면 생존이 어려운 곳이 게임시장입니다.

새로운 기술이 가장 빠르게 사업화되는 곳

그러고 보면 이제 M세대를 넘어 Z세대에게도 게임은 하나의 생활이자 문화입니다. 그들은 거기서 인간관계, 거래, 취미활동을 하면서 자신의 세계관을 구축해 가는 겁니다. 시간도 많이 씁니다. 기성세대가 TV에 많은 시간을 썼던 것처럼요. 그런 10억 명의 인구가 당연하다는 듯 코인을 거래하고 NFT로 게임하며 돈을 법니다. 그리고 그런 게임을 즐기는 인구는 세월이 지나면 더더욱 늘어나겠죠. 게임은 새로운 모든 시도를 녹여 산업화하는 메타 인더스트리의 용광로입니다. 코인이든, NFT든, 또 AI든 무엇이든 접목해서 사업화합니다.

최근에는 생성형 AI와 게임을 접목하는 기업들이 크게 늘었습니다. AI 사피엔스들이 게임을 빼먹을 리가 없죠. 스탠퍼드대 재학생들이 모여 창업한 슬링샷Sling Shot이라는 스타트업이 2023년 실리콘밸리 최고의 투자회사인 와이컴비네이터로부터 대규모 투자를 받아 큰 주목을 받았습니다. 이들은 게임 속에서 만나는 프로그램된 캐릭터 NPCNon Playable Character에 챗GPT 같은 생성형 AI를 접목해 게임의 창의성을 더하면서 기술력을 과시했습니다. 이제 일정한 답변과 행동만 하던 게임 속 NPC들이 유저들의 접근방식에 따라 매우 다양하게 활동하면서 게임의 자유도와 재미를 크게 늘린 것입니다.

이처럼 새로운 기술의 접목은 게임업계에서 매우 활발히 일어나는 중입니다. 매력적인 게임 하나만 터지면 엄청난 수익이 보장되기 때문입니다. 생성형 AI 활용은 로블록스에서도 유행입니다. 어린 AI 사피엔스들이 로블록스로 게임을 만들 때 코딩은 챗GPT를 시키는 게 어쩌면 당연하지 않을까요? 이미 유튜브에 어떻게 활용하는지를 알려주는 동영상이 무수히 많이 등장하고 있습니다. 시키지 않아도 AI 사피엔스들은 척척 알아서 서로 협력하고 융합하며 새로운 도전에 빠져듭니다. 좌충우돌의 무모한 도전은 아주 보편적인 진화의 과정입니다.

메타버스, 암호화폐, NFT에 이어 생성형 AI까지 새로운 기술들은 모두 게임산업에서 가장 먼저 빠르게 사업화되었습니다. 한때 전 세계에 AR 열풍을 일으켰던 '포켓몬고'도 좋은 사례입니다. 게임시장은 커뮤니티를 중심으로 확산 속도도 빠르고 유저 수도 많은 만큼, 성공과 실패가 아주 빠르게 결정됩니다. 도전과 투자도 빈번하게 일어나고 또 한 번 성공하면 엄청난 수익을 얻게 되니 모험적인 도전도 자연스러운 현상입니다.

그래서 메타 인더스트리의 변화를 보려면 게임산업을 주목해야 합니다. 문제는 우리가 너무 게임산업을 '우리 아이들을 망치는 나쁜 산업' 또는 '중독자를 만드는 사행성 산업' 등 부정적인 시각으로만 바라본다는 것입니다. 디지털 세대에게 게임은 문화입니다. 부작용도 사용자들의 관점에서 극복하고, 해결책을 찾아야 합니다. 산업화의 관점에서 보자면 이만큼 중대하고, 미래 투자가치가 높은 산업도 없습니다. 대부분의 국내 게임회사들은 이미 매출의 70% 이상을 해외에서 올립니다. 글로벌 경쟁력이 없으면 게임은 아예 도전이 어렵습니다. 우리가 규제로 주춤하는 사이에 우리 아이들은 이미 미국이나 중국 기업이 만든 게임들로 옮겨가고 있습니다. 메타 세상은 규제하면 바로 침공당하는 시장입니다. 오직 실력이 지배합니다.

스마일게이트의 의미 있는 창업지원

게임시장에서 알 수 있듯 메타 세상은 국경이 별 의미가 없습니다. 문제는 실력이죠. 재밌는 게임, 창조적인 게임, 새로운 세계관을 녹여낸 게임 개발에 끊임없이 도전하게 해야 합니다. 그 창의성이 다른 인더스트리로 확산될 때 글로벌 경쟁력을 가진 메타 인더스트리가 본격적으로 성장할 수 있습니다. 선진국에서 혁신적인 사업이 나오면 그 뒤를 따라가겠다는 개도국의 세계관으로 더 이상 미래를 준비할 수 없습니다. 창의력 넘치는 인재 양성과 신산업에 대한 도전이 무엇보다 중요한 이 시대, 게임산업은 결코 포기해서는 안 될 정말 중요한 메타 인더스트리의 대표 주자입니다. 정성껏 잘 키워야 하는 아주 중요한 산업입니다.

잘 성장한 게임회사는 사회에 대한 기여도 열심히 합니다. 2002년 권혁빈 회장이 창업한 스마일게이트는 이제 글로벌시장에서 1조 5,000억 원의 매출을 올리는 우리나라 5위의 게임기업으로 성장했습니다. 매출의 70% 이상을 해외에서 만들어오는 수출 효자 기업이기도 합니다. 이 회사는 2010년 '오렌지팜'이라는 이름으로 청년 창업을 지원하는 스타트업 엑셀러레이터를 설립했습니다. 그리고 꾸준히 공익 목적의 투자를 늘려 많은 창업 기업들을 지원했죠. 2021년 9월에는 아예 '오렌지플래닛'이라는 창업재단을 설립해 시스템에 기반한 창업지원 사업을 더욱 활발하게 수행하고 있습니다. 서울 테헤란로에 21층 빌딩을 마련해 재단사무실로 쓸 뿐만 아니라 창업 기업에 입주 공간으로 제공하고 있습니다. 2024년 이 창업지원 프로그램의 경쟁률은 무려 600대 1일 만큼 모두가 받고 싶어 하는 훌륭한 지원 프로그램을 운영하고 있습니다. 서울뿐 아니라 전주와 부산에서도 지역 청년 창업 기업들을 위한 지원 프로그램을 운영해 지역 살리기에도 기여하는 중입니다.

이 프로그램은 스마일게이트의 ESG 사업 중 하나인데, 청년들이 돈만 지원받는 것이 아니라 창업공간, 교육, 네트워킹, 벤처캐피털 IR 등 레벨에 따라 맞춤형 지원을 해주는 것으로 유명합니다. 오렌지플래닛에서 회원 기업들에 제공하는 교육 프로그램, '초격차아카데미'는 베스트셀러《초격차》의 저자 권오현 전 삼성전자 회장이 커리큘럼을 디자인하고 컨설팅도 해주는, 그야말로 국내 최고의 창업 교육 프로그램인 셈이죠. 이미 지원을 받은 기업들이 잘 성장해서 모두 합하면 3조 3,000억 원 이상의 밸류를 기록하고 있습니다.

그러고 보니 1973년생인 권혁빈 회장 자신이 이미 청년 창업가들에게는 따라 하고 싶은 롤모델입니다. 게임이든, 플랫폼이든, 코인이든, 디지털 헬스케어든 첨단기술을 바탕으로 다양한 분야에서 스마일게이트 같은 회사를 만들어보는 게 젊은 창업가들의 꿈인 건 당연하겠죠. 그러니 꿈을 가진 청년들이 모여 자연스럽게 건강한 창업 생태계가 만들어지는 겁니다.

스마일게이트는 창업지원 외에도 '희망스튜디오'라는 사각지대 소외아동을 지원하는 공익재단도 운영 중입니다. 또 미래 창의교육 프로그램 개발을 위해 '퓨처랩'이라는 공익재단도 운영하고요. 여기서는 청소년과 부모, 교육자, 예술가, 인문학자 및 국내외 유수의 기관 등과 함께 새로운 창의교육 방법에 대해 연구합니다. 이 3개의 재단 모두 교육을 통해 아이들의 미래를 바꾸는 일에 진심입니다. 물론 권혁빈 회장은 그런 공익 활동을 크게 홍보하지 않습니다. 우리 사회가 워낙 게임산업에 대해 색안경을 낀 채 보고 있기 때문에 겉으로 드러내기보다는 조용히 의미 있는 일을 하고 싶어 합니다.

저는 오렌지플래닛 창업교육에 참여하면서 이런 메타 세상에서 글로벌 경쟁력을 가진 기업들이 더 많은 역할을 하면 좋겠다는 생각을 멈출 수가 없었습니다. 아직도 우리 사회는 제조업 창업을 1순위로 권장하는 사회적 관성이 지배적입니다. 그런데 제조업 창업은 어렵습니다. 특히 중국이 성장한 이후, 우리나라 중소기업들의 아이디어 기반 제조업은 도무지 만만하지가 않습니다. 실패했을 때의 리스크도 매우 심각합니다. 반면 메타 세계관에서 소프트웨어를 기반으로 도전하는 스타트업은 실패의 데미지보다는 경험 축적으로 인한 긍정적 효과가 더 큽니다. 그런데 우리 청년 창업 생태계는 그걸 잘 키워줄 수 있는 기업이나 컨설팅 프로그램이 취약한 게 사실입니다. 게임기업이나 플랫폼기업들이 잘할 수 있는 영역입니다. 대한민국 미래 창업 생태계의 다양성을 위해서라도 오렌지플래닛 같은 공익재단이 점점 더 많아지기를 기대해봅니다. 스마일게이트도 세계적인 게임회사로 더욱 크게 성장하길 기원합니다.

메타 세상에서 다른 K-푸드를 유행시켜보면 어떨까요? 액세서리나 패션 아이템은요? K-뷰티 상품도 좋습니다. 열심히 개발 중인 첨단 제품들도 당연히 훌륭한 대상입니다. 어떤 아이템도 다 가능하지만 우선 메타 세상의 소비 생태계에 대한 정확한 파악이 필수입니다. 사업기획은 어떻게 하면 좋을까요? 여기서부터 '생각하는 힘'이 필요합니다. 먼저 스토리를 잘 만들어야 합니다. 유명 웹툰 작가나 유튜버 같은 크리에이터가 함께 기획한다면 더할 나위 없이 좋겠죠. 상품은 스토리를 담고 있어야 합니다. 세계 판매가 가능한 것이라면 더욱 좋겠죠. 제조업자는 그런 재주가 별로 없지만 크리에이터는 풍부한 상상력으로 스토리를 만들고 그걸 제조업자한테 요구할 수 있습니다. 과거처럼 그냥 '만들자'가 아니라 시작 단계부터 협업이 필요하다는 겁니다. 크리에이터가 참여하면 이런 아이템들은 무궁무진하게 나올 수 있습니다. 포켓몬 빵 대유행을 보면서 우리도 저런 걸 만들고 싶다고 생각했는데 생각해보면 이제 그리 어려운 일도 아닙니다.

　과거에는 '수출'이라고 하면 으레 대기업 참여가 필수였고, 오버헤드가 많이 들어가는 대기업 입장에서는 작은 아이템 하나 만들어 팔자고 웹툰 작가를 찾아다닐 일도 없었습니다. 그러니 협업도 별로 없었죠. 그런데 올곧의 경우를 보면 이제 제조기업도 엄청 큰 대기업일 필요가 없습니다. 크리에이터와 제조기업이 이익을 서로 나눌 수 있는 여지가 크다면 함께 사업을 기획할 가능성도 높아지는 것입니다. 생각하지도 못한 이익이 서로에게 생기니 마다할 이유가 없죠. 이런 변화에 눈을 떠야 합니다. 그동안 일해왔던 관성을 깨고 메타의 생태계에서 펼쳐지는 새로운 가능성에 도전해야 합니다. 누구도 가보지 않았던 길인 만큼 실패도 많이 하겠지만, 한번 잘 뚫어두면 엄청난 이익을 가져다줄 수 있습니다. 그러니 여러분도 한번 도전해보고 싶지 않나요? 메타 인더스트리에 대한 도전은 그렇게 확산됩니다.

창의적인 비즈니스 모델을 만들어내려면 지식의 편집이 필요합니다. 새로운 메타 세상의 소비 생태계를 이해해야 새로운 비즈니스 모델도 기획이 가능합니다. 미래 산업을 창조할 때 가장 중요하고 가장 필요한 기본 요소가 뭘까요? 먼저 디지털 신대륙에 넘치는 데이터를 잘 활용해야 합니다. 그리고 메타 세상과 새로운 소비 생태계를 이해하고, 거기에서 AI를 어떻게 활용할지를 이해해야 합니다.

PART 4

메타 소비자를 선점하기 위해
모든 산업이 빠르게 변신 중

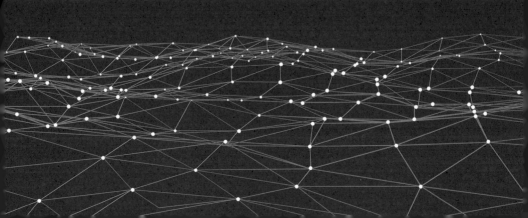

· 20 ·

AI를 만나
메타로 이동하는
글로벌 광고, 마케팅

앞서 언급했듯 나이키, 아디다스, 스타벅스가 NFT를 발행하고 메타버스 프로젝트를 진행하는 것은 Z세대와의 교감을 위한 필연적인 마케팅 전략이었습니다. TV를 아예 안 보는 10~20대를 생각하면 당연합니다. 테슬라가 TV 광고 하나 없이 이만큼 세계적인 브랜드가 된 것만 봐도, 디지털 세대에게는 새로운 소통 방식, 새로운 광고 방식이 필요합니다. 그래서 그들이 만들어낸 문화, 즉 메타버스·코인·NFT를 대기업들까지 시도했던 것이죠. 이런 현상은 2024년부터 더욱 활발해질 것입니다.

그렇다면 광고, 마케팅 분야의 업무방식은 어떻게 바뀔까요? 일단 공략해야 하는 매체가 너무나 많습니다. 온라인 쇼핑몰, 인스타그램, 페이스북, 유튜브, 틱톡 등 상품이 나오면 홍보해야 할 플랫폼이 너무 다양하고 성격도 각기 다릅니다. 타깃 고객에게 좋은 첫인상을 주려면 그 세대에 딱 맞는 감각적인 광고카피가 필수겠죠. 우리가 드라마에서 심심찮게 보듯 엄청난 인력이 밤을 새워가며 광고카피를 만들어냅니다. 거기다 플랫폼까지 다양해졌으니 정말 많은 인원과 다양한 세대의 참여가 필요해졌습니다.

그런데 AI가 이 문제를 싹 해결해버렸습니다. 대표적인 서비스가 재스퍼Jasper입니다. 2021년 설립된 재스퍼는 마케팅 문구를 자동으로 생성해주는 AI 서비스 기업입니다. 오픈AI의 언어모델인 GPT-3를 바탕으로 'AI 카피라이터' 서비스를 제공합니다. 출시하자마자 7만 명의 열광적인 사용자를 모았고 1년 만에 7,500만 달러를 벌어들였다고 합니다.

생각해볼까요? 제품의 특징을 담은 문구를 집어넣고 프롬프트에 '한 줄짜리 광고카피를 만들어줘'라고 쓰기만 하면 수십 년치 광고문구를 학습한 AI가 멋진 카피 200개를 1분 만에 만들어줍니다. 그중 하나를 고르면 되죠. 제품의 상세 페이지에 넣으려면 설명이 좀 더 필요하겠죠? '한 줄짜리 카피 정한 것을 바탕으로 5줄짜리 설명자료를 만들어줘'라는 질문에 또 우수수 답을 쏟아냅니다.

10대를 위한 상품이면 '10대를 위한 카피를 그들의 유행어를 사용해서 만들어줘. 틱톡의 썸네일에 올릴 카피로 부탁해' 이렇게 질문해도 됩니다. 순식간에 업무가 완료됩니다. 놀라운 생산성을 보여주는 이 서비스는 한 달에 82달러, 많아도 300달러를 넘지 않습니다. 즉 각적으로 엄청난 인건비 절감이 가능한데 기업이 안 쓸 이유가 없죠. 더구나 학습량이 늘어날수록 표현은 더 정교해질 게 분명합니다. 챗 GPT가 보여주듯 말이죠. 이 회사의 가치는 이미 17억 달러를 넘었다고 합니다. 그러고 보니 GPTs를 활용하면 우리나라 광고기업도 이런 서비스를 한국어판으로 개발해볼 수 있겠네요.

카피부터 배경음악까지 2주 걸렸던 일도 반나절 만에 완성

어도비 CTO였던 아베이 파라스니스Abhay Parasnis가 2022년 창업한 타입페이스Typeface도 있습니다. 이 회사는 아예 블로그, 인스타그램, 링크트인 등 기업용 마케팅 콘텐츠를 전문으로 생성해주는 AI를 만들고 있는데 벌써 기업고객까지 다수 유치했다고 합니다. 고객 만족도도 매우 높다고 합니다. AI를 어떻게 활용하느냐가 스타트업의 성공비결이 되고 있습니다. 오직 이런 서비스를 많이 써본 사람들만이 이해할 수 있는 새로운 업무방식입니다.

이번에는 상품광고를 위한 이미지나 동영상을 만들어볼까요? 출시한 지 몇 년 되지도 않은 서비스들의 성능이 그야말로 무시무시합니다. 앞서 언급했던 '미드저니'나 '달리3'는 물론이고 어도비의 '파이어플라이', 스테이블 AI의 '스테이블 디퓨전' 등은 실무에서 쓰기에 너무나 훌륭한 서비스들을 제공합니다. 예를 들어 이번 상품 소개를 위한 이미지는 '사막에 홀로 선 황금투구를 입은 전사' 콘셉트로 가자는 결정을 합니다. 그러고는 대충 엉성한 그림을 그리죠. 그리고 '스테이블 디퓨전'에 넣은 뒤 프롬프트에 명령만 내리면 모든 게 끝납니다. 정말 멋지고 프로페셔널한 이미지가 생성되죠.

영상도 마찬가지입니다. 챗GPT로 하나의 영상을 만들 대본부터 완성해봅니다. 예를 들어 '다이어트에 치명적인 음식 5가지를 보여주는 1분짜리 동영상을 만들거야. 대본을 써줘'라고 프롬프트에 입력하면 대본이 나옵니다. 이제 대본이 나왔으니 영상을 만들어야겠죠? '브루Brew'라는 서비스를 활용합니다. 심지어 공짜입니다. 만들어진 대본을 이 서비스에 입력하고 무료 이미지나 무료 비디오를 골라 영상 생성에 필요한 기본 자료로 설정합니다.

대본 녹음도 당연히 AI 몫입니다. 어떤 목소리로 할지 골라주기만 하면 AI가 영상에 들어갈 목소리를 멋지게 만들어줍니다. 무료 음악을 골라 배경음악까지 넣어줍니다. 이제 내보내기만 하면 1분짜리 쇼츠 영상이 뚝딱 만들어집니다. 몇 번 해보고 익숙해지면 10분에 1개씩 영상을 만들 수도 있습니다. 이렇게 되면 각각의 플랫폼에 맞는 광고 영상을 만드는 일도 짧은 시간 내에 해치울 수 있습니다. 이런 프로세스에 익숙해지면 이걸 자동화하는 작업도 생각해볼 수 있겠죠? 그리고 그걸 서비스화하면 사업이 되는 겁니다.

일반인은 작업하면서 무료 이미지나 음악을 썼지만, 회사에서 그동안 광고 제작에 사용했던 음악, 이미지, 동영상을 모두 학습시켜 새로운 이미지를 만들게 하면 어떨까요? 지금은 AI가 크게 만족할 만한 성능을 내지 못한다고 불평할 수도 있습니다. 그런데 이렇게 빠르게 진화하는 프로그램들이 5년 후에는 얼마나 더 좋아질까요? 지금 대학을 다니면서 이런 AI 툴을 자유자재로 활용하는 학생들이 기업으로 쏟아져 들어온다면, 그들은 기성세대가 외주작업을 시켜 2주 넘게 걸려 하던 일을 오전 반나절 만에 해결하고 가볍게 점심을 먹으러 나갈 겁니다. 어떤가요? 광고, 마케팅 분야의 업무가 완전히 달라질 것이 명확합니다. 그러니 공부해야 합니다. 현실이 된 AI 시대를 준비해야 합니다. 최근 Z세대들은 스테이블 디퓨전 프롬프트 창에 넣을 질문을 챗GPT한테 물어보고 결정한다고 합니다. 결과가 훨씬 좋다고 하네요. 유튜브에 검색하면 바로 나옵니다. 이제 공부는 마음만 먹으면 언제 어디서나 할 수 있습니다. AI 사피엔스들은 참 빠르게 생태계를 확대하며 진화하고 있습니다.

· 21 ·

메타 인재양성,
고교 교육의 난제를
AI로 해결하다

무려 2년 넘게 코로나로 인해 격리되었던 세대들이 이제 대학생이거나 대학 졸업을 눈앞에 두고 있습니다. 이들의 디지털 의존도나 활용도는 그 어느 세대보다 높습니다. 이들이 격리되었던 시기, 전 세계의 교육 시장은 온라인 교육과정 개발에 엄청난 자본을 투입해야 했고, 덕분에 대대적인 기술발전과 콘텐츠 개발이 이루어졌습니다. 교육에 기술을 더한다는 '에듀테크'라는 신조어도 생겼고, 많은 스타트업 회사들도 빠르게 성장했죠. 디지털 전환을 상징하는 새로운 학교도 잘 정착했습니다.

설립자 벤 넬슨Ben Nelson이 2014년 샌프란시스코에서 문을 연 미네르바대학은 아예 캠퍼스 없는 대학을 표방하며 모든 수업을 온라인으로만 진행합니다. 학생들은 1년간 샌프란시스코에서 생활한 후 남은 기간에 7개 국가(미국, 영국, 독일, 아르헨티나, 인도, 대만, 한국)의 유명 도시에 위치한 기숙사에서 생활하며, 해당 지역의 문화와 언어를 익히고 수업은 오직 온라인으로만 합니다. 이 대학은 개교 이후 하버드대보다 더 입학하기 어려운 대학으로 입소문을 탔고, 구글과 아마존 등 내로라하는 기업들이 미네르바대학의 학생들을 인턴으로 데려가면서 더 유명해지기 시작합니다.

미네르바대학의 학생들은 각기 다른 지역에 거주하면서, 그 지역의 문제를 조사하거나 문화를 체험하며 세계관을 넓힙니다. 수업은 온라인이지만 철저하게 발표와 토론 중심입니다. 수업을 진행하는 온라인 시스템은 학생들의 발언, 참여, 태도 등을 카메라로 인식해 교수자에게 자동으로 전달하고, 교수자는 모든 학생이 골고루 참여할 수 있도록 수업을 이끌어 갑니다. 토론 참여 정도가 학점을 결정하는 만큼 학생들은 주제 토론에서 좋은 의견을 내기 위해 엄청난 양의 독서와 학습으로 무장합니다. 그리고 토론 과정을 통해 소통과 협업 능력을 키우게 되죠. 교수진도 세계적으로 우수한 인력을 대거 확보했습니다.

인터넷이 원활하기만 하면 어느 지역에 살든 교수로 참여할 수 있으니 우수한 교수를 확보하기도 훨씬 수월하죠. 캠퍼스 운영과 유지에 돈이 들지 않으니 그만큼의 예산이 온라인 시스템 개발과 교육과정 개선에 투입합니다. 등록금도 1년에 1만 달러 정도로 미국 대학

(2023년 미국 대학 등록금 평균 5만 달러)에 비하면 아주 저렴한 편입니다. 혁신의 속도도 매우 빠르죠. 최근에는 생성형 AI를 학생들의 학업 성취도 향상에 활용한다고 합니다. 모든 학교가 이렇게 바뀔 필요는 없겠지만, 졸업생들의 진로나 성취를 보면 학생 입장에서 굉장히 매력적인 유형의 새로운 대학임이 틀림없습니다.

2023년 우리나라에도 이를 벤치마킹한 '태재디지털대학교'가 설립되었습니다. 한샘 창업주인 조창걸 회장이 사재 3,000억 원을 출연해 우리나라 미래 인재를 키우겠다는 뜻으로 만든 대학입니다. 모든 수업은 온라인으로 진행되며 인재양성의 목표도 미네르바대학과 매우 유사합니다. 학생들은 서울, 도쿄, 뉴욕, 홍콩, 모스크바 등에 거주하며 수업을 듣고, 그 나라의 문화를 체험하고 다양한 수업을 통해 지역 문제해결에 관한 수준 높은 지식을 쌓아갑니다. 수업을 듣는 캠퍼스는 메타버스 형태로 구성됩니다. 염재호 초대 총장은 학생들을 위한 최고의 교수진과 수업 콘텐츠 개발에 집중하고 있다고 합니다. 한국인 학생 100명, 외국인 학생 100명을 선발해 출범한 이 학교가 과연 대한민국 환경에서 얼마나 성공할지 교육계의 큰 관심사입니다.

미네르바대학의 성공에 힘을 얻어 고등학교도 뒤따라 혁신하고 있습니다. 앞서 언급했듯 디지털 문명 시대에는 오로지 수능 중심의 정형화된 교육이 인재양성에 적합하지 않다는 걸 많은 성공한 CEO들이 증명했습니다. 시대가 달라진 만큼 고등학교 교육도 달라져야 한다는 건 너무 당연하죠.

입시학원의 대변신, 미국을 놀라게 한 '엘리트 오픈 스쿨'

디지털 시대에 맞는 고등학교 교육과정을 만들어 도전하고 있는 학교는 미국의 '엘리트 오픈 스쿨'입니다. 이 학교를 설립한 박종환 회장은 1987년 미국 LA에서 '엘리트학원Elite Educational Institute'을 창업해 지금까지 전 세계 8개국 50개 도시에서 SAT 학습 교육을 하고 있습니다. 엘리트학원은 북미에서 아이비리그 대학을 가장 많이 보내는 학원으로도 유명합니다. 한국 학생은 물론이고 중국, 인도 등 아시아 출신 학생들이 많이 다니는 미국 대학입시 전문 학원입니다. 미국 사회에서도 큰 반향을 일으킬 만큼 엘리트학원은 대학입시 학원 중 최고의 학원으로 성장했습니다.

'교육은 사업이 아니라 미래다'라는 생각을 가진 박종환 회장은 다보스포럼의 미래 교육 분야 위원으로 활동하며 미네르바대학의 창업자 벤 넬슨과도 교류하게 되었습니다. 그러면서 현재가 아닌 미래의 인재양성에 깊은 관심을 가졌고, 가장 혁신적인 고등학교를 만들겠다고 결심합니다. 특히 빌 게이츠, 마크 저커버그, 샘 올트먼 등 대부분의 빅테크 창업자들이 대학을 중퇴하는 현상을 보고 아이비리그 대학에 입학하는 것이 문제가 아니라 디지털 시대에 맞는 '생각하고 실천하는 인재양성'이 필요하다고 판단했습니다. 그리고 첨단 에듀테크를 활용한 교육 모델 개발에 집중했습니다. 그리고 오랜 연구와 투자 끝에 새로운 형식의 커리큘럼을 완성하고 2016년 미국에서 '엘리트 오픈 스쿨Elite Open School'을 설립합니다. 2023년 이 학교는 미국의 고등학교 평가기관인 니치Niche.com로부터 미국 전체 사립 고등학교 3,142개중 55위로 상위 2% 안에 드는 놀라운 평가를 받았습니다. 미국의 상위 사립 고등학교들이 가진 오랜 전통과 엄청난 자본 투입을 생각하면 설립 7년 차인 고등학교가 55위에 오른 것은 굉장히 놀라운 성과입니다. 이 고등학교의 학생들은 액티브 러닝active learn-ing에 주력합니다. 설립 7년 차인 만큼 새로운 전통도 스스로 만들어 가는데, 예를 들어 스포츠데이(우리나라로 치면 체육대회)를 준비할 때도 모든 학생이 준비위원회를 결성하고 어떤 방식으로 진행할지 의견을 모은 후 이를 학교에 제출해 승인받아 직접 추진한다고 합니다. 2023년에는 타 고등학교 팀들을 초청해 대회를 더욱 흥미롭게 진행했고, 마케팅을 담당한 팀에서는 틱톡, 유튜브 등을 통해 스포츠데이 행사를 소개했습니다. 행사에서 판매하는 기념품도 다양하게 기획하고 제작해 수익사업도 성공적으로 완수했다네요. 이렇게 되니 학생과 학부모의 만족도도 자연스럽게 올라가서 고교 랭킹에서 상위권에 오를 수 있었습니다. 고교 랭킹이 올라가면 미국 내 명문대 진학률도 당연히 상승한다고 하니, 결국 혁신에 대한 도전이 좋은 결실을 거둔 겁니다.

우리나라에도 '엘리트 오픈 스쿨'이 문을 열었습니다. 놀랍게도 '게임 학교'입니다. 심지어 프로 팀과 계약을 맺어 프로 게이머들이 강의에 참여합니다. 최근에는 롤드컵에서 우승한 T1 팀과 함께 하기로 계약했습니다. 세계적인 스타 페이커 이상혁 선수가 강의한다니

학생들이 얼마나 설렐지 짐작이 갑니다. 그런데 듣자 하니 좀 불편하신가요? 안 그래도 요즘 애들이 심각한 게임 중독인데, 뭘 또 이런 학교까지 만드나 하는 생각이 드시죠? 실제로 이 학교는 게임 중독에 빠져 다른 공부에 무기력해진 아이들을 대상으로 설립했다고 합니다. 사실 그런 학생들이 많죠.

학생들은 이 학교에 입학한 후 늘 꿈꾸던 게임을 정말 신물 나게 할 수 있습니다. 오전에는 정규 교육과정을 학습하고, 오후에는 게임 훈련을 합니다. 그것도 세계 최고 프로 게이머들의 코칭을 받으며 체계적으로 말이죠. 꿈꾸던 프로 게이머의 길에 정식으로 도전하는 겁니다. 그런데 재밌는 것은, 그 과정에서 학생들 대부분이 자신이 프로 게이머가 될 수 없다는 걸 깨닫는다고 합니다. 모든 분야가 그렇듯 프로 선수로 살려면 엄청난 재능이 필요하죠. 그걸 미리 체험해보고 깨닫는 것입니다. 그리고 자신의 미래를 다시 고민하기 시작하고요. 대부분의 학생들이 그렇듯이 말이죠.

그리고 이 학교는 오랜 기간 축적한 노하우를 바탕으로 아이들의 미래를 일일이 코칭하며 잃어버렸던 공부에 대한 관심을 키워준다고 합니다. 실제로 그 덕분에 아이들 대부분이 훌륭한 미국 대학으로 진학하고 있습니다. 이 학생들이 한국의 수능시험 공부에 몰입하긴 어렵지만 게임 훈련을 받은 커리어를 살려 미국 내 수백, 수천 개의 대학 중에 자기 적성에 맞는 대학을 찾아 진학하는 것은 정보만 충분하다면 그리 어렵지 않다고 합니다. 실제로 미국에는 e-스포츠 팀을 운영하는 대학들이 많아서 특기생으로 입학한 경우도 많다고 합니다.

아이들이 '포기'가 아니라 '희망'을 갖게 만드는 일입니다. 하지만 비용이 많이 든다는 단점은 있습니다. 교육의 양극화, 사실 큰 사회적 난제입니다.

AI를 도입한 혁신적 고교 교육과정의 성공

이 문제를 해결하는 데도 박종환 회장은 관심이 많았습니다. 2024년 1월 미국 라스베이거스에서 열린 CES 2024에 참석해 박종환 회장을 인터뷰할 기회가 있었는데, 최근에는 미네르바대학과 협업해 전 세계 학생들이 참여할 수 있는 고교 교육과정을 개발하고 있다고 합니다. 이미 오래전부터 교육 분야에 LLM 개발이 필수적이라고 판단해 독자적인 생성형 AI 모델을 개발해왔는데, 최근 그 성과를 새로운 교육과정 개발에 활용한다고 합니다.

오랜 입시 지도 경험에 따르면, 학생들에게 가장 중요한 것은 수준에 맞는 교육 콘텐츠의 제공과 미래를 함께 고민해주는 코칭이었다고 합니다. 그런데 높은 수준의 코치를 선생님으로 모시려면 필연적으로 고비용이 발생하고, 그걸 생성형 AI로 해결할 수 있다고 판단한 것입니다. 실제로 생성형 AI가 개인의 학습상태에 대한 정보를 모두 파악하고 있고, 다음 수업을 위해 어떤 수준의 학습이 필요한지 선택할 수 있다면 개인 맞춤형 학습과 코칭이 가능해집니다. 최근의 AI 기술발전으로 본다면 충분히 실현 가능성이 높은 얘기입니다. 그걸 위해 우선 미네르바대학과 협업을 시작했다고 합니다.

미네르바대학 방식으로 개발하는 고교과정에 AI를 도입하는 방식을 들어봤습니다. 토론과 발표를 중시하는 미네르바대학의 온라인 교육은 학생들의 사전학습이 매우 중요합니다. 아무것도 모르는 상태로는 토론에 단 한 마디도 참여하기 어렵기 때문이죠. 온라인 수업의 문제점은 사전학습을 스스로 해결해야 한다는 것인데, 학생이 어려움을 겪고 있을 때 도움을 줄 수 있는 것이 바로 생성형 AI입니다. 예를 들어 학생이 프롬프트에 '베르누이 방정식에 대해 알려줘'라고 입력하면 AI 코치는 유튜브 영상 중 해당 학생의 수준에 가장 잘 맞는 베르누이 방정식 설명 영상을 찾아서 보여줍니다. 좀 어려워서 모르겠으면 '좀 더 쉬운 걸로 찾아줘'라고 얘기하면 됩니다. 결국 다음 수업에서의 토론에 필요한 내용을 짧은 시간 안에 학습하도록 도와주는 것이죠. 이 과정이 큰 비용을 들이지 않고도 가능해졌다는 겁니다.

요즘 학생들은 집중할 수 있는 시간이 매우 짧습니다. 그래서 장시간 하는 수업에서는 학습 성과가 떨어진다고 하죠. 반대로 자기가 해결해야 하는 문제를 영상을 통해 이해하는 속도는 엄청나게 빠릅니다. 예를 들어 게임을 하다가 문제가 발생하면 유튜브를 검색해 빠르게 학습하고 다음 스테이지로 넘어가는 식입니다. 교육도 그렇게 바꿔준 겁니다.

과거에는 '미적분을 모르고 어떻게 공학을 하느냐'고 했다면, 지금은 공학 문제에 대해 고민하면서 필요한 부분을 발췌하고 학습하게 해서 궁극적으로는 전체적인 수학적 사고 체계를 갖추게 해준다는 전략입니다. 주입식보다는 호기심을 계속 유발시켜 학습을 유도하고 그걸 통해 전체적인 맥락을 이해하도록 교육 방식을 바꾼 것입니다. 그리고 다행스럽게도 이 방식은 높은 성과를 거두고 있습니다. 뇌 과학자들도 이러한 방식이 합리적인지에 대해 학술 연구를 수행하고 있다고 합니다. 미적분이 어떤 문제에 필요한 것인지 학생들에게 생각할 기회도 주지 않고 '앞으로 꼭 필요하니까 무조건 외우고 학습해라'를 강요하는 것이 전통 교육 방식이었다면, 필요성을 공감하게 하고 스스로 학습하도록 도우며 학습할 때는 유튜브 세상에 펼쳐진 '세계 최고의 교육자료'를 활용하라는 것이죠.

그러고 보면 디지털 시대의 학생은 세계 최고의 교육 콘텐츠를 큰돈 들이지 않고 볼 수 있는 자유가 있습니다. '내 방식에 따라 내 강의를 들어야 한다'는 선생님의 지식 주입이 필요한 시대가 아니라 '중요한 지식을 학습해서 학생의 미래를 멋지게 준비시키는' 선생님의 올바른 코칭이 필요한 시대입니다. 그리고 그 혁신에 AI와 같은 첨단기술이 절대적으로 필요합니다. 이렇게 미네르바대학의 교육 방식을 활용하는 생성형 AI 기반의 고교 교육과정이 만들어지면 전 세계에서 더 많은 학생들이 저렴한 비용으로 높은 수준의 교육을 받을 수 있습니다.

교육에서 개인 맞춤형 학습이 중요한 것은 누구나 다 알고 있습니다. 그런데 그러기에는 너무 높은 비용과 선생님들의 참여가 필요했습니다. 그래서 그냥 정형화된 교육 방식을 유지할 수밖에 없었죠. 그런데 디지털 교육으로 변화하면서 이러한 부분들이 많이 해소되었고, 이제는 생성형 AI의 도입이 이것을 더욱 쉽게 만들고 있습니다. 이렇게 교육도 아날로그에서 디지털로 그리고 메타버스와 AI를 접목해 다시 메타 세상으로 진화하고 있습니다.

박종환 회장은 이걸 더욱 발전시켜 교육의 양극화를 해소하는 데 기여하고 싶다고 합니다. 가난한 친구들도 공부하겠다는 의지만 있다면 적은 비용으로 자기가 원하는 교육을 받을 수 있도록 말이죠. 그의 궁극적 목표는 놀랍게도 '난민 교육'이었습니다. 다보스포럼에서 위원으로 활동하면서 전 세계적인 난민 문제, 난민의 교육 문제에 큰 관심을 갖게 되었습니다. 그 해결책이 메타버스와 AI 기반의 교육 플랫폼이라고 믿게 되었고 거액을 투자했다고 합니다. 학원사업으로 큰돈을 번 사업가가 다시 인류의 미래 교육 문제를 해결하기 위해 투자하는 모습에 멋지다는 칭찬을 해드렸더니 손사래를 칩니다.

그렇게 거창한 소명의식으로 시작한 게 아니라 어차피 SAT 학원도, 미국 대부분의 대학도 미래에는 사라질 거라는 생각에서 시작했다고 합니다. 지속가능성에 대한 고민이 출발점이었다는 것이죠. 그래서 일단 투자부터 시작했다고 합니다. 물론 학원사업으로 축적된 자본이 있었으니 가능했습니다. 미래를 생각하고, 인류를 생각하는 세계관에 고개가 끄덕여졌습니다. 혁신의 나라 미국에서 이미 교육은 디지털 전환을 넘어 메타 세상으로의 진화를 이어가고 있다는 생각에, 우리의 고루한 교육 현실이 겹쳐 착잡한 마음이 들었습니다.

교육에 대한 국민적 열정을 선진국 버전으로 업그레이드하려면

대한민국은 아마도 세계에서 교육열이 가장 높은 나라일 것입니다. 부모들의 교육열이 지금의 대한민국을 선진국으로 만들었다 해도 결코 지나치지 않습니다. 거기다 교육산업도 엄청난 규모의 생태계를 형성하고 있죠. 우리는 이걸 사교육의 부작용, 교육의 빈익빈 부익부라고 이야기합니다. 맞는 표현입니다. 돈이 없어도 교육만큼은 평등하게 받아야 한다는 사고가 우리 사회 전체에 깊숙하게 깔려 있습니다. 교육에 대한 열정은 역사의 산물이기도 합니다. 그래서 늘 비난이 끊이지 않지만, 많은 돈을 써서라도 자녀에게 더 나은 교육을 제공하고 싶은 부모의 마음을 막을 수는 없습니다.

그런데 부작용이 심하다고 타박하지만 말고, 이 엄청난 교육열과 발전된 기술을 잘 융합해 산업화에 활용해보면 어떨까요? 훌륭한 AI 교육 코치가 등장해 학생들에게 수준별 교육 콘텐츠를 찾아주고, 학교 선생님들은 수업 부담을 줄이는 대신 학생들의 다양한 꿈을 듣고 조언하며 그 미래를 위해 무엇을 어떻게 준비할지 코칭해줍니다. 학교에는 세계적인 명문대를 지향하는 학생들도 있고 아티스트나 셰프를 꿈꾸는 친구들도 있습니다. 프로 게이머나 프로그래머를 꿈꾸는 학생들도 당연히 있죠. 그들이 공존하는 학교가 되면 어떨까요? 그러려면 다양한 꿈에 따라 성장할 수 있게 도와주는 시스템이 필요합니다. 그것도 저비용으로 말이죠.

지금 대한민국의 사교육 시스템을 잘 발전시켜 공교육 시스템과 연계하면 충분히 가능한 일이라는 생각이 들었습니다. 더구나 이제는 학생 수도 줄어 맞춤형 교육을 할 수 있는 충분한 예산도 확보됩니다. 문제는 혁신에 대한 '두려움 없는 도전정신'입니다. '이래서 안 돼'라는 부작용에 대한 두려움을 던져버리고 이제 미래로 나아가야 할 때입니다. '엘리트 오픈 스쿨'의 성공적인 혁신을 보면서 '우리도 충분히 할 수 있지 않을까' 하는 생각이 들었습니다. 우리 사회가 '학생은 성적이 인생의 전부고, 서울대 입학이 삶의 목표'라는 생각만 버린다면 해볼 수 있습니다.

이미 우리의 산업 생태계는 창조적인 인재, 열정적인 인재, 다양한 꿈을 가진 인재를 품을 수 있는 선진국형 시스템으로 변화하고 있습니다. 그 변화된 생태계에 맞춰 아이들의 미래를 위한 교육을 준비해야 합니다. 교육의 주인공은 어른들이 아니라 미래를 살아갈 아이들임을 명심해야 합니다. 메타 세상에 맞는 교육의 진화가 절실한 시점입니다. 여기서도 AI는 가장 중요한 역할을 할 것이 분명합니다. 이제 학생들은 AI와 친구처럼 함께 대화하며 살아가야 합니다. 교육의 패러다임이 바뀌는 요즘, 교육만큼은 국민 모두의 세계관이 바뀌어야 변화가 가능합니다. 교육을 바라보는 세계관, 내 마음부터 다시 점검해봐야 합니다.

· 22 ·

건설, 유통, 제조업도
메타 인더스트리로
빠르게 전환

우리나라 산업의 근간은 제조업입니다. 가장 많은 일자리를 제공하는 산업이기도 하죠. 건설, 중공업, 자동차 등 우리나라는 사실 제조라면 못 하는 게 없는 나라입니다. 그런데 이 산업들이 수출의 역군이고 국가적으로 중요한 역할을 하고 있지만 대부분 오래된 전통적인 산업들입니다. 디지털 문명을 주도해온 플랫폼 기업들에 비해 디지털 혁신이 더딘 영역이죠. 한편으로는 구축된 레거시가 강력하다는 뜻입니다. 그런데 이제 이 산업들도 메타 인더스트리로 빠르게 전환하는 중입니다.

2024년 1월 CES에서는 HD현대의 정기선 부회장이 한국 기업 CEO로는 유일하게 기조연설을 맡았습니다. HD현대는 우리나라 중공업의 대표기업입니다. 조선, 건설장비, 플랜트 등 세계 최고의 중공업 회사가 하필이면 왜 '첨단 가전제품 쇼'에서 기조연설을 했을까요? 디지털 전환을 넘어 메타 세상으로의 전환이 중공업에서도 현실이 되었기 때문입니다. 정기선 부회장은 AI와 디지털, 로봇 등 첨단기술이 더해진 HD현대의 '사이트Xite'를 소개하며 인류가 미래를 건설하는 근원적 방식을 변화시킬 것이라고 발표했습니다.

그동안 물리적인 건설 현장만 존재했다면 HD의 '사이트'는 무인화, 자율화, 전동화, 디지털트윈 등을 적용해 전 세계 어디서든 전문가가 건설 현장에 참여할 수 있고 더 안전한 미래를 만들게 한다는 것입니다. 마치 게임에서 건물과 공장을 짓듯이 말이죠. 예를 들어 사우디 사막에 네옴시티를 건설할 때 불도저, 덤프트럭, 굴삭기가 모두 무인으로 한 팀을 이뤄 서로 협력하며 업무를 수행합니다. 플랫폼에서는 이걸 지켜보면서 업무 진행 정도를 확인하고요. 기조연설에서는 그걸 수행하는 시뮬레이션 동영상도 선보였습니다. 정말 꿈같은 얘기죠. 그런데 이미 자율주행을 기반으로 하는 건설 기계 개발이나, AI를 활용한 선박의 스마트 운항 시스템은 실용화에 가까운 상태입니다. 꿈같은 얘기지만 결코 꿈이 아니라는 겁니다. 향후 10년 이내 실현될 시스템들입니다.

이 모든 것은 지속가능성에 대한 고민 끝에 나온 도전이라고 이야기합니다. 10년이면 얼마 안 남았으니 앞으로 HD현대에서 꿈을 펼치고 싶은 청년이라면 메타버스, 디지털트윈, AI, 자율주행 등은 기본적으로 알아둬야 합니다. 기계공학은 어떡하냐고요? 그거야 기본이

지요. 물론 AI가 설계, 해석, 안전성 평가 등 많은 영역을 지원해줄 겁니다. 과거와 다르게 말이죠. 얼마나 많은 교육과정 변화가 필요한지를 산업 현장이 웅변해줍니다. 기업의 미래 비전과 대학생의 미래 비전은 서로 매칭되어야 합니다. 우리나라의 모든 공과대학이 명심해야 할 중공업 회사 HD현대의 메시지입니다.

현대자동차는 한술 더 뜹니다. CES 2024에 참여해 아예 차량을 소프트웨어 중심 차(Software Driven Vehicle, SDV)로 전환하고 자체 OS(운영체제)를 개발하고 있다고 발표했습니다. 하드웨어에 집중하던 자동차기업들은 테슬라 등장 이후 너도나도 SDV로 전환하려 합니다. SDV가 되면 마치 스마트폰처럼 모든 기능을 소프트웨어로 제어하고, 업데이트도 언제든지 클라우드에서 다운받아 실행할 수 있습니다. 그뿐 아니라 차량 운전의 모든 데이터를 저장하고 관리하니까 향후 그 데이터를 학습한 개인 맞춤형 AI를 적용하면 운전자에게 가장 적합한 서비스를 제공할 수도 있죠. 편리한 OS를 만들면 고객은 거기에 익숙해지고, 그럼 고객 이탈을 막는 락인Lock-in 효과가 생겨서 다음 차량도 현대차를 구매할 가능성이 높아진다는 전략입니다.

이를 실천하기 위해 임원진도 대폭 교체 중입니다. 원래 자동차회사의 CEO와 임원진은 기계공학과 출신이 대부분이었는데 최근 임명한 지 6개월밖에 안 된 기계 전공 CEO를 컴퓨터공학과 출신으로 전격 교체하고 소프트웨어 중심의 개발전략을 수립하도록 회사 전체의 전략과 핵심조직을 대폭 수정했습니다. 이미 2022년 자율주행 스타트업 '포티투닷42dot'을 인수해 SDV 전환을 선도할 글로벌 소프트웨어 센터의 핵심 역할을 맡긴 바 있고, 소프트웨어 인력도 대대적으로 확충하고 있습니다. 반면 내연기관 연구인력은 전기차나 하이브리드, 수소차로 이동시켜 차차 정리하는 중입니다.

CES 2024에서 포티투닷은 현대차를 위해 개발 중인 OS를 소개했습니다. 물리적으로 분산된 하드웨어를 하나의 가상 차량으로 만들어 소프트웨어가 차량의 하드웨어 구조에 대해 의존성을 갖지 않도록 설계한 것이 특징입니다. 쉽게 말하면 자동차 차종이 달라지더라도 소프트웨어는 동일한 프레임으로 연속성을 갖는 것입니다. 동시에 스마트폰과의 연계성도 크게 강화했습니다. 스마트폰 사용이 익숙한 포노 사피엔스 세대에게 모빌리티 서비스의 스마트폰 연동은 너무나 당연한 요구사항이기 때문입니다.

이제는 자동차의 핵심 소프트웨어가 메타 세상에서 디지털트윈으로 운영되고, 실제 하드웨어는 이 소프트웨어에 의해 컨트롤되는 새로운 세계가 열린 겁니다. 자동차회사는 소프트웨어만 업데이트하고, 차량 주인 역시 필요할 때마다 그것을 업데이트하는 방식입니다. 마치 스마트폰처럼 말이죠.

이제 자동차회사는 소프트웨어회사다

테슬라의 일론 머스크가 처음 이런 모델을 제시했을 때 '자동차가 스마트폰이냐? 저러다 틀림없이 망한다'라고 했던 자동차기업들이 이제는 너나 할 것 없이 이런 테슬라의 SDV 모델을 따라 하고 있습니다. 벤츠, BMW, 폭스바겐, 볼보, 도요타 등 모든 글로벌 톱 자동차회사들은 현대차와 마찬가지로 독자적 OS 플랫폼 개발에 박차를 가하고 있고, 거기에 회사의 미래가 달렸다고 판단합니다. 실제로 자동차 부품 비용에서 전자 부품이 차지하는 비중이 50%를 넘은 지는 오래되었는데, 이제는 자동차의 기능과 설계의 기본 개념까지 스마트폰처럼 소프트웨어 중심으로 이동하고 있습니다. 여기에 다양한 AI 기술이 활용되는 건 당연한 이치겠지요.

대표적 기계 산업이던 자동차도 이제는 메타 인더스트리로 중심을 이동합니다. 그러니 자동차회사에 입사하고 싶은 대학생들이 어떤 과목들을 공부해야 하고, 어떤 기술에 집중해야 하는지 현대차의 메시지를 잘 파악해야 합니다. 인재를 양성하는 대학도 마찬가지입니다. 여전히 자동차는 기계 구동 장치이지만, 앞으로는 소프트웨어와 AI, 그리고 디지털트윈의 개념이 융합된 기계를 설계할 수 있도록 가르쳐야 제대로 된 전문 인재를 키워낼 수 있습니다. 이제는 개도국 인재가 아니라 미래 AI 시대의 인재를 키워야 한다는 점을 명심해야 합니다.

2019년 현대자동차는 도시 항공 모빌리티(Urban Air Mobility, UAM) 사업에 참여하겠다고 선언하더니 2020년에는 이를 미래 모빌리티(Advanced Air Mobility, AAM) 산업의 핵심 중 하나로 키우겠다며 미국에 이를 담당할 독립 법인 '슈퍼널Supernal'을 설립했습니다. 2024년 CES에 처음 참여한 '슈퍼널'은 실물 크기의 전동 수직 이착륙기eVTOL를 선보였습니다. 8개의 프로펠러를 오직 전기 모터로만 구동시키는 이 비행기는 시속 200km로 도심을 자유롭게 날아다니도록 설계되었습니다. 2028년 상용화가 되면 시끄럽고 이산화탄소 배출이 많은 헬리콥터를 충분히 대체할 수 있다고 자신합니다.

여기에도 자율주행과 소프트웨어 개발은 매우 중요합니다. 드론 기술의 핵심이 AI인 것처럼요. 현대자동차는 이제 자동차회사가 아니라 인류를 위한 '미래 모빌리티 산업의 중심 기업'이 되겠다고 선언했습니다(왠지 테슬라의 향기가 좀 묻어 나옵니다). 현대자동차의 중심 도시 울산은 AAM 산업에 적극 협력하겠다고 선언했습니다. 안전성만 확보된다면 슈퍼널의 AAM을 빨리 도입해 도시 모빌리티 산업을 선도하는 도시가 되겠다는 겁니다.

그렇다면 이와 관련된 새로운 서비스 산업과 전문인력의 육성이 또 필요해집니다. 이렇게 사라진 것만큼, 아니 그 이상의 일자리가 또 만들어집니다. 문제는 기존 산업에 적응하는 인재가 아니라, 이제까지 존재하지 않았던 새로운 산업을 잘 만드는 전문인력이 필요하다는 겁니다. AAM에도 AI가 매우 다양하게 적용됩니다. 결국 또 AI 전문인력입니다. 자동차산업에도 말이죠. 산업의 경계가 무너지고 디지털 인류를 위한 새로운 기술들이 속속 개발되는 시대입니다. 이 급격한 변화를 선도하려면, 아니 맞춰가기라도 하려면 미래에 대한 준비가 정말 많이 달라져야 합니다.

최고의 기술을 구현할 최고의 인재를 확보하라

건설업도 예외가 아닙니다. 앞서 언급했듯 HD현대는 앞으로 자율주행을 기반으로 하는 지게차, 사무실에서 원격 조정이 가능한 포클레인 등 AI가 적용되고 플랫폼을 기반으로 운영되는 건설장비 개발에 주력하겠다고 발표했습니다. 이것도 SDV의 일종입니다. 그렇다면 설계는 어떨까요? 또 영업은 어떻게 해야 할까요?

최근 중동지역에 엄청난 자본이 풀리면서 건설업에 큰 붐이 일고 있습니다. 아랍에미리트, 카타르에 이어 제일 큰 형님뻘인 사우디아라비아가 대규모 건설 프로젝트를 잇달아 발표하고 있습니다. 대표적인 것이 바로 '네옴시티'입니다. 무려 700조 원을 투입해 900만 명이 거주하는 세계 최첨단 신도시를 건설하는 프로젝트죠. 어쩌면 인류사에 기록될 만한, 지난 100년간의 건설 역사에서 가장 큰 프로젝트라 할 수 있습니다. 특히 핵심인 '더라인The Line' 프로젝트는 '롯데월드타워' 높이의 건물을 무려 170km에 걸쳐 하나로 이어 짓는다는 개념이니까 그야말로 입이 떡 벌어지는 규모입니다(물론 잘될지는 미지수입니다). 서울에서 대전까지 연결하는 550m 높이의 건물이 사막 한복판에 일직선으로 들어서는 모습을 상상해보십시오. 워낙 거대한 프로젝트이다 보니 전 세계 최고의 설계, 시공 업체들이 너나 할 것 없이 뛰어들고 있습니다. 아랍에미리트 두바이에 위치한 세계 최고층 빌딩 부르즈 할리파 건설에 참여했던 삼성물산도 당연히 회사의 사활을 걸고 도전하는 중입니다.

그런데 문제는 설득해야 할 상대가 그 유명한 빈살만 왕세자라는 겁니다. 세계 최고의 부호이자 뛰어난 전문성을 가진 젊은 지도자인 만큼 온갖 첨단기술에 대한 경험과 지식도 풍부합니다. 거대한 주상 복합 단지인 '더라인'을 설계하고 시공하는, 제대로 된 기획안을 내려면 엄청난 건설 지식이 필요할 뿐 아니라 건설 후에 시스템을 가동, 운영, 유지, 보수하는 데 필요한 모든 대책이 수립되어야 합니다. 여기에는 '스마트 시티'와 관련된 모든 최신 기술이 다 동원되어야 할 겁니다. 거기다 ESG를 감안해 이산화탄소 배출 최소화, 에너지 효율 극대화, 사막 조건을 고려한 담수 공급 체계, 첨단 센서와 AI를 적용한 IoT 기반의 공조 시스템 등 현존하는 모든 최신 기술은 물론이고, 부족하다면 외계 기술까지 도입해야 할 판입니다. 세계 최고의 기술력과 경험을 보유한 모든 기업이 경쟁에 뛰어들 테니까요.

영업을 위한 프리젠테이션은 어떨까요? 대충 조감도 몇 장 그려놓고, CAD 도면 몇 개 첨부하면 만족할까요? 아닙니다. 빈살만 정도면 적어도 디지털트윈 개념은 물론이고 거의 실사에 가까운 메타버스 모델을 만들어놓고 애플 비전프로로 직접 이리저리 둘러보며 감상할 수 있도록 해줘야 조금 감동하지 않을까요? 사실 그 정도 돈을 쓰는데 저라도 최첨단 기술을 모두 적용해 최고의 아이디어와 비전을 보여달라고 요청할 것 같습니다.

상황이 이렇다 보니 앞으로 건설업도 보통 일이 아닙니다. 수출이 중요한 나라인 만큼 우리는 국내 아파트 공사에만 집중해서는 지속가능성을 보장하기 어렵고, 결국 세계 최고의 건설 프로젝트에 지속적으로 도전해야 합니다. 그런데 과거처럼 도로 깔고 다리 짓는 노동 집약형 공사는 이미 값싼 중국 업체들에게 넘어간 지 오래입니다. 우리는 '네옴시티' 건설에 있어서도 고부가가치 부문에서 실적을 내야 하는데 그렇다면 설계, 시공, 감리 등의 분야에서 기존 첨단 건설기술은 물론이고 디지털트윈, IoT, AI 기반 에너지 관리 시스템, 스마트 시티 설계 능력 등 최첨단 디지털 기술에 대한 충분한 전문성과 실행 능력을 갖춰야 한다는 겁니다. 당연히 앞으로 이런 인재들을 무수하게 뽑아야 한다는 뜻이죠. 더구나 그들은 아직 선진국에서도 하지 못한 혁신을 실현해내는 인재들이어야 합니다.

기업의 DNA, 업의 패러다임을 완전히 갈아엎겠다는 각오

세계 최고의 건설 프로젝트를 내 손으로 설계하고 만들어보겠다는 꿈을 가진 청년이라면 어떤 과목을 수강하고 어떤 기술을 학습해야 할까요? 현대 산업의 발전은 왜 융합형 인재가 필요한지, 융합적·창의적 교육이 왜 필요한지를 명확히 보여주고 있습니다. 건설회사가 만나게 될 빈살만 다음 상대는 누구일까요? 화성에 도시를 짓겠다는 일론 머스크입니다. '일론 머스크 설득하기'요? 그것도 화성 식민지 건설 프로젝트라고요? 상상만으로도 벌써 엄청 피곤합니다. 그게 우리가 감당해야 할 미래입니다.

지금까지 우리나라에서 가장 많은 일자리를 만들어내는 전통 제조 산업들이 겪고 있는 변화를 살펴봤습니다. 물론 모든 일자리가 갑자기 다 바뀌는 것은 아닙니다. 회사 운영에 필요한 기본적인 일들은 아마 상당 기간 지속될 것도 분명합니다. 그렇지만 내가 하는 일이 바뀌지 않는다고 해서 공부하지 않아도 되는 것은 아닙니다. 급격한 변화의 시대에 기업의 목표는 번영 이전에 생존입니다. 기업이 추구하는 패러다임 자체가 바뀌는 만큼, 잘못된 선택을 한다면 아예 사라질 수도 있다는 것이죠.

예를 들어 세계의 모든 자동차회사가 소프트웨어 중심으로 탈바꿈한다고 선언할 때 어떤 회사는 그보다 하드웨어 기술이 더 중요하다는 선택을 할 수도 있습니다. 다만 선택에는 책임이 따릅니다. 시트를 다른 회사들과 다르게 바꾸겠다거나 페인트를 다른 색으로 하겠다는 것과는 차원이 다른 선택입니다. 모든 조직 구성원이 달라져야 하고 엄청난 자금이 투입됩니다. 게다가 기존의 많은 인원이 좌천되거나 잘려나갑니다. 그야말로 살을 깎아내는 고통을 감내해야 합니다.

이런 순간에는 모든 조직원의 공감sympathy과 참여engagement가 성패를 결정하는 가장 중요한 요소가 됩니다. 조직의 모든 임직원이 생존을 위한 사투를 시작한다는 데 공감하고 변화를 적극적으로 받아들여 함께 추진해야 성공 가능성이 그나마 높아지는 겁니다. 조직은 하나의 생명체와 같이 유기적입니다. 한 몸처럼 일사불란하게 추진하지 못하면 혁신을 이뤄내기 어렵습니다. 기업의 지속가능성sustainability은 곧 내 일자리의 지속가능성이고 동시에 내 미래 가치의 지속가능성입니다. 모든 구성원이 함께 기업의 미래인 AI 시대를 준비해야 하는 이유입니다.

다행인 것은 최근 기업들이 이런 변화에 대한 관심이 높아졌다는 점입니다. SK건설은 SK에코플랜트와 SK에코엔지니어링으로 사명까지 바꾸고 성균관대학교와 공동으로 하이테크솔루션 학과를 만들어 18개월짜리 석사과정을 개설했습니다. 여기서는 건설 분야 디지털 전환에 관한 내용만 가르칩니다. 논문도 디지털 플랫폼 기반의 EPC나 건설 현장의 AI 적용 등을 주제로 다룹니다. 미국 현지에서 교수들이 강의에 참여하기도 하고, 실제 현장 문제를 중심으로 논문 프로젝트를 수행합니다. 근무 경력이 충분한 인재들만 뽑아 진행하는 이 프로그램인데, 사내에서 경쟁이 치열하다고 합니다. 그만큼 현장의 위기의식이 고조되었다는 뜻이죠. 앞으로 기업들은 이런 프로그램들을 계속 개발해야 하고, 대학도 역할이 달라져야 합니다.

얼마 전 정주영 회장의 신화가 시작된 현대건설에 가서 강의를 하고 왔습니다. 해외 영업 쪽 분위기는 좋다고 합니다. 그동안 한국이 쌓아온 신뢰가 있어서 중동의 초거대 프로젝트를 자꾸 주겠다고 찾아온답니다. 유럽도 마찬가지입니다. 실제로 최근 불가리아 원자력발전소 건설 사업 입찰에서 현대건설이 한국수력원자력과 함께 우선협상 대상자로 선정되기도 했습니다. 체코에서도 원전 건설을 계획 중인데 우리나라가 수주할 가능성이 높다고 합니다.

이렇게 분위기는 좋은데 정작 힘든 건 좋은 인재를 뽑는 것이라고 하소연합니다. 하기야 요즘 MZ세대가 사우디아라비아 같은 타지에서 수년간 고생하는 걸 달가워할 리가 없겠죠. 당연한 일입니다. 그런데 디지털트윈을 설계하고 건설 플랫폼 위에 AI를 적용하는 미래 지향적인 업무라면 생각이 좀 달라지지 않을까요? 재택근무도 가능하고 거기다 연봉도 높다면요. 커리어 관리를 위해서라도 뛰어들 인재가 많지 않을까요? 이들을 끌어들이려면 회사의 업무 DNA가 바뀌어야 합니다. 동시에 그것이 회사의 미래 가치를 올리는 일입니다. 실제로 원자력발전소의 디지털트윈을 구축하는 일은 새로운 업무방식으로 충분히 추진 가능합니다. 그런데 CEO를 비롯해 전 직원의 세계관이 바뀌지 않으면 어려운 일이죠. 한 걸음씩 차곡차곡 미래를 준비해야 합니다. 우리에게 기회가 없는 것이 아닙니다. 기회는 이미 와 있고 남은 숙제는 실천뿐입니다.

AI 날개를 달고
저비용 고효율로 진화하는
법조, 행정 서비스

법조계에도 AI 기반의 리걸테크legal tech의 바람이 거세게 몰아치는 중입니다. 생성형 AI를 활용하면 여러 가지 법적인 서류를 변호사 도움 없이 작성할 수 있습니다. 물론 아직 불만도 많이 있습니다. 앞서 언급했듯 대법원 판례를 조사하라고 시켰더니 허구의 판례를 찾아주기도 했습니다. 그런데 GPT-4부터는 이런 문제도 많이 해결되었습니다. 미국 판례를 조사해서 만든 GPT를 우리나라에서 쓰기는 어렵겠지만, 곧 우리나라 판례만 학습한 똑똑한 생성형 AI가 등장할 게 분명합니다. 이미 그런 서비스를 제공하는 GPTs가 출시되었으니까요. GPT엔진으로 우리나라 대법원 판례만 학습한 AI 서비스가 나온다면 당연히 해결될 문제입니다.

미국 노동통계국OEWS 보고서에 따르면 사무·행정지원(46%)에 이어 법무(44%) 직종에서 AI 기술에 대한 노출이 매우 높다고 분석했습니다. 생성형 AI 기술에 대한 투자도 리걸테크에 많이 집중되고 있습니다. 지금도 워낙 비용이 많이 드는 영역이라 AI를 활용해 효율성을 높이면 비용 절감 효과가 매우 크기 때문이죠. 당연히 리걸테크 스타트업은 계속 증가하고 있습니다. 조사기관인 리걸콤플렉스에 따르면 2022년 한 해 동안 리걸테크 기업에 약 4조 3,000억 원이 투자되었다고 합니다. 법적인 업무에 AI 적용의 열기가 뜨겁다는 것이죠. 투자자들은 계약서 초안 작성, 검토, 전자서명 도구 및 소프트웨어 등 법무 관련 변호사 지원 AI 서비스 개발에 우선적으로 투자 중입니다. 변호사들의 저항이 적어 상용화하기가 좀 더 쉽기 때문입니다. 생성형 AI는 법률 서비스에서 어떻게 실생활에 활용될까요?

언어를 기반으로 하는 법률 업무, AI에 기회가 있다

우리는 법률적인 문제가 어떻게 되는지 궁금할 때가 많습니다. '이혼하면 재산 분할은 어떻게 되지?', '해고당하면 실업수당은 나오나?', '이런 기분 나쁜 얘기를 들었는데 성추행에 해당되나?', '아버지 재산 상속은 어떻게 되는 거지?' 등 늘 궁금한 게 생기기 마련입니다. 그래서 변호사와 상담을 하면 고액의 비용이 청구됩니다. 그런데 분야별로 모든 법조문과 판례를 학습한 챗봇이 등장한다면 이야기가 달라집니다. 변호사의 고유 업무 중 하나가 '법률, 궁금하면 물어봐' 플랫폼으로 대체될 수 있다는 겁니다.

또 하나가 법적인 서류를 변호사 없이 만들어주는 서비스입니다. 제가 얼마 전 A기업에 자문을 해주었는데 자문 시작 전에 NDA Non Disclosure Agreement를 체결했습니다. A기업을 자문하면서 얻은 정보를 타 기업에 알려주지 말라는 내용입니다. 자사의 기밀을 보호하기 위해 당연히 확실히 해두어야 하는 일이죠. 그러고 보니 기업들은 웬만한 외부 미팅을 할 때마다 NDA를 요구합니다. 그런데 그때마다 변호사를 찾는다면 비용이 폭증하겠죠. 그렇다고 아무나 할 수 있는 일도 아닙니다. 그런데 생성형 AI가 전 세계 수백만 건의 NDA를 학습하면 문서를 쉽게 작성할 수 있습니다.

법률 서비스의 한 영역이 언어로 문서를 만들어 업무를 처리하는 것입니다. 이것은 LLM을 기반으로 하는 생성형 AI가 아주 잘할 수 있는 영역이죠. 그동안 고비용을 지불해야 했던 법률 서비스의 장벽을 생성형 AI를 통해 낮출 수 있고, 이를 통해 대중이 자신의 법적 권리를 좀 더 적극적으로 찾을 수 있게 됩니다. 개인의 법적 권한은 강화되고 이를 위한 사회적 비용은 감소합니다. 사회가 올바른 방향으로 진화하는 데도 도움이 됩니다. 물론 변호사의 수입은 줄어들겠죠. 일반인을 위한 이런 서비스는 그래서 변호사들이 싫어하는 영역입니다.

한편, 변호사들이 도움받는 영역도 많습니다. 이제 국가별로 엄청나게 많은 판례를 학습하는 AI 스타트업은 기본이 되었습니다. AI의 도움으로 변호사가 더욱 빠르고 정확하게 판례를 분석하고 재판 전략을 짜는 건 당연한 일이겠죠. 지금까지는 DB에 기록된 판례를 키워드 중심으로 검색하는 게 전부였습니다. 그런데 법조문과 판례만 학습한 생성형 AI가 활성화되면 '이번 이혼소송에서 가장 중요한 공격 포인트가 무엇일지 대법원 판례를 기준으로 분석해봐' 같은 질문도 소화할 수 있습니다. 소송 전략을 짜는 데도 큰 도움이 됩니다. 당연히 인건비를 대폭 절감할 수 있겠죠.

무엇이 디지털 시민에게 더 필요한 결정인가?

이렇게 다양한 법률 서비스들이 메타 인더스트리로 진화 중입니다. 엄청난 자본이 투입되는 만큼 변화의 속도도 빠릅니다. 우리나라에도 2014년 '로톡'이라는 법률 플랫폼 서비스가 등장한 바 있습니다. AI를 활용한 것은 아니고 변호사들이 로톡에 등록하고 온라인에서 상담 서비스를 제공하는, 그야말로 인간 기반 법률 서비스 플랫폼입니다. 그런데 이 로톡에 대한변호사협회가 제동을 겁니다. 로톡에 등록한 123명의 변호사들에게 징계를 내린 겁니다. 이 싸움은 무려 9년간 이어졌습니다. 법조계 기득권과 플랫폼 간의 전쟁이라고도 불렸죠.

2023년 9월 26일, 대한민국 법무부는 대한변협이 징계한 123명의 로톡 이용 변호사에 대한 징계를 취소하라고 판결했습니다. 또한 대한변협에 20억 원의 과징금을 부과하여 9년간의 갈등은 플랫폼의 승리로 끝났습니다. 그런데 플랫폼 서비스는 본격적인 AI 도입에 비하면 어린아이 수준의 서비스입니다. 이걸 허용하는 법은 언제쯤 만들어질까요? 기득권을 가진 법조계는 또 얼마나 극심하게 저항할까요? 또다시 9~10년을 이렇게 질질 끌며 혁신을 이끄는 스타트업이 망하기만 기다린다면 잘 해결될 수 있을까요?

우리나라 법조문이나 판결문은 대부분 공개 서류들입니다. 누구나 학습할 수 있다는 것이죠. 리걸테크 해외 스타트업들이 크게 성장해 자본을 충분히 확보한 후 한국 시장에 진출한다면 막을 수 있을까요? 미국에 있는 서버에 접속해 서비스를 받도록 한다면 막을 방법도 없습니다. 뻔히 아는데 죽어도 못 가겠다고 버티는 겁니다. 한번 생각해볼까요? 지금 국내 최고의 로펌들이 매출은 그대로 유지한 채 변호사 수나 직원 수를 30% 줄일 수 있다면 이용하지 않을 회사가 있을까요? 더구나 이 서비스를 쓰면 고객과 상담할 때도 엄청나게 빠른 정보와 전략을 제시할 수 있습니다. 로펌에 대한 고객의 신뢰도도 높아지겠죠. 아마 판사도, 검사도 적극 활용할 겁니다. 법률 서비스 디지털 플랫폼의 등장이 디지털 전환이라면, 이제 AI를 적용하고 국경 없이 확대되는 것은 메타 인더스트리로의 전환을 의미합니다.

한 푼이라도 더 벌겠다고 버틸 때가 아닙니다. 어느 것이 더 올바른 판단인지 잘 모르겠을 때는 시민, 그것도 디지털 시민에게 더 필요한 결정인지, 변호사 권력 보호에 더 필요한 결정인지만 판단하면 됩니다. 인류 진화는 결국 시민 권력 확대로 나아갑니다. 법조계에서 시민의 법적 지위의 확보와 권익 보호를 진정한 '법의 존재 가치'로 여긴다면 메타 세상에 맞는 결단이 필요합니다.

디지털 전환을 넘어 메타 정부, 메타 개인을 정의하자

행정업무도 AI가 대체할 가능성이 높은 영역입니다. 이미 우리나라 국세청도 수입, 소비, 기부금 등을 입력하면 연말정산 공제 세액을 계산해주는 프로그램을 국민들에게 제공합니다. 물론 아직 AI를 적용한 건 아닙니다. 신분증도 이제는 모바일 시대입니다. 스마트폰에 안면인식 프로그램을 담아 주민등록증이나 운전면허증이 없더라도 폰으로 나를 입증하고 비행기에 타고 내릴 수 있습니다. 신분증이 없어도 신체의 일부인 스마트폰으로 나를 증명할 수 있는 시대입니다.

얼마 전 인천공항에 갔는데 '스마트패스'라는 서비스가 생겼더군요. 다른 사람들은 출국심사를 위해 30분 이상 줄을 서야 했는데 이 앱을 미리 다운받은 사람들은 안면인식만 하고는 쓰윽 들어갑니다. 공항에서 정맥인식을 활용한 자동입장이나 지문인식을 통한 출입국 처리는 이미 익숙해졌는데 또 한 단계 진화한 겁니다. 조금만 더 지나면 자신의 바이오 데이터를 미리 제공한 사람들은 훨씬 빠르게 공항이나 관공서를 이용할 것 같습니다.

지금까지 개인이라는 존재를 증명하기 위해 생물학적 존재인 나와 카드 형태의 신분증을 활용했다면, 이제는 생물학적 존재인 나에다가 인공장기인 스마트폰과 디지털 데이터를 추가해 정의하는 것이 더 보편적인 시대가 되었습니다.

물론 부작용이 우려됩니다. 사생활 침해, 공권력이 모든 정보를 장악하는 빅브라더 사회 등 과거부터 디지털 사회에 대해 이런 비판은 언론 기사는 물론이고 소설이나 영화에서도 자주 등장했습니다. 디지털 부작용이 얼마나 '나쁜 사회'를 만드는지 다양하게 보여주었습니다. 그런데 실제 디지털 사회의 구현이 시작되면서는 오히려 그런 부작용에 대한 염려가 줄어들고 있습니다. 그 이유는 스마트폰의 활용이 보편화되면서 누구나 증거를 채집할 수 있고, 소위 '나쁜 짓'을 강요하는 조직이나 권력자에게 개인이 방어할 수 있는 수단이 생겼기 때문입니다. 모든 정보를 장악하고 그걸 활용해 나쁜 짓을 하려면 엄청나게 많은 사람이 협력해야 하는데 디지털 사회에서는 그런 '조직적 범죄'가 점점 어려워지고 있습니다. 모두가 체감하는 현상입니다.

부작용만 잘 막아낼 수 있다면 법률, 행정, 출입국 등 정부에서 제공하는 다양한 서비스들을 과거보다 훨씬 낮은 비용으로 훨씬 편리하게 이용할 수 있습니다. 한번 생각해보세요. 그동안 많은 행정 서비스들이 다양한 디지털 도구를 통해 개선되었고, 우리의 삶 속에 녹아들었습니다. 이제는 당연한 서비스들이 되었죠. 굳이 시간을 내어 주민

센터를 방문해 각종 증명서를 발급받고, 또 그것을 들고 어디론가 뛰어가 마음 졸이며 제출해야 했던 그때 그 시절이 그리우신가요? 아마 아무도 그때로 돌아가고 싶지 않을 겁니다. 특히 디지털 세대는 기억에도 없을 겁니다.

일상의 행정 서비스는 산소와 같아서 개선된다고 해도 편리성을 잘 인지하지 못하고 곧바로 당연한 것이 됩니다. 우리는 20년 동안 다양한 디지털 행정 서비스를 개발해 적극 활용해 왔습니다. 그 덕분에 다른 어느 나라보다 발전된 디지털 정부를 보유하게 되었습니다. 그 기간 동안 수많은 부작용이 있을 것이라는 비판과 지적도 슬기롭게 잘 극복해왔죠. 이제는 다음 세대를 준비해야 합니다. 디지털 전환을 넘어 메타 정부와 메타 개인을 정의하고 이를 바탕으로 다양한 행정 서비스를 만들어 앞서가야 합니다. 정부가 서비스를 정의하려면 국민에 대한 정의가 우선입니다. 우리는 이제 어떤 존재일까요? 스마트폰과 개인정보는 어떤 의미일까요? 이런 기본적인 것들부터 공감대가 형성되어야 합니다.

아마도 60대 이상인 세대와 디지털 세대는 이 '국민에 대한 정의'부터 간극이 매우 클 것입니다. 다양한 세대가 함께 공감하고 소통해야 국가의 행정 서비스도 달라질 수 있습니다. 우리는 지난 20년간 디지털 전환으로 인한 효율 증대와 비용절감을 충분히 경험했습니다. 모든 정당이 '서비스는 더 좋게' 그러나 '비용은 더 적게'를 강조합니다. 그래서 '작은 정부', '효율적인 정부' 실현을 내세우죠. 그렇다면 디지털 전환에 이은 메타 정부의 실현, AI 기반의 디지털 서비스 강화 등이 필수입니다. 미리미리 투자하고 준비해야 합니다. 이제는 선진국의 것을 무조건 베끼는 시대가 아니라 앞서가야 하는 시대입니다. 그러고 보니 여기에도 AI가 중심에 있습니다.

· 24 ·

전 세계에 유례없는
대규모 건강검진 데이터는
헬스케어 비즈니스의 노다지

디지털 전환으로 가장 많이 달라지는 것 중 하나가 바로 헬스케어입니다. 코로나가 극심하던 시기 비대면 진료 서비스가 크게 발전했고 AI닥터의 사용범위도 넓어졌습니다. 중국에서는 얼굴 사진을 찍으면 AI닥터가 진단하고, 처방약도 자판기처럼 즉시 제공되는 무인 의료 시스템이 등장했습니다. 코로나 여파로 의료진이 턱없이 부족해지면서 안 쓸 수가 없었던 겁니다. AI가 영상자료를 판독하는 능력도 엄청나게 좋아졌습니다. 물론 영상자료를 만들어내는 기기들도 기술발전으로 해상도가 크게 높아졌습니다. 생성형 AI 기술까지 도입되면 이제는 사람보다 더 나은 영상분석 능력을 가질 게 분명합니다.

사실 디지털 전환을 하면서 영상분석 분야가 빠르게 발전했습니다. 인도에 있는 영상판독 전문의사들이 플랫폼 기업을 세우고 미국의 각 병원에서 올라오는 영상자료들을 빠른 시간 내에 판독해서 알려 주는 서비스로 큰돈을 벌었습니다. 그런데 생성형 AI의 도입으로 이제 그 회사의 인원과 비용을 대폭 줄일 수 있게 되었습니다. 헬스케어도 메타 인더스트리로 진화 중입니다.

융합을 위한 협업이 새로운 비즈니스 기회를 만든다

2024 CES에서 가장 주목받았던 핵심주제 중 하나가 바로 디지털 헬스케어였습니다. 거의 30%의 전시 참여기업들이 헬스케어 관련 기술을 들고나왔을 정도니까요. 그만큼 디지털 헬스케어는 성장 가능성이 무궁무진한 신산업입니다.

헬스케어 분야는 대표적인 급성장 산업입니다. 최근 테슬라를 제치고 시총 세계 10위에 오른 일라이릴리Eli Lilly는 비만 치료제 하나로 그 위치에 오른 헬스케어 기업입니다. 유럽 시총 2위에 오른 기업은 100년의 역사를 가진 덴마크 제약회사 노보노디스크Novo nordisk입니다. 역시 비만 치료제 '위고비Wegovy' 하나로 글로벌 톱 메디컬 기업에 등극했습니다. 그만큼 건강에 대한 인류의 욕구는 폭발적으로 증가하고 있습니다. 디지털 헬스케어 분야에 엄청나게 많은 스타트업들이 뛰어든 것도 같은 이유입니다. 대기업들도 마찬가지입니다. 이제 기술은 충분히 무르익었으니 모두 헬스케어 같은 새로운 가능성에 도전을 시작한 겁니다.

2024년 1월 성균관대 의과대학 팀이 '미래 병동 디자인'을 목표로 CES를 참관하면서 디지털 헬스케어 관련 기술 탐색에 나섰습니다. 거의 모든 관련 기업들을 탐방하고 내린 결론은, 이제 상상만 해왔던 최고의 미래 병동 시스템이 기술적으로 충분히 가능하다는 것이었습니다. 환자가 병실에 누워 있기만 해도 거의 모든 바이오 데이터의 측정이 가능합니다. 그리고 잠을 잘 때나, 아플 때, 몸을 움직이기 힘들 때도 도움받을 수 있는 여러 가지 서비스들이 이미 개발되었습니다. 문제는 이들을 융합해 하나의 서비스로 완성하는 것입니다. 쉬운 일이 아니죠. 정말 창의적인 아이디어와 다양한 기업 간의 협업이 필요한 일입니다. 기존 상품을 의료용으로 전환하기 위해 규제기관의 문을 두드리는 것도 필요합니다. 그러기 위해서는 의료진의 주도적 참여가 매우 중요합니다.

미래 병동 디자인을 담당한 의대 교수님과 CES 삼성전자관을 둘러보고 있었는데 마침 삼성이 만든 귀여운 로봇 '볼리'가 전시되어 시범 서비스를 선보이고 있었습니다. 저는 '참 귀여운 놈이네. 근데 집에서는 뭘 시키지?' 하며 보고 있었는데 이 교수님은 관점이 달랐습니다. 병원에 입원한 환자에게 딱이라고 합니다. 무슨 이유인지 물었습니다. 입원 환자는 늘 심심하다는 겁니다. 그래서 TV를 즐겨보는데 환자인 만큼 고정된 위치의 TV를 오래 보기는 쉽지 않다는 거죠. 또 불편한 부위에 따라 고정된 TV는 아예 못 보는 환자도 있습니다. 그런데 볼리는 빔프로젝터로 벽이든, 천장이든, 어디든 원하는 곳에다 영상을 쏴주는 기능이 있습니다. 그것도 음성인식으로 조정이 가능합니다. 움직이기 힘든 환자가 앞 벽에 쏴줘, 천장에 쏴줘, 옆 벽에다 쏴줘 하고 명령만 하면 됩니다. 생각이 기발합니다.

그뿐 아닙니다. 환자가 간호사를 호출하거나 간병인에게 뭔가 부탁할 게 있으면 음성을 알아듣는 '볼리'에게 이야기하면 된다는 거죠. 앱 하나만 더하면 미래 병원의 귀여운 도우미 '메디 볼리'가 될 수 있습니다. 사실 병원이 가장 고민하는 문제 중 하나가 환자와 간호사의 커뮤니케이션을 효율적·효과적으로 개선하는 것입니다. 거동이 불편한 환자가 호출 벨을 눌러서 간호사를 부른 후에 "물 좀 주세요." 하고 부탁합니다. 그러면 간호사는 다시 돌아가서 물을 가져옵니다. 일을 두 번 하는 거죠. 그것만 해결해도 엄청난 변화라는 겁니다. '로봇 볼리'라면 해결이 가능하다며 느낌이 확 왔다고 합니다. 그렇네요. 현장에서 디자인 아이디어가 나옵니다. 관점의 변화가 정말 중요하다는 걸 깨닫는 순간이었습니다.

전문 분야에 몸담은 사람은 기술을 이렇게 봐야 합니다. 그래야 새로운 경험을 제공할 수 있고, 새로운 비즈니스의 기회를 만들어낼 수 있습니다. 융합을 위한 협업이 얼마나 중요한지를 보여주는 사례입니다.

우리에겐 세계 유일의 대규모 국민 건강검진 데이터가 있다

이미 디지털 헬스케어는 분야별로 수준 높은 기술발전을 이뤘습니다. 손목에 차는 웨어러블 워치 하나로 운동량, 혈압, 맥박, 체온, 수면 상태 등 다양한 바이오 데이터를 측정하는 건 이제 기본이 되었습니다. 생성형 AI의 등장으로 의료와 관련된 수많은 데이터를 학습한 AI 의료서비스 개발도 탄력을 받고 있습니다. 세계 최고 기업인 애플은 애플 워치를 통해 축적한 데이터를 기반으로 AI 헬스케어 서비스인 '콰츠'를 개발하겠다고 선언했습니다.

세계 1등 애플의 첫 생성형 AI 서비스가 헬스케어라는 건 주목할 만합니다. 그만큼 해볼 만한 게 많다는 뜻이겠죠. 저도 갤럭시 워치 6를 사용하고 있는데 걸음 수, 걸은 시간, 운동량, 체중 및 체성분, 스트레스 수준, 수면 중 혈중산소, 수면 점수, 혈압 등 측정하지 못하는 게 거의 없습니다. 이렇게 모은 데이터로 생성형 AI를 학습시킨 후 앱을 개발해 개인 맞춤형 헬스케어 서비스를 시작한다면 어떨까요? 무한한 가능성을 예상할 수 있습니다. 이미 '수면 코칭' 서비스를 하고 있는데 제법 재밌습니다. 특히 요즘 MZ세대는 건강과 몸만들기에 유난히 관심이 높습니다. 큰 인기를 얻을 수 있죠. 허가가 복잡한 의료 비즈니스도 아니니까 일반인에게 적용하기도 좋고 당연히 비즈니스 모델로도 괜찮습니다. 생성형 AI 기술에 대한 축적이 부족한 애플로서는 제일 먼저 시도하기 딱 좋은 아이템이네요.

그렇다면 삼성전자는 어떨까요? 웨어러블에 관한 센서기술, 제조

기술은 애플에 결코 뒤지지 않습니다. 스마트폰 제조도 기술적으로는 앞서 있다는 평가를 받으니까요. 문제는 측정된 데이터로부터 '어떤 경험과 서비스를 제공하느냐'입니다.

2023년에 저는 존스홉킨스대학의 바이오 메디컬 엔지니어링 학장님을 만나 미팅을 했습니다(존스홉킨스대학의 메디컬 엔지니어링 분야는 전 세계 톱 3안에 든다고 평가받고 있습니다). 이분은 건강검진 데이터를 설계하고 그것을 바탕으로 헬스케어 서비스를 디자인하는 미국 바이오 메디컬 엔지니어링 분야의 최고 권위자 중 한 분입니다. 삼성서울병원이 초청해 이미 몇 년간 우리나라에 방문하면서 협업해오던 분이라 우리나라 의료서비스의 수준과 헬스케어 산업 수준을 잘 알고 있고요. 그래서 우리나라 바이오 메디컬 엔지니어링 분야의 발전을 위한 조언을 부탁드렸습니다.

그랬더니 첫 이야기가 "아주 답답하다."였습니다. 이만큼 디지털 헬스케어 산업을 잘 키울 수 있는 나라가 별로 없는데 스스로 그 가능성을 잘 모른다는 겁니다. 발언을 요약하면 이렇습니다. 대한민국은 정말 오랫동안 건강검진 데이터를 축적해 왔습니다. 모든 국민이 2년에 한 번씩 건강검진을 의무적으로 받아야 하니 그간 엄청난 의료 데이터가 축적된 겁니다. 이 교수님은 무엇보다 그 데이터의 중요성을 강조했습니다. 미국을 비롯한 어떤 선진국도 국민들이 아프기 전에는 병원에 가지 않는다는 겁니다. 그래서 평소 건강상태에 대한 대규모 건강검진 데이터는 한국을 제외하면 세계 어디에도 없다는 거죠.

이제는 모두가 알다시피 대규모 데이터는 생성형 AI를 위한 가장 중요한 리소스입니다. 그러니까 우리는 일단 생성형 AI 기반의 헬스케어 서비스를 개발하는 데 꼭 필요한, 대규모 의료 데이터를 보유한 유일한 국가라는 겁니다. 순간 '거대한 미래산업의 유전油田이구나' 하는 생각이 떠올랐습니다.

그뿐 아닙니다. 삼성서울병원의 의료 수준을 경험한 그는 글로벌 톱 10에 들 만큼 높은 수준이라고 칭찬했습니다. 실제로 삼성서울병원 암센터는 2023년 〈뉴스위크〉가 세계 5위, 아시아 1위로 평가했습니다. 과장이 아니라는 겁니다. 또 있습니다. 성균관대학교는 의과대학을 중심으로 바이오 분야 교수진이 막강합니다. 최근에는 인공지능융합대학도 만들어 AI 분야 교수도 충분히 확보했습니다. 더군다나 반도체 특성화 대학입니다. 앞서 얘기했듯이 2006년부터 반도체시스템공학과를 설립해 운영해오고 있고, 지금은 학부 2개, 대학원 2개의 반도체 특성화 학과를 운영 중입니다. 반도체도 디지털 헬스케어 분야에서 가장 중요한 핵심산업입니다. 말하자면 디지털 헬스케어 시스템 디자인에 최적의 연구 생태계를 갖고 있다는 겁니다. 연구비도 2023년 6,700억 원을 돌파해 서울대, 연세대에 이어 국내 3위를 기록했습니다. 아직 세계 1위인 스탠퍼드대에 비하면 1/3 수준이지만(등록금은 1/10) 특성화 분야만큼은 제법 경쟁력이 있습니다. 헬스케어 분야에서 충분히 글로벌 톱에 도전해볼 만한 인프라라는 거죠.

이미 완벽하게 갖춰진 인프라에 마지막 화룡점정은?

마지막 퍼즐은 삼성전자라고 했습니다. '세계 최고의 웨어러블 디바이스 제조기술을 가진 전자회사가 한국에 있다. 그것도 삼성서울병원과 성균관대의 패밀리 기업이다. 이보다 좋을 수는 없다'는 겁니다. 그러고 보니 삼성전자는 의료용 센서, 메디컬 분야 반도체, 헬스케어 제품 등 모든 것을 최첨단의 기술로 만들 수 있는 회사입니다. 그런데 세계 어디에도 없을 이 좋은 조건을 가지고 있는 나라가 왜 이 엄청난 미래 황금시장에 도전하지 않느냐는 겁니다. 듣고 보니 "아주 답답하다." 하실 만합니다. 왜 우리는 협력하지 못할까요?

앞서 얘기했듯 우리는 선진국만 바라보며 추격해왔습니다. 병원은 병원대로, 대학은 대학대로, 회사는 회사대로 선진국에서 무엇을 하는지 각자 벤치마킹하고 각자 최선을 다해 따라 하고 있었습니다. 그래서 우리가 힘을 합칠 때 어떤 가능성이 있는지는 생각하지 못했던 것이죠. 아니, 힘을 합쳐 새로운 걸 만들어보려고 해도 어떻게 해야 할지 몰랐다고 하는 게 맞습니다. 한 번도 세상에 없는 것을 만들어보지 못했으니까요. 바로 개도국 관성입니다.

선진국을 따라 하느라 바빴던 우리는 스스로 새로운 걸 창조하는 데는 익숙하지 못합니다. 그런 것이 가능하리라고는 생각도 못 하죠. 그것이 우리의 시야를 막고 있었습니다. 누군가는 세계를 리드할 혁신을 시작해야 합니다. 처음은 어렵지만 익숙해지면 우리는 누구보다 빨리 잘할 수 있습니다. 인프라가 잘 갖춰져 있다면 더더욱 글로벌 톱에 도전해볼 만합니다. 해외 협력도 가능성이 큽니다. 존스홉킨스대 학장님은 우리나라 건강검진 데이터라면 전 세계 어느 나라든 관심이 클 것이고, 함께 개발하자고 제안하는 곳도 많을 것이라고 했습니다. 그런데 아이러니하게도 의료 데이터와 관련해 규제가 가장 많은 나라 중 하나가 대한민국입니다. 이 데이터의 가능성을 찾는 연구부터 철저히 막아놓은 겁니다. 이것이 우리의 사회적 관성, 미래에 대한 세계관의 민낯입니다.

지난 100년간 혁신을 리드해온 국가가 하는 것만 보고 배우고 열심히 따라 하면 되는 걸까요? 이제는 그들이 완성한 걸 따라 할 때가 아니라 그들이 미래를 준비하는 방식을 따라 할 때입니다. 그들이 혁신을 어떻게 준비하고, 어떻게 핵심요소들을 융합하고, 새로운 걸 만들기 위해 어떻게 협업하는지 그걸 제대로 보고 배울 차례입니다.

우리는 요즘 세계에서 가장 좋다는 대한민국 공공 의료서비스를 칭찬하면서도 한편으로는 매우 불안해하는 중입니다. 지방에서는 의사 구하기가 하늘에 별 따기이고, 응급 의료서비스가 부족해서 이 병원, 저 병원 떠돌다 사망하기도 합니다. 물론 의사와 병원을 확충하면 되겠지만 돈이 많이 드는 일입니다. 저항도 거셉니다. 의대 정원 2,000명 늘리겠다는 정부 발표에 의사들은 파업 중입니다. 의사 수가 늘어난다고 해도 문제가 다 해결되는 건 아닙니다. 지금도 의료보험료가 높다고 다들 힘들어하는데 앞으로 의사가 더 늘어난다면 보험료는 당연히 더욱 올라갑니다.

미래에도 같은 방식으로 이 좋은 시스템 계속 유지할 수 있을까요? 어림없는 일입니다. 그렇다면 서비스는 더 좋아지고 비용은 더 줄일 방법은 무엇일까요? 바로 AI 기반의 디지털 헬스케어 서비스 확대가 유일한 대안입니다. 그래서 전 세계가 이 기술을 개발하는 데 몰두하는 겁니다. 세계적인 혁신 산업을 리드하는 미국의 행보는 더욱 그렇습니다. 인류의 가장 큰 욕망, 건강하게 오래 살고자 하는 바람을 이뤄주는 시스템이니까요.

95% 정확도를 보이는 AI진단

캐나다의 클릭연구소에서는 2023년 당뇨병 환자 1만 5,000명의 목소리를 녹음하고 이걸 분석해 당뇨병 진단 앱을 개발했습니다. 당뇨 환자의 음성에만 있는 특별한 패턴을 분석해 AI로 학습한 후 목소리로 당뇨를 진단하는 방식인데 실제 실험에서 86%의 정확도를 보였다고 발표했습니다. 채혈을 통한 당뇨 진단 정확도가 92%라고 하니까 이 정도면 꽤 훌륭한 정확도라고 할 수 있습니다. 단순히 앱을 내려받아 말만 하면 되는 방식이니까 병원을 방문해 채혈하고 그걸 분석하는 방식보다 훨씬 편리하고 무엇보다 경제적입니다.

실제로 캐나다는 의료서비스가 무료인 대신 환자의 증상이 심해지기 전에는 2차 병원에 갈 수 없습니다. 가정의가 보내준다고 해도 2차

병원이 부족해 몇 달씩 기다려야 하죠. 그사이에 중증환자가 되기 십상입니다. 그런데 대부분의 병은 조기에 발견하면 약물치료와 식이요법, 운동 등을 통해 어느 정도 관리가 가능합니다. 그렇다면 혈액검사보다 손쉬운 이 당뇨 진단 앱은 큰 도움이 될 수 있겠네요. 맞습니다. 이래서 AI는 헬스케어에 매우 획기적인 변화를 가져올 수 있다고 이야기하는 겁니다.

당뇨뿐이겠습니까? 발병했을 때 목소리에 변화를 가져올 수 있는 후두암, 구강암 등은 물론이고 뇌출혈, 뇌경색 등 뇌혈관질환 등의 진단에도 활용이 가능할 것으로 보입니다. 물론 충분한 데이터를 확보하고, 그 데이터로 AI를 학습시키고 개발하는 과정이 필요하겠지만 향후 비용절감 효과를 생각하면 충분히 투자가치가 있는 사업 아이템입니다. 더구나 우리에게는 엄청난 의료 데이터가 이미 존재합니다. 꼭 음성이 아니더라도 다양한 데이터 분석을 통해 더 정확한 진단 프로그램을 개발할 수 있습니다. 이미 녹내장, 백내장 등 안구의 정밀 이미지를 분석해서 AI로 진단하는 프로그램들은 95%를 넘는 정확도를 보인다는 논문들이 속속 발표되고 있고 상용화에 박차를 가하는 중입니다.

감기에 대한 진단도 마찬가지입니다. 동네마다 친절한 AI닥터가 배치되었다고 상상해보세요. 이 가정의는 찾아오는 환자의 모든 건강검진 기록을 정확히 숙지하고 있습니다. 가족력까지도 다 파악하고 있죠. 환자가 도착하면 혈압, 체중, 키 등 다양한 바이오 데이터를 측정합니다(지금도 하는 일입니다). 환자는 스스로 청진기에 몸을 대고 숨을 들이쉬고 내쉬면서 폐에서 나는 소리나 심장 소리를 AI닥터에게 들려줍니다. 눈도 보여주고, 혓바닥도 보여줍니다. 그리고 그 모든 데이터를 취합해 AI닥터가 진단합니다. 단순 감기나 몸살이면 약과 영양 주사 정도를 처방합니다. 조금이라도 의심이 가는 다른 병의 증세가 있다면 인간 닥터가 있는 병원을 바로 예약해줍니다. 이 AI닥터는 동네마다 배치할 수 있고, 직접 차를 타고 산간 오지마을을 방문할 수도 있습니다. 만나는 환자 수가 많아질수록 데이터도 풍부해져서 갈수록 더 똑똑해집니다. 응대도 친절하게 잘해줍니다. 신뢰가 좀 가나요? 절대 믿을 수 없다고요? 충분히 그럴 수 있습니다.

그런데 어려서부터 챗GPT를 매일 친구처럼 사용하고 있는 Z세대들은 어떨까요? 10년쯤 후에 이런 AI닥터를 도입하고 이걸 통해 지금 내는 의료보험료를 절반 수준으로 낮춰준다고 하면 그들이 반대할까요? 모르긴 몰라도 지금처럼 1분 만에 감기 진단을 내리고 내보내는 의사보다는 AI닥터를 더 신뢰할 수도 있습니다. 사실 동네 병원 방문자의 50% 이상은 자기가 감기라는 것을 알고 약 처방을 받으려고 간다고 합니다. 그 수요를 AI닥터가 모두 해소할 수 있겠네요. 더구나 24시간 쉬지 않고 착실하게 근무하는 의사입니다. 엄청난 비용절감은 물론이고 AI닥터를 통해 축적되는 의료 데이터도 매우 소중한 미래 자산이 될 것이 분명합니다.

AI닥터를 활용한 글로벌 메디컬 서비스

당연히 의사들도 AI진단 시스템의 큰 도움을 받을 수 있습니다. 사실 아무리 뛰어난 전문의라도 띄엄띄엄 찾아오는 환자의 모든 데이터를 확인하고 의심이 가는 병을 전부 체크하기는 쉽지 않습니다. 더구나 요즘처럼 CT, MRI, 초음파, 혈액검사 등 엄청난 의료 데이터가 쏟아지는 상황이라면 더더욱 어려운 작업입니다. 이럴 때 AI진단 도우미가 있다면 더없이 편리하고 오진도 크게 줄일 수 있습니다. 과거에는 불가능했던 일이지만 생성형 AI 시대에는 데이터만 충분하다면 높은 신뢰도를 가진 프로그램이 얼마든지 나올 수 있으니까요. 문제는 데이터인데 우리에게는 엄청난 보물, 국민 건강검진 데이터가 있습니다. 세계가 부러워할 이 방대한 데이터를 우리는 20년 넘게 어떻게 모았는지 모르겠습니다. 운이 좋은 거겠죠? 물론 AI닥터 개발까지는 넘어야 할 산이 정말 많습니다. 그럼에도 우리가 더 나은 공공 의료서비스를 지향한다면 꼭 풀어야 할 숙제입니다.

제가 하는 이야기에서 일론 머스크 냄새가 난다고요? 그렇습니다. 생각하기에 따라서는 '그게 말이 되나요? 언제 그런 게 되겠어요?'라고 볼 수도 있겠네요. 그런데 AI닥터는, 적어도 일론 머스크의 뉴럴링크 사에서 뇌에 칩을 박아 조정하는 연구보다는 훨씬 실현 가능성이 높습니다. 이미 리소스와 기술력도 충분하고요. 일론이 2002년 스페이스X를 설립하고 2003년 테슬라를 설립했을 때 다들 미쳤다고 했으니까 우리도 지금부터 미친 척하고 AI닥터를 개발하기 시작하면

2040년쯤에는 시총 1,000조 원쯤 되는 세계 최고의 의료기업을 보유할 수 있지 않을까요? 더구나 국민의 건강을 획기적으로 증진할 공익 서비스를 제공할 기업이라면 더더욱 의미가 크지 않을까요? 정말 어렵기는 하겠지만 대한민국의 미래를 위해 도전해볼 만한 꿈이 아닐까요?

이런 상상도 해봅니다. 먼저 AI닥터가 등장하는 웹툰을 제작합니다. 상상만 하면 되니까 개발 과정부터 놀라운 성능까지 모두 스토리로 담아낼 수 있습니다. 헬스코칭 웨어러블 워치도 등장합니다. 미래에 등장할 만한 서비스들로 스토리를 엮어냅니다. 입원실에는 환자를 돌보고 대화하는 귀여운 로봇 볼리도 등장하면 좋겠네요. 웹툰 작가의 아이디어를 돕기 위해 관련 전문가들이 자문해준다면 이야기는 더욱 짜임새가 갖춰질 겁니다.

이렇게 협업을 통해 만든 웹툰이 글로벌시장에서 큰 인기를 끌어준다면 당연히 넷플릭스 드라마로 제작될 겁니다(요즘 한국 웹툰 플랫폼의 인기를 감안하면 그렇게 어려운 일도 아닐 듯합니다). 만약 드라마가 대히트를 기록한다면 그야말로 전 세계가 들썩들썩할 겁니다. '더 글로리'의 김밥이 유행할 때 먹방 유튜버들이 대활약한 것과 메디컬 서비스 관련 유튜버들이 이 드라마에 나오는 AI닥터, 헬스코치, 입원실 도우미 로봇 볼리 등의 다양한 기술들이 얼마나 실현 가능한지, 연구 수준은 어디까지 와 있는지, 어떤 건 과장인지 등을 분석하는 영상이 엄청나게 쏟아질 겁니다(전 세계에는 메디컬 서비스 관련 유튜버가 굉장히 많습니다). 그러다 보면 한국의 의료서비스가 해외 다른 선진국에 비해 얼마나 우수하면서도 상대적으로 저렴한지가 전 세계에 알려지겠죠.

특히 AI닥터를 개발하는 과정에서 우리 국민이 수십 년간 측정해 온 건강검진 데이터가 세계에서 유일하며, 이것이 AI닥터의 실력을 결정하는 가장 중요한 요인이라는 것도 알릴 수 있습니다. 세계적인 암센터가 있다는 것과 암 수술 능력이 뛰어난 의사들도 엄청나게 많다는 사실도 당연히 소문날 겁니다. 유튜버들이 샅샅이 조사할 테니까요. 그렇다면 관광을 겸한 글로벌 메디컬 서비스도 충분히 개발할 수 있지 않을까요?

다이내믹 코리아에 2년에 한 번씩 입국해서 K-팝 콘서트도 가고, 맛있는 K-푸드도 먹고, 지역별 관광지도 다니며 축제에도 참가한 뒤 마지막으로 건강검진을 받고 돌아가는 코스입니다. 그리고 집에 갈 때는 드라마에 나왔던 웨어러블 워치를 채워주고 헬스코칭 서비스도 제공합니다. 혹시 건강검진에서 암과 같은 중증 병이 발견되면 MRI, CT, 초음파 등 최고의 진단기기로 정밀진단을 받은 뒤 필요하면 수술 스케줄도 잡아줍니다. 수술 후에는 디지털 병동에서 로봇 볼리와 함께 시간을 보낼 수 있습니다.

수술 후 집으로 돌아갈 때는 다양한 디지털 측정 장치를 함께 보내 지속적으로 모니터링하며 AI코치가 수술 후 회복을 위한 최고의 운동, 식사 등에 대한 정보를 제공합니다. 꿈같은 얘기인가요? 일단 우리나라에 성형 수술을 받으러 오는 사람들이 엄청나게 많은 걸 감안하면 이런 비즈니스 모델은 잘될 가능성이 상당히 높습니다. 그래서 많은 병원이 관심을 갖고 있죠. 의료보험 수가 적용이 안 되는 영역이라 수익성이 높기 때문입니다.

공대생도, 의대생도 만족할 만한 완전히 새로운 길

그런데 문제가 있습니다. 우리나라 의사들이 수익성만 좇아 (우리 국민이 아닌) 외국인을 수술하는 게 옳으냐는 것입니다. 가뜩이나 의료 인력이 절대적으로 부족한 지방에서는 의사 구하기가 하늘의 별 따기라고 하는데 말입니다. 게다가 수도권의 의사들도 외과, 소아과보다는 피부과, 성형외과를 선호한다고도 합니다. 사실 자유 민주주의 국가에서 개인의 선택을 막을 방법은 없습니다. 그래서 정부는 의사 수를 크게 늘리려는 것이고요. 의사들은 지금도 과잉 공급이라고 반대합니다. 인구가 감소하는 시대니까 그 말도 맞습니다.

그런데 만약 글로벌 메디컬 서비스를 확대해서 시장 자체를 확대하면 어떨까요? 의사 수가 늘더라도 새로운 산업에서 충분히 소화할 수 있습니다. 디지털 헬스케어 관련 사업을 하는 의사들도 많아질 겁니다. 엄청난 부의 기회가 있으니까요. 일단 메디컬 서비스 산업 생태계가 크게 확대되는 만큼 우리 국민은 어디서나 수준 높은 공공 의료 서비스를 상대적으로 저렴한 가격에 제공받을 수 있습니다. 우리 국민으로 귀화하면 이런 서비스를 언제든지 받을 수 있다고 소문이 나면 이민으로 유입되는 인구 증가에도 도움이 됩니다.

너무 꿈같은 소리인가요? 너무 낙천적인 생각인가요? 사실 기술적으로도, 사업적으로도 실현 가능성이 큰 이야기들입니다(자꾸 말하지만, 적어도 일론 머스크의 뉴럴링크보다는 훨씬 더 현실적입니다). 반대로 이런 비전을 배제하고 미래를 준비한다면 어떻게 될까요? 지금의 시스템을 쭈욱 유지하면서 '10년 후에는 어떻게든 되겠지' 하면 진짜 다 해결될까요? 질 높은 의료서비스를 유지하면서, 국민이 부담하는 보험료는 낮추고, 동시에 헌신하는 의사들의 수입은 높게 보장해줄 방법은 결국 디지털 헬스케어의 도입과 관련 산업을 키우는 방법밖에 없습니다.

디지털 헬스케어는 향후 우리 국민의 건강을 지켜줄 매우 중요한 산업 분야입니다. 또한 앞으로 우리 아이들에게 좋은 일자리를 많이 만들어줄 산업입니다. 학생들도 관심이 높은 분야입니다. 공대보다 의대에 우수한 학생들이 몰린다고 걱정이 많습니다. 싫다는데 억지로 공대로 보낼 수는 없습니다. 공대에 멋진 롤모델이 많아지면 똑똑한 인재들은 저절로 공대에 옵니다. 스타트업을 창업해 크게 성공하고, 연구소에 들어가서 거액의 인센티브를 받아 큰 부자가 되고, 대기업에 들어가 글로벌 톱 CEO가 되는 등, 공대 졸업생들이 롤모델이 되면 어떨까요?

의대도 마찬가지입니다. 똑똑한 친구들이 몰린다는 건 그만큼 매력이 있기 때문입니다. 똑똑한 친구들을 못 오게 막는 건 하수입니다. 우수 인재들이 메타 세상에서 글로벌 헬스케어 서비스 산업을 펼치도록 도와야 합니다. 오로지 개업의만을 목표로 죽어라 공부만 하는 것이 아니라, 디지털 헬스케어 창업으로 유니콘기업 CEO가 되는 길도 보여주고, 글로벌 헬스케어 센터의 병원장이 되는 길도 보여줘야 합니다.

우리가 개발한 AI닥터 서비스로 지독하게 가난한 나라의 국민들도 훌륭한 의료서비스를 받을 수 있도록 국경 없는 인류애를 실현하는 데에도 도전해봐야 합니다. 의사로서 우리나라 국민들의 건강을 지키는 보람된 일도 하면서, 동시에 글로벌 메타 세상에서 큰 성공도 거두는 '멋진 꿈'을 꿀 수 있게 해줘야 합니다. 그렇게 서로 각 분야를 존중하며 세상의 변화를 이끌어가기 위해 노력해야 합니다.

'옛날에는 똑똑한 애들이 다 공대로 갔는데 이제 의대를 지망하니 참 큰일이다' 같은 푸념은 아무 도움이 안 됩니다. 심지어 그 기준도 고작 수능점수 하나인데, 진짜 똑똑한지도 알 수 없습니다. 빅테크 창업자 중에 미국 SAT 전국 1등 한 걸로 성공했다는 사람은 아직 들어본 적이 없으니까요. 진정한 인식의 전환이 시급합니다.

헬스케어 산업 하나만 살펴봐도 AI의 도입으로 미래가 얼마나 크게 달라질지 가늠하기 어려울 지경입니다. 분명한 것은 이제 누구나 미래 산업의 인재가 되려면 AI를 학습해야 한다는 것입니다. 다양한 산업 분야에서 일어나는 변화도 공부해야 하고, 새로운 산업에 AI를 적용하는 방법도 공부해야 합니다. AI가 있고 없고에 따라 양극화가 극심하기 때문입니다. 다가올 AI 사피엔스 시대를 대비해야 합니다.

반도체 산업은
AI 시대를 이끌어가는
2개의 거대한 엔진이다

지금까지 거의 모든 산업 분야별로 기존 산업이 디지털 전환을 거쳐 어떻게 메타 인더스트리로 이동하는지, 그리고 또 거기서 AI가 얼마나 큰 변화를 가져올지에 대해 살펴보았습니다. 사실 이 모든 변화에 있어서 가장 중요한 요소는 역시 AI입니다. AI를 잘 사용하는 인재는 훨씬 효율적으로 업무를 처리하고 과거에는 없던 새로운 사업에도 쉽게 도전할 수 있습니다. 그러고 보면 지금까지 IT를 잘하는 사람이 좋은 직업을 갖고 높은 연봉을 받는 데 유리했다면 이제는 IT에 더해 AI가 차별성을 갖게 합니다. 현재 하늘 높은 줄 모르고 치솟은 AI 전문가의 연봉을 보면 실감할 수 있습니다. IT 양극화가 이제 AI 양극화

시대로 가는 양상입니다. 그만큼 AI가 중요해졌습니다.

이 중요한 AI 산업을 키우는 데 핵심이 되는 2개의 거대한 엔진은 소프트웨어와 하드웨어인데 하드웨어가 바로 반도체입니다. 2024년 기준 생성형 AI를 실현하는 데 있어서 가장 빠르고 효율적인 컴퓨터 시스템을 제공하는 회사가 바로 엔비디아입니다. 덕분에 엔비디아의 주가도 폭발하는 중입니다. 2024년 4월 1일에는 시총 3,000조 원을 돌파하면서 아마존과 메타, 아람코까지 제치고 세계 3위에 이름을 올렸습니다. 정말 무서운 폭주입니다. 그만큼 엔비디아의 GPU 시스템이 인기가 높고, 이로 인해 이익도 어마어마하게 내고 있다는 겁니다.

엔비디아의 GPU 시스템에는 HBM, 즉 광대역폭 메모리라는 고성능 메모리가 들어갑니다. 당연히 HBM 생산기업도 매출과 이익이 크게 높아졌는데, 세계 시장에서 SK하이닉스와 삼성전자가 두각을 나타내는 중입니다. 2023년 적자를 헤매던 우리나라 반도체 메모리 산업을 4분기에 흑자로 전환시킨 효자도 HBM입니다. 그만큼 AI 반도체는 위력적입니다.

앞서 언급했듯 전 세계 반도체 기업들은 생성형 AI 실현을 위한 최고의 반도체 개발에 엄청난 자금을 쏟아붓고 있습니다. 기술적으로 가장 앞서 있다는 오픈AI는 7조 달러(9,300조 원) 펀딩을 추진하고 있습니다. 아예 공장을 포함하는 독자적 생태계를 갖출 테니 돈들 내라고 아랍의 왕족들에게 러브콜을 보냈습니다. 이미 GPU 하나로 시총 세계 4위에 오른 엔비디아도 자본이든, 인력이든 자기들이 제일 잘한다며 '오픈AI의 7조 달러 펀딩은 무모한 도전이자 낭비'이니 '엔비디아만 믿으시라'고 외칩니다.

삼성전자와 SK하이닉스는 일단 HBM으로 떡고물을 챙겨가면서 미래 AI 반도체의 핵심 기업으로 성장하겠다는 포부를 가지고 있습니다. 특히 삼성전자는 파운드리 분야에서 3나노 제조기술을 앞세워 오픈AI의 차세대 칩 생산을 맡으려고 안간힘을 쓰는 중입니다. 물론 TSMC가 앞서 있다지만 삼성이 성공하기만 한다면 그야말로 판이 바뀌는 순간이 올 수도 있습니다. 인텔도, ARM도 차세대 AI 반도체 설계에 나섰습니다. 다시 한번 반도체 산업에 거대한 태풍이 몰아치는 형국입니다. 반도체 제조산업의 매출도 튼튼하고, 제조는 물론 인력 공급의 생태계까지 잘 갖춰져 있는 우리나라로서는 매우 반가운 현상입니다. 오픈AI든, 엔비디아든, 일단 반도체 장비, 소재, 설계 등 새로운 칩 개발을 위해 엄청난 자본이 투입될 것이 분명하기 때문입니다. 반도체 산업은 '승자독식의 법칙'이 적용되는 대표 분야입니다. 기술력이 떨어져 첨단 반도체 생산에서 힘을 못 쓰는 중국의 반도체 산업이 최근 몰락하고 있는 것도 이를 증명합니다.

세계 최초로 온디바이스 AI를 갤럭시에 심을 수 있었던 이유

최근 가장 각광받는 AI 분야 중 하나가 바로 '온디바이스 AI'입니다. 삼성 갤럭시 S24에 세계 최초로 탑재되어 많은 사람들로부터 주목받는 중입니다. 일반적으로 챗GPT 같은 생성형 AI 서비스를 스마트폰에서 활용하려면, 서비스 서버까지 인터넷으로 접속해서 주어진 질문을 입력하고 답을 산출한 뒤 다시 인터넷을 통해 폰으로 전달했습니다. 여러 단계를 거치다 보니 타임 딜레이가 상당하고 인터넷이 끊기는 곳에서는 작동하지 않는다는 단점도 있습니다. 세계의 모든 질문을 처리하는 거대한 서버를 운영해야 한다는 어려움도 있고요. 엄청난 컴퓨팅 시스템과 인터넷 트래픽 처리 시스템을 보유해야 하는 것도 부담입니다.

온디바이스 AI는 소형 AI 전용 시스템을 스마트폰 또는 PC에 탑재해 외부 서버 연결 없이 바로 질문에 답할 수 있도록 만든 AI 시스템이라고 생각하면 됩니다. 인터넷이 없어도 사용할 수 있고 응답 속도도 당연히 매우 빠릅니다. 그래서 갤럭시 S24를 들고 해외여행을 떠나면, 실시간 언어번역을 통해 외국인과 의사소통을 가능하게 해주고, '써클투써치 Circel to Search' 기능을 통해 영상이나 이미지 속 상품을 즉석에서 찾아주기도 합니다. 물론 인터넷 접속이 안 되는 곳에서도 가능합니다. 거대한 시스템의 연산을 통해 답을 얻는 것이 아니기 때문에 유지비도 적게 들고 에너지도 절감하는 방식입니다. 거대한 서버 운영도 필요 없습니다.

업계에서는 앞으로 온디바이스 AI 시스템을 활용한 다양한 서비스들이 나올 것으로 기대합니다. 자기가 보유한 특정 데이터를 학습해서 일정한 목적을 만족시키는 AI 서비스를 만든다면, 거액을 들여 GPU 시스템을 구축하지 않아도 온디바이스 AI가 탑재된 폰이나 PC를 활용해 얼마든지 편리한 AI 서비스를 제공할 수 있습니다. 갤럭시 S24에는 구글의 제미나이와 삼성전자 가우스라는 소프트웨어 서비스가 장착되어 있습니다. AI 서비스 개발 업체들도 온디바이스 AI를 활용해 매력 있는 서비스를 개발해 제공하고 수익도 올릴 수 있습니다. 거대한 하드웨어 시스템 구축 및 운영의 부담이 없으니까요. 앞으로 삼성전자의 갤럭시가 앱 생태계를 잘 구축해 AI 시대를 선도하는 스마트폰으로 자리 잡길 기대해 봅니다. 오픈AI의 샘 올트먼이 GPT 스토어로 생태계를 구축하려는 중인데 삼성의 온디바이스 AI도 가능성이 충분합니다. 물론 애플도 아이폰에 온디바이스 AI 시스템 탑재를 준비하고 있습니다만 1년 이상 더 걸릴 것으로 예상됩니다. 이제는 삼성이 먼저 기술을 선보이면 애플이 천천히 따라 하는 형국입니다. 5G도, 폴더블폰도 그랬죠. 이제 기술력은 삼성이 앞서나가는데 왜 아이들이 애플에만 열광하는지 살짝 아쉽습니다. 무언가 다른 이유가 있겠죠. 그건 다음 챕터에서 살펴보겠습니다.

AI 반도체 산업은 국가가 전략적으로 육성해야 하는 핵심산업

삼성전자가 애플에 앞서 온디바이스 AI 스마트폰으로 먼저 치고 나갈 수 있었던 것 역시 반도체 설계와 제조 기능을 내부적으로 보유했기에 가능했습니다. 앞으로 온디바이스 AI 시스템을 활용한 다양한 시스템들이 등장할 것이 분명합니다.

CCTV도 영상을 스스로 판단해 위험상황이나 의심상황을 리포트하는 독자 시스템으로 진화하려면 온디바이스 AI 시스템 장착이 필요합니다. 자동차는 이미 반도체로 가득한 제품입니다. 당연히 온디바이스 AI의 응용을 이미 개발하고 있습니다. 원자로의 안전을 모니터링하는 시스템도, 환자의 건강상태를 모니터링하는 시스템도, 모두 다 비슷한 온디바이스 AI 시스템의 적용이 가능합니다. 세탁기도, 냉장고도, 에어컨도 점점 똑똑해지는 시대가 온디바이스 AI와 함께 열리기 시작하는 겁니다.

물론 반도체 가격이 더 떨어져야 가능한 일이겠지만 우리가 알고 있듯 반도체는 대량생산이 시작되면 가격은 떨어지고 응용의 범위는 확대됩니다. 결국 AI 반도체는 AI 소프트웨어 산업과 함께 미래 AI 시대를 이끌어가는 거대한 2개의 엔진입니다. 지금까지도 대한민국의 산업을 이끄는 가장 중요한 산업이 반도체였지만, 미래에는 AI 반도체 제조기술이 국가의 운명을 결정하는 가장 중요한 산업이 될 것입니다. 그런 관점에서 AI 반도체 산업은 국가가 전략적으로 육성해야 하는 핵심산업입니다.

반도체 제조를 대만의 TSMC와 한국의 삼성전자에게 맡겨왔던 미국이 왜 다시 반도체 제조공장을 자국 내에 세우려는 건지, 일본은 왜 그렇게 엄청난 지원을 쏟아부으며 TSMC의 반도체 제조공장을 유치하려는 건지, 오픈AI의 샘 올트먼이 왜 9,300조 원이나 되는 자금을 모아 미국 내에 AI 반도체 제조 생태계를 구축하려는 건지 이유는 분명합니다. 결국 세계 최고의 AI 반도체를 보유하는 국가가 미래의 패권을 잡는다고 믿기 때문입니다. 그래서 삼성전자도, TSMC도 미국의 압박을 견디지 못하고 울며 겨자 먹기로 미국에 첨단 반도체 제조 공장을 설립하는 중입니다.

사실 무게 자체가 가벼운 반도체는 자동차와 달라서 국내에서 생산한 후에 수출해도 큰 문제가 없습니다. 그런데 코로나 이후 공급망 단절 문제를 경험한 미국이 다른 건 몰라도 AI 반도체만큼은 무슨 일이 있어도 자국 내에 제조 생태계를 보유하겠다는 의지를 보여준 겁니다. 중국과의 경쟁체제도 독자적 제조 생태계를 부추기는 요인입니다. TSMC에 대한 의존도를 너무 높이는 것도 취약점이 되니까요.

미국이 중국에 단 하나의 GPU도 수출하지 못하도록 막는 것 역시 같은 맥락입니다. 디지털 사회가 구축된 중국의 AI 소프트웨어 역량은 미국에 매우 위협적이지만, AI 반도체가 없다면 모든 산업체에 대한 적용은 어려울 수밖에 없습니다. 하나의 축만으로는 결코 AI 산업화를 완성할 수 없다는 뜻입니다. GPU 시스템의 생성형 AI 학습속도나 연산속도는 일반 CPU에 비해 100배에서 1,000배까지 빠릅니다. 그리고 AI 반도체가 발전할수록 그 격차는 더욱 커지겠죠. 첨단 AI 반도체 생산이 불가능하다면 미국에 대한 중국의 패권 도전은 물 건너가는 겁니다. 이미 그 조짐이 나타나고 있습니다. 거대 자본이 중국 증시를 탈출하고 있다는 것은, 미래에 대한 기대치가 그만큼 떨어졌다는 뜻입니다.

엄청난 위기이자 다시 없을 좋은 기회

AI 반도체는 무기 제조에도 매우 중요합니다. 우리는 러시아-우크라이나 전쟁을 통해 드론의 위력을 톡톡히 실감했습니다. 그런데 그런 드론마다 온디바이스 AI 칩을 달아 통신의 도움 없이 스스로 위치를 찾아가도록 학습시킨다면 가히 혁명적이라고 할 수 있죠. 방어 무기도 마찬가지입니다. 지금의 요격 미사일 시스템에도 AI 반도체가 붙으면 스스로 판단해 적 미사일을 따라가 터뜨리는 시스템을 훨씬 정밀하게 만들 수 있습니다. AI를 기반으로 무인화된 무기를 만드는 것은 처음이 어렵지, 성공만 한다면 엄청난 파급효과를 가져올 수 있습니다. 전장의 양상이 달라지는 것이죠. 그런데 무인 굴삭기와 무인 덤프트럭이 협업해서 일하는 시대라면 탱크와 장갑차, 드론이 무인 시스템으로 함께 협업하며 작전을 수행하는 것도 당연히 가능하지 않을까요?

우리나라도 청년 인구가 줄면서 병력 자원이 줄어들고 있습니다. 그래서 휴전선을 지키는 일을 사람 병사 대신 AI 시스템을 개발해 맡기기로 했다고 합니다. 생성형 AI와 온디바이스 AI 시스템이 도입된다면 인간보다 훨씬 훌륭하게 업무를 수행할 것이 명확합니다. 밥도 안 먹고 잠도 안 자고 말입니다. 향후 미래 군대는 AI의 활용 여부에 따라 군사력의 클래스가 달라질 것입니다. 사실 이런 이유 때문에 AI의 가능성을 두렵다고 하는 것입니다.

세계적인 AI 석학들이 무기에 대한 AI 도입을 절대 반대한다는 성명서를 발표하기도 했습니다. 그런데 압도적 우위를 가져다줄 AI의 무기 적용을 막을 방법은 사실상 없습니다. 그래서 AI의 발전이 인류의 미래를 위협하리라는 예측은 충분히 일리 있는 주장입니다. 그렇지만 기술발전을 인위적으로 막을 방법은 없습니다. 역사가 증명하듯이 말이죠.

결국 스스로를 지킬 힘을 키워야 합니다. 개인도, 사회도, 국가도, 자신의 운명을 지키기 위해 AI 사피엔스 시대를 준비해야 합니다. 다행인 것은 우리가 AI 소프트웨어 생태계와 첨단 반도체 생태계를 모두 갖고 있다는 것입니다. 그것도 지정학적 위치는 세계의 패권을 다투고 있는 미국과 중국 사이에 있습니다. 엄청난 위기이기도 하고, 다시 없을 좋은 기회이기도 합니다. 지금 손에 쥔 이 멋진 카드를 미래를 위해 제대로 잘 활용해야 합니다. 지금의 선택이 다가올 AI 시대, 우리의 운명을 결정합니다. 진정으로 슬기로움이 필요한 시기입니다.

지금까지 지난 20년간 축적된 디지털 문명의 역사가 어떻게 과거와 다른 방향으로 진화해왔는지를 거의 모든 산업별로 아우르며 살펴봤습니다. 인류를 충격에 빠트리고 있는 AI도 디지털 문명이 충분히 무르익지 않았다면 이런 변화를 만들 수 없었을 것입니다. 모든 거대한 변화에는 오래 축적된 시간과 역사가 있기 마련입니다. 그리고 그렇게 시작된 변화는 또 다른 변화를 연쇄적으로 만들어내는 것이 세상의 순리이며 인류가 지구상에 문명을 건설해온 방식입니다. 지금의 문명은 과거에 우리가 해온 일들의 결과물consequence입니다. 거대한 사회 시스템을 구축하고 그것을 통해 경제활동을 주도했던 인류가 디지털 문명 확산을 통해 스스로 권력자가 되는 플랫폼 문명을 선택했고, 이제 AI 시대를 향해 또 다른 진화를 시작했습니다. 그리고 그 변화의 충격은 거의 모든 산업의 생태계를 근본적으로 바꿔가는 중입니다.

사피엔스의 역사에서 늘 그래왔듯 변화의 중심은 인간입니다. 지금의 변화도 디지털 인류의 진화가 만든 결과물이고, 앞으로도 그 근본은 바뀌지 않을 것입니다. 더구나 지금은 과거처럼 지도자나 리더 몇 사람이 인류의 운명을 결정하는 중앙통제 시스템이 아니라 대중의 선택이 권력이 되고, 모든 걸 결정하는 기준이 되는 디지털 문명 시대입니다. 이미 산업 생태계는 이 새로운 룰이 지배하고 있습니다.

이러한 변화의 시기에 필요한 건 '담대한 도전'입니다. 선진국 카피에 익숙했던 개도국의 관성을 버리고 실패가 두렵지 않은 과감한 도전을 시작해야 합니다. 급격한 변화의 시기는 늘 기회가 된다고 인류 역사가 증명하고 있습니다. 개인에게도 마찬가지입니다. 리스크는 줄이고 담대한 도전은 키워야 합니다. AI 시대라면 가능한 일입니다. 개인이든, 조직이든, 기업이든 '담대한 도전'을 시작하십시오. AI 사피엔스 시대의 주인공이 되시기 바랍니다.

PART 5

시장의 성공법칙을
완전히 뒤집어놓은 팬덤경제

· 26 ·

진짜 왕이 된
메타 세상의 소비자,
팬덤경제 시대를 열다

메타 세상에서는 소비자의 선택이 권력입니다. 이들은 커뮤니티를 통해 연대하고 강력한 팬덤을 만들어갑니다. 과거에는 대중에게 브랜드를 각인시키기 위해 엄청난 자본을 들여 대중 매체에 광고 캠페인을 전개하는 게 상식이었습니다. 그런데 디지털 문명 시대는 소비자 스스로가 퍼뜨리는 게 상식으로 자리 잡았습니다. 세계 10대 기업의 광고, 마케팅 전략만 봐도 그렇습니다. 이미 TV 광고는 거의 없죠. 애플, MS, 구글, 아마존, 엔비디아, 테슬라 등은 거의 광고가 필요 없는 기업들입니다. 석유기업인 아람코는 자신들이 석유기업이 아니라 미래를 준비하는 기업이라고 엄청나게 TV 광고를 합니다. 팬덤이 생기기 어려운 기업의 특성 탓이죠. 애플이 그나마 TV 광고를 좀 하지만, 그것도 주로 통신사가 아이폰이나 애플 워치를 판매할 때뿐입니다. 자기들은 광고를 안 하고, 통신사한테 비용을 떠넘기는 셈이죠. 애플의 TV 이미지 광고(제품 광고가 아닌 회사 광고)는 거의 사라졌습니다.

엔비디아나, 테슬라는 앞서 언급했듯 TV 광고가 아예 없는 기업들입니다. 그런데 세계적인 브랜드가 되어버렸죠. 거액을 퍼부은 광고로 브랜드를 만드는 시대가 아니라, SNS로 팬덤을 확산시키고 소비자의 자발적 선택으로 브랜드가 각인되는 시대입니다. 디지털 세대들은 방송이라는 레거시에 끌려다니기보다 스스로 팬덤을 형성해 권력을 행사하는 방식에 더 익숙합니다. 반도체 기업 엔비디아의 창업주인 젠슨 황도 SNS에서 스타성이 매우 높은 자수성가형 CEO입니다. 바이크 재킷과 청바지가 그의 트레이드마크인데, 그러고 보니 하나의 복장으로 자신의 브랜드 이미지를 만든 CEO가 꽤 많습니다. 처음 시그니처 복장을 선보인 건 역시 스티브 잡스입니다. 청바지에 검은 터틀넥, 그리고 뉴발란스 스니커였죠. 페이스북의 창업자 마크 저커버그도 청바지와 회색 티셔츠만 입습니다. 같은 티셔츠가 집에 20벌쯤 걸려 있어 사람들을 놀라게 했죠. 오픈AI 창업자 샘 올트먼도 매일 같은 회색 티셔츠에 청바지를 입습니다.

사실 이들의 복장은 패션 아이콘이라기보다 일하기에 가장 편한 스타일입니다. 무엇을 흘리든 묻히든 그냥 계속 입고 일할 수 있으니까요. "왜 같은 옷을 고집하시죠?" 하는 질문에 "아침마다 옷을 고르는 것도 엄청난 시간 낭비, 에너지 소모니까요."라고 답변합니다. 그러고 보니 매일 똑같은 패션은 하루 12시간 이상 일에 파묻혀 사는 스타트업 CEO의 특성을 잘 담아내는 상징과도 같습니다. CEO의 복장에 담긴 메시지는 SNS에서 기업의 이미지를 형성하는 데 매우 좋은 메타포입니다. 이런 CEO 패션은 디지털 플랫폼 기업들에게 이제 당연한 문화가 된 듯합니다. CEO가 기업의 상징인 것이죠. 광고모델이 아니라 CEO가 곧 기업의 상징이자 아이콘이니까, 그들이 사람을 만나고, 일하고, 회의하고, 발언하는 모든 행동이 주가를 출렁이게 합니다. SNS와 연동된 사회라는 걸 잘 보여주는 현상입니다.

결국 CEO는 팬덤을 창조하는 역량이 필요하고 적절한 연출도 필요합니다. 그러기 위해 훌륭한 경영의 리더십과 추진력은 물론이고, SNS라는 문명에 대한 명확한 이해가 반드시 필요합니다. 팬덤을 만들려면 디지털 세계관에 대한 이해가 필수라는 것이죠.

SNS는 유기체와 같아서 댓글과 반응에 따라 완전히 다르게 폭발적으로 움직입니다. 그런 이해가 없거나 익숙하지 않으면 상당한 부작용이 따를 수 있는 공간입니다. 그래서 사람과 대중에 대한 이해가 필수이고, 플랫폼 기반의 소통방식을 알아야 합니다. 줄임말, 신조어 등도 적절히 쓸 줄 알아야 하죠. 정말 특출한 재능이 필요한, 매우 어려운 일입니다. 세계 10대 기업 중 디지털 기업의 CEO들은 이러한 활동에 능숙합니다. 물론 이런 SNS 마케팅 전략만으로 성공할 수는 없죠. 역시 가장 중요한 것은 기업의 실력입니다. 제품이든, 서비스든 사용해본 소비자의 댓글만큼 중요한 건 없습니다. 좋은 경험이 좋은 댓글을 만들고 강력한 팬덤을 만드는 힘이 됩니다. 좋은 경험은 탁월한 실력에서 비롯됩니다.

폭발적 소비 증가와 폭발적 기업가치 증가

팬덤경제는 소비자 반응에 따라 매출이 폭발적으로 오르락내리락하는 게 특성입니다. 기업의 주가도 이에 따라 심하게 출렁이죠. 소비자 반응이 중요한 만큼 직접 소비자에게 제품이나 서비스를 제공하는 B2C 기업들이 팬덤에 민감합니다. 그래서 플랫폼 운영이나 댓글, 커뮤니티 관리에 집중해야 합니다.

테슬라는 팬덤경제의 대표기업 중 하나입니다. 미디어 광고보다는 SNS에서 소비자와 소통하고 그들이 열광하도록 하는 데 마케팅력을 집중합니다. CEO인 일론 머스크가 모델이자 광고 플랫폼으로 활동합니다. 고객 소통의 플랫폼으로 아예 트위터를 인수해서 X라는 이름으로 바꾸고 적극 활용 중입니다. 물론 이것이 꼭 좋기만 한 것은 아닙니다. 일론 머스크의 발언에 따라 주가가 엄청나게 움직이니까요. 머스크의 팬덤이 CEO 리스크가 될 수도 있다는 겁니다. 그래도 자동차 제조기업으로는 놀랍게 시총 800조 원을 넘은 기업입니다. 앞서도 말했지만 현기차 시총을 합해도 100조 원 정도인데 엄청난 미래 기대치의 차이죠. 유튜브를 보면 테슬라를 타면서 자율주행 모드를 이용하는 영상들이 넘쳐납니다. 일론 머스크의 각종 인터뷰 영상도 조회 수가 엄청납니다. 일론 머스크와 테슬라를 집중적으로 리뷰하는 유튜버들도 전 세계적으로 엄청 많습니다.

2023년 테슬라는 2만 달러 정도 가격으로 제조에 투입하겠다며 '옵티머스2'라는 로봇을 선보였습니다. 개발을 시작한 지 불과 2년 만에 세계 최고 수준을 보여주어서 세상을 깜짝 놀라게 했습니다. 연구개발 능력이 얼마나 우수한지를 실력으로 보여준 겁니다. 당연히 유튜브에서 옵티머스2에 관한 영상들이 폭발적으로 늘어났고 주가에도 큰 영향을 미쳤습니다.

반대의 경우도 물론 있습니다. 2024년 1월 미국에 영하 35도 밑으로 내려가는 엄청난 한파가 몰아쳤습니다. 전기차는 한파에 취약합니다. 실제로 많은 소비자가 배터리가 방전된 테슬라 안에서 벌벌 떨어야 했죠. 이것이 영상으로 퍼지면서 테슬라의 주가가 폭락하기도 했습니다(2024년 3월 기준 750조 원까지 하락). 소비자의 경험과 그에 따른 반응이 팬덤경제를 움직인다는 것을 확인시켜준 사건이었습니다. 유기적으로 움직이는 디지털 플랫폼의 특성상 이런 영상들은 순식간에 전 세계로 번져갑니다. 세계 각국에 퍼져 있는 투자자들이 그 즉시 반응하죠. 주가가 빠르게 오르내리는 이유입니다.

챗GPT를 만든 오픈AI도 팬덤으로 성공한 대표적인 기업입니다. 챗GPT 사용자는 불과 두 달 만에 1억 명을 돌파했습니다. 당시 세계 최고 기록이었습니다. 그전까지 1위는 1억 명 가입자 확보에 9개월이 걸린 틱톡이었습니다. 앞서 이야기한 것처럼 챗GPT를 퍼뜨린 건 숙제를 해야 했던 학생들입니다. '이걸로 숙제해서 제출했더니 좋은 성적을 받았다'라는 소식이 퍼지자 순식간에 이용자가 늘어난 겁니다. 2015년 설립된 오픈AI는 챗GPT 덕분에 어느새 120조 원 기업으로 성장했습니다. 챗GPT를 탑재한 MS는 그 인기 덕분에 오랫동안 세계 시총 1위를 차지하고 있던 애플을 꺾고 2024년 1월 시총 1위에 오르는 놀라운 결과를 보여주기도 했습니다. 2024년 4월 2일 기록한 시가 총액은 무려 4,264조 원이나 됩니다. 애플을 거의 700조 원 차이로 따돌렸죠.

자본의 쏠림은 더욱 심해지고 있습니다. 전 세계 디지털 세대들이 폰을 들고 투자하는 만큼 순간적으로 오르고 내리기를 반복합니다. AI 시대의 도래로 가장 큰 수혜를 입은 기업 중 하나가 GPU를 생산하는 엔비디아입니다. 자본의 쏠림과 등락 속도가 얼마나 충격적이고 빠른지를 보여주는 좋은 사례입니다. 놀랍게도 엔비디아는 B2C 기업이 아니라 B2B 기업인데 불구하고 거대한 팬덤이 형성되었습니다. 그만큼 디지털 세대는 기술에 대한 이해도가 높고 경영 정보 습득의 속도도 매우 빠릅니다. 지식에 대한 디지털 의존도가 높은 세대의 특성을 잘 보여줍니다.

팬덤의 조건 = 관심도 × 편의성 × 가시적 효과

일론 머스크의 위력을 유감없이 보여준 사례가 하나 더 있습니다. 2023년 폭발적으로 성장한 노보노디스크입니다. 이 회사는 설립한

지 100년이 넘은 전통적인 덴마크의 제약회사입니다. 당뇨병 치료제로 유명하죠. 그런데 이 회사가 당뇨병 약을 개발하는 과정에서 나타난 부작용에 주목해 비만 치료제를 개발했습니다. 삭센다Saxenda라는 제품인데 하루 1번 복부에 주사로 맞으면 뱃살이 빠지는 방식입니다. 노보노디스크는 이 약을 개선해 1주일에 1번만 맞아도 효과가 지속되는 '위고비'라는 비만 치료제를 개발했습니다. 문제는 가격인데요, 무려 주사 1방에 150만 원입니다.

그런데 이 약이 갑자기 대박이 났습니다. 이유는 놀랍게도 일론 머스크의 X(트위터) 1줄이었습니다. 누군가 X에서 일론에게 "요즘 날씬하고 건강해 보여요. 비결이 뭔가요?" 하고 질문했더니 "요즘 운동 열심히 합니다."라고 답했는데 그 밑에 딱 1줄을 추가했습니다. "그리고 위고비and Wegovy."라고 말이죠. 이 트윗은 전 세계로 순식간에 퍼져 나갔고 엄청나게 많은 사람들이 위고비를 검색하며 이 비만 치료제를 구매하기 시작했습니다. 무려 1방에 150만 원인데도 말이죠. 동시에 노보노디스크의 주가는 폭발해 얼마 안 가 3배가 넘게 올라버렸고, 한때는 유럽의 최고 기업 LVMH(루이비통 그룹)을 넘어 유럽 시총 1위까지 올랐습니다. 2023년 노보노디스크 한국 지사에서 강의한 적이 있는데, 당시에도 전 세계적으로 위고비가 품절되어 한국에 언제 들어올지는 아무도 모른다고 하더군요. 직원들은 싱글벙글 표정이 좋았습니다. 스톡옵션을 받아둔 게 폭등했기 때문이죠.

노보노디스크의 당뇨병 치료제 경쟁기업인 일라이릴리도 유사한 비만 치료제를 개발했는데 마찬가지로 시총이 폭등하며 950조 원을 넘어 2024년 3월 테슬라를 제치고 전 세계 9위까지 치고 올라갔습니다. 두 회사 모두 신제품 개발에 대한 광고 한 번 없이 이룬 성과입니다. 그런데 재밌는 공통점이 있습니다. 바로 주력상품인 당뇨병 치료제가 아니라 부작용으로 발견한 비만 치료제로 엄청난 성과를 만들었다는 것이죠.

과거에도 유사한 사례가 있었습니다. 화이자의 비아그라도 부작용으로 발견한 사례였죠. 그러고 보니 당뇨병 환자보다는 비만을 고민하는 사람이 훨씬 더 많습니다. 팬덤을 일으킬 에너지가 훨씬 강하다는 뜻이죠. 또 하나는 편의성입니다. 삭센다와 위고비의 차이는 하루 1번이냐, 1주일에 1번이냐입니다. 그런데 그 편의성의 차이가 엄청난 반향을 일으킨 겁니다. 우리가 비즈니스 모델을 기획하면서 팬덤을 디자인할 때 꼭 생각해봐야 할 요소입니다. 소비자의 관심도가 높은지, 편의성은 뛰어난지, 가시적 효과가 좋은지, 사용해본 사람 중에 강력한 팬덤을 보유한 사람이 있는지 등 팬덤 형성에 유리한 조건을 반드시 고려해봐야 합니다. 비즈니스 모델 기획은 팬덤 디자인을 병행해야 성공 확률이 높아집니다.

· 27 ·

사활을 건 유통 전쟁,
팬덤이 향하는 곳을
정조준하라

제가 우리나라 창업자 중 '일론 머스크 주니어'로 꼽는 기업가가 바로 '스타일난다'의 김소희 대표입니다. 22세에 창업해서 CEO로 경영만 한 것이 아니라 디자이너, 광고모델까지 모두 소화해낸 슈퍼 창업자입니다. 동대문에서 옷을 만들어 디지털 플랫폼에서 판매하는 방식으로 사업을 시작했고, '난다걸' 등의 브랜드를 크게 유행시키면서 성공을 거두자 바로 화장품 사업으로 확장했습니다. 확보한 팬덤을 기반으로 다양한 소비 욕구를 만족시켜주는 이러한 확장은 메타인더스트리의 대표적인 특징입니다.

옷에 비하면 화장품은 제조도 쉽고 가격도 비쌉니다. 사업 아이템으로 매우 좋습니다. 직접 제조하는 것도 아닙니다. 한국콜마나 코스맥스 같은 대표 제조기업들과 협업해 생산합니다. 설비 투자도 필요 없죠. 중국과 아시아를 중심으로 거대한 팬덤을 만든 스타일난다는 매출이 1,600억 원을 돌파하면서 급성장합니다. 그러자 김소희 대표는 이제 자신의 경영능력을 초과했다며 창업 13년 만에 과감하게 매각합니다. 세계 1위 화장품 기업 로레알이 인수한 가격은 무려 6,000억 원이었습니다. 불과 13년의 경영을 통해 이런 가치를 만들어 낸 것은 팬덤경제에서만 가능합니다. 2023년 남양유업이라는 전통의 대기업이 사모펀드에 매각되었는데 그 가격이 3,100억 원이었습니다. 팬덤경제에서 기업가치가 소비자의 반응에 얼마나 민감한지를 보여주는 사례입니다.

쇼핑 트렌드는 곧 팬덤이 향하는 방향

뷰티 산업은 팬덤경제를 보여주는 대표 산업입니다. AHC는 원래 화장품 대기업에 납품하던 제조기업이었는데, 중국의 소셜커머스가 성장하는 것을 보면서 브랜딩에 자신감을 얻어 독자적인 브랜드를 출범시켰습니다. 좋은 성분을 듬뿍 넣어 고객의 좋은 경험을 끌어내는 데 성공했고, 한때 중국의 광군제 전체 인기 브랜드 4위에 오를 만큼 어마어마한 팬덤을 만들어 대기업으로 성장했습니다. AHC는 무려 3조 4,000억 원에 세계 2위의 화장품 기업 유니레버에 매각되었습니다. 당시 대우중공업 시가총액과 같은 금액이었습니다.

과거에는 아모레퍼시픽, LG생활건강, 한국화장품 등 국내 최고의 대기업들과 세계 최고의 글로벌 기업들이 거의 독점하던 화장품 시장은 이제 팬덤을 만들어낸 중소·중견 기업들이 합세하며 새로운 소비 생태계를 형성했습니다. 거기다 한국 드라마나 영화의 글로벌 팬덤까지 더해져 해외 수출도 크게 증가했습니다.

놀랍게도 2022년부터 일본 화장품 수입 비중에서 우리나라가 23.4%로 프랑스(23.0%)를 제치고 1위를 차지했습니다. 2023년에도 이러한 인기가 지속되었고요. 2017년까지 불과 2,000만 달러에 머물던 화장품 수출은 매년 40% 이상 성장하며 2023년에는 3억 달러를 돌파했습니다. 이러한 성장은 아모레퍼시픽이나 LG생활건강이 중국 수출 악화로 어려움을 겪고 있는 가운데 OEM, ODM 제조업체들과 신규 브랜드들이 이뤄낸 성과여서 화장품 산업 생태계 자체의 변화를 실감할 수 있는 데이터입니다.

과거 중국 시장에 과도하게 의존하던 화장품 산업은 '한한령'으로 충격받은 이후 어려움을 극복하고 글로벌시장에 잘 적응하는 중입니다. 미국(33.5%), 일본(30%), 중국(7.4%), 키르기스스탄(7.3%) 등 다양한 국가로 수출을 확대하고 있고, 앞으로도 전망이 밝다고 합니다. 뷰티 산업이 문화적 팬덤과 깊이 연관되어 있음을 감안할 때 K-팬덤이 가져오는 효과라고 할 수 있습니다. 뷰티 산업도 국경 없는 메타 세상의 세계관이 키워주는 팬덤 시장이라고 할 수 있습니다. 그래서 앞으로 메타 인더스트리로의 확장이 더 기대됩니다.

CES 2024에서는 세계 1위의 화장품 기업 로레알이 기조연설을 했는데, AI를 도입해 가장 잘 어울리는 눈썹을 그려준다거나 최적의 화장법을 소개해주는 등 다양한 서비스를 소개했습니다. AI를 기반으로 하는 헤어 관련 기기나 피부관리 기기 등 첨단 융합 전자제품을 선보이기도 했습니다. AI 융합을 통해 뷰티 산업도 메타 인더스트리로 진화하는 모습을 로레알이 보여준 셈입니다. 모든 산업이 AI 융합으로 달려가고 있다는 것, 우리 뷰티 산업도 주목해야 할 대목입니다.

뷰티 산업은 유행에 민감하고 비포·애프터를 보여주는 시각적 데이터가 상품 선택에 크게 작용합니다. 그래서 과거에는 TV 홈쇼핑을 통해 큰 매출을 올릴 수 있었죠. 방송에서는 비포·애프터를 극명하게 보여줄 수 있으니까요. 물론 지금도 많이 팔리고 있습니다. 그런데 어느새 TV 홈쇼핑은 생존을 걱정하는 비즈니스가 되었습니다. 한국TV홈쇼핑협회에 따르면 매출 대비 송출 수수료 부담이 2018년 46.1%에서 2022년 65.7%까지 올라갔습니다. 물건 하나를 팔면 가격의 2/3를 송출료로 내야 하니 자릿세도 이런 자릿세가 없습니다. 팔아도 남는 게 없다고 할 만합니다. 그래서 TV 홈쇼핑의 방송매출액 비중은 계속 줄어서 2022년에는 49.4%로, 급기야 50% 밑으로 내려가 버렸습니다. 모바일 쇼핑, 맞춤형 쇼핑 등 TV 방송 외의 매출을 늘리고 있는 겁니다. 이대로라면 TV 홈쇼핑이라는 이름이 사라질 날도 이제 멀지 않은 듯합니다.

반면 개인의 팬덤을 기반으로 쇼핑하는 트렌드는 계속 증가 중입니다. 이미 코로나 이전부터 중국 시장의 핵심으로 떠오른 '왕훙(SNS

인플루언서) 마케팅'은 이제 하나의 쇼핑 트렌드로 자리 잡았습니다. 개인의 팬덤으로 홈쇼핑 채널을 만드는 것이죠. 우리나라 TV 홈쇼핑은 대부분 대기업들이 만들어 운영 중입니다. CJ, GS, 현대, 롯데, 신세계 등 메이저 홈쇼핑은 전부 대기업입니다. 이유는 심사가 까다롭고 초기 자본이 엄청나게 들기 때문입니다. 자본과 조직 없이 유통망을 갖는 것은 불가능하다는 뜻이죠. 이것이 레거시가 지배하는 시장입니다. 그런데 강력한 팬덤을 가진 왕훙이나 인플루언서 한 사람만 잡을 수 있다면 독자적 유통망을 가질 수 있는 시대가 되었습니다. 실제로 중국의 최고 왕훙 1명이 올리는 매출은 쉽게 조 단위를 넘어섭니다. 한 사람이 우리나라 TV 홈쇼핑 정도의 매출을 올리는 수준인데, TV 송출료는 한 푼도 안 냅니다. 인허가나 심사도 없죠. 기업으로 치면 오버헤드가 크게 줄어드는 겁니다. 당연히 생존 가능성이 올라가고, 고객 만족도도 올라갑니다.

유통의 미래 가치, 팬덤 기업에 자본이 몰린다

우리나라 스타트업 '레이블코퍼레이션'은 중국의 유명 왕훙 '쉬산'과 계약을 맺고 물건을 판매하는 유통업을 시작했습니다. 쉬산은 일본에 건너가 13시간 동안 방송을 하며 무려 130억 원의 매출을 기록했다고 합니다. 개인의 팬덤이 쇼핑 플랫폼이 될 수 있음을 증명했습니다. 이렇게 되면 결국 아이디어 전쟁입니다. 얼마나 좋은 상품을 잘

소싱해서 소비자의 열광을 이끌어내느냐 싸움이죠.

제조기업들도 선호합니다. 괜히 효과도 검증 안 된 TV 광고나 수수료가 엄청 비싼 TV 홈쇼핑에 들어가기보다 매출 대비 수익 분배 계약을 할 수 있는 왕홍이나 인플루언서 마케팅이 효과 면에서 훨씬 매력적이기 때문이죠. 물론 왕홍 한 사람이 엄청나게 많은 쇼핑 방송을 소화하고 물건을 팔아낼 수는 없습니다. 대신 규모는 작지만 알차게 만들 수는 있습니다. 인플루언서 기반 라이브 커머스에서 하나가 잘 정착하면 또 하나를 도전해볼 수 있습니다.

팬덤 소비의 특징상 한번 매출이 폭발하면 엄청난 이익이 날 수도 있습니다. 직원 수도 적고 몸집이 가벼운 만큼 소비자의 변화에 빠르게 대응할 수 있죠. 변덕이 심한 팬덤경제에 높은 적응력을 가질 수 있고, 팬덤을 주도하는 층(주로 젊은 층)에 맞는 상품기획팀을 운영할 수도 있습니다. 아이디어로 무장한 MZ세대에게는 새로운 기회입니다. 여기다 업무별로 AI를 적극 활용해 효율을 극대화한다면 정말 경쟁력 있는 회사가 되겠죠. 이런 변화를 기회로 삼아 팬덤 소비의 새로운 플랫폼으로 성장한 대표적인 회사가 바로 무신사입니다.

사실 무신사는 조만호 대표가 고3 때 프리챌에 만든 동호회 이름입니다. '무진장 신발 사진이 많은 곳'이라는 뜻이랍니다. 역시 깃털처럼 가벼운 디지털 세대의 센스입니다. 신발 덕후의 놀이터에 많은 사람이 몰리자 그걸 온라인 커머스로 발전시켰습니다. 2012년 법인 설립 이후 폭발적 성장을 거듭해온 무신사는 특히 코로나 이후에 매출이 크게 성장했습니다. 2020년 3,319억이던 매출은 2022년 7,083억까지 상승했고 2023년에도 큰 폭의 신장을 보였습니다. 2022년 3조 4,000억 원이던 총 거래액은 2023년 4조 원을 넘어섰습니다. 이런 실적을 인정받아 2023년 7월에는 2,000억 원의 투자금을 유치했는데 그때 인정받은 밸류가 4조 원이었습니다. 엄청난 미래 가치가 포함된 가격입니다. 잠시 자리에서 물러났던 조만호 대표가 최근 다시 복귀해 앞으로의 성장이 더욱 기대됩니다.

물론 여기도 경쟁이 치열합니다. 2015년 창업한 에이블리는 여성 고객들의 팬덤을 기반으로 지속적인 매출 증가를 이뤄온 온라인 커머스입니다. 실제로 2023년 전문몰 앱 사용자 수에서 694만 명을 기록하며 무신사의 512만 명을 앞질렀죠. 2023년에는 처음으로 영업이익 흑자를 기록할 것으로 예측되었습니다. 중소벤처기업부가 발표한 2022년 기준 유니콘기업은 총 22개인데 무신사를 비롯해 오아시스, 마켓컬리, 버킷플레이스, 위메프 등 온라인 유통기업만 무려 5개에 이릅니다.

2022년 기준으로 보면(공정거래위원회 자료) 온라인 유통시장 점유율 1위는 쿠팡(24.5%), 2위는 네이버쇼핑(23.3%), 3위는 G마켓(10.1%), 이어서 11번가, 카카오, 롯데온, 티몬, 위메프, 인터파크 순입니다. 여전히 대기업들이 운영하는 유통망이 강력한 파워를 갖고 있지만 미래 기대치는 다른 상황입니다. 이 순위에는 없지만 제법 큰 이익을 내며 유니콘으로 무럭무럭 성장하는 중이기 때문입니다. 나스닥에 상장한 쿠팡은 시총 40조 원으로 부동의 국내 1위입니다. 2023년 매출도

30조 원을 넘었고 영업이익도 6,000억 원을 넘어 최초로 영업 흑자를 달성했습니다. 오프라인 유통의 최고 기업인 이마트 시가총액은 2조 원에 불과합니다. 무신사 밸류가 4조 원인데 이마트로서는 아쉬울 만합니다.

유니콘기업은 상장 전이지만 기업가치가 1조 원이 넘는 기업을 의미하는데, 이 기업들의 시가총액이나 기업가치를 감안하면 그야말로 미래 유통은 누구도 예측하기 어려운 피 튀는 결투장이라는 걸 보여줍니다. 누군가에게는 위기이고 다른 누군가에게는 기회입니다. 확실한 것은 디지털 세대를 매료시키는 팬덤 기업에 투자가 집중되고 있다는 사실입니다. 기업이 팬덤을 확보해야 하는 이유는, 바로 '미래 가치'와 직결되기 때문입니다.

소비자와 제조업체를 직접 연결하는 위협적 플랫폼의 등장

이미 온라인 유통 매출은 오프라인을 넘어섰습니다. 이제 어느 하나만 갖고 유통을 다 장악했다고 이야기할 수 없는 시대입니다. 신선식품 배송에 강한 기업, 새벽 배송을 잘하는 기업, 여성 의류에 집중하는 기업, 가성비 최고의 공동구매에 강한 기업, MZ세대 트렌드를 잘 읽는 기업, 요가복으로 승부하는 기업 등 팬덤을 만드는 아이디어만 있다면 누구나 큰 성공을 맛볼 수 있는 시대입니다. 그 성공의 크기도 수십 년 된 대기업에 못지않습니다. 아니, 오히려 너무 비대해진 대기업보다 훨씬 가볍고 유연하며 효율적입니다. 도전해볼 가치가 풍부한 시장이 활짝 열린 겁니다. 가장 보수적이라는 유통시장까지 말이죠.

이제 온라인 유통은 쿠팡이 지배하는가 했더니 어느새 알리익스프레스와 테무라는 중국 직구 서비스가 등장했습니다. 말도 안 되는 가격으로 상품을 판매합니다. 엄청나게 많은 중국 제조기업들을 직접 연결해서 엄청나게 싼값으로 고객에게 전달하는 플랫폼들입니다. 우리나라뿐만 아니라 미국 시장에서도 충격을 주고 있는 기업들입니다. 아마존도, 쿠팡도 이들의 위협에 긴장하는 중입니다. 고객의 입장에서는 마다할 이유가 없는 서비스입니다. 어차피 메타 세상에서는 국경도 의미가 없고, 신선식품이 아니라면 특급 배송을 고집할 이유도 없으니까요. 이 플랫폼들은 중국의 제조기업들을 메타 세상 소비자에게 연결해 확대시켜주는 역할을 합니다. 이런 식의 진화는 어쩌면 당연한 변화입니다.

온라인 유통 전쟁과 새로운 생태계의 형성은 이제부터 시작인지도 모릅니다. 수십 년간 오프라인 유통은 정말 다양한 방식이 생멸해왔습니다. 온라인도 마찬가지입니다. 기업들은 저마다 새로운 방식에 도전합니다. 쿠팡, 네이버쇼핑, G마켓, 옥션, 인터파크, 11번가, SSG닷컴, 티몬, 위메프 등 이미 대기업군에 도달한 기업들이 자리를 잡았고 앞서 언급했듯 또 5개의 유니콘이 뛰어들어 새로운 방식의 온라인 유통을 만들어내고 있습니다. 새로운 유통 방식은 글로벌시장에서도 성장 중입니다.

　미국 시장을 흔들고 있는 대표 서비스가 바로 세계 2위 커머스 업체 알리바바그룹의 '알리익스프레스', 세계 3위 핀둬둬홀딩스의 '테무', 중국 대형 패션플랫폼 '쉬인'입니다. 소위 '알테쉬'로 불리는 이들은 유튜브, 인스타그램, 틱톡 등 미디어 플랫폼을 활용하며 미국 시장에서 엄청난 속도로 성장 중입니다. 광고는 미디어 플랫폼을 활용하고 소비자와 제조업체를 직접 연결하는 새로운 유통 방식을 만들어낸 겁니다. 우리나라 쿠팡에게도 매우 큰 위협이 되고 있습니다. 이렇게 새로운 방식의 온라인 유통은 끊임없이 등장합니다.

　제가 오랫동안 고민해왔던 유통의 모델도 제조업체와 소비자를 직결하면서 소비자에게 가장 큰 혜택을 제공하는 방식입니다. 제조기업은 누구나 자사 쇼핑몰에서 직판이 이뤄지길 기대하지만 이게 참 어렵습니다. 이제는 많은 서비스가 생겨 자사몰을 꾸미는 것까지는 비교적 쉽게 저비용으로 할 수 있지만, 소비자를 유입시키는 일은 쉽지 않습니다. 쿠팡이나 네이버쇼핑을 이용할 수 있지만, 매출이 늘면 수수료 비중이 너무 커집니다. 쿠팡은 40%까지 받고 있습니다. 화장품도 올리브영에 입점하는 것이 가장 좋은데 수수료가 60%를 훌쩍 넘는다고 합니다. 이 정도면 오프라인 백화점 입점과 다를 바가 없습니다. 자사몰에서 판매하면 이걸 줄일 수 있는데, 플랫폼 기업들이 자사몰에서 가격을 낮추는 걸 용납하지 않죠. 많은 기업이 이 문제를 해결하기 위한 새로운 커머스에 도전하고 있습니다.

"이 제품 미쳤어요."라는 댓글이 달리는가?

제가 오랫동안 컨설팅을 해주고 있는 '로직스퀘어'라는 스타트업은 새로운 커머스 방식에 도전 중입니다. 플랫폼에 수수료로 40%를 떼어주기보다 차라리 소비자에게 20%를 혜택으로 제공하자는 콘셉트입니다. 제조기업은 자사몰이 활성화되고 모든 소비자 데이터도 확보할 수 있어서 관심이 높습니다. 플랫폼에게 줄 돈을 소비자에게 제공하면 제품에 대한 팬덤이 증가하는 효과도 있고요. 판매 방식은 구매 후 지인에게 소개할 때마다 캐시백을 제공하는 형식으로 이루어집니다. 온라인 기반의 네트워크 마케팅인데 다단계 영업이나 피라미드 방식은 아닙니다.

문제는 이것을 어떻게 소비자에게 알리느냐입니다. 여기에 인플루언서들이 참여합니다. 인플루언서들이 유튜브나 틱톡으로 제품을 소개하면서 자사몰 링크를 연결합니다. 링크를 통해 접속한 소비자가 제품을 구매하면 네트워킹 할인 프로세스가 시작됩니다. 인플루언서는 상품 판매금액의 일정 비율을 받거나 제조업체와 별도의 계약을 체결할 수도 있습니다. 콘텐츠 제작사도 함께 비즈니스 모델 기획에 참여합니다. 올곧 김밥의 사례에서 보듯 웹툰이나 드라마는 상품 유통에 지대한 역할을 합니다.

플랫폼 기업을 중심으로 제조기업과 미디어 제작기업이 힘을 합치면 우연한 히트 상품이 아니라 기획상품을 만들 수도 있습니다. 아이디어는 무궁무진합니다. 문제는 이 모든 커머스를 손쉽고 빠르게 추진할 수 있는 '커머스 플랫폼 구축 기술'입니다. 이것이 IT 스타트업이 갖춰야 할 실력이죠. 또 하나가 필요합니다. '구독과 좋아요'를 일으킬 미디어 제작기업의 '콘텐츠 제작 실력'입니다. 팬덤을 만들어야 유통도 성공하니까요. 나머지 하나는 상품의 매력입니다. "이 제품 미쳤어요."라는 댓글을 이끌어낼 만한 '제조 실력'이 필요합니다. 이 3가지 실력이 삼위일체를 이루면 큰 성공은 저절로 따라옵니다.

물론 말처럼 쉽지는 않습니다. 그래도 도전해볼 만한 일입니다. 새로운 도전이 성과를 내면 없던 이익이 생기는 것이니 스타트업이라면 더욱 해볼 만합니다. 하나의 스타트업 사례를 소개했지만, 이런 방식으로 새로운 커머스 플랫폼에 도전하는 기업은 아마 1년에 100개도 넘을 것입니다. 제가 상담해준 꽤 괜찮은 플랫폼만도 수두룩하니까요. 그렇게 다양한 생태계가 끊임없이 성장하고 만들어집니다. 누군가는 성공하고 또 누군가는 실패하면서 말이죠.

2024년은 온라인 유통과 오프라인 유통의 매출이 골든크로스를 하는 해입니다. 규모가 커지는 만큼 이제 더 세분화된 온라인 유통의 생태계가 만들어질 것입니다. 새로운 비즈니스 모델에 도전해볼 만한 매력적인 사업 영역입니다. 이때도 비즈니스 융합 및 기획능력이 매우 중요합니다.

전 직원의 세계관이 바뀌어야 한다

오프라인 유통도 가능성은 여전합니다. 우리나라 전통의 유통기업 신세계그룹은 제가 애착을 많이 가진 기업입니다. 경영자문도 해주고 직원 대상 강의도 여러 번 했습니다. 심지어 소액이지만 주주이기도 합니다. 관심이 많을 수밖에요. 이마트를 이끄는 '용진이형'은 인스타그램에서 주목받는 스타입니다. SNS에서 활발하게 활동하는 거의 유일한 기업 총수라고 할 수 있습니다. 수많은 사람이 정용진 회장의 이런 활동을 못마땅해하며 오너 리스크를 힐난합니다. 그런데 그의 행보에서 일론 머스크의 향기가 스멀스멀 묻어납니다. "광고하지 말고 소통하라.", "스스로 열광하게 하라."는 메시지가 떠오릅니다. SNS를 통해 MZ와 활발히 소통하는 그의 이미지는 신세계그룹의 이미지에 투사됩니다. '나'하고 친해지는 것이죠.

실제로 백화점 유통의 양대 강자로 불리던 신세계와 롯데의 이미지는, 적어도 Z세대에게는 완전히 다릅니다. 제가 인터뷰한 많은 학생들이 신세계와 롯데의 브랜드 이미지를 전혀 다르게 인지했습니다. '용진이형'의 활발한 SNS 소통이 신세계 백화점에 득이 된 겁니다. 덕분에 신세계는 롯데를 꺾고 국내 최고 매출의 백화점(신세계 강남점)을 보유하게 되었습니다. 그렇다면 신세계 백화점은 잘되는데 이마트나 SSG닷컴은 왜 어려운 걸까요?

역시 문제는 실력입니다. 아무리 이미지가 좋고 광고를 잘해도 찾아온 고객에게 만족스러운 경험을 주지 못하면 결코 팬덤이 유지될 수 없습니다. 신세계 백화점은 고객들에게 그런 경험을 제공했고, SSG닷컴은 그런 경험을 주지 못한 것입니다. 좋은 경험을 디자인하려면 뼛속까지 MZ에 몰입해야 합니다. 그런데 조직이 수십 년간 쌓아온 강력한 레거시가 쉽게 바뀌지 않습니다. 그러다 보니 사업 시작부터 오로지 MZ의 경험에만 몰두했던 신생 온라인 커머스와의 경쟁에서 이기기가 쉽지 않죠. 이기려면 달라져야 합니다. 온라인 커머스에 집중하겠다면 CEO만 바뀌면 되는 게 아니라 전 직원의 세계관이 바뀌어야 합니다. MZ가 열광하는 것이라면 무엇이든 해보자는 각오로, 도전자의 자세로 달려들어야 합니다. 기회는 충분합니다.

오프라인의 강자 월마트는 최근 다양한 온라인 커머스 전략을 성공시키며 여전히 미국 유통의 중추를 유지하고 있습니다. 시가총액도 600조 원(2024년 2월 기준)을 지켜내고 있죠. 코스트코도 오프라인으로 승승장구하고, 더현대도 벤치마킹할 만합니다. 여의도 더현대 서울은 어느새 MZ세대의 성지가 되었습니다. Z세대도 오프라인에서의 경험을 매우 중시합니다. 이마트도 당연히 성장 가능성이 큽니다. 최근 개장한 수원 스타필드에 엄청난 인원이 쏟아져 들어온 것만 봐도 기회는 충분합니다.

관건은 그들에게 어떤 감동적인 경험을 주고, 어떻게 다시 찾아오게 해서 팬덤으로까지 이어지게 하느냐입니다. 결국 승부처는 '구독과 좋아요'입니다. 그러기 위해서는 모든 기득권을 내려놓고 그들을 누구보다 잘 이해해야 합니다. '우리가 이런 것까지 해야 하나?'라고 생각할 게 아니라 '우리는 이제 막 시작한 추격자다'라는 각오로 도전해야 합니다. 그게 팩트니까요. 산업 생태계에는 스타트업만 필요한 게 아닙니다. 기존 기업들이 성장하는 것도 매우 중요합니다. 건전한 경쟁이 튼튼한 미래를 만들기 때문입니다. 기업의 지속가능성은 MZ 팬덤에 달려 있음을 명심해야 합니다.

· 28 ·

"어른은 먹지 마", MZ 팬덤이 만든 원소주의 성공

결국 풀어야 할 문제는 팬덤을 어떻게 만드느냐입니다. 도대체 팬덤은 어떻게 만들어질까요? 소비 트렌드를 주도하고 팬덤을 움직이는 건 역시 젊은 층입니다. 특히 메타 세상에서는 더더욱 그렇습니다. 그래서 MZ의 트렌드에 대한 관심이 높습니다. 그들은 이전 세대와는 완전히 다른 방식의 소비를 즐기기 때문입니다. 이들은 '바이럴세대', 또는 '댓글세대'입니다. 누군가가 좋은 경험을 댓글로 남기고 그것이 여러 사람의 공감을 받아 빠르게 확산됩니다. 그러면 그 제품이나 서비스에 대한 소비가 급격히 증가하고 어느새 새로운 트렌드로 자리매김합니다. 최근에는 이런 소비 현상이 10대로까지 확산하면서 잘파세대의 소비 트렌드로 언급되고 있기도 합니다.

특이하게도 이들은 온라인에서 주로 활동하지만 오프라인 경험도 매우 중요시합니다. 그러한 경험을 선택할 때는 바이럴에 매우 강하게 의존합니다. 국내의 한 조사결과(미디어캐럿)에 따르면 Z세대의 97.2%가 '팝업 스토어에 방문해봤다'라고 답했다고 합니다. 그만큼 이들은 오프라인 경험을 매우 중시하고, 이러한 경험을 사진이나 영상으로 공유하는 것을 생활의 일부로 여기며 즐깁니다. 그래서 팬덤을 만들려면 이들이 좋아하는 소비 방식에 맞는, 좋은 경험을 디자인하는 작업이 필요합니다.

아티스트가 진정성을 가지고 개발한 술

최근 대표적으로 성공한 브랜드가 바로 '원소주'입니다. 원소주는 래퍼 박재범이 야심 차게 준비한 우리나라 고유 소주 브랜드입니다. 특이한 것은 마케팅 전략 전체가 '디지털 세대만 마셔요. 어른들은 먹지 마세요'였다는 겁니다. 뭐 일부러 어른들을 배제한 것은 아니겠지만, 결과적으로는 50대 이상의 소비자는 구매조차 힘든 상품이었습니다. 젊은 층을 매료시킨 원소주의 전략을 살펴보겠습니다.

일단 래퍼 박재범이 전면에 등장합니다. MZ와 코드가 잘 맞는 가수죠(가수 임재범이었다면 저도 관심을 더 많이 가졌을 것 같습니다). 보통은 가수가 술에 관한 히트송을 하나 내면 대기업과 함께 브랜딩을 하는 게 상식이었죠. 그런데 박재범은 생각부터 다릅니다. 진짜 한국을 대표하는 소주를 만들어보고 싶었던 것입니다. 멕시코는 데킬라, 러시아는 보드카, 영국은 스카치위스키, 미국은 버번위스키 등 나라마다 대표하는 술이 있습니다. 대중적이면서도 조금은 품격 있는 술 브랜드도 많죠. 그런데 우리나라 대표 술인 소주 중에는 내세울 만한 브랜드가 없어 아쉬웠다고 합니다. 일반 소주는 고구마 주정으로 만든 화학주에 가깝고, 또 전통 소주는 비싸도 너무 비싸게 만들었죠. 그래서 박재범은 적당히 대중적이면서도 글로벌한 관점에서도 즐길 수 있는 소주를 만들겠다고 공언을 합니다. 자기 팬들이 가득한 커뮤니티에서 말이죠. 외국에서는 가수나 배우들이 히트시킨 주류 브랜드도 이미 많았기 때문에 더 자신이 있었습니다.

그리고 아티스트가 진짜 소주 개발을 시작합니다. 원소주를 개발하면서 있었던 비하인드 스토리는《원소주: 더 비기닝》이라는 책으로까지 나왔습니다. 그 책에 따르면 박재범은 소수의 어벤저스 팀을 결성합니다. 2021년 4월 '원스피리츠'라는 양조업체도 설립합니다. 소주 제조 전문가, 마케팅 전문가, 브랜딩 전문가 등이 모여 꾸준히 회의를 하고 전략을 수립합니다. 그리고 빠른 속도로 분야별 전문가들이 업무를 추진합니다. 유명한 '린 스타트업lean startup' 방식입니다. 일단 제조설비는 별도로 만들지 않았습니다. 강원도 원주 지역에 휴업 중인 양조장을 찾아가 협업을 제안합니다. '항아리 숙성'을 거친 증류식 소주라는, 독특한 제조방법을 개발합니다. 전통적인 개념을 담아내면서 고급스럽고 대중성까지 확보하는 방식입니다. 마케팅 전문가는 박재범의 팬들이 좋아할 만한 '항아리 숙성' 스토리를 빌드업하고 제품의 디자인도 이들의 취향을 적극 반영합니다.

일이 착착 진행되어 술이 숙성되고 판매가 가능한 날짜가 가까워지자 제품 발표 행사를 기획합니다. 박재범이 유명한 래퍼인 만큼 당연히 기자들을 불러 신제품 발표 기자회견을 할 줄 알았는데 웬걸, MZ의 성지 여의도 더현대 서울에서 팝업 이벤트로 판매를 시작합니다. 갑자기 일론 머스크의 메시지가 떠오릅니다. "광고하지 마라. 열광하게 하라!"

2022년 2월 25일 실제로 더현대에 엄청난 인파가 몰려들었습니다. 박재범이라는 유명인이라서 가능한 일이기는 했지만 기대 이상이었습니다. 여의도역에는 백화점 오픈시간 전부터 1km가 넘는 줄이 이어졌고, 그 장관이 SNS를 타고 전국으로 퍼져나갔습니다. 준비한 소주 2만 병은 금세 완판되었고, SNS에 엄청난 바이럴이 형성되었습니다. 1병당 가격이 1만 4,900원이었는데도 불구하고 원소주 열풍은 식을 줄 몰랐습니다. 처음에는 1인당 12병으로 제한했던 것을 4병으로 줄여야 할 만큼 많은 인파가 몰렸습니다. 팝업 이벤트의 경험을 좋아하고 특별한 굿즈 구매를 좋아하는 Z세대 취향을 제대로 저격한 겁니다. 물론 그 중심에 박재범의 팬덤이 가장 큰 역할을 했습니다.

전혀 다른 생태계를 공략해 만들어낸 의미 있는 성공

두 번째 판매는 온라인 판매였는데 2만 5,000병이 불과 36초 만에 완판되었습니다. 제조 특성상 대량생산이 불가능해서 한정 수량만 판매한다는 제한성이 오히려 구매자를 더 열광하게 만들었습니다. 이렇게 거의 모든 고객에게, 이 시대에 소주를 사랑하는 사람이라면 반드시 먹어봐야 하는 소주로 '원소주'를 각인시켰습니다.

다음 판매는 드디어 오프라인으로 향합니다. 그렇다고 모든 오프라인 매장에서 판매하는 것은 아닙니다. 오직 GS25에서만 구매할 수 있고, 그것도 점포 1곳당 5병만 제공합니다. 희소성에 대한 열망을 키워 높은 관심도를 지속한다는 전략입니다. 이렇게 해서 강력한 팬덤을 기반으로 원소주는 큰 성공을 거둡니다. 한때 '편의점 월간 주류 판매 신기록'을 달성했습니다.

고객의 바이럴을 만들고 그 바이럴이 다시 소비를 부추기는 선순환을 성공적으로 실현한 사례입니다. 반짝 인기로 금방 시들해질 거라는 우려와 달리 2023년에도 원소주는 편의점에서 가장 잘 팔리는 주류로 인기를 모았습니다. 2022년 GS25에서 팔린 원소주 매출이 무려 500억 원을 넘었고, 이는 삼각김밥 매출보다 많다고 하니 그 인기가 얼마나 대단한지 실감할 수 있겠죠. 2023년 3월에는 박재범이 재미교포라는 점을 살려 미국 뉴욕과 LA에 원소주를 수출하는 데 성공합니다. 한식의 인기에 힘입어 열심히 홍보하고 있고 실적도 괜찮다고 하네요. 또 한류의 높은 인기를 업고 태국과 베트남으로도 수출을 확대했습니다. 소주야말로 대표적인 K-푸드니까 메타 세상에 대한 시장확대를 당연한 것으로 여기고 추진한 겁니다.

원래 소주는 사업화가 어려운 영역입니다. 한라산의 좋은 물로 시작했던 제주소주가 망한 적이 있는데, 이걸 우리나라 최고의 유통기업인 이마트가 인수했습니다. 전국에 분포한 이마트, 트레이더스, 이마트24에서만 유통해도 망할 리는 없다고 판단했죠. 그런데 결국 아쉽게도 얼마 못 가서 망했습니다. 그만큼 어려운 게 소주 시장입니다. 유통도 어렵고 판매도 어렵고 마케팅도 어렵습니다. 맛의 차별화도 어렵습니다. 그래서 원소주 등장 초기에 기존 업체들이 모두 비웃었습니다. "쉽지 않을걸?" 하면서 말이죠.

그러고 보니 소주라는 게 맛이 특별히 다르기가 쉽지 않습니다. 또 주로 식당에서 판매되는데 그렇다면 식당 주인들이 미리 구매를 해줘야 합니다. 예전에는 주류 신제품 나올 때마다 식당을 돌아다니면서 공짜 마케팅을 펼치던 알바생들이 정말 많았습니다. 그렇게 엄청난 자본을 투여해도 공략하기 어려운 소주 시장에 '래퍼 박재범'이 달려들었으니 잔뼈가 굵은 전문가들 입장에서 보면 '불나방'으로 보일 수밖에 없죠. 그런데 원소주는 업계 전문가들의 예상을 다 깨부수고 전혀 다른 디지털 생태계를 공략해 의미 있는 성공을 만들어냈습니다.

오직 디지털 세대만 일관되게 공략한다

원소주 인기의 비결은 MZ세대, 즉 디지털 세대에 집중했다는 겁니다. 좀 더 발칙하게 표현하자면 '5060세대는 잡숫지 마세요' 전략이 성공한 사례입니다. 기존 업체들이 당연하다고 생각했던 전략을 전부 거부했습니다. 소주 소비가 제일 많은 식당 영업도 포기했고, 일반적인 유통라인도 무시했습니다. 첫 오프닝 행사부터 어른들을 배제했습니다. 소주가 나왔다는데 팝업 이벤트가 웬 말인가요. 그것도 갑자기 현대백화점이랍니다. 3~4시간씩 기다리며 1km 줄을 서서 소주를 사 마실 열정이 기성세대에게는 없습니다. 당연히 디지털 세대만의 잔치로 끝났습니다. 온라인 판매도 별다르지 않습니다. 36초 만에 매진되는 온라인 스토어에서 '득템'을 할 수 있는 기성세대는 많지 않습니다. 당연히 디지털 세대만의 원소주가 됩니다. 편의점도 마찬가지입니다. 언제 입고되는지, 언제 완판되는지도 디지털 세대의 정보력이 훨씬 좋습니다. 결국 원소주는 오직 디지털 세대만을 위한 소주라는 전략을 일관되게 실천한 겁니다. 스토리텔링, 인플루언서, 바이럴 마케팅을 아무리 잘 기획해도 소주 시장만큼은 만만치 않다는 세간의 훈수질을 가볍게 무너뜨린 거죠.

술은 기분에 따라 그 맛이 다르게 느껴지는 아주 특별한 음료입니다. 소주를 처음 마신 사람들은 너무 쓰다고 하고 오래 익숙한 사람들은 달다고도 합니다. 그야말로 마음 내키는 대로 느끼는 거죠. 원소주를 처음 맛본 디지털 세대도 다르지 않았을 겁니다. 이럴 때 '선입견'이 작동합니다. 박재범의 스타일이 담겨 있고, 구매방식도 우리만 배려한 소주, 디자인도, 스타일도 딱 우리들만 마시라고 만들어준 소주, 그래서 MZ세대는 더 맛있게 느꼈던 겁니다. 구매한 사람들의 댓글이 거대한 바이럴을 일으킨 것도 바로 이런 디지털 세대의 좋은 경험 덕분이었습니다. 그런데 이상한 점이 있습니다. 그렇다면 5060세대의 마음은 어땠을까요? 반대로 기분이 안 좋았을 겁니다. 도대체 얼마나 잘났다고 구입도 이렇게 어렵고 맛보기도 힘든 건지 진짜 화가 납니다. 기분이 나쁘니 맛을 평가하는 것도 당연히 냉정해지죠. 가격도 1만 4,900원? 더욱 화가 납니다. 소주라면 4,000원 이하여야 정상이죠.

'어디 네가 얼마나 맛있나 보자'라는 화난 마음으로 맛을 봅니다. 그러니 좋은 평가가 쉽지 않습니다. 보통 '독특하긴 한데 그렇게까지 좋은지는 모르겠어요', '그 돈 주고 먹을 건 아닌 거 같아요' 등 부정적 의견이 쏟아집니다. 그런데 왜 판매에는 문제가 없었을까요? 괜찮습니다. 어차피 이들은 댓글을 달지 않으니까요. 이들은 SNS를 통해 바이럴을 일으키는 소비 세대가 아닙니다. 디지털 세대가 주로 참여하는 커뮤니티에 가입해본 적도 없고요. 정치 관련 신문기사나 유튜브에 댓글 다는 게 전문입니다. 소비 트렌드에 영향을 미치는 댓글 파워가 없다는 뜻입니다. 물론 5060세대를 겨냥한 제품이라면 달랐을 수도 있겠죠. 그런데 아시다시피 실버세대를 겨냥했다는 제품이나 서비스 중에 그렇게까지 엄청난 인기를 끈 경우는 거의 없었습니다.

이 세대는 유행보다 편안한 소비를 중시하고, 무언가 새로운 것에 도전하기보다 익숙한 것을 선호합니다. 그리고 돈을 많이 쓰지도 않습니다. 물론 이들도 20~30대 시절에는 다양한 유행을 즐겼지만, 이제는 달라졌습니다. 5060세대 중에도 유행에 민감하고 팬덤 소비를 즐기는 사람들이 등장하기는 했지만, 우리나라에서는 아직 소수에 불과합니다. 이러한 소비 트렌드는 데이터를 통해서도 확인할 수 있습니다.

원소주의 성공 사례에서 확인할 수 있듯이 팬덤을 디자인하려면 MZ세대, 더 나아가 잘파세대가 원하는 좋은 경험을 디자인하고 이를 비즈니스 런칭부터 마케팅, 광고, 세일즈까지 아주 디테일하게 기획해 추진해야 합니다. 그렇게 하려면 그 일 자체를 이들 세대가 주도하는 게 중요합니다. 과거처럼 경험 많은 부장님과 이사님이 그들의 기준을 적용한다면 실패하기 십상입니다.

· 29 ·

팬덤 소비로
세상을 바꾸는
잘파세대

잘파세대는 재미와 경험을 중시합니다. 특히 코로나 이후에는 오프라인 경험에 대해 매우 높은 관심을 보입니다. 즐거운 것을 경험하면 거의 실시간으로 다양한 SNS를 통해 사람들과 공유합니다. 실제 엘리트학생복에서 실시한 설문에서는 무려 92%의 응답자가 자기가 좋아하는 것과 연관된 다양한 굿즈를 구매한 것으로 나타났고, 40%는 좋아하는 아티스트의 굿즈를 구매한 경험이 있다고 답했습니다. 심지어 27%는 굿즈 구매를 위해 오픈런을 경험했고, 57%는 오픈런을 할 의지가 있다고 응답했습니다. 굿즈 판매는 대부분 팝업 스토어나 다양한 마케팅 이벤트에서 이루어집니다. 이래서 많은 기업이 팝업 스토어 기반의 '재미 마케팅'을 적극적으로 활용하고 있죠.

이런 데이터는 잘파세대가 매우 자기 주도적이고, 구매활동에 매우 적극적이며, 재미라는 경험을 특히 중시하고, 그 경험을 SNS에 적극적으로 올려 바이럴을 일으킨다는 특징을 보여줍니다. 이들은 서로 댓글을 달아가며 빠르게 바이럴을 확산시키고 팬덤을 구축합니다. 결국 팬덤을 만들려면 광고보다는 좋은 경험을 전달하고 그것을 통해 바이럴을 일으키는 전략이 필요합니다. 물론 디지털 플랫폼도 필수입니다. 그 플랫폼을 가장 잘 갖춘 게 무신사입니다.

바지 50만 장 팔아치운 댓글의 위력

2021년 무신사에서 '유아인 바지'라는 것을 판매했습니다. 놀랍게도 이 바지는 무려 50만 장이 넘게 팔렸습니다. 보통 바지 1장의 가격이 5만 원 정도니까 무려 250억 원의 매출을 바지 하나로 만들어낸 것이죠. 이 정도 매출이면 이익도 100억 원을 훌쩍 넘었을 겁니다. 웬만한 패션 제조업자라면 은퇴해도 될 만큼 큰돈을 한 번의 론칭으로 번 겁니다. 도대체 어떻게 이렇게 많은 판매를 이뤄낼 수 있었을까요?

그 답은 바로 댓글입니다. 이 상품의 리뷰 게시판에는 무려 11만 개의 댓글이 달렸습니다. '색상별로 다 사고 싶다', '가볍고 스타일 넘좋다' 등 구매자로부터 엄청난 칭찬이 쏟아졌죠. 잘파세대는 바이럴에 민감합니다. 이래서 팬덤경제가 매력적입니다. 적은 인원으로 하나의 프로젝트를 도전했을 때 거둘 수 있는 성과가 과거와는 스케일이 다르기 때문입니다. 무신사가 소비자 리뷰를 노출시키기 시작한 건 2011년부터인데 10여 년 동안 2,500만 건이 넘는 리뷰가 쌓였다고 합니다.

온라인 쇼핑몰에서 '댓글'의 위력은 어마어마합니다. 댓글은 결국 구매자의 '좋은 경험'에서 비롯됩니다. 그걸 구매로 이어지게 만드는 마케팅의 노력도 필요하지만, 결국은 좋은 경험을 만들어내는 것은 진정한 '실력'입니다. 댓글 역시 대부분 잘파세대가 만들어냅니다. 원소주의 성공비결 중 하나가 바로 이 바이럴의 위력이라고 앞서 소개했습니다. 그렇다면 5060세대에서는 왜 팬덤 형성이 어려울까요? 이들은 상품 구매 후 댓글 작성이나, 리뷰에 기반한 구매에 익숙한 세대가 아닙니다. 당연히 영향력이 떨어지죠. 워낙 바쁘게 살아온 사람들이라 상품 구매에 대한 자기 주도권도 상대적으로 강하지 않습니다. 익숙하고 보편적인 구매 패턴을 유지하기 때문에 트렌드에도 별로 민감하지 않습니다. 또 이 세대는 유행보다는 럭셔리 명품 브랜드 구매에 집중하는 현상이 더 강합니다. 그래서 팬덤을 디자인하려면, 좋은 경험을 디자인하려면 MZ세대, 더 나아가 잘파세대에 집중해야 합니다.

무신사는 이런 잘파세대의 소비 특이성을 잘 고려해 급성장한 패션 브랜드 플랫폼입니다. 온라인 플랫폼으로 출발해 코로나 기간에 매출이 크게 증가했고, 코로나가 끝나자 오프라인 경험에 목말라 있던 잘파세대의 욕구를 반영해 오프라인 팝업 스토어를 적극적으로 확장했습니다. 무신사의 도전은 지속적으로 좋은 성과를 만들어냈습니다. 2023년 11월 무신사 블랙프라이데이 행사가 12일 동안 진행되었는데 첫날 500억 원의 매출을 기록하더니 놀랍게도 총 3,083억 원의 매출을 올렸습니다.

그 비결은 온라인과 오프라인의 경험을 적절히 연결해 지속적인 재미와 소비를 이끌어낸 것이라고 합니다. 그 기간에 MAU도 447만 명으로 전문몰 앱 중 블프 기간 방문자 수 1위를 기록했습니다. 온라인 쇼핑몰로 시작해 잘파세대가 좋아하는 브랜드들을 1,000여 개나 입점시키고 이들이 좋아하는 거라면 온라인 이벤트부터 오프라인 팝업스토어까지 다양한 시도를 축적한 것이 성장의 비결이었습니다. 이제는 국내 브랜드들의 글로벌 인기에 힘입어 해외 진출도 적극적입니다. 세계관이 통합된 전 세계 메타 소비자들에게 판매를 확대하는 겁니다.

2022년 9월 무신사는 무신사 글로벌 스토어를 오픈하고 일본, 미국, 태국, 싱가포르, 캐나다, 홍콩, 대만, 말레이시아, 베트남, 인도네시아, 필리핀, 호주, 뉴질랜드 등 총 13개국에 온라인 쇼핑몰 서비스를 시작했습니다. 떠그클럽, 써저리, 렉토 등 단독 입점 브랜드를 비롯해 디스이즈네버댓, 앤더슨벨, 로우클래식, 아모멘토 등 무려 1,000여 개 브랜드가 입점해 있습니다. 1년 만에 매출이 10배 이상 늘었다고 하니 앞으로 기대가 됩니다. 특히 K-팬덤이 강한 일본, 미국 시장에 집중하고 있는데, 다른 나라보다 시장 규모나 수요가 크고 한국 문화에 대한 애정이 높기 때문이라고 합니다. 2023년에는 도쿄 하라주쿠에 오프라인으로 무신사 도쿄 팝업 스토어를 열었는데 이때도 큰 인기를 모았습니다. 해외에서도 온오프라인을 연계하는 좋은 경험을 제공하기 시작한 것입니다. 잘파세대는 이렇게 커뮤니티를 통해 좋은 경험을 공유하고 국경 없이 서로 소통하며, 소비도 자기주도적으로 자신들이 선택한 트렌드에 맞춰 유행을 창조해가고 있습니다.

브랜드를 유통하는 플랫폼 생태계를 만들자

무신사 플랫폼을 기반으로 잘파세대를 사로잡은 패션 브랜드 중 하나가 떠그클럽입니다. 인플루언서로 활동하던 조영민이 디렉터가 되어 디자이너 권지율과 손을 잡고 2018년 패션 브랜드를 런칭합니다. 처음부터 래퍼나 바이크족이 좋아할 대담한 브랜드로 콘셉트를 잡고 매우 도전적인 디자인들을 선보였습니다. 우리나라에서는 성공하기 쉽지 않은 콘셉트였죠. 특히 런칭 초기 팬티에 'Suck My DXXX'이라는 입에 담기 어려운 노골적인 성적 표현을 새겨 넣어서 논란을 일으켰고, 유명세를 타면서 인지도를 높였습니다. 떠그클럽은 조영민의 인플루언서 파워에 더해 제품의 높은 퀄리티, 도전적인 디자인, 섹시하고 독특한 감각으로 글로벌한 인기몰이를 시작합니다.

우리나라 브랜드로는 드물게 에이셉 라키와 디베이비, 시저 등 해외 셀럽들이 즐겨 입는 브랜드로 유명해졌습니다. 이렇게 형성된 메타 세상의 글로벌 인기를 발판으로 2023년에는 무신사와 함께 도쿄에 쇼룸을 오픈했고, 글로벌 브랜드 MCM과도 협업 프로젝트를 시도해 큰 성공을 거두었습니다. 휠라와도 멋지게 콜라보를 성공시켰죠. 앞으로도 지속적인 협업을 통해 브랜드 인지도를 글로벌로 확대하는 데 주력한다고 합니다. 물론 아직 성장 중이고 얼마만큼 성공을 거둘지 알 수 없습니다. 그렇지만 누구나 이렇게 자신의 크리에이티브를 바탕으로 새로운 세계에 도전할 수 있는 생태계가 형성된 것은 행복한 일입니다.

인플루언서로서 잘파세대가 좋아하는 트렌드를 알고, 그 트렌드에 집중해 패션 브랜드를 만들어 인기몰이를 합니다. 그러면 무신사 같은 잘파세대가 열광하는 플랫폼을 통해 국내는 물론 글로벌시장에 진출합니다. 세계 유명 아티스트들과 국경 없이 소통하고 공감을 얻는다면 이들이 자발적으로 앰배서더가 되어 브랜드 가치를 올리는 데 기여합니다. 물론 감각적인 미디어를 통한 브랜드 스토리의 전개, 좋은 경험을 주는 제품의 디자인은 필수입니다. 실력이 승부처라는 거죠.

한 사람의 크리에이터를 출발점으로 거대한 자본과 조직을 구성하지 않더라도 이렇게 빠른 시간 내에 글로벌 인기를 누리는 브랜드를 만들 수 있다는 것, 이것이 메타 세상의 매력이자 위력입니다. 떠그클럽 이외에도 이러한 신규 브랜드들은 다양한 스토리를 바탕으로 여기저기서 많은 성공 사례를 만들고 있고, 당연히 앞으로 더욱 늘어날 것입니다. 과거 대기업들이 대량 매출과 브랜드파워를 내세워 독점하던 패션시장이 달라졌습니다. 잘파세대가 들어와 다양성을 꽃피우고 있습니다. 브랜드파워 역시 한 국가에 머물던 것이 이제는 글로벌로 확대됩니다. 메타 세상을 누비는 잘파의 세계관이 패션시장에도 작동하기 시작한 겁니다.

앞서 언급했듯 이러한 트렌드는 콘텐츠 소비시장에서 활성화되기 시작했는데 이제는 오프라인 중심의 패션시장에도 나타났습니다. 변화가 급격한 시기에는 변덕스러운 소비 트렌드에 대응해 발 빠르게 움직이는 기업만이 시장을 차지합니다. 그래서 메타 세상의 소비 트렌드를 정확히 읽고, 그들의 팬덤을 끌어내는 기획력이 어느 때보다 중요해졌습니다. 결국 '생각하는 힘'과 '빠르게 실천하는 힘'이 지배하는 시대입니다. 언제나 그랬듯이 말이죠.

거대 자본과 권력의 장벽이 무너졌다

산업별 생태계 변화와 유사성을 한번 점검해보죠. 과거에는 만화가가 되려면 유명 작가 화실에서 10년 이상 밑그림을 그리며 버텨야 했습니다. 개그맨으로 유명해지려면 방송국 PD나 잘나가는 개그맨 선배한테 필사적으로 잘보여야 했죠(오죽하면 '똥군기'라는 말까지 나왔을까요). 그런데 디지털 문명으로 전환되면서 이 모든 것들이 달라졌습니다. 실력만 있으면 웹툰 작가는 웹툰 플랫폼으로, 개그맨은 유튜브 채널로 얼마든지 큰 성공을 거둘 수 있습니다. 그리고 그 변화는 이제 패션 생태계로도 확산 중입니다.

과거에는 디자이너가 패션 브랜드를 하나 론칭하려면 엄청난 자본이 필요했습니다. 거대한 제조설비도 있어야 하고 유통에도 큰돈이 들었으며 재고 부담도 컸죠. 광고에도 막대한 자금을 쏟아부어야 했습니다. 꿈많은 젊은 디자이너가 브랜드 하나를 론칭하는 건 정말 꿈같은 얘기였죠. 그래서 실력보다는 거대 자본과 방송 권력이 브랜드를 만드는 가장 중요한 밑바탕이었습니다. 그러니 대부분의 패션 브랜드는 대기업 계열사의 전유물이었고 그 외의 중소기업들은 그저 납품업체에 불과했습니다. 물론 끝없는 노력과 재능을 바탕으로 수십 년을 이를 악물고 버텨 글로벌 브랜드로 성장시킨 기업도 있긴 하지만, 정말 쉽지 않은 벽을 넘어야 했습니다.

그런데 디지털 시대를 만나 자본과 권력의 거대한 장벽이 무너지기 시작합니다. 크리에이터가 패션 디자이너를 만나 멋진 콜라보로 떠그클럽 같은 패션 브랜드를 만드는 시대입니다. 아티스트 한 사람이 술을 만들겠다는 진정성 하나만으로 최소한의 팀을 모아 원소주 같은 리큐어 브랜딩을 성공시킵니다. 김밥집 사장님이 맛있는 냉동 김밥을 만들어 전 세계를 대상으로 슈퍼 히트를 만들어냅니다. 시작은 유튜버이거나 웹툰 작가였습니다. 우리는 유명 유튜버나 웹툰 작가가 돈을 많이 번다는 것은 알았지만 거기에서 새로운 산업 생태계가 만들어진다는 것은 눈치채지 못했죠. 창의적이고 도전을 즐기는, 꿈꾸는 사람들이 그 새로운 길을 찾아내고 있습니다. 그런 혁신의 시대, 기회의 시기에 살고 있음을 잊지 말아야 합니다. 그 기회는 우리에게도 공평하니까요.

· 30 ·

실력은 기본,
그 위에 좋은 경험을
디자인하라

팬덤의 조건은 '구독과 좋아요'을 만드는 힘입니다. 꼭 마음에 새겨두십시오. 메타 세상의 성공 비결은 오직 '구독과 좋아요'입니다. '좋아요'는 좋은 경험에서 일어나고, '구독'은 좋은 경험의 지속을 통해 유지됩니다.

제일 먼저 할 일은 좋은 경험의 디자인입니다. 경험의 중심에는 사람이 있습니다. 그래서 사람에 대해 잘 알아야 합니다. 사람이 좋아하는 걸 만들어내려면 실력이 있어야겠죠. 제품이든, 소프트웨어든, 서비스든, 잘 만들어낼 확실한 실력이 필요합니다. 이것이 전문성이죠. 그다음으로 중요한 것은 팬덤 생태계를 이해하는 것입니다. 앞서 언급했듯 팬덤을 만드는 세대, 바이럴로 움직이는 주체적인 세대는 디지털 세대입니다. 디지털 네이티브일수록 바이럴의 힘이 강하죠. 그래서 이들의 소비 생태계를 잘 이해해야 좋은 경험을 디자인할 수 있습니다. 정리하면 다음의 3가지가 핵심입니다.

1. '좋아요'를 만드는 경험을 디자인하라. (소비자 중심 경험 디자인)
2. '좋아요'를 만드는 실력을 키워라. (전문성+AI로 업무 생산성 혁신)
3. '구독과 좋아요'로 작동하는 팬덤경제를 이해하라. (메타 세상 비즈니스 모델 기획 능력)

이 3가지 요소를 완성하려면 비즈니스 디자인 프로세스가 필요합니다. 오래전부터 디자인 분야에는 여러 가지 실전 프로세스가 있습니다. 유명한 '디자인 씽킹 이론'부터 '더블 다이아몬드 이론'까지 다양한 이론들이 존재합니다. 산업계에 나오는 그 많은 제품과 서비스들은 주로 이러한 이론들을 바탕으로 디자인되고 출시됩니다. 제가 대학에서 하는 수업들도 이런 디자인 이론을 기반으로 서비스 디자인을 실제로 수행하며 진행됩니다. 당연히 '좋아요'를 만드는 경험 디자인도 이러한 디자인 프로세스를 활용해 만들어냅니다.

그런데 문제는 '경험'의 정의입니다. 경험은 대상이 누구냐에 따라 좋고 나쁘고가 달라지는데 아시다시피 인간은 종잡을 수 없는 존재입니다. 그런 인간이 좋아할 수 있는 '경험'을 만드는 일은 보통 일이 아니죠. 인간 심리, 대중 심리, 소비 심리 등 알아야 할 것도 너무나 많습니다. 그래서 이런 학문 분야가 발전해온 것입니다. 특히 디지털 세대의 소비심리, 좋아하는 것, 취향, 트렌드 등은 데이터로 확인할 수 있습니다. 그래서 데이터 사이언스 기반의 다양한 마케팅 기법들이 속속 개발되어 많이 활용되고 있습니다. 데이터를 읽으면 대중의 심리를 이해할 수 있고, 경험 디자인에도 활용할 수 있습니다. 뇌과학을 기반으로 하는 마케팅 전략도 등장합니다. 인간이라는 오묘한 존재에 관한 학문은 '좋은 경험 디자인'에 모두 활용됩니다. 결국 팬덤을 만드는 데도 폭넓은 공부가 가장 중요합니다.

아이폰은 어떻게 가심비의 상징이 되었나?

요즘 대학에서 프로젝트 중심의 비즈니스 모델 기획 수업을 이런 방식으로 많이 하고 있습니다. 여러분이 직장에 다니고 있다면 굳이 학교를 가지 않아도 학습이 가능한 시대입니다. 넘쳐나는 유튜브 콘텐츠와 많은 강의 자료들, 잘 정리된 기업 성공 사례, 끝없이 쏟아지는 책…, 엄청난 기회가 이미 우리 옆에 펼쳐져 있으니까요. 지금 저는 성공한 비즈니스 모델에 대해 언급했지만 어느 분야든 변화의 양상은 비슷합니다. 내가 포기하지 않고 계속 도전한다면 성공할 확률은 그 어느 시대보다도 높습니다.

자, 이제 우리가 무엇을 공부해야 하는지는 알았습니다. 내가 관심 있는 분야, 일하고 있는 분야에서 일어나고 있는 디지털 대전환에 대해서는 꼼꼼히 챙기고 꾸준히 학습해야 합니다. 새로운 융합 사례, AI 적용 사례, 데이터 분석 활용 사례, 새로운 비즈니스 모델의 성공 사례 등 지속적으로 찾고 학습해서 내일을 위한 준비에 활용해야 합니다. 물론 창의적 직관은 여전히 가장 중요합니다. 먼 산을 보는 힘 말이죠. 세상에 없는 걸 창조할 수 있는 무모함과 크리에이티비티creativity는 바로 이러한 직관에서 비롯됩니다. 명심해야 할 것은 '창조는 지식의 편집'에 의해 일어난다는 점입니다. 결국 넓고 깊은 학습이 밑바탕에 쌓여 있어야 새로운 창조의 길도 만들어낼 수 있습니다. 공부가 중요하다는 뜻입니다.

팬덤에서 가장 근본이 되는 요소는 역시 실력입니다. 좋은 디자인, 높은 퀄리티, 편리한 기능 등 인간이 무언가를 경험하면 즉각적으로 반응하게 되는 것들을 구현해내는 힘은 제품과 서비스의 가장 중요한 경쟁력입니다. 더구나 다른 기업보다 더 저렴한 가격으로 그것을 구현할 수 있다면 금상첨화입니다. 사실 수십 년간 시장을 지배하는 가장 중요한 요소였죠. 지금도 그 중요성은 결코 줄지 않았습니다. 그래서 가성비, 가성비 하는 겁니다. 그런데 요즘은 가성비(가격 대비 성능)보다는 가심비(가격 대비 심리적 만족도)라는 말이 소비 특성을 더욱 잘 설명하는 것 같습니다. 가심비는 비용과 무관하게 제품 구매 또는 사용 경험을 통해 얻는 개인적인 만족도를 강조하는 소비 트렌드입니다. 주로 디지털 세대의 소비 트렌드를 설명할 때 자주 씁니다. 이건 진짜 어렵습니다. 제조업 관점에서 보면 성능을 높이거나 디자인을 개선하는 것은 얼마든지 자신 있지만 스토리텔링, 이미지 메이킹에 따라 소비자의 심리적 만족도가 달라진다면 이런 건 어떻게 제품에 반영할까요?

그런데 문제는 세계 최고 기업 애플의 아이폰이 바로 가심비의 상징과 같다는 겁니다. 에어팟 프로도 말할 것이 없죠. 아무것도 모르는 초등학생들도 갤럭시는 싫다며 아이폰을 사달라고 졸라댄다니 참 난감한 상황입니다. 반도체 성능을 높이느라 밤을 새우고 카메라 화소 수를 키우느라 전 세계를 돌아다니며 협업하는 삼성전자 엔지니어들 입장에서 보면 힘 빠지는 소리입니다. 그런데 그게 이미 현실입니다. 잠깐 그러다 마는 것이 아니라 더욱 심해지니 속상한 일입니다. 결국 좋은 '경험 디자인'이란, 훌륭한 제품이라고 해서, 제조 실력이 뛰어나다고 해서 해결되는 것은 아닙니다.

과거에는 제품을 만드는 사람들은 '닥치고 기술개발'만 하면 되었습니다. 광고, 마케팅, 스토리텔링은 제품이 나오면 부서별로 알아서 만드는 거였죠. 매년 신제품을 만들 때마다 분업화된 시스템이 작동해 제품과 광고가 공장에서 찍어내듯 나왔습니다. 제품이 나오면 세일즈는 전 세계 유통망만 알아서 관리하면 됐습니다. 소비자는 보통 자기 주장보다는 영업사원이 권유하는 상품을 사는 경우가 더 많았으니까요. 영업 전략은 세일즈 조직이 더 많은 이익을 갖도록 해주는 게 핵심이었습니다. 그래서 제조기업은 유통망에 많은 이익을 양보해왔습니다. 우리는 이 시스템을 바탕으로 정말 열심히 일했고, 거대한 글로벌 유통망을 기적처럼 만들어가면서, 세계적인 제조기업으로 성공했습니다. 전자제품도, 자동차도, 그렇게 글로벌 기업으로 성장할 수 있었던 겁니다.

그런데 불쑥 디지털 시대가 도래한 것입니다. 온라인 커머스는 기존 시스템과 많이 다른 방식으로 작동합니다. 시장을 지배하는 힘도 달라집니다. 레거시의 파워는 약해지고 소비자는 자기 주도적으로 선택합니다. 거기다 가심비에 따라 움직이고, 그 만족도는 SNS를 타고 들불처럼 번져가 소비 트렌드를 바꿉니다. 애플은 전 세계 스마트폰 영업이익의 90% 이상을 늘 가져갑니다. 온오프라인이고 뭐고, 유통기업 이익 극대화고 뭐고 다 필요 없습니다. 그냥 소비자가 제품을 내놓으라고 닦달합니다. 유통기업도 애플이 주는 마진 외에는 찍소리도 못 합니다.

말도 안 되는 이 독점체제를 깨기 위해 기업들이 엄청나게 노력하고 있지만, 애플의 왕좌는 여전히 끄떡없습니다. 3조 달러라는 엄청난 시총이 이를 증명합니다. 결국 우리가 바뀌는 게 답입니다. 애플에서 배워야 하는 거죠. 좋은 경험을 디자인하려면 모두 함께 동일한 세계관으로 개발, 디자인, 마케팅, 광고, 유통, 판매의 전략을 세워야 합니다. 그리고 그 안에 '좋은 경험 디자인'이라는 일관된 키워드가 작동해야 합니다. 이 어려운 일을 우리가 해야 하는 상황입니다. 개도국으로 50년을 살아오면서 신제품 개발은 오로지 선진국 제품 카피로 시작했던 우리에게 익숙하지 않은 전혀 새로운 도전이 시작된 겁니다.

경험 디자인으로 방향 전환한 삼성전자

2022년 12월 삼성전자는 대대적인 조직개편을 단행했습니다. 그동안 가전, 모바일, TV, 반도체 등 제품별로 분리되었던 사업부를 모두 통합해 단 2개의 사업부로 편성했습니다. 하나는 반도체를 생산하는 DS Device Solution 사업부, 또 하나는 제품을 생산하는 DX Device eXperience 사업부입니다. 특이한 것은 스마트폰, TV, 가전, 시스템 에어컨 등 모든 제품을 개발하고 판매하는 사업부를 DX, 즉 '제품 경험' 사업부라고 이름 붙인 것입니다. 그뿐 아닙니다. 모든 것을 '경험'으로 도배합니다. 모바일 사업부 이름은 MX Mobile eXperience 사업부입니다. CX Customer eXperience 사업부, MDE Multi-Device Experience 사업부 등 고객 제품개발 관련 사업부는 거의 다 'eXperience'를 붙여서 경험을 강조했습니다. 이어진 CES 2023에서도 기조연설을 통해 '고객 경험의 시대 Age of Experience'를 슬로건으로 내걸고 삼성전자가 새로운 기술이나 기능보다는 고객의 경험에 집중하고 있음을 전 세계에 널리 알렸습니다.

사실 제조기업에게 이러한 변화는 쉬운 일이 아닙니다. 신기술개발에만 집중해왔던 전체 조직이 갑자기 고객의 경험을 기준으로 기술을 개발하라고 해서 갑자기 곧바로 전환할 수 있는 것도 아니죠. 차라리 폰을 반으로 접는 폴더블폰을 만들라거나, 카메라 해상도를 1,000만 화소에서 5,000만 화소로 올리라거나(갤럭시 S24에서 실제 구현되었습니다) 하는 것은 어렵기는 해도 어디서부터 어떻게 접근해야 할지 오랫동안 축적된 개발의 경험이 있습니다. 온디바이스 AI를 구현하는 것도 자신 있습니다(이것 역시 갤럭시 S24에 세계 최초로 탑재되었습니다).

이처럼 첨단 기술개발 분야에서는 삼성전자가 애플을 오히려 앞서가고 있습니다. 그런데 그렇게 14년 동안 기술개발에서 열심히 추격하거나 심지어 앞서기도 했지만, 애플의 팬덤은 따라잡을 수가 없었습니다. 그래서 삼성전자는 이제 기준을 바꾸고 새로운 도전을 시작한 겁니다. 기술이 아니라 사람, 그들의 '좋은 경험'을 디자인하는 것을 생존전략으로 삼은 것은 디지털 문명 시대 당연한 결정입니다.

생각해보면 애플은 정말 대단한 기업입니다. 스마트폰 하나로 매년 엄청난 이익을 만들어내고 끊임없이 생태계를 확장하며 여전히 인류에게 '가장 미래가 기대되는 기업'으로 선택받고 있습니다. 시가총액은 2019년 처음으로 1조 달러를 돌파했는데 2023년에 가볍게 3조 달러를 넘어서더니 2024년에 MS와 치열한 시총 1위 경쟁을 하면서 아직도 성장 중입니다. 스티브 잡스 사망 후에는 좀 약해질 것이라 예상했는데 팀 쿡이 오히려 더 잘 이끌고 있습니다. 스티브 잡스 같은 혁신이 부족하다는 세간의 평은 계속 들려오지만 고객의 충성도는 꿈쩍도 하지 않습니다. 아니, 점점 더 강력해지는 듯합니다. 심지어 갤럭시를 생산하는 우리나라에서도 아이들이 아이폰을 안 쓰면 왕따를 당한다는 분위기인 것을 보면, 아이폰 팬덤이 글로벌시장에서 얼마나 강력한지 실감할 수 있습니다. 도대체 어디가 출발점이었을까요?

"고객의 심장이 노래할 때까지"

누가 뭐래도 애플의 디자인 철학은 스티브 잡스에 의해 만들어졌습니다. 잡스의 철학은 매우 명확합니다. 2010년 아이패드2를 소개하는 프레젠테이션을 할 때, 애플의 디자인 철학을 보여주는 아주 유명한 어록을 남기죠. "우리는 기술만으로는 부족했습니다. 그래서 기술에 인문학liberal arts과 휴머니티humanity를 결혼시켰습니다. 그랬더니 비로소 고객의 심장이 노래하기 시작하더군요." 이 명대사는 지금도 유튜브에서 끊임없이 조회되는 중입니다. 잡스는 '결혼시켰다married with'라는 단어와 '심장이 노래한다heart is singing'는 표현을 썼습니다. 제품개발을 시적으로 표현한 겁니다.

그의 말을 정리하면 애플의 제품개발 기준은 '고객의 심장이 노래할 때까지'였다는 겁니다. 도대체 인간의 심장은 언제 노래할까요? 또 심장이 노래하는 상태는 어떤 걸까요? 정말 모호합니다. 원래 시도, 인문학도 모호합니다. 실제로 잡스는 제품개발에 있어서 어떤 숫자를 제시한 적이 없습니다. 그의 자서전을 읽어보면 그와 함께 일했던 대부분의 사람들이 고개를 절레절레 흔들었다고 합니다. 도대체 만족을 모르는 그의 성품 때문이었습니다. 실제로 많은 사람이 그 스트레스를 견디지 못하고 잡스를 떠났죠.

그는 독특한 제품개발 기준을 갖고 있었습니다. 그 설명할 수 없는 기준에 부합하는 결과가 나올 때까지 닦달을 멈추지 않았습니다. 제품 디자인이든, 소프트웨어든, 내부에서 작동하는 하드웨어든, 만족할 때까지 포기하는 법이 없었죠. 그렇게 해서 탄생한 것이 바로 아이폰입니다. 심장을 노래하게 하는 제품은 쉽게 나올 수가 없습니다. 아이폰 이전과 이후의 세계를 분리할 만큼 엄청난 센세이션을 일으킨 이 제품은, 한 인간의 집요한 '완벽에 대한 집착'에 의해 탄생한 겁니다. 실제로 아이폰 출시 초기에 이 폰을 선물로 받은 수많은 미국 청소년들이 펑펑 울며 눈물을 터뜨렸고 그 동영상이 유튜브를 통해 번지면서 거대한 팬덤의 시발점이 되었습니다.

그리고 그때 잡스의 집착이 만들어낸 아이폰의 '미묘한 차이'들은 기업의 DNA가 되어 지금도 애플 팬들을 사로잡는 '거대한 파워'로 작동합니다. 조금 더 부드러운 터치감, 1번의 클릭을 더 줄이는 미묘한 차이의 편리성, 왠지 무언가 좀 다른 촉감, 왠지 조금 더 세련되어 보이는 사진 등 애플 팬들이 말하는 아이폰의 장점은 사실 과학적으로 설명하기엔 애매합니다. 수치로도 정확히 표현하기 어렵고요. 그런데 누구나 알 듯한 이야기이기는 합니다. 애매모호 하지만 뭔가 수긍할 수밖에 없는 미묘한 차이가 존재하죠. 그 차이가 뭐라고 엄청난 고가를 아낌없이 지불하는지 갤럭시 사업부에서 보자면 원망스럽기도 하겠지만 그게 팩트이고 그게 인간입니다. 인간은 원래 모호한 존재입니다.

'느낌적인 느낌'은 뇌의 상태까지 바꾼다

아이폰만이 아닙니다. 에어팟 프로는 한술 더 뜹니다. 달랑 블루투스 이어폰일 뿐인데 가격이 무려 36만 원이고 할인은 어림도 없습니다. 애플이 에어팟 프로로 벌어들이는 매출이 아이폰 보급형으로 만드는 매출보다도 높다고 하니 어이가 없습니다. 도대체 사람들은 왜 그렇게 가성비 꽝인 제품에 열광할까요? 실제로 유튜브에 보면 에어팟 프로와 비슷한 성능의 6만 4,000원짜리 차이팟(짝통 에어팟) 이어폰을 비교하는 동영상이 여럿 있습니다. 36만 원짜리와 6만 4,000원짜리의 차이는 뭘까요? 실제로 요즘은 유튜버들이 '열일' 합니다. 다양한 엔지니어링 장비로 음역대, 음색, 잡음, 퀄리티 등을 모두 세세하게 비교합니다. 미세한 차이는 있지만, 인간의 귀로 구분할 수 있을 정도는 아니라는 게 대부분의 결론입니다.

과학적으로는 애플 팬들이 틀린 거죠. 그래서 제가 "엔지니어 입장에서, 과학적 기준으로는 6만 원짜리 중국 이어폰이나 36만 원짜리 에어팟 프로나 성능은 거의 같습니다." 하고 얘기하면 학생들이 바로 받아칩니다. "에이, 교수님. 무식한 소리 좀 하지 마세요. 애플 거는 귀에 꽂는 순간 느낌적인 느낌이 달라요." 그래서 저는 속으로 '아, 애플 팬들은 과학적인 사고를 하는 사람들이 아니구나' 하고 생각했습니다. 엔지니어에게는 데이터가 같으면 같은 거니까요. 그런데 제가 최근 뇌과학 연구 결과들을 보다가 문득 깨닫고 말았습니다. 그들이 아니라 제가 비과학적이었더군요. 그들이 옳았습니다. 인간은 결코 데이터로 판단하는 존재가 아니었습니다.

　뇌과학 분야의 한 실험 논문에 의하면 사람들은 자기가 좋아하는 걸 착용했을 때 뇌의 상태가 달라져 평소와 다르게 들을 수 있다고 합니다. 애플 제품을 정말 좋아하는 사람의 경우, 에어팟 프로를 착용하는 순간 뇌 상태가 마치 교주를 직접 만난 사이비 종교의 신도와 같은 상태가 됩니다. 어떤 음악을 들어도 최상의 상태로 들리게 된다는 겁니다. 이걸 논문에서 뇌파 실험을 통해 입증했습니다. 인간은 결코 기계가 아닙니다. 그것이 과학이죠. 실제로 애플에 강력한 팬덤을 가진 사람이라면 에어팟 프로를 귀에 꽂는 순간 뇌가 달라져 다른 제품과는 다른 '느낌적인 느낌'이 작동한다는 게 입증되었습니다. 그래서 기꺼이 36만 원을 지불하는 것이죠. 물론 다른 사람들의 시선을 의식해서 내가 애플 사용자임을 보여주고 싶은 마음도 중요한 작동 기제입니다. 그러고 보니 애플 사용자는 왠지 감각적이고 세련되었다는 '느낌적인 느낌'을 크게 부정할 수는 없네요. 저는 지금까지 한 번도 다른 걸 써본 적이 없는 갤럭시 광팬인데도 말이죠.

· 31 ·

인재, 조직, 철학까지
모든 것을
소비자 경험에 맞춰라

과거에는 그저 제품의 외형에서 발생하는 디자인의 감성적 차이나 소재의 차이 정도로 브랜드의 가치를 다르게 하는 데 주력했다면, 이제는 총체적인 경험의 차이가 브랜드 가치를 결정합니다. 요즘 아이들이 아이폰을 사달라고 떼를 쓰는 것은 에어드랍이나 커뮤니티 같은 아이폰에서만 사용 가능한 독특한 기능이 자신에게만 없을 경우, 다른 아이들과 사회적 관계를 맺기 어렵기 때문이라고 합니다. 왕따당하기 싫어서 비싼 폰을 사야 한다는 거죠. 옳고 그름을 떠나 아이들이 가질 수 있는 당연한 욕구라고 볼 수 있습니다. 그렇다면 갤럭시는 아이들을 위해 어떤 기능을 만들어왔을까요?

갤럭시가 스마트폰 출시 이후 아이들을 위해 10여 년간 만들어온 폰이 바로 갤럭시 키즈폰입니다. 애들 표현을 빌리자면 쓰레기폰이죠. 이 폰은 아이들의 소망이 아니라 엄마의 모든 소망이 집약된 폰입니다. 게임도 할 수 없고, 유튜브도 볼 수 없으며, 당연히 무슨 앱을 깔아 커뮤니티에 가입할 수도 없습니다. 오직 친구들과 카톡 정도 하고 엄마와 소통하는 데만 활용하도록 하는 게 주된 목적인 폰입니다. 사실 엄청나게 인기를 끌며 팔려나갔습니다. 스마트폰은 엄마들이 사주는 거지 아이들이 직접 사는 제품이 아니니까요. 그러니 실제 사용자가 원하는 폰이 아니라 쩐주(?)가 원하는 폰을 기가 막히게 기획한 겁니다.

그렇게 10년 동안 갤럭시 키즈폰은 팔려나갔고, 아이들 사이에서는 쓰레기폰 취급을 받았죠. 아이들이 아무 앱도 쓸 수 없고 엄마의 톡만 끊임없이 오는 폰과 최신 아이폰을 비교한다고 생각해보세요. 이건 도무지 비교 대상이 아닙니다. 그렇게 디지털 원주민인 잘파세대 아이들의 세계관에 '갤럭시폰=쓰레기폰'이 각인된 겁니다. 어른들에게는 그래도 기술로는 조금 더 앞서가는 갤럭시의 이미지가 있었지만, 아이들에게는 그런 경험이 존재하지 않았습니다. 그리고 이들이 자라 성인이 된 후에도 무의식 속에 여전히 갤럭시에 대한 안 좋은 선입견이 남아 있을 것입니다.

최근 유튜브에는 소개팅에서 만난 20대 여성이 "어머, 갤레기 쓰세요? 혹시 아저씨세요?"라고 물어본 이야기가 잘파세대로부터 큰 공감을 받아 우리 사회에 충격을 주었습니다. 저처럼 웬만하면 국산품을 애용해야 한다는 국뽕(?) 교육을 받은 세대로서는 상당히 충격적인 이야기였죠. 세계에서 가장 많이 팔리는 자랑스러운 대한민국 제품에 '갤레기'라니요? 더구나 기능적으로는 부족할 게 없습니다. '요즘 젊은 세대는 정말 허영심이 가득하구나' 하는 생각도 잠깐 들었고요.

그런데 갤럭시 키즈폰 이야기를 듣고는 생각을 바꾸었습니다. 안타깝지만 '갤레기'라고 부르는 그들과 공감하지 않을 수 없었습니다. 지금의 잘파세대가 가진 갤럭시에 대한 반응은 10년간 폰 판매만 생각했던 삼성의 업보입니다. 경험보다는 매출이 중요했던 시대의 불우한 유산이기도 하고요. 디지털 문명전환에도 불구하고 MZ세대의 세계관 변화에 관심을 두지 않았던 개도국 관성의 슬픈 결과물입니다.

좋은 인상 주기보다 나쁜 선입견 지우기가 훨씬 어렵다

TV도 보지 않고 따라서 광고 노출도 없는 잘파세대에게 커뮤니티는 곧 팬덤을 키우는 권력의 중심입니다. 자발적 팬덤은 광고가 아니라 오직 '경험'이 결정합니다. 잘파세대의 디지털 세계관에서 보면 갤럭시 키즈폰을 사용하는 아이들은 아예 존재감조차 없었던 겁니다. 신박한 기능의 아이폰 사용자들에게 반박조차 할 수 없었죠. 무궁무진한 디지털 세계를 경험해보지 못한 갤럭시 키즈폰 사용자들이 수능은 더 잘 봤을지 모르지만, 갤럭시에 대한 좋은 경험을 갖지는 못했던 것이 분명합니다.

엄연히 키즈폰을 사주었는데 아빠가 쓰는 최신 폰으로 바꿔달라고 10살짜리 아이가 우길 수 있을까요? 하기야 당시에는 '게임을 많이 하면 범죄를 저지를 가능성이 높다', '게임을 오래 하면 폭력성이 극에 달한다', '게임 중독으로 살인마가 된다'는 말도 안 되는 가짜 뉴스들을 지상파 방송국이 앞다퉈 내보내면서 그 유명한 '셧다운제'까지 만든 시절이었으니까 게임을 잘해보겠다고 최신 폰 사달라는 건 그 야말로 언감생심이었습니다. 이때 우리가 간과했던 아이들의 세계, 그들의 커뮤니티에는 그래서 '갤레기'라는 씻기 어려운 오명이 새겨진 것이죠. 그리고 이제는 그 어두운 그림자가 20대를 넘어 뻗어가고 있습니다. 더 안타까운 것은 앞으로도 특별한 노력이 없는 한 이러한 나쁜 선입견은 지우기가 매우 어려울 것이라는 겁니다.

디지털 네이티브들은 어떠한 권력이나 레거시에 의해 지배당하는 걸 매우 싫어합니다. 스스로 판단하고 권력을 행사합니다. 누가 광고를 하고 돈을 준다고 해서 그걸 바꿔내기는 쉽지 않다는 뜻이죠. 키즈폰을 만들 당시에는 아마 획기적인 기획이라고 칭찬도 많이 받았을 겁니다. 사회악으로부터 아이들을 지켜주는 폰이니까요. 엄마들의 팬덤도 굉장했을 겁니다. 그런데 불과 10년 앞을 내다보지 못했습니다. 고객을 중심으로 경험을 디자인하는 일은 이만큼 세심하게, 또 멀리까지 내다봐야 하는 작업입니다. '오로지 고객만을 바라봅니다'라는 슬로건만으로 되는 게 아니라 절대 흔들리지 않는 강력한 경영철학이 밑바탕에 깔려 있어야 가능한 일입니다.

삼성전자는 그동안 기능 위주의 제품 디자인, 매출 중심의 상품기획, 선진국 제품 따라 하기 등으로 세계 최고의 제조기업으로 성장할 수 있었지만, 진정으로 글로벌 톱이 되려면 경영철학과 조직운영의 근간을 리셋할 때가 되었음을 인지해야 합니다. 조직개편에 이어 세계관의 대전환이 필요하다는 겁니다. 저는 여전히 갤럭시의 열렬한 팬입니다. 강의장에 가서도 엄청나게 좋다고 자랑합니다. 그래도 반성할 건 꼭 반성해야 합니다. 팬덤경제의 시대, 50대가 아니라 10대, 20대를 감동하게 해야 미래 성장의 기대치가 올라가기 때문입니다. 그것이 삼성전자 임직원이 풀어야 할 숙제입니다.

고객 경험이 가장 중요하다면 다르게 봤어야 할 GOS 사태

한동안 시끄러웠던 GOS 사태를 기억하시나요? 그 역시 마찬가지입니다. GOS 사태에 대한 나무위키의 정의를 보면 이렇게 나와 있습니다. "삼성 갤럭시 GOS 성능 조작 사건이란, 삼성전자가 삼성 갤럭시 제품군에서 자사 기본 탑재 앱인 GOS Game Optimizing Service를 이용해 제품의 성능과 해상도를 낮추었으나, 이를 소비자에게 고지하지 않고 벤치마크 앱에선 정상 성능인 것처럼 구동되도록 설계해 전 세계 고객들을 속인 벤치마킹 치팅 사건이다. 일명 'GOS 사태' 또는 'GOS 게이트'라고 부른다."

정의부터가 뭔가 적대감이 가득합니다. 2022년 갤럭시 S22 출시 후 처음 이 사건이 게임 커뮤니티를 중심으로 확산하기 시작했을 때도 삼성에서는 사건의 심각성을 인지하지 못하고 대충 넘어가려는 분위기였습니다. 당시 게임을 즐기던 S22 사용자들이 게임을 좀 오래 해 발열이 발생하면 성능을 다운시키는 GOS에 대해 불만을 드러내기 시작했습니다. 스브스뉴스 소속 IT 리뷰 유튜브 채널 '오목교 전자상가'에서 이 문제를 직접 다루는 인터뷰를 했는데 진행자가 "GOS 좀 끄고 게임을 즐길 수 있게 해줄 수 없느냐."라고 질문했습니다. 이때 삼성전자 직원이 직접 출연해 "저희는 소비자 안전에 관련된 부분에 굉장히 집중하고 있는 중이며, 그 부분에 있어서 조금이라도 타협할 생각이 없다."라고 답변한 겁니다.

이때부터 소비자들이 분통을 터뜨리며 네티즌 수사대가 조사에 들어갑니다. 진짜 그렇게 소비자의 안전을 생각한 거냐, 그렇다면 발열이 발생할 때만 성능을 떨어트리는 거냐, 작동원리는 뭐냐 등 전문가들이 즐비한 인터넷 세상에서 모든 비밀이 파헤쳐지기 시작하죠. 그랬더니 납득하기 어려운 결론들이 나오기 시작합니다. 게임을 시작하고 발열이 과해지면 작동하는 게 아니라 아예 소프트웨어상에 삼성이 등록해놓은 앱들은 구동하기만 해도 성능을 바로 떨어트리는 겁니다. 말하자면 자기들이 자의적으로 앱 목록을 정해 규제했던 거죠. 그런데 특이하게도 속도를 테스트하는 성능 벤치마킹용 앱들은 모두 GOS 작동 없이 원래 성능대로 다 돌아가는 겁니다. 이 앱들도 엄청나게 과부하를 걸어 테스트하는 앱인 만큼 게임 앱보다도 가혹

한 작동조건을 걸고는 합니다. 그런데 이들 앱은 그런 제한이 없으니까 성능 비교에서는 아주 좋은 제품으로 보고된 겁니다. 이러니 이율배반적이라는 댓글이 달리기 시작합니다. 심지어 그렇게 성능을 저하시켜 사람들이 계속 신제품을 구입하도록 만드는 게 전략이냐는 음모론까지 제기됩니다. 생각해보면 그럴 만도 합니다.

철학과 근본을 바꿀 수 있는가?

긱벤치 같은 성능 비교 사이트에서는 최고의 성능으로 나오는데 이상하게 게임을 하거나 유튜브를 보면 성능이 떨어지는 겁니다. 알고 봤더니 삼성이 지정한 앱을 켜기만 하면 바로 성능을 떨어트리는 GOS라는 말도 안 되는 프로그램이 있더라, 심지어 그런 게 작동한다는 걸 사전에 고지도 하지 않았더라, 이런 내용들이 네티즌 수사대에 의해 진실로 밝혀집니다. 한 번 속은 고객은 다시는 믿지 않으려는 성향이 더 강해집니다. 온갖 비난이 쏟아지고 심지어 고객 기만이라며 여기저기서 소송이 발생합니다.

　삼성전자의 대처도 이해는 갑니다. 삼성전자는 과거 갤럭시노트 7을 발매했을 때 과열로 인해 화재가 발생하는 심각한 문제를 겪은 바 있습니다. 전량 회수해서 폐기하는 바람에 정말 엄청난 트라우마로 남았죠. 그래서 발열, 과열에 아주 민감합니다. 그래서 스마트폰을 출시하면서 AP Application Processor(스마트폰의 두뇌에 해당하는 칩)가 너무 오래 작동해 뜨거워지면 자동으로 그 성능을 다운시키도록 GOS라는 걸 개발한 겁니다. 그 마음은 이해가 가죠.

그런데 고객 입장에서 생각해볼까요? 갤럭시 신제품이 나왔는데 성능 비교 사이트에서 테스트를 해봤더니 클릭 스피드가 아주 높게 나오는 겁니다. 리뷰에서도 칭찬이 쏟아졌습니다. 내가 즐기는 게임을 하는 데 최적의 폰입니다. 그래서 구매하자마자 신나게 게임을 합니다. 그런데 뭔가 잘 안 돌아가고 버벅거립니다. 원인을 알아봤더니 게임 앱만 켜면 무조건 성능을 저하시키고, 그 기능을 사용자 마음대로 끌 수도 없답니다. 배신감이 들지 않을까요? 이런 배신감들이 게임 커뮤니티를 가득 메웠고, 당연히 삼성에게 따져 물었겠죠. 그랬더니 이런저런 핑계를 대면서 넘어가려고 하는데, 다 밝혀내고 보니 앞뒤가 안 맞습니다.

디지털 커뮤니티에서 진정성은 가장 중요한 요소입니다. 마음을 다친 잘파세대의 배신감은 계속 확산했고 심지어 삼성전자의 사내 인터넷망에서도 GOS 대응방식에 대한 비난이 MZ 직원들을 중심으로 쏟아졌습니다. 이러한 대응방식을 보면 삼성은 'MZ 고객 중심'의 본질을 제대로 실천하고 있다고 보기 어렵습니다. 그건 그냥 '광고문구'라고 생각하는 것 같습니다.

오래전부터 내려오던 경영의 철학, 그 관성을 이겨내는 것은 쉬운 일이 아닙니다. 더군다나 이렇게 해서 초격차를 만들었고 세계 1등에 올랐으니까 그 전통의 힘에 대한 자부심도 어마어마할 수밖에 없습니다. 그래서 본질을 바꾸는 일이 어렵습니다. 누구나 이름이나 조직 구조는 바꿀 수 있습니다. 그러나 철학과 근본을 바꾸는 건 아무나 할 수 있는 일이 아닙니다. 담대한 도전, 대전환이 필요합니다.

사실 실무적인 면에서 가장 큰 문제로 지목되는 것이 임원의 임기 입니다. 임원이 되면 실적이 나와야 계속 그 자리를 유지할 수 있습니다. 대전환의 위험을 감당하기보다는 기존의 시스템에서 숫자를 조금 늘리는 데 집중할 수밖에 없습니다. '실패를 두려워하지 않는 대담한 도전' 자체가 불가능한 구조라는 겁니다. 그래서 외부로부터 무수한 조언과 컨설팅을 받지만 코로나 이후의 디지털 대전환 같은 급격한 변화에는 아무도 도전할 수가 없었습니다. 조직 자체가 '고객 경험 중심의 근본적 변화'를 실천하기 어려운 구조였다는 겁니다. 그럼 그것부터 바꿔야 합니다.

모든 걸 바꾸는 거라면 삼성이 가장 잘할 수 있다

사실 그 어려운 걸 이미 실천하고 '말도 안 되는 기적'과 같은 발전을 이뤄낸 게 삼성전자입니다. 1993년 이건희 회장은 프랑크푸르트 선언을 통해 "마누라와 자식 빼고는 다 바꿔야 한다. 그래야 삼성이 초일류 기업이 될 수 있다."라고 선언했습니다. 그러고는 국내 시장만 공략하던 이류 기업 삼성전자를 글로벌 초일류 기업으로 성장시켰습니다. 사실 반도체 세계 1위, 스마트폰 세계 1위, TV 세계 1위를 목표로 삼았을 때 다들 미쳤다고 했습니다. 말도 안 되는 소리라고 했죠. 심지어 국내 모든 언론사도 괜한 데 돈 쓰지 말라고 말렸습니다. 어떻게 미국이나 일본, 독일을 따라가느냐고 말이죠. 우리는 그런 수준이 아니라고, 중소기업 위주로 키우는 게 맞다고 했습니다. 적어도 국민의 90%는 그렇게 생각했습니다. 그런데 말도 안 되는 그 미친 꿈을 이룬 게 삼성전자입니다. 한번 해본 기업이라면 또 할 수 있지 않을까요? 이번에는 숫자로, 기술로, 무시무시한 근무시간 투자로 혁신하는 게 아니고 기준을 '경험'으로 바꾸는 겁니다. 좋은 경험을 디지털 세계로 끝없이 확산시켜 광고하지 않아도 고객이 열광하게 하고, 자기들끼리 신나서 구매하게 만드는 새로운 방식으로 변신하는 겁니다. 그렇게 해서 언젠가는 애플보다 더 사랑받는 삼성을 만드는 겁니다.

말도 안 된다고요? 미친 거 아니냐고요? 맞습니다. 그런데 적어도 꿈이라면 미쳤다는 소리를 들어야겠지요. 그 어렵다는 반도체 세계 1위도 한번 찍어봤는데 애플을 이겨보겠다는 미친 꿈도 못 이루라는 법 없습니다. 그러고 보면 스마트폰 설계와 제조에 대한 자체 기술도 있고, 가장 중요하다는 반도체와 디스플레이도 모두 보유하고 있습니다. 과거 아무것도 없을 때와 비교하면 훨씬 유리한 조건이고 실현 가능성이 높은 상황입니다. 그렇다면 미친 꿈 한번 제대로 꿔봐야 하지 않을까요? 어차피 뒤돌아갈 길도 없습니다. 스마트폰이든, 반도체든, 디스플레이든 최정상 자리에서 싸우는 중입니다. 전투에 들어갔으면 끝장을 봐야죠. 포기하지 않는 쪽이 이기는 겁니다. 우리가 유리하다고 할 수는 없지만 꼭 불리하다고만 볼 수도 없습니다. 이제 전투

는 막 시작되었습니다. 경험 디자인이라는 가보지 않은 길에 도전을
시작한 겁니다.

국가 전체의 상승을 이끄는 1등 기업의 중요성

이미 갤럭시 S24에 '온디바이스 AI'를 세계 최초로 탑재했습니다. 이
걸 활용하면 해외의 웬만한 여행지에서는 불편 없이 다닐 수 있습니
다. 해외여행에 진심인 MZ세대에게 좋은 경험을 줄 수 있을 겁니다.
5,000만 화소의 카메라도 반응이 좋습니다. 좋은 경험도 기술 없이는
구현할 수 없습니다. 이미 북미 시장에서 좋은 반응이 쏟아지고 있습
니다. 2024년 1분기 미국 시장에서 아이폰을 제치고 판매 1위를 회복
했습니다. 좋은 징조입니다. 여전히 오래 걸릴 싸움이지만 그래도 포
기하지 않는다면 우리는 잘할 수 있습니다. 이미 한번 해봤으니까요.
지난 30년간 우리가 이뤄낸 역사가 곧 기적이라면, 다음 10년의 도전
도 기적이 될 수 있습니다. 꿈을 꾸는 자가 기적을 만듭니다. 우리 졸
업생들의 든든한 일자리를 지켜주는 삼성전자가 멋지게 다시 한번
새로운 기적의 역사를 만들어가길 진심으로 기원합니다.

제가 왜 이렇게 삼성전자를 애정할까요? 삼성전자는 우리나라 시
총 1위의 기업입니다. 1등이 가지는 이미지는 국가 전체의 시장에도
큰 영향을 미칩니다. 1등의 미래 기대치가 올라가야 모두 함께 상승

할 수 있습니다. 삼성은 지난 30년간 우리 기업도 글로벌 기업으로 성장할 수 있다는 가능성과 리더십을 보여주며, 업계 전체의 글로벌화를 선도했습니다. 삼성을 벤치마킹하며 많은 기업이 글로벌 기업으로 성장했고, 삼성과 협력하며 중소기업들도 엄청나게 큰 성장을 거두었습니다. 물론 개도국에서 흔히 나타나는 부작용도 많이 있었습니다.

그렇지만 삼성전자를 중심으로 만들어진 산업 생태계를 통해 우리는 세계 최고 수준의 제조 생태계를 가지게 되었다고 해도 과언이 아닙니다. 엄청나게 많은 좋은 일자리와 미래 성장의 기반을 삼성이 주도하며 만들어온 게 사실이니까요. 그래서 아프지만 반성하며 더욱 건강하게 잘 성장하기를 기대하는 겁니다. 새로운 스타트업들도 많이 나와야 하지만 국가적으로 보면 든든한 버팀목이 어느 때보다 중요한 시점이기 때문입니다.

현대도, SK도, LG도, 롯데도, 신세계도, 포스코도, 한화도, GS도, CJ도, 아모레퍼시픽도, 우리나라 대기업들 모두 이 AI 대전환에 슬기롭게 대응하고 변화해 성공시대로 진입해야 합니다. 이들 모두가 지난 30년 대한민국의 기적을 만든 주인공들입니다. 당연히 다시 할 수 있습니다. 생태계는 건강해야 합니다. 건강한 생태계는 다양성이 생명입니다. 대기업, 중소기업, 벤처기업, 스타트업, 유니콘, 데카콘이 어우러지며 다양성을 유지해야 미래를 향해 더 튼튼하게 성장할 수 있습니다. 대한민국의 근간을 탄탄하게 구축해온 우리 대기업들이 또 한 번의 기적을 만들며 더욱 활약하는 글로벌기업으로 성장하기를 기원합니다. 대기업이 만드는 건강한 일자리가 많아야 우리 학생들에게 '미친 꿈'을 펼칠 날개를 달아줄 수 있습니다.

메타 인더스트리의 가장 큰 특징은 '팬덤경제'입니다. 무려 10억 이상의 인구가 국경 없이, 문화적 경계 없이, 언어 장벽 없이 새로운 소비 생태계를 만들고 있는데, 그 중심에 스스로 만드는 팬덤이 가장 큰 권력으로 작동합니다. 팬덤은 소비자의 선택으로 형성됩니다. 좋은 경험을 한 인류가 디지털 플랫폼을 통해 빠르게 입소문을 냅니다. 좋은 경험은 결국 그 중심에 '인간의 마음'이 있습니다. 그래서 인간에 대한 공부가 필요합니다.

인류는 오랜 진화를 통해 놀라운 지적 생명체가 되었습니다. 이들을 제대로 이해하려면 정말 다양한 공부를 해야 합니다. 역사, 진화론, 심리학, 인문학, 예술 등 이루 말할 수 없이 종합적이고 융합적인 학습이 필요합니다. 엄청나게 많은 경험도 필요합니다. 인류는 왜 모나리자를 보고 그렇게 감동하는 걸까요? 차이콥스키의 바이올린 협주곡에 감동하는 이유는요? 도대체 아이들은 왜 포켓몬에 열광하는지도 궁금합니다. 사실 제대로 알려면 체험이 필요합니다. 문화적 체험은 인류의 감성을 이해하는 데 특히 필수적입니다. 다양한 클래식 음악공연도 경험해봐야 하고, 현대 미술 전시회도 꼬박꼬박 찾아가 경험해봐야 합니다. 인류가 보편적으로 즐기는 '좋은 경험'들을 나도 체험해봐야 그 '느낌적인 느낌'을 이해할 수 있습니다. 그걸 알아야 좋은 '경험 디자인'이 가능합니다.

다행인 것은 디지털 시대에는 적어도 폰만 열면 즐길 수 있는 것이 가득하다는 겁니다. 오프라인에서 하는 문화적 체험도 검색이나 AI를 통해 더 풍성하게 즐길 수 있습니다. 이걸 만끽하며 나의 삶도 풍요롭게 하고 동시에 인류가 좋아하는 것에 대한 감성도 키울 수 있습니다. 요즘 MZ세대가 오프라인 미술 전시회나 음악공연에 열광하는 것은 디지털을 통해 학습한 최고의 예술적 감성을 실제로 느껴보고 싶은 욕망이 폭발하는 것으로 볼 수 있습니다. 매우 자연스러운 현상입니다. 온라인과 오프라인은 분리된 세상이 아니라 서로 연계되어 공존하는 인류의 생활 공간입니다. 기술의 발전으로 우리의 세계관은 확장될 수 있지만 AI 시대가 되어도 변하지 않는 건 인간이라는 본질입니다.

인간에 대한 이해는 우리가 평생 멈추지 말아야 할 가장 중요한 공부입니다. 깊은 애정을 가지고 인문학과 예술, 휴머니티에 대해 공부하세요. 여러분의 삶을 풍요롭게 해주는 행복한 시간인 동시에 AI 사피엔스 시대의 가장 중요한 자산이 될 것입니다. 그리고 그 축적된 자산에서 디지털 네이티브를 열광시킬 메타 세상의 새로운 비즈니스 모델도 쑥쑥 자랄 것입니다.

기억하세요. 성공의 비결은 '구독과 좋아요'입니다. 나부터 '구독과 좋아요'를 부르는 좋은 사람이 되는 게 시작입니다.

PART 6

전 세계를 홀린 K-팬덤, 휴머니티로 미래를 디자인하라

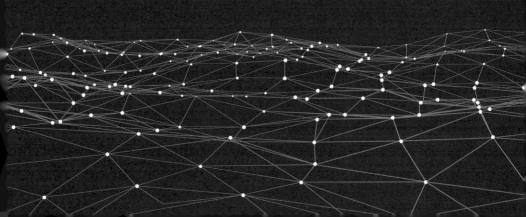

· 32 ·

메타 세상을
깜짝 놀라게 한
K-팬덤

글로벌 팬덤경제에서 우리나라 콘텐츠 산업이 경이로운 기록을 많이 세웠습니다. 유튜브 역사상 가장 많은 조회 수를 기록한 영상은 놀랍게도 '아기상어'입니다. 유튜브 영상 중 유일하게 100억 뷰를 넘은 '아기상어'는 벌써 140억 뷰를 넘었는데도 조회 수 증가가 멈출 줄을 모릅니다. 생각해보면 특이한 현상입니다(이 영상은 2019년 이후 제가 책을 쓸 때마다 언급하는데 이후로도 조회 수는 계속 늘어만 가네요). 이 영상을 보는 주요 고객은 바로 아기들입니다. 아직 말도 할 줄 모르는 아기들이 왜 이 영상을 그토록 좋아하는 걸까요? 말을 못한다는 것은 아직 어떤 교육도 받기 전이라는 뜻입니다. 순수한 상태의 아기들은 어째서 그 수많은 영상 중에 대한민국 기업이 만든 이 영상에 그토록 열광할까요?

인기의 원인을 분석한 다양한 의견이 있습니다. 우선 미국에서 오랫동안 사람들 사이에 불려왔던 구전 동요를 원곡으로 참고했다는 점입니다. 이로 인해서 한국적인 것은 아니라는 지적도 있습니다. 한때 원곡 소유자라고 주장하는 사람이 저작권 소송을 건 적도 있었죠. 물론 구전 동요라는 이유로 인해 저작권은 누구에게도 없다는 판결이 났습니다. 실제 이걸 만든 스마트스터디에서도 구전 동요를 참고하되 드보르자크의 교향곡 '신세계로부터'의 앞부분을 삽입하고 가사, 멜로디 등을 잘 편집해 만든 것이라고 밝혔습니다. 그런데 그 이전에도 이 구전 동요로 음악을 발표한 사례가 많았지만 퍼지지는 않았습니다. 왜 하필 지금에 와서 그러는 걸까요? 이러한 이유만으로는 설명이 되지 않습니다.

데이터를 기반으로 만들어졌다는 스토리도 있습니다. 스마트스터디는 원래 동물 캐릭터를 기반으로 동요를 만들고 영상을 올리면서 조회 수를 관찰하고 있었는데 아기들이 토끼, 양, 고양이 등 전통적으로 귀엽다고 생각하는 동물 캐릭터보다 호랑이, 상어, 여우 등 상대적으로 무섭다고 여겨지는 동물에 대한 조회 수가 더 높다는 데 주목합니다. 실제로 아기들은 약간 공포스러운 캐릭터를 더 좋아합니다. 그래서 상어가 주인공이 됩니다. '무조건 데이터를 믿는다'라는 철학이 아기상어의 시작이었다고 합니다. 시작하는 음악도 약간 무섭습니다. 영화 '죠스'의 음악도 생각나고요. 내용은 더욱 황당합니다. 상어 가족을 소개할 때만 해도 그냥 자연스럽습니다. 아기상어부터 엄마, 아빠, 그리고 할머니, 할아버지까지 모든 가족을 소개합니다. 그러고 는 갑자기 도망치라고 합니다. 무서운 상어 가족이 등장했으니 살려 면 도망치라는 겁니다. 긴박하게 도망치고 숨고…, 그게 다입니다. 그 리고 황당하게도 마무리는 '휴~ 오늘도 살았다'입니다. 이게 뭔가요? 도무지 알 수가 없는, 맥락도 없는 가사이고 내용 전개입니다. 어른들 은 이해할 수조차 없습니다. 그런데 140억 뷰라뇨? 도대체 이런 중독 성은 어디서 나온 걸까요?

아기상어가 남긴 에피소드는 너무 많아 헤아릴 수조차 없습니다. 미국에서도 선풍적인 인기를 일으켜 '엘런쇼'를 비롯한 최고 인기 토 크쇼에 대부분 출연했습니다. 심지어 빌보드 싱글 차트 32위까지 오 르기도 했죠. 미국 부모들이 꼽은 가장 공포스러운 노래에 선정되기 도 했는데요. 그 이유는 '아기들이 이 노래를 끊임없이 반복해서 듣는 바람에 미칠 것 같아서'였다고 합니다. 교도소에서 밤새 아기상어를 틀어줘서 재소자들이 교도관을 고소한 적도 있고요, 미국의 한 공원 에서는 노숙자들을 쫓아내기 위해 밤새 이 음악을 틀었다는 이야기 도 있습니다.

이 음악을 리메이크한 유명가수는 이루 말할 수 없이 많습니다. 심 지어 2019년 미국 메이저리그 베이스볼 월드시리즈에서 우승을 차 지한 워싱턴 내셔널스는 우승 반지에 아기상어 캐릭터를 집어넣었습 니다. 워싱턴 내셔널스의 중심타자 헤라르도 파라Gerrado Parra는 시즌

중 심각한 슬럼프에 빠져 있었는데 기분 전환을 위해 두 살배기 딸이 가장 좋아하던 '아기상어'를 타석 등장곡으로 바꿔봤습니다. 그러고는 그날 2안타 2타점의 좋은 성적을 기록합니다. 이후 파라의 엄청난 활약과 함께 하위 팀이었던 내셔널스는 월드시리즈 우승까지 차지하게 되죠. 월드 시리즈의 매 게임마다 아기상어가 응원곡으로 등장해서 더욱 유명해졌습니다. 그리고 마침내 월드시리즈 챔피언 반지에 떡하니 상어를 새긴 겁니다. 팬들이 스스로 스토리를 더해 더욱 강력한 팬덤을 만든 사례입니다.

전 세계 K-팬덤의 가능성을 확인시켜준 '아기상어' 사건

아직도 왜 그렇게 큰 인기를 얻고 있는지는 정확히 알 수가 없습니다. 그러나 2010년 파주에서 시작된 대한민국 스타트업의 도전이 세계 최고 기록을 달성한 건 분명합니다. 더핑크퐁컴퍼니(옛 스마트스터디)는 아기상어의 인기 덕분에 아기들을 위한 캐릭터 산업의 상징이 되었고, 무려 2,500여 개 이상의 기업들에게 콘텐츠 사용권 로열티를 받고 있습니다. 코로나로 인해 주춤하긴 했지만 더핑크퐁컴퍼니의 기업가치는 수조 원 이상으로 평가받고 있습니다. 글로벌 팬덤 덕분이죠. 어린 시절 디즈니나 일본 캐릭터만 보고 자랐던 기성세대에게는 감회가 새로운 사건입니다. 전 세계 아이들이 가장 사랑하는 캐릭터가 '메이드 인 코리아Made in Korea'라니까 말이죠. 이것이 메타 세상의 놀라운 가능성입니다.

더핑크퐁컴퍼니의 창업에는 비하인드 스토리가 있습니다. 2010년 6월 이 회사를 창업한 김민석 대표는 1964년 삼성출판사를 설립한 김봉규 회장의 손자입니다. 아마도 연령대가 좀 높으신 분들은 기억하겠지만 집집마다 책장에 장식품처럼 꽂혀 있던 한국문학전집, 세계문학전집을 만든 유서 깊은 그 출판사 맞습니다. 계몽사의 소년소녀 세계문학전집과 함께 아이들이 있는 집은 모두 들여놓았다고 해도 지나치지 않은 그 책이 바로 더핑크퐁컴퍼니의 출발점이었습니다. 삼성출판사는 우리나라 출판계에 큰 족적을 남긴 대표적 출판사입니다(삼성그룹과는 아무 상관이 없는 회사입니다). 1970~1980년대 열심히 성장하던 시기에는 해외 명작을 번역해 아이들에게 책으로 읽히는 것이 우리가 할 수 있는 대표적 문화사업이었죠. 삼성출판사는 지금도 아이들의 교육 교재 개발에 많은 투자를 하는 회사입니다.

2010년 메타 세상의 세계관을 기반으로 삼성출판사의 '아이들 교육' 철학을 반영해 설립된 회사가 더핑크퐁컴퍼니라는 겁니다. 불과 수십 년 사이 우리는 전 세계 아이들이 열광하는 콘텐츠 기업을 갖게 되었습니다. 디지털 대전환이 아니었다면 상상도 할 수 없던 일이 현실이 된 것입니다. 물론 핑크퐁에 앞서 엄청난 글로벌 팬덤을 이끌었던 뽀로로가 있습니다. 그렇지만 뽀로로는 여전히 방송이라는 레거시를 통해 팬덤을 만든 캐릭터였습니다. 진정한 메타 시대의 자발적 팬덤의 산물은 역시 '아기상어'입니다.

명심할 것은 삼성출판사와 더핑크퐁컴퍼니의 성공스토리가 보여준 디지털 문명 시대의 엄청난 가능성입니다. 선진 서구 문물을 들여와 카피하는 수준에서 벗어나 이제는 어떤 기업이든 세계적 팬덤을 만들 수 있는 무구한 가능성과 잠재력이 우리에게 있다는 걸 아기상어가 증명한 겁니다. 메타 세상은 그래서 꿈꾸는 자의 무대입니다. 무한 가능성의 글로벌시장입니다. 실력만 있다면 누구나 대담한 도전을 할 수 있습니다.

MZ의 세계관을 집어삼킨 K-웹툰

특이한 것은 세계적인 팬덤을 일으킨 주체가 아기들뿐만이 아니라는 겁니다. 앞서 언급했듯 K-웹툰의 인기도 엄청납니다. 지금이야 웹툰을 보는 연령층이 10대부터 50대까지 매우 다양해졌지만 그래도 주요 고객은 역시 MZ세대입니다. 그런데 이들은 왜 유독 대한민국의 웹툰에 열광하는 걸까요? 당연한 이야기지만 국가별로 유명한 작가들이 있고, 이들이 네이버나 카카오의 웹툰 플랫폼에 작품을 올려 큰 수입을 올리고 있는 건 맞습니다. 그런데 전체적으로 보면 한국 젊은 작가들의 글로벌 인기는 압도적입니다. 이들이 만든 웹툰의 인기 덕분에 우리나라 네이버나 카카오의 웹툰 플랫폼이 세계 100개국에서 쭈욱 1위를 이어가고 있는 것입니다.

갈수록 늘어가는 웹툰의 팬덤 덕분에 웹툰 플랫폼들은 황금알을 낳는 거위가 되어가고 있습니다. 웹툰의 인기가 올라가면서 빅테크들도 웹툰 플랫폼 사업에 참전했습니다. 2023년 초 애플과 아마존이 웹툰 플랫폼 사업을 하겠다고 발표했습니다. 일본에서도《드래곤볼》과《데스노트》등 만화출판으로 유명한 슈에이샤가 '점프툰'이라는 웹툰 플랫폼을 오픈하고 2024년부터 본격적인 영업을 시작한다고 발표했습니다. 만화출판에만 전념하던 일본이 달라진 거죠. 카카오픽코마는 2023년에만 일본에서 9,000억 원의 매출을 올렸으니 속이 탈 만도 합니다. 우리 웹툰 플랫폼의 일본 시장 점유율은 무려 70%입니다. 망가와 애니메이션의 본고장 일본에서 말이죠. 특히 카카오 픽코마의 점유율과 매출은 압도적입니다.

프랑스에서도 디즈니 만화를 매거진으로 모두 출판하던 픽소 매거진이 웹툰 플랫폼 사업에 뛰어들었습니다. 디즈니의 모든 만화를 웹툰으로 제공하기 시작한 겁니다. 이렇게 글로벌 기업들이 대거 웹툰 시장에 뛰어든 건 성장 중인 Z세대의 웹툰 사랑이 생각보다 훨씬 크다고 판단했기 때문입니다. 여기서 네이버와 카카오가 글로벌 1등을 지키고 있다는 것은 그만큼 우리 웹툰 작가들의 역량이 뛰어나다는 걸 증명하는 겁니다.

네이버웹툰의 2023년 4분기 웹툰 매출은 4,794억 원이었습니다. 이대로 간다면 2024년에는 2조 원을 가볍게 돌파할 것으로 보입니다. 카카오에서 운영하는 웹툰 플랫폼 카카오페이지(국내), 카카오픽코마(일본), 카카오웹툰(글로벌)은 인앱 매출(앱을 통해 결제되는 금액)로는 세계 1위를 기록하고 있습니다. 오히려 인앱 매출은 네이버웹툰이 2위입니다. 카카오와 네이버의 웹툰 플랫폼 수입이 이 정도면 게임산업과 더불어 황금알을 낳는 신사업으로 불리는 것이 당연합니다. 우리가 먼저 시작하고 그걸 선진국이 카피하는 일도 가능하다는 걸 웹툰 플랫폼들이 증명했습니다.

신사업부에 차출된 개발자 김 대리의 진정성

네이버웹툰의 성공은 1977년생 김준구 대표의 역할이 컸습니다. 서울대학교 화학생물공학부를 졸업한 김준구 대표는 처음에는 개발자로 네이버에 입사했습니다. 그런데 무려 8,800권의 만화책을 보유한 '만화광'이라는 이유 하나로 신설된 웹툰 사업부에 차출되었다고 합니다. 만화광인 데다 젊은 세대인 만큼 당연히 작가와의 소통도 잘 이루어졌고 고객들이 어떤 걸 좋아하는지도 잘 알 수 있었습니다.

실제로 초기 네이버웹툰의 인기작품이었던 조석 작가의 '마음의 소리'에서 마감을 압박하는 담당자로 자주 등장하면서 일반 독자들에게도 이름을 알렸습니다. 이후 10명이 넘는 작가들이 김준구 대표를 웹툰의 등장인물로 활용하면서 독자들 사이에서 '준구 찾기' 놀이가 유행할 만큼 친숙해집니다. 이제는 연예인이 된 유명한 웹툰 작가 기안84의 천적으로 알려져 있기도 합니다. '마음의 소리'를 만든 조석 작가와는 실제로도 호형호제하는 사이라 그를 등장인물로 그리는 데 아무 거리낌이 없었다고 합니다.

팬덤을 만드는 가장 큰 힘은 진정성입니다. 애초에 만화광이었던 김준구 대표는 정말 웹툰 플랫폼을 잘 만들어보고 싶었고 작가도, 웹툰도 사랑할 수밖에 없었습니다. 사업적으로만 접근했다면 마감을 독촉하는 직원과 작가 사이가 원만할 수는 없었겠죠. 개도국 시대의 대기업 구매 담당 직원과 하청업체 대표 관계라고 상상해보세요. 원만할 수가 없습니다. 그런데 웹툰에 대한 애정이 이들을 친밀하게 묶어주었습니다. 갑질이 아니라 우정의 힘이 생긴 거죠. 인기 웹툰에 종종 등장하는 인물이 대기업 직원이라면 그 웹툰의 팬들이 그 회사도 사랑할 수밖에 없습니다. 소통을 잘하는 직원이 있다고 알려지면 좋은 작가들도 그 플랫폼에 웹툰을 올리고 싶어 하겠죠. 이것이 MZ세대의 세계관이자 소통의 방식입니다.

오랜 세월을 거치면서 김준구 대리는 김준구 대표가 되었고, 많은 인기 작가들도 큰 성공을 거두었습니다. 상생의 생태계가 무럭무럭 성장해 네이버웹툰은 세계 100개국에서 1위를 하는 글로벌 톱 웹툰 플랫폼이 되었고 이제 나스닥 상장을 눈앞에 두고 있습니다. IPO를 추진하는 골드만삭스는 상장하면 시총 4조 원 이상의 기업이 될 거라고 예상합니다. 지금까지 구축한 고객의 팬덤이 빅테크도 추격하기 쉽지 않은 거대한 자산이 된 겁니다.

만약 김준구 대표가 만화광이 아니었다면, 웹툰에 대한 사랑과 진정성이 없었다면, 작가와의 깊은 교감이 없었다면 일어날 수 없었던 성공입니다. 모든 글로벌 플랫폼의 성공에는 이 같은 MZ세대의 세계관에 기반한 깊은 공감대가 가장 큰 역할을 합니다. 그래서 메타 인더스트리에서 성공하려면 MZ세대가 직접 기획하고 추진해야 한다고 이야기하는 겁니다. 그들은 애초에 개도국의 관성이 없으니까요.

한국판 어벤저스 '무빙'은 어떻게 성공했을까?

그런데 아직도 풀리지 않는 의문이 있습니다. 왜 전 세계 MZ들이 그 많은 웹툰 중에 대한민국 작가들의 작품에 열광하는 걸까요? 참 신기한 현상입니다. 2023년에는 디즈니플러스에서 공개된 드라마 '무빙' 덕분에 강풀 작가의 웹툰 '무빙'이 엄청난 인기몰이를 했습니다. '무빙'은 2015년 카카오의 웹툰 플랫폼인 카카오페이지에서 연재를 시작한 초능력자들의 삶에 관한 이야기인데, 슈퍼히어로라는 등장인물의 특징 때문에 '어벤저스의 한국판'이라는 평가가 많았습니다. 그런데 진짜 '어벤저스' 같은 엄청난 스케일과 물량 투입이 아니라 휴먼드라마로 슈퍼히어로의 스토리를 풀어냈습니다. 청소년의 성장기도 그려냈습니다. 대한민국 특유의 '자식에 대한 사랑'이 메인 테마였죠.

그 새로운 시도와 세계관에 또다시 전 세계가 열광하면서 '무빙'은 디즈니플러스 오픈 이래 가장 많은 조회 수를 기록한 드라마가 되었습니다. 할리우드에서도 '신선하고 놀라운 슈퍼히어로들의 휴먼 드라마'라는 찬사가 쏟아졌죠. 이후 엄청난 기록들을 쏟아냈고 드라마 히트 이후 웹툰도 역주행하며 인기를 이어갔습니다. 결국 〈포브스〉가 선정한 '2023년 최고의 한국 드라마'가 되었고 볼 만한 콘텐츠가 별로 없다고 평가받던 디즈니플러스의 구독자를 늘리는 데도 크게 기여했습니다. 넷플릭스의 '오징어 게임'에 이어서 또 한 번 큰 사고를 친 겁니다.

이제는 한국 드라마가 히트했다고 하면 으레 세계 신기록 경신이니 많이 놀라지도 않습니다. 도무지 알 수 없는 것은 전 세계 사람들이 어떻게 이토록 열광하느냐입니다. 우리는 보라고 광고도, 강요도한 적이 없는데 말이죠. 분명한 것은 이렇게 팬덤이 지배하는 메타 세상이 우리에게 새로운 기회의 땅이라는 겁니다.

산업의 융합으로 시너지를 만드는 미디어 믹스 팬덤

웹툰은 타 산업과의 연계성이 매우 높은 산업 분야입니다. 만화책 시절부터도 그랬습니다. 일단 직접 연계되는 영역이 애니메이션 산업입니다. 출판물로 웹툰이나 만화가 인기를 얻으면 애니메이션 제작에 들어가는 게 수순입니다. 영화나 드라마로도 만듭니다. 《드래곤볼》, 《슬램덩크》가 대표적입니다. 2023년 전설적인 인기 만화 《슬램덩크》가 오프라인 이벤트를 개최했는데 깜짝 놀랄 만큼의 엄청난 팬덤을 보여줬습니다. 역시 문화산업은 각인 효과가 오래 지속된다는 걸 확인시켜주었습니다. 그리고 디지털 문명으로 전환하면서 또 하나 연계되는 것이 바로 게임입니다.

게임산업이 성장할 무렵, 게임과 애니메이션을 연계해 성공한 대표적인 콘텐츠가 바로 '포켓몬스터'입니다. 사실 '포켓몬스터'는 비디오 게임으로 먼저 나왔습니다. 일본의 게임 개발자 타지리 사토시는 당시 비디오 게임과는 전혀 다른 스타일의 캐릭터 육성게임을 만들었습니다. 무려 6년 동안 개발한 그 게임을 1996년에 '포켓몬스터'라는 이름으로 출시합니다. 특이한 점은 게임 개발 당시부터 미디어 믹스를 고려했다는 것입니다. 각각의 포켓몬 캐릭터에 스토리를 담아 아이들을 위한 애니메이션을 만들자는 생각을 기획 초기부터 했다고 합니다.

그리고 실제로 게임이 히트하면서 애니메이션으로 제작되었고, 곧바로 아이들에게 선풍적인 인기를 얻었습니다. 게임과 애니메이션은 서로 상승작용을 일으키며 포켓몬의 성공을 이끌었고, 이후 아예 다양한 포켓몬 산업 생태계를 만들게 됩니다. 각각의 포켓몬들은 인형이나 캐릭터 산업에서 큰 인기를 얻었고, 포켓몬 빵처럼 푸드와도 연계해 빅히트를 기록합니다. 포켓몬의 미디어 믹스 총매출은 무려 1,180억 달러에 이르며 압도적인 세계 1위를 기록합니다. 이것은 그 유명한 '스타워즈(700억 달러)'와 '마블 시네마틱 유니버스(400억 달러)'를 합한 것보다 많다고 하니 얼마나 엄청난 글로벌 팬덤을 만들었는지 가늠할 수 있습니다. 일본이 만든 가장 성공한 문화 상품이라는 평도 받고 있죠.

특이한 점은 원조였던 게임 매출은 전체의 20%에 불과하고 미디어 믹스 콘텐츠나 상품 로열티가 나머지 매출을 차지한다고 합니다. 게임은 거들 뿐 팬덤의 시너지 효과가 더 큰 산업으로 확장시켜 더 큰 성공을 만든 겁니다. 선진국은 무에서 유를 창조하는, 짐짓 무모해 보이는 창조적인 도전을 통해 상상할 수 없는 막대한 부를 창출합니다. 그리고 그 도전은 곧 하나의 산업 분야가 됩니다. 선진국이 된 우리가 보고 배워야 할 중요한 대목입니다.

디지털 문명의 도래를 가장 크게 실감시켜준 사건 중 하나가 아마도 '포켓몬고'의 등장이 아니었나 싶습니다. 2016년 7월 미국, 호주, 뉴질랜드를 시작으로 출시된 '포켓몬고'는 그야말로 센세이션이었습니다. AR기술을 이용해 포켓몬 캐릭터를 현실 세계 곳곳에 배치한 후 이걸 수집하러 다니게 만드는 것이 게임의 콘셉트였습니다. 게임 개발은 나이언틱Niantic이라는 미국 기업이 하고, 수익 배분은 개발사 30%, 포켓몬컴퍼니 30%, 닌텐도 30%, 스토어 10%의 구조로 시작했다고 합니다. 게임 출시 후 엄청나게 많은 사람이 스마트폰을 들고 포켓몬을 잡으러 다니느라 난리법석이었죠. 저는 그때 마침 밴쿠버를 방문했는데 밤늦은 스탠리파크 공원에서 사람들이 마치 좀비들처럼 모여 있는 신기한 광경을 목격했습니다. 그래서 저게 뭐냐고 물어봤더니 저 장소가 바로 포켓몬이 자주 나타나는 핫플이라는 겁니다. 이러한 현상은 한때 전 세계적인 트렌드가 되었고 '포켓몬고 좀비현상'이라는 용어까지 생길 정도였습니다.

포켓몬컴퍼니의 지분을 대거 보유하고 있던 닌텐도는 덕분에 대박이 났습니다. 게임기 시장에서는 독보적인 파워를 갖고 있었지만 모바일에서 취약하다는 약점이 있었는데 그것마저 잘 극복했다는 평가를 받았죠. '포켓몬고' 출시 이후 아직 모바일 게임에서 이렇다할 성과를 내지는 못했지만, 닌텐도의 시총은 2024년 1월 기준 거의 100조 원입니다. 튼튼한 팬덤에 대한 자본의 기대치가 높다는 뜻입니다. 우리 콘텐츠 기업이 100조 기업이 되려면 잘 보고 배워야 합니다.

동일한 세계관을 다양한 분야로 확산시킨 '나 혼자만 레벨업'

웹툰에서 큰 인기를 누리다 애니메이션을 거쳐 게임까지 확장된 우리나라 대표 케이스가 '나 혼자만 레벨업'입니다. 2016년 추공 작가가 카카오페이지에 연재를 시작한 '나 혼자만 레벨업'은 초기부터 최고의 인기를 얻었고, 지금도 꾸준히 인기를 유지하고 있습니다(2022년 기준 조회 수 1,300만 이상). 그러한 인기에 힘입어 일본에서도 카카오픽코마를 통해 연재되어 큰 인기를 얻었고 당연히 한국에 이어 일본에서도 단행본으로 출간되었습니다. 2024년 1월에는 한일 합작으로 만든 TV 애니메이션도 공개되었습니다. 웹툰이 큰 인기를 얻으면 당연히 시도되는 연계형 산업입니다. 애니메이션 공개 후 각국 OTT 서비스에서 시청자 랭킹 최상위권을 기록했고, 넷플릭스 애니메이션 차트에서도 2위를 기록하는 등 전 세계적인 인기를 얻고 있습니다.

그러면 당연히 게임도 만들고 있겠죠? 맞습니다. 넷마블네오가 개발을 맡고 넷마블에서 유통을 맡아 열심히 개발 중인 이 게임은 2024년 5월 출시 예정이라고 합니다. 크리에이터 한 사람이 히트시킨 웹툰 작품이 얼마나 다양한 산업으로 펼쳐지는지를 보여주는 좋은 사례입니다. 글로벌 팬덤은 자본과 투자를 부르고, 산업의 다양성을 확대시켜줍니다. 이것이 과거와 다른 메타 세상, 메타 인더스트리의 엄청난 매력이자 가능성입니다. 팬덤만 형성되면 동일한 세계관으로 다양한 산업으로 진출할 수 있는 시대입니다. 그 융합의 가능성을 활용해 이전에 없던 비즈니스를 만들고 도전해야 합니다. 아직 성공 여부는 알 수 없지만 '나 혼자만 레벨업'이 다양한 분야에서 더 큰 성공을 거두길 기원합니다.

이러한 팬덤 기반의 콘텐츠 산업은 동일한 세계관으로 다양한 분야의 확산이 가능하고 파급효과도 매우 크다는 장점이 있습니다. 포켓몬스터가 처음 출시되었던 1990년대 말에도 그런 현상이 나타났었는데, 디지털 네트워크로 촘촘히 연결된 팬덤경제 시대에는 두말할 필요도 없겠죠. 크리에이터들이 만드는 글로벌 팬덤은 디지털 문명 시대의 가장 중요한 자산입니다. 그러한 팬덤을 다양한 산업으로 확장시켜나가는 협력과 융합이 절대적으로 중요하고 필요합니다. 문제는 팬덤을 어떻게 제대로 활용하느냐입니다. 대부분의 우리나라 대기업들은 아티스트나 스포츠 스타, 프로 게이머 등이 인기를 얻으면 광고모델로 쓰는 걸 최선책으로 여깁니다. 스타들도 가장 확실하게 돈을 버는 일이니까 마다할 이유가 없겠죠. 그런데 디지털 세대는 더 이상 TV 광고를 보지 않습니다. 물론 자기가 좋아하는 아티스트를 광고모델로 섭외하는 기업에게 관심은 보일 것입니다.

그런데 진정성이 없다면 그 광고는 오히려 역효과를 내기도 합니다. 대표적인 것이 블랙핑크 제니의 사례입니다. 갤럭시 A80 블랙핑크 에디션이 출시될 정도로 삼성 스마트폰의 대표 모델이던 제니는 계약이 끝나자마자 아이폰으로 싹 갈아탔습니다. 삼성으로서는 배신감이 컸겠죠. 엄청난 광고모델료를 줬는데 이런 일이 벌어졌으니까요. 애플은 돈 한 푼 안 들이고 제니의 자발적인 SNS 사진을 통해 더 큰 광고 효과를 본 셈입니다. 그래서 주목해야 할 것이 바로 진정성입니다. 아무리 유명해도 진짜 우리 제품을 좋아하는 사람이 아니라면 모델로 써서는 안 됩니다. 세계관은 돈으로 살 수 없는 자산이니까요.

진정성을 어떻게 제품에 구현하나?

자발적 팬덤은 진정성에서 비롯됩니다. 자본이 개입해서 진정성을 훼손하고 조작된 콘텐츠를 통해 아무리 강요하려고 해도 오히려 역효과만 커지는 것이 디지털 생태계의 작동원리입니다. TV 광고는 더 이상 돈으로 조작된 영상이어서는 안 됩니다. 팬들과 세계관을 공유해야 합니다. 디지털 세대는 철저하게 세계관이 같은 사람들과 만나 즐길 거리를 찾고 팬덤을 키워갑니다. 거기에 동의할 수 없는 사람들은 못 들어가는 세계입니다. 거대 기업이 자본으로 그걸 바꾸려 하면 오히려 역풍을 맞죠.

그런 면에서 BTS의 갤럭시 홍보는 성공적입니다. 원래부터 갤럭시 사용자였던 슈가는 갤럭시 앰배서더로 활동 중이었는데 한 콘서트에서 사진을 함께 찍어달라는 팬들에게 "This Galaxy, No iphone."이라고 해서 크게 화제가 됐습니다. 이런 것이 진정성입니다. 갤럭시 앰배서더 손흥민도 좋은 사례를 보여줬죠. 토트넘 훈련장에 찾아온 팬이 함께 셀카 사진을 찍자고 폰을 건넸는데 아이폰 사용자에게는 폰을 받을 수 없다고 한 겁니다. 자기 손이 아이폰을 쥘 수 없다는 거죠. 반면 갤럭시 사용자들의 폰은 본인이 일부러 받아서 직접 찍어줬습니다. 이것을 촬영한 틱톡 영상에는 "손흥민과 사진을 찍으려면 갤럭시가 필요하겠네요."라는 자막이 붙었습니다. 이것이 진정성에서 우러나오는 세심한 배려입니다. 이 정도 되려면 정말 평소에도 그 제품을 잘 쓰는 사람이어야 합니다. 아무리 인기 좋은 아티스트라도 함부로 앰베서더로 활동하게 하면 안 되는 시대입니다. 그런데 우리는 여전히 인기 있는 TV 광고모델이 전부라고 생각합니다. 다른 전략으로 좀 더 깊이 나아가 보면 어떨까요?

잘파세대가 좋아하는 게임폰을 디자인한다고 칩시다. 그럼 디자인 디렉팅을 롤드컵의 챔피언 페이커에게 맡기면 어떨까요? 2023년 항저우 아시안게임에서 페이커가 금메달을 따자 시상식에서 중국 팬들까지 모두 일어나 기립박수로 축하해줬습니다. 한국 선수들에게는 비교적 적대적인 중국 사람들이 어떻게 저렇게 뜨거운 박수를 보냈는지 궁금했는데요, 실제로 중국의 10~20대에게 페이커는 우상입니다. 그 세대에게 "한국은 어떤 나라냐?"라고 물으면 '손흥민, 페이커 보유국'이라고 부를 정도니까요. 단순히 광고모델로 활용하는 방식에 비해 훨씬 끈끈한 팬덤을 만들어갈 수 있습니다.

BTS를 위한 폰을 일단 만든 다음 BTS폰이라고 부를 게 아니라 아예 BTS 멤버가 주도해서 개발을 진행하면 어떨까요? 멤버 중에 틀림없이 그런 제품의 디자인에 관심 있는 크리에이터가 있을 겁니다. 음악도 창조의 과정이니까 도와주기만 한다면 매우 창의적인 디자인이 나올 것 같습니다. 팬클럽 회원들을 참여시키는 것도 좋은 방법입니다. 음악을 더 잘 들을 수 있고, 뮤비를 더 잘 즐길 수 있고, 콘서트에 가서 최애 아티스트를 촬영할 때 더 잘 담아내는 기능들을 특화해서 개발하면 어떨까요?

온디바이스 AI 기능이 있다면 더욱 다양한 서비스 개발이 가능합니다. 멤버 각각을 대표하는 케이스나 블루투스 이어폰, 캐릭터 굿즈 등 다양한 상품도 함께 기획할 수 있습니다. 갤럭시 액세서리를 납품하는 많은 협력업체들을 참여시키면 왠지 잘될 것 같습니다. 제품이나 서비스를 기획할 때 잘파세대를 참여시킨다면 정말 다양하고 참신한 아이디어가 나올 것입니다. 진짜 이런 변화를 만들어 낼 수 있을까요?

제가 이런 구체적인 의견을 삼성전자에 드렸더니 "그건 스마트폰 개발 프로세스를 모르셔서 하는 얘기입니다."라고 하더군요. 절대로 불가능한 이야기라고 했습니다. 맞습니다. 어려울 것이 분명합니다. 아니, 지금 체계로는 아예 불가능하겠죠. 그런데 혁신에는 고통이 따르는 법입니다. 필요한 일이라면 프로세스를 바꿔서라도 도전해야죠. 혁신을 선도하는 기업이라면 더더욱 그렇습니다. 기술과 개발이 아니라 '고객의 경험이 우리의 핵심입니다'라고 기준과 슬로건을 바꿨다면 기획이나 개발 프로세스도 그렇게 변화해야 진정성을 담보할 수 있습니다. 어렵다고 안 한다면 공허한 슬로건으로 그치고 말 겁니다.

그런데 거의 불가능하다고 하는 걸 뚫고 고객이 진짜 원하는 걸 만들어냈다면 고객은 어떻게 생각할까요? 오히려 팬덤은 훨씬 강력해질 겁니다. 고객 경험에 기반한 팬덤이 진짜 큰 자산이라고 판단한다면 이렇게 바꾸는 게 답입니다. 물론 어떤 시도가 정답일지는 누구도 알 수 없습니다. 잘 모르겠지만 대담하게 도전해보는 것이 선진국의 방식입니다. 애플도 못 하고 있는 걸 우리가 꼭 해봐야 하느냐고요? 이제는 선진국이 안 해본 것도 해봐야 합니다. 충분한 성공의 근거를 체크해봤다면 시도 자체가 경험의 축적입니다. 그동안 익숙했던 '선진국 카피' 관성에서 과감하게 탈피해야 합니다. 잘 몰라도, 실패할 수 있어도, 도전해야 합니다. 이제 그런 도전만이 생존을 결정하고 새로운 미래를 열어줄 유일한 길이니까요.

· 33 ·

인류의 심장을 삼켜버린
K-팝, K-드라마의 기적

BTS가 모두 입대하고 나니 왠지 마음이 허전합니다. 이렇게 깊은 그리움에 빠진 팬들(팬클럽 아미)이 전 세계에 1억 명이 넘는다고 합니다. 그러고 보니 오래전부터 가장 큰 팬덤을 만든 건 음악, 바로 K-팝이었네요. 금방 사그라들 거라고 했던 K-팝은 디지털 세대에게 하나의 주류 음악 장르로 완전히 자리 잡았습니다. 요즘은 아예 한국인 멤버가 없는 K-팝 그룹도 등장했습니다. 2024년 1월 JYP에서 새롭게 데뷔한 신인 걸그룹 '비차VCHA'는 멤버 6명 중에 한국인이 1명도 없습니다. 그런데 그래미가 선정한 '2024년 기대되는 신인 그룹'에 뽑히기도 했습니다.

DR뮤직이 데뷔시킨 '블랙스완'도 처음에는 한국인 멤버가 있었는데 지금은 4명 모두 외국인입니다. 엔터테인먼트 기획사들이 아예 일본이나 미국 현지에서 멤버를 뽑고 한국식으로 키우는 사업을 진행하기도 합니다. 이들은 모두 'K-팝 스타일'로 활동합니다. 당연히 K-팝 아티스트로 분류됩니다. 노래와 댄스는 물론 칼군무도 기본입니다. 이제 접두사 K는 국적 표시가 아니라 장르 표시입니다.

아시아의 작은 나라에서 시작된 음악이 글로벌 팬덤을 일으켜 10년 이상 인기를 누리더니, 이제는 떡하니 세계적인 대중음악 장르가 되었습니다. 세계인 누구나가 만들고 즐겨듣죠. 참 생소한 일입니다. 가장 원초적이고 가장 세계화가 어렵다는 대중음악에서 존재감 미미하던 동방의 작은 나라가 글로벌 대중음악계에 뚜렷한 장르를 남기다니요. 거대한 자본을 밀어 넣었던 일본도, 엄청난 인구를 보유한 중국도 하지 못했던 일인데 어떻게 이런 일이 현실이 되었는지 믿어지지 않습니다.

BTS와 블랙핑크가 만들어낸 인류의 의식 변화

처음 K-팝이 세계적인 인기를 얻었을 때 모두 일시적인 현상이라고 했습니다. 2012년 싸이의 '강남스타일'이 빌보드 싱글 차트 2위까지 치고 올라갔을 때만 해도 잠깐 그러다 말 거라고 생각했죠. 그런데 '강남스타일'은 무려 2010년대에 가장 인기 있었던 곡(2010년대 빌보드 스트리밍 송 부문 1위)으로까지 기록되었습니다. 그리고 그 이후에는 BTS가 등장했죠. 2013년 데뷔한 BTS는 놀라운 팬덤을 폭발시키며 세계적인 스타로 발돋움했습니다. 2020년에는 '다이너마이트'라는 곡으로 우리나라 가수 역사상 처음으로 빌보드 싱글 차트 1위를 차지합니다. 미국처럼 대중음악이 다양하게 쏟아져 나오는 나라에서 아시아의 보이그룹이 1위에 올랐다는 것은 기적 같은 일입니다.

그런데 바로 후속곡 '세비지 러브Savage Love'가 또 1위를 기록합니다. 그 이후에는 잠시 주춤하는 것 같더니 연말에 다시 '라이프 고즈 온Life goes on'으로 1위를 차지합니다. 2021년에도 폭발적인 팬덤은 이어져 '버터', '퍼미션 투 댄스Permission to Dance', '마이 유니버스My Universe'까지 무려 3곡이 다시 빌보드 핫100 1위에 오릅니다. 빌보드는 2022년 11월 1일, 자신들의 소셜미디어를 통해 지난 10년간 가장 많은 곡이 빌보드 싱글 차트 핫100 1위를 기록한 그룹은 BTS라고 발표합니다. BTS는 이 기간에 총 6곡을 핫100 정상에 올렸는데 그 유명한 드레이크가 5곡으로 2위를 차지했고, 엄청난 팬덤을 보유한 아리아나 그란데와 스위프트노믹스의 주인공 테일러 스위프트가 4곡을 기록했습니다. 또 세계적인 팝스타로 유명한 저스틴 비버와 니키 미나즈도 3곡밖에 기록하지 못했으니 10년간 BTS 열풍이 미국 대중음악에 얼마나 강력한 영향을 끼쳤는지 충분히 짐작할 수 있습니다.

그뿐 아닙니다. 멤버들의 군입대로 완전체 활동이 어려워지자 지민이 솔로로 나섭니다. 그런데 놀랍게 지민의 신곡 '라이크 크레이지Like Crazy'는 2023년 4월 발표와 함께 바로 핫100 1위를 차지합니다. 우리나라 솔로 가수가 부른 노래로는 최초로 핫100 1위를 차지하며 또 한 번 신기록을 세운 겁니다. 이번에는 멤버 중 막내 정국이 2023년 7월 '세븐Seven'이라는 곡을 들고 솔로로 나섭니다. 그리고 또 당연하다는 듯 다시 핫100 1위를 차지해버립니다. BTS는 빌보드 싱글 차트 1위를 군입대 기념으로 하는 거냐는 소리까지 나옵니다. 이렇게 BTS는 그룹과 멤버 솔로가 모두 핫100 1위를 차지한 역사상 9번째 그룹으로 기록되었는데 그 인기를 감안하면 비틀즈와 동급이라고 부를 만합니다.

군복무를 마치고 모든 멤버들이 돌아와 다시 활동할 때면 또 얼마나 새로운 기록을 세우면서 성숙한 팬덤으로 이어갈지 더욱 기대됩니다. 이들이 제대 기념으로 '갤럭시 온디바이스 AI 음악폰'을 기획하고 개발한다면 어떨까요? 100억쯤 줘도 아깝지 않습니다. 판매로 발생하는 수익은 10%만 삼성이 갖고 나머지는 BTS와 그 팬들에게 환원하는 겁니다. 해본 적 없다고요? 무모하다고요? 그런 도전이 필요합니다.

블랙핑크의 인기도 못지않습니다. 아직 빌보드 핫100에서 1위를 차지한 적은 없지만 글로벌한 인기만큼은 정말 대단합니다. 특히 태국인 멤버 리사는 태국에서 엄청난 인기를 한몸에 받고 있습니다. 2024년 1월 태국 국민을 상대로 설문한 결과, 가장 영향력 있는 인물로 리사가 선정되었습니다. 블랙핑크는 SNS에서의 인기 또한 대단합니다. '뚜두뚜두'의 뮤직비디오가 20억 조회 수를 넘었을 뿐 아니라이 곡을 포함해 무려 10개의 음악 영상이 7억 뷰 이상을 기록했습니다. 인스타그램의 팔로워 수는 블랙핑크 그룹으로 5,700만 명을 넘어 국내 2위에 올랐고, 멤버 개인은 1~4위를 모두 차지하고 있습니다. 이들은 디올이나 샤넬 같은 세계적인 패션 브랜드들의 앰배서더로 활동하며 '세계에서 가장 아름다운 여성'의 상징으로 인정받는 중입니다. 전 세계 사람들은 이제 가장 아름다운 여성이 K-팝 걸그룹 멤버라는 생각을 자연스럽게 받아들이는 중입니다. 대한민국 걸그룹이 인류의 인식 변화를 만든 겁니다.

한때 우리가 K-팝 스타를 키우는 시스템이 전근대적이라는 비판도 많았습니다. 제조업에 강한 나라답게 어린 청소년들을 좁은 훈련 공간에 가둬놓고 무한 반복을 통해 제품 만들 듯 아이돌 그룹을 제조한다는 비난이었죠. 틀린 말도 아니었습니다. 부작용도 많았습니다. 제대로 된 교육도 받지 못하고 춤추고 노래하는 상품으로 키워진 아이들이 아티스트로 성공하지 못하면 나중에 할 게 없다는 것도 문제입니다. 그런데 어른들이 모르는 게 있었습니다. 대부분의 아이들이 그 독하고 힘든 훈련을 스스로 결정하고 자발적으로 참여했다는 점입니다. 누구도 강요하거나 강압적으로 훈련시키지 않았습니다. 실제로 BTS의 훈련 모습은 방탄TV라는 SNS 방송을 통해 늘 팬들에게 공유되었는데 오히려 팬들은 그 진지한 노력에 박수를 보내면서 더더욱 '찐팬'으로 거듭났습니다. 강도 높은 모진 훈련은 맞았지만 아티스트로서 완벽을 추구하고자 하는 이들의 자발적 노력이었고, 그것이 팬들의 공감을 만들어낸 것이죠. 어린 나이지만 세계적인 아티스트가 되겠다는 꿈을 꾸고 그걸 이루기 위해 피, 땀, 눈물을 쏟아낸 것입니다.

인간이 성공에 접근하는 가장 정직한 방법을 이들은 직접 실천해 보여주고 또 공감을 얻었습니다. 전 세계 모든 사람이 열광하는 대중음악을 만드는 것은 결코 쉬운 일이 아닙니다. 엄청난 노력과 실력, 천재성을 요구하는 일이죠. 그래서 세계적인 슈퍼스타가 되는 건 정말 낙타가 바늘구멍에 들어가는 것만큼이나 드물고 또 힘든 일입니다. 그 어려운 걸 10년 훌쩍 넘게 우리의 청년들이 해내고 있는 겁니다. 심지어는 세계의 청소년들이 즐기는 보편적 대중음악의 한 장르로 안착시켜 버렸습니다. 정말 대단한 일입니다. 메타 세상에서 우리나라가 가진 잠재력과 가능성을 K-팝이 10년 이상의 세월을 버티며 또 입증해낸 것입니다. BTS를 사랑할 수밖에 없습니다.

이들이 다시 완전체가 되었을 때 그 강력한 팬덤이 다른 경제에도 크게 파급되기를 기대해봅니다. 2023년을 휩쓴 '스위프트노믹스'처럼 말이죠. 메타 인더스트리는 서로 간의 존중과 진정성에서 시작된다는 걸 명심해야 합니다. 아티스트를 그저 광고모델로만 인식하는 세계관에서 벗어날 때 10억 명의 메타 시장이 '팬덤'으로 응답할 겁니다.

이론으로는 설명이 불가능한 K-드라마의 성공

K-팝의 인기로 한국의 문화에 관심을 보이는 메타 세상의 MZ세대가 또 한 번 관심을 집중한 콘텐츠가 바로 드라마입니다. 처음에는 일본

과 중국, 그리고 동남아를 중심으로 조금씩 팬덤이 형성되더니 '오징어 게임'의 등장으로 전 세계가 K-드라마의 매력에 빠져들었습니다. K-팝이 처음 인기를 모을 때의 현상과 유사합니다. 한국어로 만든 드라마, 한국인 배우들만 나오고 한국 감성이 가득한 드라마, 심지어 사극까지 조금씩 인기를 얻어가며 팬덤의 기초를 다지더니 '오징어 게임'이라는 괴물 콘텐츠가 터졌습니다.

'오징어 게임'은 2021년 9월 넷플릭스 오리지널 드라마로 공개된 황동혁 감독의 작품입니다. 넷플릭스 공개 후 그야말로 전 세계에 난리가 났습니다. 첫 번째 생존게임으로 등장한 '무궁화꽃이 피었습니다'는 우리나라에서 어린 시절을 보낸 사람이라면 누구나 아는 정말 정겨운 게임입니다. 그런데 그 따스한 게임장의 중심에 기묘한 느낌의 소녀 로봇을 배치하고 게임에 실패한 사람들을 총으로 쏴 게임장을 피바다로 만듭니다. 정말 충격 그 자체였습니다. 그런데 그 충격적이고 놀라운 영상이 전 세계인을 광분하게 만들었습니다.

'오징어 게임'이 세운 기록은 그야말로 기적이라고 할 수밖에 없습니다. 2021년 넷플릭스 전체 드라마 중 가장 많은 시청 시간을 기록하며 최고의 드라마 자리에 등극합니다. 시청 시간은 무려 23억 시간을 훌쩍 넘겼고 시청자 수도 2억 8,000만 명을 넘겼습니다. 그동안 넷플릭스 드라마 중 최고의 인기였던 '왕좌의 게임'을 압도하는 기록입니다. 실제 전 세계 데이터를 검색해 조사한 바이럴 지수에서 '왕좌의 게임'을 무려 20% 이상 초월하며 상상 이상의 인기를 입증했죠. 한때 인기 콘텐츠의 부재로 위기를 겪었던 넷플릭스는 '오징어 게임'의 성공으로 가입자가 크게 늘면서 주가도 폭등했습니다.

'오징어 게임'에 등장하는 게임은 '무궁화꽃이 피었습니다', '달고나 뽑기', '줄다리기', '구슬치기', '오징어 게임' 등 기성세대가 어린 시절 즐기던 토종 한국 게임들입니다. 대사는 영어 한마디 없었고, 배우도 글로벌 인지도가 거의 제로에 가까운 토종 한국 배우들이었습니다. 제작비는 할리우드 대작에 비하면 1/10에 해당하는 253억 원에 불과했습니다.

아무리 살피고 살펴도 도대체 이토록 많은 사람이 열광하는 이유를 찾을 수가 없었습니다. 2021년 9월 30일부터 10월 1일 사이에 결국 넷플릭스가 서비스되는 94개 국가 전체에서 1위를 차지하는 엄청난 대기록을 달성합니다. 무슨 일일까요? 너무나 한국적인 소재, 심지어 1인치의 장벽(봉준호 감독이 한국 영화가 자막 때문에 갖게 되는 불이익을 이렇게 표현)이라고 불리는 자막 영화의 악조건까지 모두 이겨낸 비결은 뭘까요? 사실 그 당시 국내외의 많은 전문가들이 오징어 게임의 글로벌 빅히트에 대해 다양한 분석 의견을 냈습니다. 모두 전문가답게 상당히 신뢰가 가는 의견이 많았습니다. 그런데 시원한 정답은 없었습니다. 아니, 어떤 이론도 설명이 불가능하다는 게 맞습니다. 생각해보세요. 종교도 다르고, 문화도 다르고, 경제적 여건도, 지정학적 조건도 다른 무려 94개국의 사피엔스들이 이 작은 나라 대한민국의 토속성이 가득한 드라마에 공감하고 열광하는 이유를 어떻게 명쾌하게 설명할 수 있겠습니까? 인류가 한 번도 경험해보지 못한 놀라운 현상이 일어났다는 것만 분명했습니다. 그래서 새로운 방식으로 도전해보자고 했을 때 '말도 안 되는 일'이라는 답변이 돌아오면, 꼭 되새겨봐야 할 사건이 바로 '오징어 게임'의 성공입니다.

'오징어 게임'이 세계 톱에 오른 과정은 이렇습니다. 넷플릭스에는 국가별로 추천 커뮤니티가 존재합니다. 새로운 콘텐츠가 올라오면 전문가부터 일반 소비자에 이르기까지 커뮤니티 구성원들이 점수를 매기고 추천, 비추천을 결정합니다. 결국 넷플릭스에서 높은 인기를 얻으려면 여기서 많은 추천과 높은 평점을 받아야 합니다. 모든 팬덤이 소비자에 의해 결정되는 것이죠. 그렇게 전 세계 구석구석 서로 너무나 다르게 사는 사피엔스들 모두가 공감하고 좋아해야만 94개국에서 1등을 하는 겁니다. 애당초 할리우드 대작도 아니고 한국 드라마로 그걸 이룬다는 게 말도 안 되는 일이죠. 그런데 대한민국의 '오징어 게임'이 그 어려운 걸 해냅니다. 그것도 천하무적인 할리우드의 대작들을 깨트리고, 세계 신기록을 수립하고, 기네스북에까지 이름을 올립니다. 프랑스에서는 '오징어 게임 현실 체험관'을 만들어 엄청난 인파를 모았고 심지어 2023년에는 '오징어 게임 실사판: 더 챌린지'가 영국에서 제작되어 넷플릭스에서 공개되기도 했습니다. 물론 혹평을 받기는 했지만 무려 8만 명이 넘는 사람들이 실전 게임에 참여하겠다고 지원해서 아직도 건재한 '오징어 게임'의 인기를 실감하게 했죠. Z세대의 놀이터 로블록스에도 당연히 '오징어 게임'이 등장했고 큰 인기를 끌었습니다. 시즌2에 관심이 쏠리는 것도 이상한 일이 아닙니다.

레거시의 장벽을 헐어낸 문명 대전환의 상징

'오징어 게임'의 성공은 방송국, 영화관 등 오프라인 레거시가 지배하는 콘텐츠 유통시장이 유지되었다면 절대 일어날 수 없는 현상이었습니다. 무엇보다 배급자가 미리 시장을 예측하고 유통시킬 콘텐츠를 선정하기 때문에 기존의 오랜 전통 기준을 벗어나기 어렵습니다. 방송 관계자들이 구입했다면 '오징어 게임'이 과연 몇 개국에 팔렸을까요? 심지어 우리나라에서도 방통위의 눈이 무서워 지상파 방송은 엄두도 못 냈을 내용입니다(실제로 대본은 오래전에 완성되었는데 그 점이 두려워 제작이 늦어졌다고 합니다). 그런데 소비자가 왕이고, 그들이 권력자인 시장에서는 뛰어난 실력으로 좋은 콘텐츠만 만들어낼 수 있다면 누구나 거대한 성공을 거둘 수 있습니다. 거대한 레거시의 장벽을 헐어낸 문명 대전환의 상징이 바로 '오징어 게임'이었던 겁니다.

그리고 이제는 그 생태계를 확장하면서 새로운 문명의 표준으로 자리 잡고 있습니다. K-드라마의 팬덤도 K-팝처럼 하나의 트렌드로 자리 잡았습니다. '사랑의 불시착', '더 글로리', '이상한 변호사 우영우', '무빙' 등 많은 드라마가 넷플릭스, 디즈니플러스, 아마존 프라임비디오, 티빙 등 콘텐츠 플랫폼에서 팬덤을 이어가는 중입니다. 봉준호 감독의 영화 '기생충'은 우리 영화 최초로 아카데미 감독상을 수상하는 쾌거를 기록했고, 2023년에는 미국에서 살아가는 한인교포 사회를 그린 넷플릭스 드라마 '성난 사람들Beef'이 골든글로브 시상식에서 남우주연상, 여우주연상, 작품상 등 주요상 3개를 휩쓸기도 했습니다. 이 드라마는 에미상 시상식에서도 작품상을 수상했습니다. 그뿐 아니라 후보에 오른 11개 부문 중 남녀 조연상과 음악상을 제외한 모든 상을 싹쓸이해버렸습니다. 미국 주류사회를 형성하는 심사위원들이 한국의 스토리로, 한국인의 관점에서, 한국 배우들이 만든 드라마를 이렇게 평가하다니 정말 놀라운 일입니다.

K-드라마의 팬덤은 흐르는 세월과 함께 사라지기는커녕 그 지평을 계속해서 넓혀가는 중입니다. 그만큼 세계 소비자들이 한국 드라마에 빠져들고 있다는 겁니다. 이제는 할리우드와 경쟁할 만한 콘텐츠를 제작할 수 있는 나라는 한국밖에 없다는 이야기가 심심찮게 들립니다. 실제로 2022년 넷플릭스가 발표한 최고 인기 드라마 100개 중 한국 드라마는 1위를 기록한 '오징어 게임'을 비롯해 무려 15개가 순위 안에 올라왔습니다. 그렇다면 다른 아시아 국가 드라마는 몇 개나 100위 안에 올랐을까요? 놀랍게도 0개입니다. 맞습니다. 100위 안에 들기도 이렇게 어려운 게 넷플릭스 랭킹입니다.

한국 드라마는 1위인 미국 할리우드 콘텐츠에 이어 압도적 2위를 기록했습니다. 메타 세상에서 한국 드라마는 엄청난 가능성을 갖고 있습니다. 이미 그 실력을 충분히 입증했습니다. 담대한 도전이 미래를 만듭니다. 누구도 가보지 못한 '말도 안 되는 길'을 과감하게 나설 때가 되었습니다. 카피만 하던 관성을 버리고 혁신에 도전해도 된다고 데이터가 얘기하고 있습니다. 이 K-드라마의 팬덤을 다른 다양한 산업으로 파급시키면 어떨까요? 그러기 위해서는 지금까지는 생각하지도 못한 방식으로 비즈니스 모델을 기획해야 합니다.

· 34 ·

대기업도, 제조기업도
반드시 알아야 할
메타 세상의 소비 생태계

드라마의 열기는 곧바로 대한민국 음식, 즉 K-푸드로 확산되었습니다. 앞서 언급했던 '올곧 김밥'은 비교적 후발주자에 속합니다. 2023년 한국 라면의 수출액이 드디어 1조 원을 훌쩍 넘었습니다. 해외에서 생산되는 우리 라면까지 감안하면 그야말로 한국식 라면의 대유행이라 할 만합니다. 심지어 라면의 원조인 일본 1위 라면회사 닛신에서 삼양 불닭볶음면의 디자인을 그대로 따라 한 라면을 출시했습니다. 포장에도 떡하니 한글을 적었습니다. 한국 라면으로 봐달라는 겁니다. 한국 라면의 인기가 얼마나 좋으면 자존심 강한 일본 기업들이 이런 시도를 할까요? 닛신은 인스턴트 라면(컵라면)을 세계 최초로 개발한 회사인데도 말이죠. 검은 반도체 김의 인기도 폭발적입니다. 2023년 김 수출액도 1조 원을 돌파했습니다. 앞서 설명했듯이 K-푸드의 인기는 드라마가 끌어낸 성과입니다. 지난 10여 년간 K-팝, K-드라마 등이 만들어낸 팬덤의 지속성을 보면 K-푸드의 팬덤도 쉽게 사라지지 않을 것 같습니다. 더 많은 K-푸드가 메타 세상 디지털 인류의 입맛을 사로잡으며 새로운 기회를, 알토란 같은 일자리를 만들어낼 거라 예상할 수 있습니다. 물론 우리의 연구개발 노력과 담대한 도전이 필요하겠죠.

다양성이 풍부하고 리스크에 강한 산업 생태계를 만들려면

메타 세상에서 형성된 K-팬덤이 만들어낸 새로운 산업들은 기존 거대 제조업의 관점에서 보면 존재감이 미미해 보일 수도 있습니다. 2024년 산업부에서 발표한 우리나라 전체의 수출액 목표는 무려 7,000억 달러(910조 원)입니다. 2023년의 자동차 수출액은 83조 원으로 역대 최고를 찍었고, 반도체 수출액도 불황이라고는 하지만 160조 원을 훌쩍 넘겼습니다. 방위산업도 수조 원, 수십조 원 수출 계약이 흔하고 조선, 중공업도 수십 조짜리 계약을 뚝딱 해치웠다는 기사를 종종 만납니다(비싼 배는 1척에 2조 원을 넘기는 경우도 허다합니다).

그러니 스케일만 비교하면 신산업이 이런 산업을 대체할 수 없다고 이야기합니다. 김이나 라면이 아무리 인기라고 해봐야 수출액이 이제 겨우 1조 원을 넘었고, 기업 규모가 그래도 크다고 볼 수 있는 게임회사의 수출액도 2022년이 되어서야 겨우 10조 원을 돌파했습니다. 문화부에서 발표한 2022년 콘텐츠 산업 수출 총액이 132억 달러(17조 1,600억 원)니까 전체 수출액에 비하면 확실히 존재감이 떨어집니다. 그래서 신산업이나 스타트업보다 좋은 일자리 많이 만드는 대기업 중심의 제조업에 집중해야 한다는 전문가들도 많습니다.

당연히 제조업을 잘 키우는 것은 너무나 중요합니다. 그런데 우리가 생각을 바꿔야 할 부분이 있습니다. 바로 산업 생태계도 종의 다양성을 키워야 한다는 겁니다. 자연 생태계에서도 종의 다양성이 중요하듯이 산업 생태계도 다양성이 있어야 건강하게 발전합니다. 특정 산업에 대한 의존도가 너무 높으면 그 생태계는 위험도가 높아집니다. 2022년 시작된 반도체 불황은 2023년 내내 지속되었고 삼성전자만 누적 적자 15조 원을 기록했습니다. 반도체 산업 전체의 부진으로 인해 세수가 무려 60조 원이나 줄었다고 합니다. 세수 감소에 따라 정부가 긴축 재정을 운영하면 소비가 줄고, 소비가 줄면 경기가 나빠지고, 부동산도 주식도 함께 악순환에 빠집니다.

한 산업이 산업 생태계에서 차지하는 비중이 클수록 그 영향력은 더 커지고 사회 전체에 미치는 영향도 커집니다. 호황일 때는 좋지만 불황일 때의 충격은 엄청납니다. 그런데 반도체 산업은 호황과 불황이 반복된다는 게 기정사실입니다. 특정 산업의 비중이 분산되면 충격파는 훨씬 작아집니다. 대부분의 선진국은 특정 산업 의존도가 크게 높지 않습니다. 특히 우리와 달리 제조업의 비중보다 서비스 산업의 비중이 높고 다양한 산업이 함께 공존하며 그래서 새로운 산업에 도전하는 스타트업도 풍부합니다. 그래서 팬데믹이나 공급망 변화 같은 급격한 글로벌 외부 충격에 대해서도 회복력이 상대적으로 좋은 편입니다.

우리가 지향해야 하는 것도 종의 다양성이 풍부하고 리스크에 강한 건강한 산업 생태계입니다. 건강해지려면 산업의 분야도 다양해야 하고 기업의 크기도 다양해야 합니다. 대기업들도 더욱 글로벌 기업으로 성장해야 하지만 새롭게 태어나고 성장하는 기업들도 많아져야 산업 생태계가 더욱 건강해지겠죠. 그런 관점에서 메타 세상에서 만들어지는 K-팬덤 기반의 신산업들은 아주 매력적입니다. 그동안 존재하지 않았던 새로운 산업 영역을 우리에게 더해줄 뿐 아니라 다른 기존 산업에도 아주 좋은 영향을 줄 수 있습니다. 자본이나 레거시에 의존하지 않고 누구나 실력만 있으면 도전할 수 있다는 새로운 룰도 매력적입니다. 청년들이 좋아하는 산업, 청년들이 도전하기 유리한 산업이라는 것도 빼놓을 수 없는 장점이죠. 그래서 많은 사람들이 도전할 수 있도록 길을 열어줘야 합니다.

MZ의 소비 생태계를 분석하고 활용하라

메타 세상이라는 큰 세계관에서 글로벌 팬덤을 디자인하려면 그곳에서 살아가는 사람들이 형성하고 있는 소비 생태계를 반드시 이해해야 합니다. 콘텐츠 산업은 그걸 이해하는 데 큰 도움을 줍니다. '오징어 게임'의 성공은 넷플릭스라는 플랫폼이 없었다면 불가능한 이야기입니다. 넷플릭스는 소비자에게 방송을 전달하는 플랫폼인 동시에 콘텐츠 제작을 위해 엄청난 투자를 하는 거대 자본이기도 합니다. 만약에 네이버웹툰이나 카카오픽코마 같은 플랫폼들이 없었다면 '여신강림', '무빙', '나 혼자만 레벨업' 등 토종 웹툰의 성공도 없었을 것이고 우리나라 웹툰 산업 전체의 성장도 불가능했을 겁니다. 그렇다면 웹툰의 성공 없이 그 많은 넷플릭스 드라마들의 성공을 만들 수 있었을까요? 그저 몇 개의 드라마만 성공하고 말았을 겁니다. 그렇다면 '올곧 김밥'의 성공도 기대하기 어려웠을 겁니다. 알아야 사 먹죠.

유튜브나 틱톡도 소비 생태계의 중요한 플랫폼으로 빼놓을 수 없습니다. 여기서 일자리를 잡은 성공한 유튜버, 틱톡커들은 생태계의 지배자이기도 합니다. 이들이 없었다면 K-팝, K-드라마의 팬덤도, 거대한 한국 라면의 팬덤도, 한국 김의 팬덤도 아마 불가능했을 겁니다. 이렇게 메타 세상은 정말 많은 사람과 플랫폼이 맞물려 움직이고 있으며 10억 이상의 인구가 참여하는 거대 소비 생태계를 구축하고 있습니다. 메타 세상의 팬덤을 디자인하려면 이 모든 생태계를 잘 분석하는 노력이 필요합니다. 이것이 바로 새로운 '메타의 세계관'입니다. 무모한 도전이 담대한 도전이 되려면 과학적이고 합리적인 논리 근거가 뒷받침되어야 합니다. 이제 어떤 상품을 기획하려면 크리에이터와도 협력하고 유튜버, 틱톡커의 조언도 받아야 합니다. 이미 존재하는 팬덤을 활용하거나 새로운 팬덤을 만드는, 누구도 안 해본 도전도 가능합니다. 무엇보다 사람들이 사용해보고 '미쳤다'라는 댓글을 달 수 있게 만드는 실력이 중요하겠죠.

자, 이제 여러분의 세계관을 한번 살펴보세요. 지금 언급한 메타 세상의 소비 생태계를 적극 활용하고 있나요? 아마 소비 생활에서는 적극적으로 활용할 겁니다. 맛집을 검색하면 평점을 체크하는 것은 기본이고, 어떤 물건을 사려면 플랫폼에 들어가 리뷰를 보는 게 필수입니다. 심지어 오프라인 매장에서 사더라도 말이죠. 이제 생성형 AI가 대세라면 더 적극적으로 활용할 용의도 있습니다. AI 비서에게 여러분의 취향을 다 알려주고 "이번 3박 4일 휴가 여행지 좀 골라줘."라고 시키는 날이 곧 오지 않을까요? MZ세대는 물론이고 이제는 5060세대까지 이렇게 소비하는 시대가 시작되었습니다.

그렇다면 여러분의 업무방식은 어떤가요? 학생이라면 여러분이 하는 공부는 어떤 미래를 준비하는 데 도움이 되는 걸까요? 거기까지 가기 전에 사회를 바라보는 관성도 체크해봐야 합니다. 이렇게 보니까 유튜브, 넷플릭스, 네이버, 카카오, 쿠팡 같은 플랫폼들은 산업 발전을 위해 필수적이네요. 글로벌시장 진출을 위해서는 더더욱 그렇고요. 그런데 국회의원들 어록을 보면 플랫폼들이 항상 '약탈자', '생태계 파괴자', '탐욕스러운 자본' 등으로 묘사됩니다. 그래서 이들의 발전을 막고 규제를 강화하는 법안들도 거침없이 쏟아냅니다. 여러분도 혹시 그런 현상을 은근히 즐기고 있는 건 아닌가요?

그러다 보니 자유 경쟁과 소비자 권익을 중시하는 미국에서는 플랫폼 기업들이 기존 기업보다 훨씬 높은 시총을 기록하며 성장한 반면 우리나라를 비롯한 유럽과 일본은 계속 경제규모가 쪼그라드는 중입니다. 규제 만능인 우리나라 사회에서 성장 중인 플랫폼들에게는 당연히 미래가 안 보이고 그래서 글로벌 자본 유입도 없습니다. 주가가 오르지 않으니 미래를 위한 투자도 어렵죠. 글로벌시장 진출에 노력하라고 하지만, 집 안의 애물단지가 집 밖에서 어떻게 사랑받겠습니까?

제조업의 위기, 팬덤경제에서 답을 찾다

물론 플랫폼 기업들이 방만한 경영을 하거나 미래 준비에 소홀하다면 당연히 비판해야 합니다. 그런데 인식의 출발점이 '약탈적 파괴자'라면 더 이상 미래를 기대할 수 없습니다. 글로벌 플랫폼에 대한 인식도 마찬가지입니다. 얻어낼 것은 협상을 통해 얻어내야 하지만 이만큼 훌륭한 글로벌시장 진출의 하이웨이도 없습니다. 사실 협업을 더욱 강화하고 우리나라와 좀 더 특별한 관계를 맺자고 졸라야 합니다. 우리나라에 이미 글로벌 팬덤을 가진 콘텐츠나 크리에이터가 많으니 마음만 먹으면 괜찮은 협상 조건도 끌어낼 수 있습니다. 문제는 고집불통 대원군처럼 떼를 쓰는 것이지요. 우리 사회에서 '떼쓰기'가 엄청 효과적이었다는 것은 인정합니다. 그런데 사피엔스 전체 시장을 바라본다면 이는 '어이가 없는 억지'가 되고 맙니다. 특히 SNS 세상에서 불합리한 떼쓰기는 정말 욕을 많이 먹습니다.

　취약계층을 보호하고 약자를 위해 좋은 정책을 만드는 것은 당연히 바람직합니다. 하지만 그런 정책도 탄탄한 미래가 있을 때만 가능한 이야기입니다. 우리가 그나마 지난 10여 년간 카카오와 네이버 같은 플랫폼들이 글로벌 기업들과 경쟁하면서 데이터 주권, 나아가 AI 주권을 확보해뒀기에 망정이지 아니었으면 생각만 해도 끔찍합니다. 지금 이 플랫폼들을 '약탈적 자본'이라는 구시대적 이념으로 탄압한다면 우리가 애써 만든 글로벌 팬덤도 하나둘씩 사라질 것이고 산업 생태계는 더욱 빈곤해질 뿐입니다.

　세계관이 달라져야 이러한 달라진 메타 세상의 소비 생태계를 제대로 인지하고 활용할 수 있습니다. 메타 세상의 주인공들은 디지털 세대, MZ세대입니다. 기성세대가 현명해져야 디지털 세대를 위한 미래를 제대로 디자인할 수 있습니다. 꼰대의 기준이 달라져야 합니다. "나 때는 말이야."를 외치며 과거의 기준을 강요하는 행위는 당연히 금해야 하고, 이제는 '세계를 바라보는 눈', 즉 세계관이 달라져야 꼰대를 면할 수 있습니다. 기본적인 세계관이 달라져야 새로운 시대를 위한 비즈니스 모델도 기획할 수 있고 AI의 파급효과도 이해하고 활용할 수 있습니다. 미래를 준비하는 리더라면 필수로 갖춰야 하는 역량입니다. 리더는 리스펙트를 먹고사는 존재입니다. 조직으로부터 존경받지 못하는 리더는 존재할 이유가 없어집니다. 미래의 나의 가치를 올리는 일은 세계관의 변화로부터 시작됩니다. 디지털 세계관을 만든 MZ세대는 어느새 AI 사피엔스로 진화 중입니다. 빨리 우리 사회 전체가 새로운 세계관에 적응해야 합니다.

　우리나라 제조기업들은 지금 큰 위기를 맞았습니다. 소비 생태계의 거대한 변화에 대응책을 찾느라 분주합니다. 대량생산, 대량판매의 비즈니스 모델을 벗어날 수 없는 거대 제조기업 입장에서는 기존의 거대 오프라인 유통망에 대한 의존도를 줄이고 온라인 판매, 인플루언서 마케팅 등 광고와 판매 루트의 다양성을 확보해야 합니다. 그 중심에 디지털에 익숙한 MZ세대가 있습니다. 이들이 소비 생태계 변화의 주역이고 팬덤경제의 권력자들입니다.

　MZ세대가 만드는 변화는 데이터 분석을 통해 파악할 수 있습니다. 어떤 방식이 가장 좋은지는 아직 알 수 없지만, 그래서 많은 학자와 연구원들이 밤을 새워가며 연구 중입니다. 기업도 당연히 이런 노력을 해야 합니다. 물론 데이터 분석도 만능은 아닙니다. 과거의 패턴만 알려주기 때문이죠. 과거의 트렌드가 미래를 정확히 얘기해줄 수는 없습니다. 그래서 새로운 도전을 위해서는 다양한 지식의 융합이 필요합니다. 특정 현상이 발생하면 그걸 설명할 수 있는 심리학적 근거, 뇌과학적 근거, 진화론적 근거 등이 모두 동원됩니다. 그렇게 융합적 지식이 차곡차곡 쌓이다 보면 기업이 새로운 디지털 소비 생태계에 맞춰 비즈니스 모델을 만들어가는 데 큰 자산이 됩니다. 무모한 도전은 피해야 하지만 충분한 연구가 뒷받침되었다면 '말도 안 되는 도전', 즉 담대한 도전을 시도해야 합니다. 실패를 두려워해서는 혁신을 이룰 수 없습니다. 충분한 사전 연구가 선행되었는데도 만약 실패했다면 그것 또한 중요한 자산으로 활용될 수 있습니다. 혁신은 실패를 먹고 사는 생명체입니다. 실패는 선진국의 가장 대표적 자산이죠. 구글도 실패한 플랫폼 사업만 80개가 넘습니다.

지금까지는 모든 것이 우연의 산물이었습니다. 우리나라 콘텐츠 산업이 엄청난 글로벌 팬덤을 일으킨 것도 어쩌다 그렇게 되었다고 보는 게 맞습니다. 김밥, 라면, 김의 인기도 계획된 비즈니스 모델은 아니었습니다. 물론 분야별로 엄청난 노력을 통해 얻어 낸 결과입니다. 그런데 그 엄청난 에너지를 어떻게 활용해야 할지는 아직도 잘 모르고 있습니다. 그런 기획을 해본 적이 없으니까요. 무모해 보이는 도전에 '자리보전'이 지상 최대 목표인 대기업 임원들이 나설 리가 없으니까요. 그런데 이제 그런 '말도 안 되는 담대한 도전'이 필요한 시대가 왔습니다.

라면으로 풀어보는 메타 세상의 신박한 비즈니스 모델, 웹3

저도 매우 존경하는 식품회사가 있습니다. 닭고기, 돼지고기 같은 육류 유통으로 시작해 지금은 수출까지 크게 늘리며 글로벌 기업으로 성장 중인 훌륭한 회사입니다. 이 회사에서 가공식품 사업을 시작하면서 라면을 출시했습니다. '지금껏 먹었던 라면은 모두 싸구려다. 우리는 진짜 고급 재료로 '고급진' 라면을 만들겠다'라는 각오로 엄청난 연구개발비를 투입했고 광고 마케팅 비용도 아낌없이 투자했습니다. 2021년 처음 출시된 그 라면의 가격은 무려 2,200원. 라면은 가격이 1,000원을 넘지 않는다는 게 상식이었는데, 상상 초월의 프리미엄 전략을 쓴 것입니다. TV 광고모델도 '오징어 게임'으로 글로벌스타가 된 대배우가 맡았습니다. 모델료만 50억은 족히 썼을 거라는 소문이 돌았죠.

이 라면은 MSG 대신 천연 조미료만 사용하고 좋은 기름을 쓰는 등 '건강하게' 만드느라 비용을 아끼지 않았다고 소개했습니다. 그래서 가격이 비싸다는 것이죠. 그런데 간편식 업계에 새바람을 불어넣고 프리미엄 시장을 공략하겠다는 이 기업의 시도는 아직 뚜렷한 성과를 내지 못하고 있습니다. 가정 간편식 시장을 공략하면서 2019년 148억 원의 영업 손실을 기록했는데 2022년에는 589억까지 적자가 불어났습니다. 사업을 시작한 지 2년이 넘었는데 아직 시장에 안착을 못 하고 다른 사업에서 번 돈으로 손실을 메우는 중입니다. 라면을 주력으로 하는 경쟁 기업들은 K-푸드 팬덤을 바탕으로 글로벌시장으로 빠르게 진출하고 있는데 안타까운 일입니다.

사실 레거시에 의존하는 기존의 방법으로 팬덤을 만드는 건 거의 불가능한 시대입니다. 특히 소비자가 MZ세대라면 더욱 그렇습니다. 이들은 일단 TV 광고를 보지 않습니다. 유튜브에서도 광고는 스킵합니다(물론 매우 힙한 광고가 있다면 일부러 유튜브에서 검색해서 찾아봅니다). 어떤 경우든 커뮤니티를 통해 댓글을 확인하고 스스로 만든 집단권력으로 소비파워를 발휘합니다. 좋은 경험의 댓글이 모여 구매력을 만들어 냅니다.

이렇게 변화한 소비 생태계에 적응하려면 어떤 방식이 필요할까요? 제가 한번 메타 세상에 등장한 다양한 기술과 팬덤경제로 달라진 소비 생태계를 반영하여 식품회사에서 라면 사업에 도전하는 '말도 안 되는 과정'을 한번 디자인해보겠습니다. 이런 방식을 기술적으로는 '웹3'라고 부릅니다.

NFT로 모집한 잘파에게 기획, 개발, 마케팅을 모두 맡긴다면

라면 제조사라면 잘파세대의 입맛을 사로잡아야 합니다. 그렇다면 시식 커뮤니티가 필요하겠네요. 시식을 통해 고객이 좋아하는 맛을 찾아내는 건 '지평 생막걸리'가 시도했던 방법입니다. 오직 데이터만으로 결정할 때 필요한 참여형 소비자들입니다. MZ를 대상으로 시식회원을 모집합니다. 회원모집 방식은 NFT로 합니다. 아디다스가 NFT를 발행해 커뮤니티를 형성했듯 그렇게 만들면 됩니다. NFT를 이해하는 사람들이라면 디지털 커뮤니티의 리더일 가능성이 높습니다. 이렇게 '라면 식신 탐험대' NFT를 10만 원에 판매합니다. 일단 1,000명만 모집합니다. 특전은 개발 중인 라면을 무료로 택배로 받아먹어보고 다양한 의견을 묻는 투표에 참여할 수 있습니다. 공짜 라면을 먹어보는 특전이라면 10만 원 정도는 낼 만합니다. 물론 마음에 안 들면 오픈씨나 업비트 같은 마켓에서 되팔면 됩니다. 디스코드에 커뮤니티도 만들어주고 회원들을 정성껏 잘 관리합니다.

회원들에게 연구소에서 개발한 라면을 보내주고 인기투표를 진행합니다. 마치 음식 개발 오디션 프로그램처럼 연구진을 구성해 치열한 경쟁도 유도합니다. 팀에 따라서는 회원을 개발에 참여시킬 수도 있습니다. 예선부터 시작해서 마지막 결승 2팀이 남을 때까지 6개월간 정말 전력을 다해 개발을 진행합니다. 개발 과정도 생중계한다면 더 흥미진진하겠죠. 결승투표도 당연히 유튜브로 생중계합니다. 최종 우승팀에 주는 인센티브도 크게 걸어서 연구원들끼리 최선을 다해 경쟁하도록 합니다.

오디션을 통해 라면이 결정되면 그 라면 맛에 가장 잘 어울리는 라면 이름, 광고 방식, 광고모델, 포장 디자인도 모두 투표로 결정합니다. 물론 시안은 회사의 전문가들이 제시합니다. 회원들이 생각할 때 출시할 라면에 가장 적합하다고 판단되는 광고 플랫폼을 선정하고 플랫폼에 따라 가장 적합한 틱톡커, 유튜버, 인플루언서, 연예인 등을 역시 투표로 결정합니다. 이런 과정을 거쳐 커뮤니티의 기획을 최대한 반영한 신제품 라면을, 그들이 원하는 방식에 맞춰 출시하는 겁니다.

우선 출시와 동시에 1,000명에게 신제품 라면을 100개씩 보내줍니다. 친구들에게 나눠주기도 하고 주변 사람들과 함께 즐기라는 거죠. 출시 마케팅입니다. 커뮤니티를 통해 경험자가 충분히 생기면 드디어 출시 기념행사를 합니다. 기자회견이 아니라 MZ의 성지 '더현대 서울'에서 팝업 이벤트를 합니다. 군이 출시 기념 기자회견은 안 해도 좋습니다. 팝업 이벤트에는 1,000명의 회원을 초청해 선물도 주고 자신들이 선정한 광고모델에게 사인도 받고 먹방도 함께 찍으며 축제처럼 즐길 수 있도록 합니다.

식품회사니까 라면 말고도 이미 판매하는 제품도 많겠죠? 팝업 이벤트에 온 사람들에게는 풍성한 '럭키박스' 선물상자도 한 아름 안겨줍니다. 아시다시피 명절 선물세트는 이미 많습니다. 준비과정이 엄청 번거롭고 돈이 좀 들겠지만, 또 아직 누구도 해보지 않은 방식이라 두렵기도 하겠지만, 우선 수십 억 원의 광고모델료와 TV 광고료보다는 경제적입니다. 심지어 그 돈조차도 오직 고객에게 쓰는 겁니다. 이게 바로 MZ와 공감을 만드는 방식입니다.

라면시장 웹3 도전, 게임처럼 포인트 쌓고 라면 코인 떡상까지

이런 식으로 라면을 개발하고 출시한다면 제품개발 과정, 마케팅 과정에서 MZ세대가 원하는 것들도 당연히 충분히 반영될 겁니다. 무엇보다 제품개발 과정에 참여했던 1,000명의 회원들이 자발적으로 마케터가 되어 열심히 활동할 겁니다. 자신들이 투표로 선정한 라면인만큼 친구들에게 추천한다고 해도 거부감도 없을 겁니다. 커뮤니티에는 판매량과 매출을 계속 공유합니다.

자사몰을 통한 판매도 커뮤니티 활동을 통해 키워갑니다. 매출이 없어 고민이던 자사몰을 광고하는 데도 도움이 됩니다. 요즘 MZ는 포인트에 민감합니다. 커뮤니티 NFT 회원들이 카톡으로 전달해준 링크를 통해 자사몰로 들어와서 구입하면 바로 결제액의 10%를 포인트로 적립해줍니다. 당연히 링크를 보내 친구를 소환해준 NFT 회원에게도 10%가 포인트로 적립됩니다. 마케팅 비용으로 20%나 포인트로 지급하면 손해 아니냐고요? 쿠팡 수수료 40%에 비하면 절반입니다. 더구나 이 금액은 모두 고객의 지갑으로 들어갑니다. 이걸 고객들이 모를 리 없죠. 게임처럼 판매 개수, 매출액이 올라갈 때마다 커뮤니티 멤버들에게 포인트가 쌓여갑니다. 이걸 라면 코인으로 발행하고 코인거래소에서 현금 거래도 가능하게 해줍니다. 라면이 맛있어서 대박이 나면 '이 코인으로 억대를 벌었다'는 회원이 나올 수도 있습니다. '라면 식신 탐험대' NFT 회원 중 1명이 유명한 라면 먹방 틱톡커이고, 그의 영향력으로 자사몰 매출 10억을 일으켰다면 충분히 해볼 만하지 않나요?

이런 비즈니스 모델을 좀 유식한 표현으로 '웹3'라고 합니다. 주식회사의 진보된 형태라고도 이야기합니다. 주식회사는 주주의 이익을 실현하는 게 목표입니다. 경영은 경영진과 이사회가 책임지는 형태입니다. 그런데 '고객이 왕'인 시대라면 고객의 참여가 높을수록 성공 확률도 높아지겠죠. 그래서 커뮤니티를 만들고 NFT로 회원권을 발행해 주주를 모집합니다. 이들은 커뮤니티를 통해 사업기획에 참여하고 다양한 비즈니스 활동도 함께 합니다. 사업이 성공하면 이익도 함께 나눕니다. 주주에게 이익을 배당하는 것과 같은 방식입니다. 물론 매우 이상적인 비즈니스 형식입니다. 앞으로 많은 사람이 이런 형태로 창업을 할 것으로 예상합니다만 아직은 확산되지 않은 게 현실입니다. 그런데 이렇게 라면을 대상으로 해보니까 복잡해 보이던 웹3

비즈니스 모델도 제법 가능성이 있어 보입니다.

　이번에는 글로벌 비즈니스 모델로 확대해볼까요? 만약 우리나라에서 NFT 커뮤니티 기반의 팬덤 마케팅이 성공했다면, 이를 국가별로 시도하는 것은 어렵지 않습니다. 이미 디지털 소비 생태계가 국가별로 잘 형성되어 있기 때문이죠. 우리나라 라면에 대한 팬덤이 충분한지 아닌지는 어떻게 알까요? 데이터로 확인할 수 있습니다. 우리나라 라면 수출은 2015년 이후 9년 연속 꾸준히 늘고 있습니다. 2023년 기준 132개국에 수출되었고, 수출액도 역대 처음으로 10억 달러를 넘었습니다.

　수출액을 보면 중국이 2억 1,545만 달러로 1위이고, 미국이 1억 2,659만 달러, 네덜란드 6,067만 달러, 일본 5,797만 달러, 말레이시아 4,470만 달러, 호주 3,567만 달러 순입니다. 세계 곳곳에서 팬덤이 생겨나 갈수록 소비가 확산하는 중입니다. 그중에서도 가장 놀라운 성과를 낸 제품은 슈퍼스타 '불닭볶음면'입니다. '영국남자'라는 유튜버를 필두로 수많은 먹방 유튜버들이 앞다퉈 불닭볶음면으로 '매운 라면 먹기 챌린지'를 하면서 유튜브에서 엄청난 붐을 일으킨 것이 출발점이었습니다. 우리나라에서는 그 어떤 라면도 신라면의 아성을 무너뜨리지 못하지만, 해외에서는 불닭볶음면이 대세입니다.

　불닭볶음면 덕분에 2023년 사상 최초로 매출 1조 원을 달성한 삼양식품은 해외수출 비중이 무려 68%까지 올라갔습니다. 전중윤 명

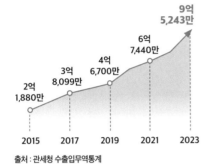

그림 28 한국 라면 수출 실적 추이

라면 수출 실적 추이 (단위 : 달러)

9억
5,243만

6억
7,440만

4억
6,700만

3억
8,099만

2억
1,880만

2015 2017 2019 2021 2023

출처 : 관세청 수출입무역통계

주요 라면회사의 매출 추이 (단위 : 원)
(괄호는 전체 매출 중 해외 매출 비중)

연도	농심	삼양식품
2018	2조 2,364억(27%)	4,693억(43%)
2019	2조 3,439억(29%)	5,435억(50%)
2020	2조 6,400억(31%)	6,485억(57%)
2021	2조 6,630억(35%)	6,420억(61%)
2022	3조 1,291억(37%)	9,090억(67%)
2023	2조 5,538억(37%)	8,662억(68%)

출처 : 각사 발표 자료

예회장이 창업한 삼양식품은 삼양라면으로 대한민국 라면 점유율 부동의 1위를 기록했으나 1989년 '공업용 우지' 사건으로 회사가 부도의 위기로 내몰렸습니다. 그런데 전 회장의 며느리이자 당시 전업주부였던 김정수 부회장이 특별하게 매운 라면을 개발하면서 지금의 기적 같은 성장을 다시 만들어낸 것입니다. 수출 비중을 보면 메타 시장의 라면 대표 기업은 삼양식품입니다. 김 부회장은 그 여세를 몰아 불닭볶음면의 인기를 등에 업은 양념 시장에까지 진출해 세계를 아우르겠다고 포부를 밝혔습니다. 기획만 제대로 된다면 메타 시장에서의 성공이 기대됩니다.

2022년 3조 원을 훌쩍 넘는 농심의 연매출도 대단했지만, 그중 수출로 인한 매출 비중은 37%에 머물렀습니다. 아직은 신라면의 내수시장 매출이 농심을 먹여 살리고 있다는 뜻입니다. 라면산업은 앞으로 더 많은 수출과 해외시장 확대가 기대되는 분야입니다.

라면의 글로벌 팬덤은 우리나라 최고의 스타들이 창조해낸 인위적인 팬덤이기도 합니다. BTS 지민의 불닭볶음면 챌린지는 워낙 유명하죠. 그 이후 전 세계 유튜버들이 SNS 세상을 '불닭볶음면 챌린지'로 가득 채웠고 한국 라면회사들이 이 현상을 활용해 세계 시장으로 유통망을 확대하면서 엄청난 성과를 거두었습니다. 국내 라면시장이 사실상 정체된 걸 감안하면 수출 증가는 라면회사들의 생존 탈출구였다고 해도 과언이 아닙니다. 이제 라면은 메타 인더스트리로 진입했다고 볼 수 있습니다. 국내 시장에 머물러 있던 만화가 웹툰이 되어 메타 세상의 주인공이 된 것처럼 말이죠.

그럼 새로운 라면산업을 메타 인더스트리 방식으로 기획해보는 것도 좋은 시도가 되지 않을까요? 누구도 해보지 않은 길에 도전해보는 것이 선진국의 방식입니다. 지금까지는 식품회사들이 기획한 것이 아니라 우연히 혜택을 본 겁니다. 그렇게 해서 라면시장 1등이 되었다면 이제는 새로운 비즈니스 모델 기획과 새로운 유통 방식에 도전하는 것도 해볼 만합니다. 선진국처럼 말이죠. 라면시장 웹3라는 대담한 도전, 이제 가능하지 않을까요?

· 35 ·

K-팬덤의 근원은
오랜 역사를 통해 축적한
인문학의 힘

메타 세상에서 형성되는 K-팬덤의 근원은 '공감'입니다. 여러 번 강조했듯 디지털 문명의 권력은 '구독과 좋아요'인데, 그걸 만들어내려면 우선 공감해야 합니다. 한국인이 보편적 인류와 공감하는 능력이 뛰어난 것은, 역사와 관련이 깊습니다. 먼저, 나라를 세운 가장 근원적인 철학이 '홍익인간'입니다. '널리 세상을 이롭게 하라'는 뜻이죠. 전쟁을 통해 '널리 세상을 정복하라'가 아닙니다. 참 특이합니다. 이런 정신은 조선시대까지도 이어졌습니다. 태조 이성계는 건국 6년 만인 1398년 국가 발전의 근간은 '인재양성'이라고 판단하고 고구려 시대부터 내려오던 태학, 국자감의 맥을 이어 성균관을 설립했습니다. 그런데 성균成均의 뜻이 범상치 않습니다. '성成'은 이룬다는 뜻으로 '개인의 성취'를 의미합니다. 그리고 '균均'은 '나아가 세상을 고르게 하라'는 뜻을 담고 있습니다. 교육의 목표가 개인이 잘 배워 성공하라는데 그치지 않고, 그 능력으로 사회에 반드시 기여하라는 겁니다. 교육 과정의 근간이 되는 유학, 성리학도 그 본질은 사회에 대한 고민, 인간에 대한 배려로 가득합니다. 물론 너무 지나친 면도 있습니다만, 근본 정신은 세상에 대한 따뜻한 배려입니다.

훈민정음에 담긴 인권과 배려

무엇보다 특이한 것이 바로 세종대왕이 창제한 '훈민정음'입니다. 이 시대 세계의 거의 모든 언어학자가 찬사를 보내고 있는 최고의 발명품입니다. 그런데 우리가 너무나 잘 아는 훈민정음의 창제 이유가 기가 막힙니다. 요약하면 '우리 말이 중국과 달라서 백성들이 배우려고 해도 너무 어려우니, 신분 상관없이 글을 배울 수 있도록 문자를 만들었다'입니다. 원래 문자는 귀족들의 전유물입니다. 특히 15세기에는 더더욱 그랬죠. 지배층은 문자를 독점해야 피지배층을 관리하는 데 훨씬 유리합니다. 예를 들어 노비가 받기로 한 새경을 구두로 약속을 하는 것과 문서로 계약하는 것은 전혀 다릅니다.

　문자를 아는 건 권력을 갖는 것과 같습니다. 훈민정음을 반포할 때 최만리를 비롯한 많은 사대부가 극렬하게 반대한 것도 다 이유가 있던 겁니다. 그래서 세계 어느 봉건국가에서도 피지배층을 위해 문자를 만들고 지식을 가르치는 데 노력한 집권층은 없었습니다. 더구나 왕이 그런 일을 한다는 건 더더욱 말이 안 되죠. 왕권을 오래 유지하려면 백성은 복종해야지 각성해서는 곤란합니다.

그런데 조선은 건국 초부터 나라가 잘되려면 모든 백성이 공부해야 한다며 새로운 문자를 만들어 보급했습니다. 기존에 양반들이 쓰던 한문은 일반인이 배우기에 너무 어렵다는 이유로 말이죠(사실 한자는 중국인들도 여전히 어려워합니다). 세계에서 유일하게 과학적 연구를 통해 발명된 문자 '훈민정음'은 이렇게 탄생한 겁니다. 우리는 계급이 분명히 나눠진 봉건사회 때부터 약자를 배려하고, 신분에 상관없이 인간의 권리를 소중히 여겼습니다.

세종대왕 이후 누구나 '사람은 공부해야 한다'라고 믿게 되었습니다. 과거 시험 제도도 큰 역할을 했습니다. 물론 양반 태생에게 국한되긴 했지만, 인재를 시험으로 뽑은 겁니다. 권력은 세습의 대상이 아니라 능력으로 쟁취해야 한다는 것을 문화적으로 뿌리내리게 했습니다. 봉건체제라는 한계가 분명히 존재했지만, 그 정신은 수백 년간 지속되어 지금까지 전해져왔습니다.

언어와 고유의 문자를 가지게 된 한국인은 특이하게 인간의 감정에 대해 깊은 관심을 보이며 살아왔습니다. 잘은 몰라도 '널리 사람을 이롭게' 하려면 '마음 따뜻한 배려'가 가장 중요하겠죠. 그래서 감정에 대한 고민이 많았던 게 아닐까요? 그 흔적이 바로 우리말에 남아 있는 감정에 대한 단어입니다. 세계 어느 나라 말보다 인간의 감정에 대한 표현이 풍부한 게 한국어입니다. 기본적인 감정 표현은 물론이고 아주 섬세합니다. 꿀꿀하다, 찝찝하다, 찜찜하다, 꺼림칙하다, 아릿하다, 짜릿하다, 시원하다 등 이루 다 말할 수 없이 많습니다.

우리는 뜨거운 국물을 마시고 '시원하다'는 표현을 씁니다. 최근 한 유명 음식 칼럼니스트가 맨해튼 한식당 옥동식의 돼지곰탕을 〈뉴욕 타임스〉 '2023년 최고의 음식'으로 선정하면서, 이 '특별한 표현'을 'siwonhan-mat(시원한 맛)'으로 미국에 소개하기도 했습니다. '뜨거운데 시원하다'라는 표현은 외국인들이 이해하기 어려운 오묘한 감정입니다. 그 외에도 한국어에는 감정에 대한 표현이 아주 다양합니다. 그리고 오랜 역사를 통해 켜켜이 그 감정을 언어에 쌓아왔습니다.

심지어 욕도 그 다양성이 어마어마합니다. 욕이란 원래 감정을 자극해 마음을 아프게 하려고 만들어진 표현입니다. 각 지역의 사투리까지 합치면 그 표현력은 정말 무한대에 가까울 정도입니다. 황당한 것은 심지어 욕을 즐긴다는 거죠. 아마 모르긴 몰라도 욕쟁이 할머니가 운영하는 식당에 가서 맛난 밥과 욕을 함께 먹는 걸 즐기는 나라는 전 세계에 한국밖에 없을 겁니다. 사람 마음을 아프게 하는 욕을 희화화하고 유머로 즐기는 자유자재 언어의 마술사, 그 오래된 전통은 한국의 청소년들에게도 여지없이 이어지고 있습니다.

'네' 이모티콘 9,000가지 쓰는 감정의 민족

Z세대가 살아가는 디지털 세상에서는 언어적 다양성이 더욱 풍부해지고 또 빠르게 전파되는 중입니다. 단톡방에서 가장 많이 쓰는 표현 중 하나가 '네'입니다. 그런데 '네'라는 표현 하나를 '넹', '넵', '네네', '뉑뉑' 등 무려 16가지의 표현으로 나눠 쓰라고 정리해줍니다. 그건 시작에 불과했습니다. 우리는 정말 어마어마하게 많은 감정 표현 이모티콘을 씁니다.

2023년 카카오에서는 카카오누리집을 통해 '숫자로 보는 카카오톡 이모티콘'이라는 재밌는 통계를 발표했습니다. 2011년부터 2022년까지 사용자들이 카톡으로 대화하면서 총 2,500억 개의 이모티콘을 썼다고 합니다. 2023년 상반기만 해도 하루 평균 7,000만 건의 이모티콘을 썼는데 전년 대비 하루 1,000만 건 정도가 늘어난 수준이라고 합니다. 갈수록 더 신나게 감정 표현을 즐기는 우리나라 사람들의 일상을 잘 보여줍니다. 카톡 이모티콘은 인간의 다양한 감정을 4만 5,000여 가지로 분류하고 사용자들이 풍부하게 표현하도록 도와준다고 합니다. 그러고 보니 인사도 반가운 인사, 수줍은 인사, 깍듯한 인사, 사랑스러운 인사, 귀여운 인사 등 상황에 따라 다양한 표현이 가능합니다. 우리는 왜 그런 표현을 이렇게까지 세심하게 가려서 할까요? 왜 그래야 마음이 편할까요? 가장 자주 쓰는 단어 '네'를 표현하는 이모티콘만 무려 9,000가지에 이른다고 하니 할 말이 없습니다.

게다가 그 수많은 이모티콘을 전문가만 창작하는 게 아닙니다. 12세부터 81세까지 다양한 연령층의 창작자 1만 명 이상이 이모티콘 창작에 참여하고 있다고 합니다. 인간의 감정을 표현하는 데 관심을 가진 사람이 이렇게나 많은 나라가 또 있을까 싶네요. 세계에서 가장 감정 상태에 관심이 많고, 세심하고, 심지어 돈도 팍팍 쓰는 나라인 것은 틀림없습니다.

심리학에 관한 책도 세계에서 가장 많이 팔리는 나라입니다. MBTI 분석이 유행하면 그야말로 전 국민이 그걸로 한바탕 난리를 쳐야 속이 시원합니다. 아마 이 책을 읽고 계신 여러분도 한 번쯤은 해보셨을 겁니다(참고로 저는 ENFP입니다). 인간 감정에 대한 깊은 관심은 우리의 본성이라 할 수 있습니다. 이것은 어느 나라도 갖지 못한 매우 소중한 자산입니다. 특히 디지털 세대, 소비자의 공감이 자산인 시대에는 더더욱 그렇습니다. 더욱 잘 키우고 소중히 가꿔야 합니다.

그런데 디지털 기술 시대가 너무 강력해지다 보니 인문학의 중요성을 간과하고 너무 소홀히 취급하는 것이 아닌가 싶어 안타깝습니다. 도구는 달라지더라도 인간의 본질은 여전합니다. 소비자가 왕인 팬덤경제에서는 인문학의 중요성이 더욱 커집니다. 모든 것은 축적된 역사의 산물입니다. 특히 인문학적 요소들은 더더욱 그렇습니다. 글로벌 팬덤이라는 거대한 자산의 원인이 무엇인지 더 깊이 학습하고 인문학적으로 고찰해야 합니다.

우리가 콘텐츠를 통해 팬덤을 만들 수 있는 가장 중요한 도구는 언어입니다. 언어가 있어야 감정 표현이 가능합니다. 한국 콘텐츠가 전 세계 사람들과 공감할 수 있는 것은 그만큼 표현할 수 있는 감정의 팔레트가 풍성하기 때문입니다. 언어가 풍성해야 작가가 인간의 미묘한 심리변화를 잘 포착한, 맛깔나는 대본을 쓸 수 있습니다. 그리고 그 작가가 쓴 표현을 감독이 이해해야 영상에 담을 수 있죠. 배우도 마찬가지입니다. 좋은 배우는 몰입감이 엄청나고 실제 자기가 극 중의 주인공인 듯이 표현을 해냅니다. 이것도 그 감정 상태가 어떤 것인지를 알아야 가능합니다. 이 모든 것을 가능하게 만든 것이 바로 우리의 언어입니다. 우리나라 드라마나 영화에 전 세계인이 공감한 것도, 우리나라 아티스트들이 춤과 노래로 전 세계 팬덤을 만든 것도, 수천 년 우리 역사에 아로새겨진 인간 감정에 대한 깊은 애정이 없었다면 불가능했을 일입니다.

글로벌 팬덤, 한국의 문화유산과 콜라보하다

역사를 통해 쌓아온 보석 같은 인문학의 힘이 디지털 세상을 만나 만개하기 시작했습니다. 안타까운 것은 팬덤을 만드는 강력한 인문학의 힘이 제대로 대접받지 못하는 것이죠. 매우 중요한 자산을 가졌는데도 그걸 발전시켜 디지털 시대에 접목하는 일을 제대로 하지 못하고 있습니다. 이것도 그 중요성을 공감해야 할 수 있는 일입니다. 단지 '말도 못 배운 아기들이 아기상어를 왜 그렇게 많이 보는 거지?', '전 세계 MZ는 왜 우리 웹툰에 열광해?', '우리나라 드라마가 넷플릭스 1위를 어떻게 차지한 거야?', 'K-팝은 도대체 왜 인기가 있는 거지?' 이런 질문만 해서는 발전할 수가 없습니다. 이유 없는 팬덤은 없습니다. 긴 호흡을 갖고 인문학 전공자들이 연구해 그것을 팬덤의 데이터와 연결해서 하나씩 풀어내야 합니다. 그래야 더 근원적인 팬덤을 지속시킬 수 있습니다. 첨단 무기를 만들려면 기초과학이 탄탄해야 하는 것처럼 말입니다.

우리는 습관적으로 이런 일이 벌어지면 원인을 분석하기보다 '저러다 금방 시들해지겠지' 하고 비아냥거리거나 '역시 대한민국이야!' 하며 '국뽕'에 취하는 데서 그칩니다. 이미 많은 국가에서는 '도대체 한국 문화 팬덤이 왜 이렇게 글로벌하게 확산되었는지' 깊은 관심을 보이며 분석 중입니다. 캐나다의 한 방송에서는 K-팝의 인기 비결을 다음과 같이 분석하기도 했습니다. "제조업 기반의 수출로 먹고살던 대한민국이 김영삼 대통령 시절 문화도 수출 상품이 될 수 있다는 판단하에 국가적 지원사업을 펼쳤다. 원래부터 제조업이라면 자신 있던 코리아라서 기획사 사장들이 마치 상품을 제조하듯 아이돌 가수들을 찍어내기 시작했고, 그들이 많아지면서 하나의 상품으로 세계 시장에 수출하게 되었다."

도대체 말도 안 되는 얘기인데 아주 그럴듯하게 포장하고 방송에까지 태웠습니다. 심지어 몇몇 전문가가 인터뷰하면서 혹독한 아이돌 훈련 프로그램을 소개하고 합숙소 사진까지 곁들이니, 누가 봐도 진짜 믿을 만한 내용이 된 것입니다. 우리 내부에서 제대로 된 연구나 분석이 이루어지지 않으니 이런 근거 없는 내용이 해외에서 방송으로 나옵니다. 우리가 가진 수천 년의 역사, 인간에 대한 따뜻한 배려, 가족과 사회에 대한 깊은 관심과 애정 등 근거로 삼을 만한 중요한 인문학적 자산이 즐비한데, 우리가 그걸 잘 연결시키지 못한 것입니다.

부족한 지식이지만, 제가 한번 얼기설기 엮어 보겠습니다. 우리나라는 일반 대중의 도덕성이 높기로 아주 유명합니다. 전 세계에서 거의 유일하게 집 앞에 택배가 놓여 있어도 훔쳐 가지 않는 나라입니다. 길에서 지갑을 잃어버리거나 전철에 가방을 놓고 내려도 거의 100% 돌아오는 나라로도 알려져 있죠. 실제로 이런 내용이 유튜브에 심심찮게 올라옵니다. 그것도 우리가 만드는 것이 아니라 BBC 같은 권위 있는 방송국에서 몰래카메라를 이용해 실험까지 해봅니다. 다른 나라의 결과와는 비교조차 할 수 없을 정도로 한국인은 남의 물건에 손을 대는 법이 없습니다. 누군가가 잃어버린 물건을 훔치는 것은 부지불식간에 일어날 수 있는 사소한 범죄입니다. 그런데 아무리 사소한 범죄라도 안 하려는 대중의 심리가 아주 널리 퍼져 있다는 겁니다.

이런 행동은 오랜 역사의 산물입니다. 누가 계몽한다거나, 단지 CCTV를 많이 설치한다거나 해서 쉽게 만들어질 수 있는 문화가 아니죠. 지갑이나 택배를 잃어버린 사람이 얼마나 애가 탈지에 대한 '공감'이 있어야 할 수 있는 행동입니다. 사람에 대한 그런 깊은 배려심이 있어야 가능하죠. 인간에 대한 배려는 한국인의 중요한 문화유산입니다. 그런 문화적 유산이 있기에 다양한 콘텐츠에 인류 보편의 공감 스토리를 잘 버무려 넣을 수 있었고, 그것이 '구독과 좋아요'를 만들어 팬덤으로 형성된 것입니다.

훈민정음도 팬덤과 엮입니다. 최근 전 세계에 한글 열풍이 심상치 않습니다. '한글 창제는 인류사에 유일한 사건'이며 '너무나 과학적이고 또 아름답기까지 하다'는 찬사가 이어집니다. 그런데 앞서 언급했듯 세종대왕의 한글 창제 스토리에도 아주 깊은 배려의 정신이 담겨 있습니다. 어리석은 백성들이 누구나 지식을 배울 수 있도록 문자를 만든 겁니다.

교육의 전통도 무시할 수 없습니다. 교육에 대한 열정은 한국인의 가장 큰 자산입니다. 이미 1398년 조선 왕조 건국과 거의 동시에 성균관을 설립해 국가 인재양성의 근간으로 삼았고 (양반만 응시할 수 있다는 제한이 있기는 했지만) 누구나 과거 시험을 통해 국가의 고위공직자로 나갈 수 있는 인재 선발 시스템을 활용했습니다. 그러니 모든 국민에게 '열심히 공부하면 성공한다'는 생각이 각인되었습니다.

교육 내용의 근간은 유학인데 요즘 표현으로는 '휴머니티'입니다. 지금도 성균관대의 교시는 '인의예지仁義禮智'입니다. 600년이 넘는 세월 동안 우리는 교육의 근간이 '어진 인성仁, 의로움義, 겸손한 예의禮, 그리고 마지막으로 지식智'이라고 믿고 실천해온 겁니다. 왜 사소한 생활 범죄조차 모두가 부끄럽게 여기는지 이해가 되는 대목입니다.

성균관대 교정 앞에 626년을 당당하게 서 있는 '명륜당'은 자식 교육에 대한 한국인의 열정이 얼마나 강렬했는지, 또 단 한 번도 포기한 적이 없을 만큼 얼마나 간절했는지를 증명하는 귀중한 역사적 자산입니다. 삼성전자가 세계 최고의 반도체 기업이 되어 세상을 깜짝 놀라게 한 출발점도, 이병철 회장의 '인재제일' 경영철학이었습니다. '열심히 공부하는 DNA'가 이룬 기적이라는 겁니다. 우리는 스스로 지나친 교육열을 문제라고 이야기합니다. 일견 맞는 말입니다. 그래서 아이들이 너무 힘든 나라이기도 합니다. 물론 잘못된 방식은 고쳐야 합니다만 '즐거운 공부'는 맘껏 할 수 있도록 응원해야 합니다. '공부'에 대한 열정은 잘 승화시켜야 할 우리의 귀중한 자산이자 수천 년이 지나도록 한 번도 포기한 적 없는 대한민국 발전의 가장 큰 에너지원입니다.

이렇게 수천 년에 걸쳐 쌓인 대한민국의 인문학적 자산들이 서로 얽히고설켜 메타 세상을 만난 지금, 거대한 팬덤으로 거듭나는 중입니다. 어떤가요? 그럴듯해 보이나요? 물론 어찌 보면 근거도 없이 다 갖다 붙인 잡설이라고 할 수도 있습니다. 실제로 이 모든 정황을 서로 연결시킬 만한 이론적 근거도, 학문적인 깊이도 저한테는 없습니다.

하지만 분명한 것은, 데이터로 드러나는 놀라운 '현실 세계의 팬덤'입니다. 이걸 설명하고, 근거를 찾아내고, 이론적으로 정리하는 일이 우리 세대가 풀어야 할 숙제입니다. 원인 없는 결과는 없습니다. 잘 모르겠다면 스토리로 만들어내도 됩니다. 선진국들이 늘 하던 방식입니다. 셰익스피어도, '왕좌의 게임'도, 로마의 역사도 그렇게 스토리로 채워졌습니다. 우리도 할 수 있습니다. 세계인 모두가 궁금해한다면 말이죠. 이렇게들 전 세계가 대한민국을 궁금해하는데 뭔가 해야 하지 않을까요?

지금까지 우리는 선진국의 학문을 이해하고, 학습하고, 분석하며 그들이 발전할 수 있었던 원인이 무엇인지를 연구해왔습니다. 대학의 학과들을 봐도 금방 알 수 있습니다. 그런데 지난 20년간 서구 문명의 본산이라는 자부심의 대륙, 유럽은 빠르게 퇴보하고 있으며 아시아의 유럽이라던 일본도 쇠퇴의 기운이 역력합니다.

디지털 경제에서는 미국과 중국의 패권 다툼이 치열하고 그 중심에서 모든 것을 건 AI 전쟁이 진행 중입니다. 특이한 현상 중 하나는 대한민국이 그 틈새에 끼어 핍박을 받는 와중에도 제조업에서 제법 강력한 경쟁력을 갖추고 있고, 디지털 문명의 권력이라는 문화적 팬덤도 세계 최고 수준으로 보유하고 있다는 점입니다. 여기서 미래 발전 가능성을 모색해야 합니다. 글로벌 팬덤의 원인을 찾아내고 거기에 제조업의 힘을 입혀야 합니다. 그것이 미래 세대를 위해 풀어야 할 기성세대의 가장 큰 숙제입니다.

"공감이 가장 큰 자본, 썰물의 시대에는 갯벌이 온다."

한국 지성의 큰 산맥이었던 이어령 선생님은 일찍이 '디지로그'(디지털+아날로그)라는 신조어를 통해 디지털 시대에 필요한 아날로그의 힘에 대해 강조하신 바 있습니다. 이어령 선생님은 돌아가시기 전 마지막 인터뷰를 통해 이 시대의 중요한 자산에 대해 다음과 같은 이야기를 남기셨습니다. "우리는 마르크스의 상품 경제 시대에서 멀리 왔어요. AI 시대엔 생산량이 이미 오버야. 물질이 자본이던 시대는 물 건너갔어요. 공감이 가장 큰 자본이지요. BTS를 보러 왜 서양인들이 텐트 치고 노숙하겠어요? 아름다운 소리를 좇아온 거죠. 그게 물건 장사한 건가? 마음 장사한 거예요. 돈으로 살 수 없는 삶의 즐거움, 공감이 사람을 불러모은 거지요."

디지털 시대에는 공감이 큰 자산입니다. 공감을 만드는 것은 여전히 인간에 대한 깊은 관심과 애정, 인문학의 힘입니다. 대한민국을 대표하는 인문학자 이어령 선생님의 혜안은 미래에 대한 이야기로 이어집니다. 대한민국의 미래는 어떨지에 대한 질문에 이렇게 답합니다. "지금은 밀물의 시대에서 썰물의 시대로 가고 있어요. 이 시대가 좋든 싫든, 한국인은 지금 대단히 자유롭고 풍요하게 살고 있지요. 만조라고 할까요. 그런데 역사는 썰물과 밀물을 반복해요. 세계는 지금 전부 썰물 때지만, 썰물이라고 절망해서도 안 됩니다. 갯벌이 생기니까요."[*]

어쩌면 우리가 느끼고 있는 두려움을 이미 잘 알고 계신 듯합니다.

---

[*] [김지수의 인터스텔라] - 이어령 마지막 인터뷰 "죽음을 기다리며 나는 탄생의 신비를 배웠네", 〈조선일보〉, 2019년 11월 1일 자

우리는 디지털 문명의 전환도, AI의 확산도 모두 규제를 통해 막아서야 한다고 믿고 있습니다. 지금 가진 것들을 잃어버릴까 두려운 것이죠. 밀물이 들어와 가득한 풍요로움을 썰물 없이 지켜내고 싶은 겁니다. 그런데 우리 사회가 보여주는 시그널은 사실 어둡습니다. 썰물의 시그널이라고 할 수 있죠. 행복한 마음은 점차 줄어들고 미래에 대한 걱정이 점점 커집니다. 청년 세대는 특히 과거와 달리 미래에 더 잘될 것이라는 확신도 갖지 못하죠. 출산율은 세계 최저입니다. 미래에 대한 불안감이 얼마나 심각한지 보여주는 데이터입니다. 그래서 이어령 선생님 말씀처럼 '썰물의 시대'라고 할 수 있습니다. 사실 썰물은 막을 수 없는 현상입니다.

그런데 이 현자께서는 절망하지 말라고 합니다. 썰물이 나가고 나면 갯벌이 생기기 때문이라고 합니다. 어쩌면 예상하지 못했던 새로운 생명의 터전이 만들어진다는 겁니다. 밀물이 주었던 풍요로움에 익숙했던 사람들에게는 텅 빈 바다가 두려울 수 있지만, 우리는 새로운 생명의 땅 갯벌에서 또 다른 가능성을 볼 수 있습니다. 그동안 물에 잠겨 있어 생각하지 못했던 새로운 기회와 가능성이 어쩌면 메타 세상이 만들어준 갯벌이 아닐까 생각해봅니다.

신대륙이 생기면 그곳을 개척한 이들이 큰 기회를 잡습니다. 우리가 축적했던 인문학의 에너지로 공감이라는 큰 자산을 키우고, 이 새로운 대륙 '메타 세상의 갯벌'에서 기회를 찾는다면 새롭고 풍성한 희망의 생태계를 세울 수 있지 않을까 꿈꿔 봅니다. 이래저래 새로운 도전이 필요한 시기입니다. 공부라면 지치지 않는 우리에게 분명히 기회가 있다고 저는 굳게 믿습니다. 세계인을 공감하게 하는 인문학의 힘이 있다면, 메타 세상의 갯벌은 또 다른 기회가 될 것입니다.

권력을 쥔 메타 소비자, 기업에 ESG를 요구하다

최근 기업들의 가장 큰 화두는 디지털 전환과 AI 활용, 그리고 또 하나가 바로 ESG입니다. ESG는 환경Environment, 사회Social, 지배구조Governance의 약자로 2004년 UN 보고서에서 처음 사용된 단어인데, 기업이라면 친환경 경영, 사회적 책임, 투명한 지배구조를 유지해야 한다는 뜻입니다. 2020년 1월 세계 최대 자산운용사 블랙록의 CEO 래리 핑크Larry Fink가 투자자들과 기업 CEO들에게 보낸 서한에서 "앞으로 기업의 지속가능성을 투자 결정의 중요한 기준으로 삼겠다."라고 선언했는데, 그것이 바로 ESG를 강조하는 사회 분위기를 대변했다고 볼 수 있습니다. 세계 최고의 투자회사가 앞으로 인류의 지속가능성에 기여하지 않는 기업에는 투자하지 않겠다고 했으니 기업들은 무조건 따를 수밖에 없게 된 겁니다.

세계 3대 연기금 중 하나인 노르웨이 국부펀드도 석탄, 담배, 핵무기 생산 기업이나 인권침해 기업에 대한 투자를 중단한다고 발표했습니다. 역시 세계 3대 연기금 중 하나인 우리나라 국민연금공단도 2022년까지 ESG 관련 기업에 대한 투자를 전체 기금의 50%까지 확대하겠다고 밝혔습니다. 이러니 기업들에는 발등에 불이 떨어진 겁

그림 29 UN과 한국거래소의 ESG 가이던스

UN이 발표한 책임 있는 투자의 원칙

 환경

기후변화
자원 고갈
낭비·공해
삼림 파괴

 사회

인권
현대 노예
아동 근로
근로조건
고용관계

 지배구조

뇌물 및 부패
경영진 보상
이사회 다양성 및 구조
정치적 로비 및 기부
조세 전략

한국거래소가 발표한 ESG 정보 공개 가이던스

 환경

온실가스 배출
에너지 사용
물 사용
폐기물 배출
법규 위반·사고

 사회

임직원 현황
안전·보건
정보 보안
공정 경쟁

 지배구조

경영진의 역할
ESG 위험 및 기회
이해관계자 참여

출처 : UN, 한국거래소

니다.

UN이 발표한 자료를 보면 환경에 나쁜 영향을 주는 기업들이 앞으로 얼마나 힘든 여정을 가게 될지 예상됩니다. 가장 중요한 지표가 탄소 배출인데요, 제조 기업들은 특성상 에너지 사용이 엄청나서 탄소 배출량 또한 어마어마하게 많을 수밖에 없습니다. 우리나라 대기업들에는 아주 치명적이죠. 삼성전자, 현대자동차, 포스코 등을 한번 생각해보세요. 탄소 중립을 실현하기가 얼마나 어려울지 예상됩니다. 그런데도 가야 합니다.

반면 빅테크들은 좀 편안한 편입니다. 제조의 비중은 크게 높지 않고 탄소 배출도 충분히 조절 가능합니다. MS는 ESG 경영을 세계에서 가장 잘하는 기업으로 평가받고 있습니다. 이미 2021년에 탄소 중립을 달성했으며 심지어는 탄소 흡수량을 배출량보다 더 높이는 '탄소 네거티브carbon negative'를 2030년까지 달성하겠다고 선언할 정도입니다.

메타 소비자들이 진심으로 원하는 것

제조업에서는 미국 아웃도어 브랜드 파타고니아가 우수사례로 언급됩니다. 이미 2011년 불필요한 소비는 환경에 해가 된다면서 '우리 옷 사지 마세요Don't buy this jacket'라는 캠페인을 벌였고, 글로벌한 의류 과소비에 대해 고발하는 프로그램도 지속적으로 운영하고 있습니다. 물건을 만들 때는 친환경, 공정무역 제품만 쓰는 것으로 유명하고, 매년 매출의 1%를 환경단체에 기부까지 하고 있습니다. 회사의 슬로건도 '우리는 우리의 터전 지구를 구하기 위해 사업을 합니다We're in Business to save our home planet'라고 정하고 꼼꼼하게 실천합니다. 그런데 참 아이러니합니다. 물건을 많이 팔아서 매출이 올라가야 기업이 성장하는데 '환경을 생각해서 물건 사는 것을 줄이세요'라고 캠페인을 하고 '비싸더라도 지구 환경, 사회적 책임을 다하는 물건 제조 방식'에 집착합니다. 이래서는 기업의 성장이 불가능하지 않을까요? 놀랍게도 그 반대입니다.

파타고니아의 매출은 2023년에만 2조 원을 훌쩍 넘었고 이제 브랜드가치는 세계 1, 2위를 다투는 중입니다. 파타고니아는 비상장 기업입니다. 창업자 이본 쉬나드Yvon Chouinard는 2022년 '파타고니아의 유일한 주주는 지구다'라고 선언하면서 4조 2,000억 원에 달하는 회사의 의결권주 전부를 비영리 신탁회사에 기부해버렸습니다. 이제 회사의 재투자 비용을 제외한 모든 이익은 지구 환경 위기 해결에 사용하겠다는 겁니다. 정말 무모할 정도로 대단한 기업이고 대단한 기업가입니다.

그런데 혹시 여러분도 왠지 마음이 끌리시나요? 자본주의 기업의 꽃은 매출이고 목표는 이익의 극대화입니다. 그런데 이렇게 이익보다는 지구를 지키겠다는 기업에게 사람들은 왜 '가치'를 몰아주고, 지속가능성이 높다고 평가할까요? 문명의 기준이 변화했음을 가장 극명하게 보여주는 것이 바로 ESG 경영입니다.

디지털 문명의 주인인 메타 세상의 소비자들은 환경에 대한 관심이 지대합니다. 기업이 탄소를 많이 배출하거나 환경을 파괴한다면 모두가 감시자로 나서서 불매운동을 벌이고 자본의 투자를 막습니다. 물론 아직도 갈 길은 멀다고 합니다. 그래도 10년 전과 비교해본다면 정말 커다란 변화입니다. 이제 기업들은 ESG 경영의 지표를 만들어 관리하고, 경영의 중요한 과제로 여기며 많은 인력을 배분하고 예산을 투자합니다. 이미 유럽과 미국을 중심으로 법적인 요건도 만들어가는 중입니다.

이제 세계 각국에 제품을 수출하려면, 얼마나 많은 탄소를 배출하지, 환경을 지키기 위해 얼마나 노력하는지, 제조과정에서 아동 노동 착취는 없었는지, 인권 문제는 없는지, 경영은 투명한지 등 수많은 조건을 만족시켜야 합니다. 그렇지 않고서는 수출을 못 하니까요. 우리나라 수출 주도의 대기업들은 이러한 요건들을 맞추기 위해 이미 전담 조직을 구축하고 수년간 바꿔야 할 지표들을 꼼꼼히 챙기며 경영 방식을 바꿔가고 있습니다.

물론 쉽지 않은 일입니다. 여기서도 오래된 개도국의 관성이 변화를 어렵게 합니다. 기업이 '환경 걱정하다가 언제 돈 버냐', '사회에 기여하려고 기업 하냐, 돈 벌려고 하지', '불법 비자금 좀 만드는 게 뭐 그리 대수냐' 등 과거 개도국 시대 횡행하던 비도덕적 경영방식이 자꾸 발목을 잡습니다. 그동안 우리는 그런 관성을 벗지 못하고 잘못된 경영을 일삼던 대기업들이 결국 실패하고 무너지는 사례들을 무수히 확인했습니다. 꼭 대기업만이 아닙니다. 이제는 어떤 기업도 비도덕적인 경영을 지속할 수 없습니다.

기업뿐만 아닙니다. 고위공직자든, 스포츠 스타든, 연예인이든 불법적인 일은 물론이고 갑질, 학교폭력 등 비도덕적 행동을 하면 그 자리를 지킬 수 없는 시대입니다. 사회가 수용할 수 있는 도덕적 기준은 디지털 시대를 맞아 더욱 높아졌습니다. 자본과 레거시가 독점하던 권력이 일반 대중에게로 넘어가면서 사회는 더 강력한 도덕성을 요구하게 되었고, 그 잣대는 기업에도 동일하게 적용됩니다. 그리고 그것이 적극적으로 경영에 반영되는 현상을 우리는 ESG 경영이라는 새로운 트렌드를 통해 확인하는 것입니다. ESG 경영의 핵심은 그런 의미에서 보편적 인류가 원하는 '휴머니티의 실현'이라고 할 수 있습니다.

인간에 대한
더 깊은 공부가 필요한
AI 사피엔스 시대

앞서 언급했듯 스티브 잡스는 애플 제품을 만드는 철학에 대해 "우리는 기술만으로는 부족했다. 그래서 기술에 휴머니티와 인문학을 결혼시켰다."라고 했습니다. 그리고 제품개발의 기준에 대해서는 "고객의 심장이 노래할 때까지"라는 너무나 인문학적인 표현을 썼습니다. 인간이 어떤 것에 감동하는지 알아야 그 심장을 노래하게 할 수 있습니다. 스티브 잡스가 스무 살 시절에, 인간의 본질에 대해 깊이 고민하며 7개월간 인도를 순례한 이야기는 유명합니다. 그는 항상 인간과 인문학에 깊은 관심을 가졌고, 인간의 본질에 대한 학습을 게을리하지 않았습니다. 기술은 물론이고요. 그렇게 해서 기술의 지향점을 찾아냈습니다. 제품이나 서비스 개발에 '인간이 욕망하는 것'에 대한 철학이 담겨 있어야 함을 보여준 좋은 사례입니다.

2007년 아이폰이 나왔을 때 청년층의 열광을 이끌어냈던 건 우연의 산물이 아니라 아무도 하지 못했던 그 어려운 기준을 만족시켰기 때문입니다. 그리고 그 열망은 지금도 애플의 팬덤이 되어 17년째 애플을 세계 최고 기업으로 만드는 가장 강력한 에너지원으로 작동 중입니다. 그래서 인간에 대한 깊은 관심, 따뜻한 배려가 미래를 지배하는 힘의 근원이라고 감히 말할 수 있는 겁니다. 여기서 잠깐 생각해보세요. 대한민국 역사에 새겨진 가장 근본적 정신은 '홍익인간'입니다. 무언가 메타 세상에서 강조하는 'ESG 경영'과 연결점이 보이지 않나요? 분명히 무언가가 있습니다.

아이폰이 탄생한 2007년의 인류와 2024년의 인류는 같을까요? 근본적으로는 같은 인류임이 분명합니다. 그러나 스마트폰의 등장으로 삶의 방식은 완전히 달라졌습니다. 어려서부터 경험하는 세계관도 완전히 달라졌죠. 당시 아이폰이나 아이패드를 선물 받고 눈물을 펑펑 쏟았던 10대는 이제 30대 중후반의 부모 세대가 되었습니다. 그리고 그때의 감동을 자녀들에게 전달하고 있습니다. 아이폰을 통해 하나가 된 세계를 만난 디지털 원조 세대는, 이제 일상이 된 디지털 세계를 아이폰이라는 디바이스를 통해 대물림합니다. 그리고 그걸 받아든 지금의 세대는 그 세계관을 진화시키고 더욱 넓혀 메타버스 놀이터에서 자신의 아바타를 만들고, 챗GPT 같은 AI 친구를 만들어 대화하면서 국경 없이 소통하는 메타 세상으로 빠르게 나아가고 있습니다. 그리고 이제 그 새로운 디지털 네이티브들의 심장이 노래하는 제품을 만드는 것이 우리에게 남겨진 숙제입니다. 애플을 이기려면 반드시 넘어야 할 산입니다.

애플은 여전히 게임 커뮤니티를 매우 중시합니다. 사실 애플의 아이폰이 도태되지 않고 노키아와 애니콜을 넘어 새로운 표준으로 자리 잡게 된 것도 게임 덕분입니다. 기억하나요? 처음에 아이폰이 나왔을 때, 그저 노래나 듣고 게임이나 하는 게임기 비슷한 폰이 업무에 훨씬 효용성이 높은 노키아, 모토로라, 애니콜을 이길 것이라고 예측한 전문가는 거의 없었습니다. 핸드폰 사용자의 대다수는 직장인이었으니까요. 게임과 직장인이 무슨 관련이 있겠습니까? 더구나 미래를 예측하는 컨설팅회사의 세계 최고의 컨설턴트들이 그런 사소한 게임의 욕망에 주목했을 리가 없죠. 그런데 틀렸습니다. 게임이 결국 아이폰의 압도적 성장을 주도한 것입니다.

실제 아이폰이 나왔을 때 가장 크게 센세이션을 일으킨 건 '앱스토어 생태계'였습니다. 개발 좀 하는 친구라면 거기다 재밌는 게임을 하나 올려서 목돈 좀 챙기는 게 당시의 큰 유행이었죠. 통장에 찍힌 입금 인증 숏이 아이폰을 타고 전 세계로 퍼지면서 그야말로 순식간에 대세가 되었습니다. 실제로 대기업에서 개발자로 근무하던 많은 친구들이 주말에 만든 게임으로 수천만 원의 수입을 올리는 일도 다반사였습니다. 부캐가 본캐를 넘어서는 수입을 올리게 해준 겁니다. 이러면서 앱스토어에는 게임은 물론이고 다양한 서비스를 제공하는 개발자들이 엄청나게 많이 몰려들었고, 거대한 애플의 앱 소비 생태계가 형성되면서 인류 문명변화를 이끌었던 겁니다. 이미 잘 알려진 애플의 성공 스토리입니다.

재미와 감동, 인류의 보편적 욕망은 언제나 유효하다

결국 게임을 기반으로 출발한 앱스토어가 애플 팬덤의 구심점 역할을 한 것입니다. 게임에 대한 인류의 욕망을 출발점으로 삼은 건 스티브 잡스의 탁월한 선택이었습니다. 사실 그는 아이팟 출시 경험을 통해서 음악에 대한 인류의 보편적 욕망이 얼마나 거대한지 확인한 터였습니다. 그리고 그것을 비디오 기반의 게임으로 확대했죠. 이제 게임은 인류의 보편적 문화라고 보는 게 맞습니다. 앞으로는 인간의 마음을 노래하게 하는 즐거움도 게임과 연계성을 갖도록 하는 게 맞습니다. 비즈니스 기획도, 신제품 기획도, 신규 서비스 기획도 이러한 '즐거움'을 중심에 두어야 합니다.

애플은 모두가 실패하고 있는 VR 디바이스에도 특별한 방식으로 도전 중입니다(애플은 메타버스나 VR이라는 용어를 안 쓰고 '공간 컴퓨팅'이라고 하죠). 애플 비전프로는 제품의 퀄리티에도 신경 쓰지만, 특히 생태계를 육성하는 데 주력합니다. 많은 개발 도구를 제공하고 다양한 개발자들을 대상으로 콘퍼런스를 엽니다. 최근 앱 생태계를 통해 비전프로를 활용하는 600개의 앱을 발표했는데, 역시 게임에 주력하는 모습을 보여줬습니다. 물론 지나치게 비싼 수수료를 책정하는 등 생태계 구축에 반하는 정책이라는 비난을 받고 있긴 하지만 이미 아이폰 앱 스토어를 통해 형성한 팬덤을 감안하면 자신감 있는 태도라고 볼 수 있을 것 같습니다. 비전프로는 아직까지 그다지 성공적이지 않습니다. 비전프로가 성공할지 실패할지는 알 수 없지만 분명한 것은 게임을 기반으로 하는 생태계 구축으로 첫발을 떼었다는 겁니다. 우리가 깊이 새겨봐야 할 비즈니스 방식입니다.

　최근 급성장 중인 엔비디아의 출발점도 게임입니다. 비디오 게임을 하는 친구들을 위해 새로운 CPU 및 그래픽 보드를 만들겠다는 아이디어가 사업화되어 이렇게까지 성장할 줄은 누구도 예측하지 못했습니다. MS는 스타크래프트를 만든 액티비전 블리자드를 무려 82조 원에 인수했고, 메타버스 게임의 원조 마인크래프트를 만든 모장도 인수했습니다. 그러고 보니 게임의 미래에 대해 진심입니다.

　심지어 테슬라도 게임을 몹시 좋아합니다. 자동차를 소프트웨어 중심으로 디자인하고, 심지어 아무 때나 업데이트를 해줍니다. 거기다 옵션으로 차량 내부에 큰 화면을 제공해 게임도 즐길 수 있습니다. 최근에 나온 모델들은 음악에 따라 눈(헤드라이트, 램프 등)이 번쩍거리고 팔다리(도어, 트렁크 등)가 흔들리는 댄싱 옵션을 넣어 보는 사람의 눈을 의심하게 만들었죠. 10대를 디자인에 참여시켜 그들이 원하는 옵션을 엔지니어들이 구현했다고 합니다.

　이런 것들이 사소하지만 열광을 부르는 도전입니다. 이런 옵션들이 과연 몇 번이나 쓰이겠냐, 그런 게 차량을 구입하는 데 얼마나 중요한 요소겠냐, 혹시 사고라도 나는 거 아니냐 등 세상에는 안 해야 하는 이유만 대는 사람들이 너무 많습니다. 실패가 두렵기 때문입니다. 그런데 애플이나, 엔비디아, 테슬라는 어째서 두려워하지 않을까요? 혁신을 이끌어온 기업들이 가진 조직문화 덕분입니다. 실패할 수도 있지만 그럼에도 도전해야 합니다. 그래야 혁신도 나올 수 있으니까요.

이렇게 과감한 도전이 필요한 시대입니다. 특히 지금까지 한 번도 해보지 않은, 인류의 심장이 노래하는 경험을 디자인하겠다는 포부를 가졌다면 더 많은, 더 무모한 도전이 필요합니다. 그리고 무엇보다 새로운 잘파세대가 어떤 걸 좋아하는지, 어떤 문화와 특성을 가졌는지 자세하게 살피고 공부하는 노력이 매우 중요합니다. 지나온 10년의 디지털 문명 변천사를 살펴보는 것도 아주 훌륭한 공부가 될 겁니다. 다행인 것은 과거에는 이런 인류의 변화를 탐구하는 것이 매우 어려운 일이었지만, 지금은 플랫폼에 남겨진 데이터를 통해 확인해볼 수 있습니다. 또 어떠한 도전을 기획하더라도 그 성과를 데이터로 냉정하게 평가할 수 있는 시스템이 구축되어 있습니다. 이것 역시 디지털 시대의 장점이죠. 관련 데이터를 분석하고 연구하는 분들도 많아졌습니다.

지금까지 축적된 많은 성과를 바탕으로 도전할 일만 남았습니다. 애플이 17년 전에 시작해 지금의 기적을 만들었다면 우리도 충분히 할 수 있습니다. 따라 하기라면 누구에게도 뒤지지 않으니까요. 반도체든 자동차든 스마트폰이든 늘 그래왔듯이, 새로운 도전도 추격하다 추월하면 됩니다. 그래서 미래가 더 기대됩니다.

앞으로 10년 어떻게 준비할까?

그동안 선진국을 따라 사회 시스템과 기업조직을 구성하고 열심히 발전시켰습니다. 글로벌시장으로의 진출도 선진국의 레거시들과 협력하며 조직적으로 움직여 지금의 기적을 만들었습니다. 이 시스템은 아직도 건재합니다. 그런데 자본과 레거시가 지배하는 시장 생태계는 점점 힘을 잃는 중이고, 소비자가 권력이 되는 메타 세상의 팬덤경제는 디지털 플랫폼과 함께 빠르게 성장 중입니다. 기존의 시스템에서 구축한 힘을 바탕으로 잘 버티며 새로운 세계로 빠르게 전환하고 거기에서 기회를 잡아야 합니다.

디지털 세계의 팬덤경제를 움직이는 MZ세대는 세월이 갈수록 증가합니다. 당연한 일이죠. 세월의 흐름과 인류의 세대교체는 누구도 막을 수 없는 자연의 법칙입니다. 지난 20년의 역사가 이를 증명합니다. 2000년대 초반에 시작된 디지털 문명이 인류의 표준 문명이 된 가장 큰 요인은 지난 20년간의 세대교체입니다. 20년간 사망한 대부분의 인류는 디지털에 익숙하지 못했던 사람들이었고 새로 태어난 인류는 모두 디지털 원주민들이었습니다. 그 교체된 인류가 디지털 문명을 인류의 표준 문명으로 만든 겁니다. 앞으로 10년간 이런 현상은 또 반복될 수밖에 없습니다.

그렇다면 앞으로의 10년을 어떻게 준비해야 할까요? 앞서 언급했듯 우리에게는 '말도 안 되는 기적'을 만든 저력이 있습니다. 우리를 선진국으로 만들어준 기존의 시스템에 대한 의존도를 조금씩 줄여가며 새로운 메타 세상의 소비 생태계에서 입지를 넓혀야 합니다. 2035년이면 20억이 넘는 메타 세상의 신인류가 주인공이 됩니다. 이들은 진정한 AI 사피엔스가 될 것이 분명합니다. 이 새로운 인류를 매료시키는 새로운 비즈니스 모델과 기업들을 만들어내야 합니다. 우리는 그 성공 가능성을 이미 콘텐츠 산업으로 증명했습니다.

하루 30분 디지털 PT, AI PT로 10년 후 미래를 준비하자

하루 30분 PT 하듯 공부합시다. 유튜브에는 이 시대의 변화를 배울 수 있는 콘텐츠가 가득합니다. 알고리즘이 여러분의 생각을 지배하게 만들지 말고, 여러분이 직접 검색해서 공부하는 시간을 하루에 딱 30분만 가져보세요. 챗GPT가 나왔다고 하면 들어가서 직접 해보는 겁니다. 어떻게 하는 건지 시작부터 잘 모르겠다고요? 유튜브를 확인해보면 바로 답이 나옵니다. '챗GPT 사용법'이라고 치면 초보부터 고수까지 수백 개도 넘는 영상이 올라옵니다. 쉬운 것부터 차례로 보면서 따라 하면 됩니다. 최근에는 동영상 만들어주는 '소라'라는 서비스도 뜨고 있습니다. 소라가 만들어내는 영상을 보면 소름이 끼칠 정도입니다. 챗GPT가 등장한 지 14개월밖에 안 되었는데도 이 정도입니다. 변화의 속도가 워낙 빨라서 새로운 서비스가 나오면 그때마다 눈여겨보고 그 가능성을 파악해야 합니다.

쇼츠도 꼭 하나 만들어봅니다. 대본은 챗GPT한테 시키고 동영상은 '브루'를 활용합니다. GPTs가 어떤 서비스인지도 꼭 영상으로 학습해야 합니다. GPT 스토어가 무엇인지도 공부합니다. GPTs 사용법을 검색하면 또 주르륵 동영상 리스트가 올라옵니다. 개념부터 활용법까지 쭈욱 한번 둘러봅니다. 특히 내가 팀의 리더라면 더더욱 잘 알고 있어야 합니다. 그래야 회사 내에서 GPTs를 사용할 수 있는지 파악할 수 있습니다. '챗GPT로 영어 공부'도 꼭 검색해 보세요. 챗GPT로 영어 학습을 하는 것도 AI를 이해하는 데 큰 도움이 됩니다. 일단 가장 앞서가는 서비스가 챗GPT인 만큼 오픈AI가 내놓는 챗GPT 관련 뉴스를 빠짐없이 살펴야 합니다.

MS 코파일럿도 공부해둬야 합니다. MS의 모든 소프트웨어에 챗GPT가 탑재되고 있는데 어디까지 활용이 가능한지 잘 파악해두세요. 대부분의 업무에 당장 쓰게 될 테니까요. 자동으로 파워포인트 슬라이드를 만드는 것도 한번 시도해보고, 엑셀에서 챗GPT 활용하는 법도 배워둡니다. MS 팀즈를 이용해 여러 언어로 강의하는 방법도 이용해봅니다. 실제로 해보면 정말 놀랍습니다. 앞으로 국제회의는 이렇게 진행하면 효율적이겠죠. 물론 회사 업무를 할 때는 보안 문제가 없는지를 꼭 확인해야 합니다. 빙챗도 꼭 해봅니다. MS가 만든 검색엔진 빙에 챗GPT가 탑재되어 이미지 제작을 비롯해 엄청나게 많은 서비스를 제공합니다. MS 엣지에서도 AI 서비스가 가능합니다. 이 모든 것들이 유튜브에서 검색하면 영상으로 공부할 수 있는 시대입니다. 하루 30분이면 꽤 많은 양을 소화할 수 있습니다. MS는 코파일럿 사용을 권장하면서 11/11 캠페인을 진행 중입니다. 하루 11분씩, 11주만 학습하면 AI 마스터가 될 수 있다는 캠페인입니다.

이미지를 만드는 것도 배워두어야 합니다. 제일 먼저 해볼 만한 것이 챗GPT를 기반으로 하는 달리2입니다. 이건 공짜니까 마음 놓고 써보세요. GPT-4 기반의 달리3도 해볼 만합니다. 사실 한 달만 20달러를 내고 써보면 정말 많은 걸 시도해볼 수 있습니다. 유튜브에 보면 멋진 이미지를 만드는 방법들이 가득 나옵니다. 따라 하기만 해도 많은 걸 배울 수 있습니다.

제일 놀라운 서비스 중 하나가 미드저니입니다. 정말 예술적인 이미지들을 잘 만들어줍니다. 이건 디스코드라는 커뮤니티 관리 플랫폼을 기반으로 운영해왔는데 2024년 1월부터는 별도의 웹사이트를 통해 서비스하는 방식으로 알파사이트 운영을 개시했습니다. 여기도 그만큼 빠르게 바뀌고 있습니다. 유튜브를 통해 이런 변화를 계속해서 확인해야 합니다. 미드저니는 정말 많은 용도로 쓸 수 있습니다. 챗GPT와 미드저니를 활용해서 동화책 만들기에도 꼭 도전해보세요. 정말 신선한 경험을 할 수 있습니다.

AI는 융합해서 만들 수 있는 게 정말 많습니다. 책도 출판해볼 수 있고 나만의 이미지도 다양하게 만들어볼 수 있습니다. 내가 만든 이미지로 동영상 제작도 가능합니다. 미드저니와 런웨이라는 소프트웨어를 활용하면 영화 예고편 같은 동영상도 뚝딱 만들 수 있습니다. 미드저니는 벌써 v6까지 나왔습니다. 영화 포스터를 만드는 소개 영상을 봤는데 정말 순식간에 '존 윅 4'의 실감 나는 포스터가 나오더군요. 도대체 얼마나 빨리 진화하는지 그 속도가 무시무시합니다. 그래서 빨리 공부해두라는 것입니다. 너무 멀리 달아나기 전에 말입니다.

하루 30분씩 따라 하다 보면 어느새 AI로 가능한 것이 무엇이고 한계는 무엇인지 깨달을 것입니다. 베이스를 튼튼하게 배워두고 체험해보면 그다음에 진화하는 서비스는 더 빠르게 배울 수 있습니다. 디지털은 처음이 어렵지 조금만 익숙해지면 그다음부터는 모두 비슷해서 금방 수준을 올릴 수 있습니다. 확실한 것은 모든 성공한 디지털 서비스는 사용자가 매우 편리하게 쓸 수 있도록 만든다는 것입니다. 그래서 당연히 배우기도 쉽습니다. 얼마만큼 열정을 갖고 공부하느냐가 관건입니다.

메타 인더스트리 성장의 원동력은 소비자의 팬덤입니다. 강력한 소비자의 팬덤은 팬덤경제의 큰 자산입니다. 그런데 도무지 이해가 안되는 것이 바로 콘텐츠 시장의 '코리아 팬덤'입니다. 유튜브에서, 웹툰에서, 대중음악에서, 드라마에서 데이터로 확인되는 K-팬덤은 정말 어마어마합니다. 이제는 그 문화적 팬덤이 식품산업으로까지 확산하는 중입니다. 글로벌 기업들도 우리나라의 스타들을 브랜드 앰배서더로 모셔가느라 분주합니다. 전 세계 MZ들이 가장 배우고 싶어하는 외국어로 영어에 이어 '한국어'가 선정되기도 합니다. 이 모든 현상의 원인이 무엇인지 우리는 제대로 이해하지 못하지만, 분명한 것은 강력한 K-팬덤이 확실하게 존재하고, 그 잠재력도 무궁무진하다는 겁니다.

지금까지는 우리가 이 거대한 팬덤을 어떻게 활용할 것인가에 대해 융합적 사고로 기획해본 적이 없습니다. 단지 분야별로 열심히 했더니 '기적 같은 성과'가 따라줬을 뿐입니다. 그렇게 유튜브 조회 수 1위 '아기상어'가 성장했고, 웹툰 플랫폼이 세계 1위로 성장했고, K-팝이 세계적 음악 장르가 되었으며, '오징어 게임'이 넷플릭스 세계

1위를 기록했습니다. 그리고 그 결과물로 라면과 김밥, 김이 세계적인 인기를 얻었습니다.

팬덤은 공감을 통해 형성됩니다. 인간의 감정을 공명하는 것은 깊이 있는 인문학의 힘이죠. 우리에게는 수천 년의 역사를 통해 축적된 '인간에 대한 따뜻한 배려심'이 있습니다. 세종대왕 덕분에 그 정신은 언어로 계승되어 K-팬덤의 근간이 되었습니다. 메타 세상에서 가장 중요한 자산인 팬덤은 보편적 인류의 공감을 통해 형성됩니다. 그걸 제대로 증명한 사람이 바로 스티브 잡스입니다. 스티브 잡스는 인간이 가장 사랑하는 음악을 기반으로 아이팟을 성공시켰고, 다시 인간이 가장 사랑하는 즐거움을 더해 아이폰을 탄생시켰습니다. 인문학과 휴머니티를 기술과 결혼시켜 만들었다고 이야기합니다. 궁극의 목표는 '고객의 심장을 노래하게' 하는 것이었습니다.

홍익인간의 역사를 살아왔던 우리에게 '인류에 대한 따뜻한 배려'가 가장 중요한 시대라면 한번 도전해볼 만하지 않을까요? 카피의 시대를 마무리하고 도전의 시대를 열어야 합니다. 우리에게 자신 있는 '휴머니티'를 무기로 말이죠.

사피엔스는
유리한 미래를 향해
진화한다

저는 이야기꾼입니다. 지금까지 스마트폰의 탄생으로부터 시작된 인류 문명의 디지털 대전환과 2022년 11월 30일 챗GPT의 등장으로 촉발된 AI 혁명까지 두루 살펴보면서 우리가 다가오는 AI 사피엔스 시대를 어떻게 준비해야 하는지 재밌는 이야기로 풀어 정리해봤습니다. 지금은 인류 문명의 대변혁기에 도달했음이 분명합니다. 이제 불혹의 나이에 다다른 디지털 1세대 M세대는 디지털 문명의 창조자를 넘어 디지털 문명을 인류의 표준 문명으로 정착시켰습니다. 그리고 그 새로운 표준 문명 위로 AI 시대를 열어가고 있습니다.

AI 시대의 주인공은 잘파세대가 될 것이 분명합니다. 이들은 말 그대로 AI 사피엔스들입니다. 어려서부터 AI를 친구 삼아 놀고, AI로 숙제도 하고, AI로 다양한 창조적 작업들을 하면서 성장하고 있습니다. 이들은 AI를 이용하면 얼마나 많은 일을 쉽게 해낼 수 있는지, 또 이것저것 서비스를 융합하면 얼마나 많은 것들을 새롭게 만들 수 있는지 매일 체험하고 학습하며 살아갑니다. 그리고 당연히 앞으로 나오게 될 새로운 AI 서비스들도 가장 먼저, 가장 많이 사용해볼 세대입니다. 이들의 창조적 활동은 이미 유튜브를 가득 메우고 있습니다. 챗GPT, 미드저니, 스테이블 디퓨전, 브루, 런웨이 등 지금까지 나온 서비스들에 대해 사용법은 물론이고, 정말 많은 새로운 창작물들을 만들어내고, 그걸 동영상으로 착착 올리는 중입니다.

최근 올라온 유튜브 영상에 챗GPT로 질문을 만들어 스테이블 디퓨전에 입력해 이미지를 만드는 걸 보고 정말 깜짝 놀랐습니다. 이런 기발한 생각을 하다니요. 중국의 미국 정부 사이트에 대한 해킹 공격도 크게 늘었다고 합니다. AI로 해킹을 시도하는 것이죠. 그런데 이런 내용이 모두 유튜브에 있습니다. 공부하려는 의지만 있다면 이들 잘파세대에게 AI 학습은 그리 어려운 일이 아닙니다. 이들은 앞으로 10년 동안 AI를 통해 일하는 방식도, 문제해결 방식도 모두 바꿔나갈 것입니다.

거기다 똑똑한 로봇까지 대거 등장할 것으로 예고됩니다. 2023년 선보인 일론 머스크의 마법, 옵티머스2는 이미 놀라운 수준입니다. 옵티머스3나 4가 나오면 자동차 공장 인력의 50% 정도는 대체할 것으로 예상합니다. 더구나 혼자가 아닙니다. 로봇 스타트업 피규어 AI는 실제 근로하는 로봇을 선보이고 있습니다. 이미 BMW를 비롯해 상당히 많은 자동차 공장들이 로봇을 대거 도입하는 중입니다. 1억 원 정도를 투자하고 1년에 2,000만 원 정도의 유지 보수 비용을 지불하는 수준이라면 당연히 로봇 활용도는 크게 올라갈 것입니다. 특히 AI의 활용은 로봇의 성능을 크게 바꿀 것으로 예상합니다. 말을 잘 알아듣고 행동하는 로봇도 이제는 먼 훗날의 이야기가 아닙니다. 로봇은 기계어를 이용해 동작합니다. 인간의 언어와는 다르죠. 그런데 기계어도 역시 언어의 일종입니다. 챗GPT는 코딩도 잘합니다. 프로그래밍도 언어니까요. 기계어도 이미 학습을 완료했습니다. 그런데 온디바이스 AI를 로봇에 장착하면 어떻게 될까요? 인간이 로봇에게 이야기합니다. "창고에 가서 3-A 부품 1박스 가져와." 이걸 들은 로봇은 온디바이스 AI를 통해 기계어로 번역하고 그 말을 알아들은 로봇은 미리 학습했던 행동 패턴에 따라 창고로 가서 '3-A 부품'이라고 적힌 박스 1개를 가져옵니다. 로봇끼리의 의사소통도 유사한 방식으로 구현 가능합니다. 이 정도 수준까지 올라오면 상당히 많은 일을 로봇이 대체할 수 있습니다. 이미 온라인 커머스 회사들이 운영하는 물류센터에는 이와 비슷한 로봇들이 많은 일을 하고 있습니다. 똑똑해진 로봇들은 더 많은 일을 대체할 것이 분명합니다. 그것이 일론 머스크가 그리고 있는 큰 그림이죠.

앞으로 100년을 좌우할 지금의 1년

100세까지 사는 시대라고 이야기합니다. 맞습니다. 그래서 오래 일할 준비를 해야 하고, 많은 세대가 함께 일하는 사회를 준비해야 합니다. 그래서 AI 사피엔스들이 만들어갈 사회를 열심히 공부하자는 것입니다. 제일 먼저 문명을 바라보는 세계관을 리셋해야 합니다. 우리가 지금까지 알고 있던 사회적 상식을 밑바닥부터 다시 생각하고 재정리해야 합니다. 여러분의 마음속에 자리 잡은 표준 세계관부터 메타 세상으로 이동시켜야 합니다. 지금 세상은 디지털 문명이 표준입니다. 마음을 굳게 먹고 디지털 문명, AI로 인한 변화에 적극적으로 대응하는 자세를 가져야 합니다. 모든 변화에는 부작용이 따르기 마련입니다. AI가 가져오는 변화 역시 정말 많은 부작용을 만들어낼 게 분명합니다. 이걸 최소화하는 노력도 필요하겠지만, 그보다 더 중요한 것은 적극적으로 활용하고 공부하겠다는 '생각의 대전환'입니다. 마음이 리셋되어야 공부도 할 수 있습니다.

지금의 변화는 스스로 공부하는 사람들에게는 엄청난 기회가 됩니다. AI를 활용해본 사람과 안 해본 사람은 큰 격차가 생기게 됩니다. 이건 IT 양극화와는 비교도 안 될 만큼의 큰 격차입니다. 개인의 격차도 문제지만 이것이 축적되면 사회 전체가 완전히 뒤처질 수 있습니다. 우리 사회의 좋은 일자리가 그 격차를 따라 모두 이동하게 되는 겁니다. 지난 몇 년간 우리는 팬데믹 봉쇄를 겪으면서 세계 공급망이 분리되는 현상을 목격했습니다. 미국과 중국의 패권 경쟁은 정말 많은 것을 바꿔 놓았죠.

이 전쟁에서 보았듯 미래 10년의 패권을 좌우할 핵심기술은 AI가될 것이 명확합니다. 그 무한한 가능성이 빠르게 입증되고 있죠. 따라서 AI의 발전과 변화 속도에 따라 공급망도, 동맹도, 국제 정세도 모두 달라질 것입니다. 여기서 아웃사이더가 되어서는 안 됩니다. 지금까지 우리가 확보해둔 핵심기술의 수준도 비교적 높습니다. 운 좋게도 우리는 그 어렵다는 생성형 AI의 산업 생태계를 보유하고 있습니다. 학습 데이터를 보유한 고유의 플랫폼도 있고요. 제법 훌륭한 인재양성 프로그램도 보유했습니다. 생성형 AI 발전을 위한 가장 중요한요소인 반도체 산업의 경쟁력도 우수합니다. 3나노 이하의 반도체 제조 능력과 관련 생태계를 보유한 나라는 미국과 한국 그리고 대만밖에 없습니다. 그렇게 그림을 그려 보면 AI 생태계가 어떤 국가들을 중심으로 형성될지, 공급망은 어떻게 달라질지 대략 예측할 수 있습니다. 좋은 기술을 갖고 있다면 좋은 파트너가 될 수 있습니다.

이번만큼은 주변국에 머무를 게 아니라 주역으로 우뚝 서야 합니다. 이미 우리는 선진국이 되었고 더 이상 누군가를 따라 하는 것으로는 미래를 보장할 수 없습니다. 역사가 증명하듯 지금과 같은 혁명적변화 시기의 10년이 앞으로 100년의 운명을 결정합니다. 내가 지금시작하는 1년의 변화가 나의 10년을 바꾸고, 나의 미래를 바꾸게 됩니다. 마음 독하게 먹고 시작해야 합니다.

저는 학생들을 보면서 '말도 안 되는 미친 꿈'을 꿉니다. 한 친구는 지금 열심히 AI 분야 중 LLM을 공부합니다. 기계과 대학원생인 이 친구는 꿈이 당돌합니다. AI를 우리나라 원자력 발전 산업에 접목해 더욱 안전한 청정 에너지 산업으로 만들겠다고 합니다. 지금 연구하는 LLM은 의료 분야인데 그걸 기반으로 '스스로 생각하고 인간의 안전을 지켜내는 디지털트윈 발전소'를 만드는 게 꿈이라고 합니다. 인간의 잘못된 개입이 대형 사고를 일으켰던 많은 사례를 AI를 통해 해소할 수 있다고 믿고 준비하는 중입니다.

또 한 친구는 스마트팜에 AI를 적용하는 연구를 계속하겠다고 합니다. 식물의 잎을 보고 건강상태를 판단하는 논문으로 박사학위를 받았는데 그걸 스마트팜 솔루션과 연결시켜 사업화하는 것입니다. 창업지원사업 신청까지 마쳤습니다. 한 친구는 NFT 프로젝트에 진심입니다. 우리나라의 가장 핫한 미디어 아티스트들을 글로벌시장에 소개하는 창구 역할을 하면서 디지털 미디어 아트의 글로벌 팬덤을 만들어보는 게 꿈이라고 합니다. 한국에서 사업을 하고 싶지만 규제 때문에 사무실을 미국에 차린 게 좀 아쉽습니다. 다른 학생은 인디 게임을 만들어 사람들에게 '인의예지'를 가르쳐주고 싶다는 꿈을 가졌습니다. 미국 NYU 인디 게임 발표회에 가서 멋진 계획도 발표하더군요. 삼성융합의과학원에 다니는 학생은 정신건강을 지켜주는 게임 앱을 만들어보는 게 꿈입니다. 요즘 너무 많은 학생이 우울증을 앓고 심하면 자살에 이르는데, 그걸 게임으로 해소시켜주는 게 꿈이라고 합니다. 그래서 자기 전공인 정신의학적 치료 방법을 기반으로 심리학과, 게임학과 학생들과 협업해 새로운 앱 개발을 열심히 탐험하는 중입니다.

'나부터' 변화에 대한 근력 키우기

꼭 학생들만이 아닙니다. 회사에 다니면서도 꿈을 포기하지 않고 열심히 도전하는 친구들도 많고, 꼭 해보고 싶은 일이 있다며 남들이 부러워할 만한 대기업 직장을 그만두고 새롭게 도전하는 친구들도 많습니다. 그리고 보니 요즘 그 어렵다는 공무원 시험에 합격하고도 그만두고 새로운 꿈을 찾아 나서는 MZ세대 친구들이 많습니다. AI만 잘 활용한다면 적은 인원으로 큰 성공도 노려볼 수 있기 때문입니다. AI는 작은 기업에도 거대한 성공의 기회를 제공합니다.

물론 기존 회사들도 달라지고 있습니다. 이제는 MZ세대를 사로잡아야 미래가 있다는 걸 깨닫고 많은 기업이 운영방식, 조직체계, 비즈니스 모델 등 정말 많은 것을 디지털 문명에 맞춰 전환하고 있습니다. 그동안 성장의 비결이라고 굳게 믿었던 거대 브랜드파워에 기대지 않고 새로운 길을 모색하는 기업이 늘어간다는 것은 참 반가운 일입니다. 그만큼 산업의 생태계가 풍성해지고 우리 경제의 생존 가능성이 커진다는 뜻이니까요. 기존 기업들도 잘되고 스타트업들도 잘 성장해야 건강한 생태계가 만들어집니다.

어찌 보면 가장 빨리 변해야 할 대학이나 학교가 가장 느린 것 아닌가 하는 걱정도 됩니다. 사실 교육이라는 게 단기간의 산업 변화를 반영해 급하게 바꿀 수 있는 분야는 아닙니다. '교육은 100년의 대계'라고 할 만큼 미래에 미칠 영향을 고려해서 신중하게 변해야 하는 부분도 분명히 있습니다. 그렇지만 문명의 대전환기가 왔다면 신속한 대응이 필수입니다.

지금의 교육제도는 아이들이 자라서 일하게 될 미래 사회상과 안 맞는 부분이 너무 많습니다. 이런저런 이유가 많이 있겠지만 그걸 평계로 계속 방치해둔다면 앞으로 우리 사회의 가장 큰 문제가 될 수 있습니다. 미래 사회를 이끌어갈 인재를 키울 수 있도록 근본적인 변화를 모색해야 합니다. 이미 연구결과도 충분히 많고 선진국의 변화 사례도 참고할 것이 쌓여 있습니다. 문제는 교육에 대한 표준 세계관의 전환과 실천하겠다는 의지입니다. 아이러니하게도 인구는 줄어드는데 1인당 교육예산은 갈수록 늘어갑니다. 초중고 학생들을 위한 교육지원금은 남아돈다고도 합니다. 이때가 기회입니다. 다시 없을 기회를 놓치지 말고 AI 사피엔스 시대에 걸맞은 교육 혁신을 시도해야 합니다.

저는 초중고 선생님 중에 혁신에 정말 관심이 많고 또 새로운 도전에 적극적인 분들을 많이 만났습니다. 이런 분들이 앞장서서 혁신을 이끌 수 있도록 길을 열어줘야 합니다. 디지털 시대에 더욱 중요하다는 창의성, 디지털 활용, 인성, 예술 등 AI 사피엔스에게 꼭 필요한 교육과정을 더 확대하고 예산도 많이 투입해야 합니다.

앞으로는 정형화된 인재를 찍어내는 획일적인 교육이 아니라 다양한 꿈을 마음껏 펼칠 수 있는 진정한 전인교육으로 혁신해야 합니다. 어느 나라든 교육 혁신이 밝은 미래를 만듭니다. 물론 여느 선진국도 가장 어려운 것이 교육입니다. 선진국들도 가보지 않은 길, 정말 어려운 문제입니다. 어쩌면 교육에 대한 열정이 유달리 높은 우리나라가 선진국이 참고할 가장 좋은 모범 사례를 만들 수 있지 않을까요? 이제는 우리도 새로운 혁신을 시도해볼 만합니다.

결국 사회 전체에 필요한 것은, 커다란 생각의 변화, 세계관의 대전환입니다. 여러 번 강조하듯이 그 모든 출발은 바로 여러분의 마음입니다. '나부터 바꿔야' 달라질 수 있습니다. 마음에도 근육이 있습니다. 연세대학교 김주환 교수님은 명저 《내면 소통》을 통해 마음 근력을 키우는 방법에 대해 아주 자세하게 설명해주십니다. 마음 근력을 키우듯 우리 내면에서 새로운 문명 세계에 대한 적응력도 굳건하게 키워야 합니다. 새로운 세계에 대한 탐험심을 키우고 늘 신세계에 도전하는 마음으로 새롭게 펼쳐지는 AI 세상을 바라보세요. 사피엔스가 추구하는 진화의 방향 속에서 우리의 미래를 살펴야 합니다.

긍정의 힘으로 또 다른 혁명을 준비하는 새로운 사피엔스를 위해

책을 마무리하면서도 여전히 마음은 무겁습니다. 디지털 문명 시대에 맞춰 내 마음을 리셋하는 것이 과연 현명한 일일까? 그저 살던 대로, 관성대로 맘 편하게 사는 게 진짜 행복한 일이 아닐까? 이런저런 고민에 쓰고 지우고 다시 쓰기를 여러 번 반복했습니다. 그런데 2019년에 쓴 책 《포노 사피엔스》가 제게 용기를 주었습니다. 그때 엄청나게 많은 독자가 크게 공감해주셨고 저는 덕분에 지금도 열심히 디지털 대전환과 AI 시대 생존전략에 대해 강의하고 있습니다. 제대로 된 답을 찾는 일은 늘 어렵습니다. 아니, 어쩌면 불가능할 수도 있습니다. 그래도 지나온 역사는 어렴풋하나마 미래에 대한 그림을 보여주는 법입니다.

저한테 과도한 '국뽕'이고 미래를 지나치게 '낙관'한다고 지적하는 분들도 많습니다. 사실 틀린 말이 아닙니다. 데이터로 보자면 우리나라의 현재 상황은 암울한 것이 더 많다고 할 수 있으니까요. 2023년 출산율은 0.7명인데 이제 0.6명대로 진입할 것이 분명하다고 합니다. 어떤 해외 인구학자의 말대로 '한국은 망했다'라는 얘기가 허투루 들리지 않는 정말 무서운 데이터입니다. 경제성장률도 이제 중국이나 미국은 고사하고 일본보다도 뒤떨어지기 시작했습니다. 국가전략기술 점수에서도 처음으로 중국에 밀렸습니다. 우리가 경쟁력이 있다고 믿고 있는 반도체, 자동차, 중공업도 위아래에서 치여 앞날이 어둡다고 보는 사람들이 더 많습니다.

그중에서도 정치는 제일 큰 문제라고 하지요. 대립과 반목이 끊이지 않고 사회는 온통 양극화로 치닫는 중이라고 합니다. 교육 혁신은 말로만 외칠 뿐 누구 하나 나서서 변화를 만드는 사람이 없고, 사회지도층이나 부유한 집 아이들은 해외 유학을 당연하게 생각합니다. 우리나라 청소년들은 세계에서 가장 불행하고, 한국인의 자살률이 세계에서 가장 높다고 합니다. 도무지 희망적인 데이터는 하나도 없어 보입니다.

그런데 이런 데이터가 왠지 낯설지 않습니다. 지난 20년 동안 우리는 한 번도 '좋았다'라는 평가를 해본 적이 없는 것 같습니다. 1997년 IMF 때는 진짜 망하는 줄 알았습니다. 2008년 글로벌 금융위기 때도 '여기까지인가 보다' 했습니다. 팩트만 체크해보면 이보다 훨씬 더 열악한 상황에서도 우리는 선진국으로 발돋움하는 기적을 만들어냈습니다. 지금도 너무나 안 좋다고는 하지만 20년 전에 비하면 정말 많이 좋아진 겁니다. 물론 인구문제나 행복문제는 격이 다르겠지만 왠지 또 슬기롭게 해결할 것 같은 기대가 슬슬 올라옵니다.

도저히 불가능할 것 같은 상황에서 '말도 안 되는 기적'을 만들어냈으니 오히려 희망적인 기대를 품게 되는 겁니다. 물론 생각에는 균형이 잡혀야 합니다. 안 좋은 상황에 대한 건전한 비판이 있어야 더 나은 미래를 만들 수 있으니까요. 그래도 저는 '긍정의 힘'을 믿습니다. 지난 20년간 대한민국 국민이 만들어낸 기적을 생각해보면 저는 '긍정적 전망'이 더 사실에 부합한 믿음이라고 생각합니다. 선진국이 되면서 생긴 여러 가지 어려운 문제들도 미래 세대가 또 슬기롭게 해결할 것이라 믿어 의심치 않습니다.

지나온 20년간 지구에서 일어난 디지털 문명 대전환은 분명하게 메타 세상으로의 확장과 본격적인 AI 시대의 개막을 알렸습니다. 지금까지 우리는 꽤 괜찮은 디지털 생태계를 만들어왔습니다. 이제 막 AI에 눈뜨기 시작한 젊은 대한민국의 사피엔스들은 탄탄해진 디지털 문명을 근간으로 또다시 새로운 혁명을 모색하고 있습니다. 그 시대를 앞서 준비하는 것은 결국 우리의 선택입니다.

이제 AI 시대의 여명이 밝아옵니다. 많은 젊은이가 'AI 사피엔스'가 만드는 새로운 세상에 도전을 시작했습니다. 새롭게 펼쳐지는 그 미래 신세계에서 우리 청년들도, 학생들도 그리고 이 사회를 이끄는 어른들까지, 모두가 행복한 사피엔스가 되길 바라는 간절한 마음입니다. 앞으로 AI 사피엔스들이 펼쳐가는 지구의 새로운 문명 이야기도 열심히 관찰하고 분석해 또 여러분을 만나러 오겠습니다. 마음을 바꿔라, 세계관을 바꿔라, 공부 열심히 해라, 이런 잔소리를 제가 이 책에서만 20번도 넘게 한 것 같습니다. 저는 이야기꾼이자 잔소리꾼 맞습니다. 한 얘기를 또 하고 또 합니다. 아마 다음 책에서도 그럴 것 같습니다. 이야기에 소망이 담겨 자꾸 잔소리가 됩니다. 이 길고 긴 이야기가 여러분의 심장에 울림이 되길 바라봅니다. 그것이 이야기꾼의 '말도 안 되는 미친 꿈'입니다. AI가 세상을 더욱 찬란하게 물들인 어느 날, 도둑처럼 다시 또 새롭고 재밌는 이야기를 들고 찾아뵙겠습니다. 감사합니다, 여러분.

· 저자 소개 ·

최재붕 성균관대 부총장

성균관대 서비스융합디자인학과, 기계공학부 교수,
비즈니스모델 디자이너

4차 산업혁명과 팬데믹이라는 인류의 문명사적 변화 속에서 삶과 비즈니스의 미래를 탐색하는 공학자. 비즈니스모델 디자인과 공학의 융합, 인문학, 동물행동학, 심리학과 공학의 융합 등 학문 간 경계를 뛰어넘는 활약을 이어가고 있는 명실상부 국내 최고의 4차 산업혁명 권위자이다. 성균관대 기계공학과와 동대학원을 졸업하고, 캐나다 워털루대학교에서 기계공학 석사와 박사 학위를 마쳤다.

20만 독자가 열광한 베스트셀러 《포노 사피엔스》를 통해, 스마트폰 이후 등장한 신인류에 의해 인류의 삶이 통째로 바뀌는 문명사적 변화가 도래했음을 설파하며 '문명을 읽는 공학자'로 널리 알려졌다. 2014년부터 기업, 정부 기관, 교육 기관 등을 대상으로 '4차 산업혁명과 포노 사피엔스'에 관한 강연을 2,500회 이상 해오면서 새로운 인류 문명이 일으키고 있는 혁명적 변화와 실상 그리고 새로운 문명에 당면한 혁신 방안을 제시해오고 있다. 저서로는 《포노 사피엔스》, 《체인지 9》, 《최재붕의 메타버스 이야기》가 있고, 공저로는 《세븐 테크》, 《코로나 사피엔스》, 《머니 트렌드 2024》 등이 있다.

AI 사피엔스

2024년 6월 1일 초판 1쇄 | 2024년 11월 13일 27쇄 발행

지은이 최재붕
펴낸이 이원주

디자인 윤민지
기획개발실 강소라, 김유경, 강동욱, 박인애, 류지혜, 이채은, 조아라, 최연서, 고정용
마케팅실 양근모, 권금숙, 양봉호, 이도경　**온라인홍보팀** 신하은, 현나래, 최혜빈
디자인실 진미나, 정은예　**디지털콘텐츠팀** 최은정　**해외기획팀** 우정민, 배혜림, 정혜인
경영지원실 홍성택, 강신우, 김현우, 이윤재　**제작팀** 이진영
펴낸곳 (주)쌤앤파커스　**출판신고** 2006년 9월 25일 제406-2006-000210호
주소 서울시 마포구 월드컵북로 396 누리꿈스퀘어 비즈니스타워 18층
전화 02-6712-9800　**팩스** 02-6712-9810　**이메일** info@smpk.kr

ⓒ 최재붕(저작권자와 맺은 특약에 따라 검인을 생략합니다)
ISBN 979-11-6534-970-7 (03320)

쌤앤파커스(Sam&Parkers)는 독자 여러분의 책에 관한 아이디어와 원고 투고를 설레는 마음으로 기다리고 있습니다. 책으로 엮기를 원하는 아이디어가 있으신 분은 이메일 book@smpk.kr로 간단한 개요와 취지, 연락처 등을 보내주세요. 머뭇거리지 말고 문을 두드리세요. 길이 열립니다.